新世纪高等学校课程教材

普通心理学

张履祥　葛明贵　主编

安徽大学出版社

图书在版编目(CIP)数据

普通心理学/张履祥,葛明贵主编. ——合肥:安徽大学出版社,2002.8(2023.1重印)
新世纪高等学校课程教材
ISBN 978-7-81052-587-9

Ⅰ.①普… Ⅱ.①张… ②葛… Ⅲ.①普通心理学-高等学校-教材 Ⅳ.①B84

中国版本图书馆 CIP 数据核字(2002)第 060179 号

新世纪高等学校课程教材
普通心理学　　　　　张履祥　　葛明贵　主编

出版发行	安徽大学出版社	印　刷	安徽省人民印刷有限公司
	（合肥市肥西路 3 号 邮码 230039）	开　本	850×1168　1/32
联系电话	编辑部 0551-65108223	印　张	14.75
	发行部 0551-65107716	字　数	350 千
电子信箱	ahdxchps@mail.hf.ah.cn	版　次	2002 年 8 月第 1 版
责任编辑	谈　菁	印　次	2023 年 1 月第 13 次印刷
封面设计	孟献辉		

ISBN 978-7-81052-587-9　　　　　　　　　　定价 21.80 元

如有影响阅读的印装质量问题,请与出版社发行部联系调换

前　言

普通心理学在心理科学学科体系中占有极其重要的地位,是心理学的基础学科,它研究心理学的基本原理和正常成人心理现象的一般规律。因此,无论在国内还是国外,普通心理学都被列入心理学系及相关专业的基础课和主干课程之一。

从普通心理学的学科性质来看,它总结和概括了心理学各分支学科的研究成果,重点阐述正常成年人的心理现象的一般规律;从普通心理学的学科作用来分析,它传授最基本的心理学知识,为将来进一步学习和研究心理学提供坚实的基础。

我们编写这部既有时代性又有自己特色的普通心理学教材,旨在使大学生更好地掌握心理学的基本知识和基本技能,培养大学生创新精神和创新能力,一直是我们这些从事普通心理学教学与科研工作者的不懈追求。在编写过程中,我们力求做到:

第一,处理好继承与发展的关系。我们将普通心理学定位在阐述心理现象的最一般原理和规律上,这些内容是普通心理学的核心。另外我们还介绍了现代心理学尤其是认知心理学对注意、感知觉、表象、记忆、思维、情感、认知风格等方面的最新研究成果,以凸现教材的时代特色;同时,本书贯穿现代教育关于"学会学习"的重要思想,注重学习方法、思维方法和心理学素养的指导,使学生不仅懂得心理学的一般原理知识,而且能够学以致用,树立正确的心理学观。

第二,内容选择精当,评述客观公允。心理学在发展过程中形成了学派林立、理论繁杂的局面。它们都对心理科学的发展做出了贡献。让学生了解这些观点,全面正确地认识心理现象,是普通心理学的重要职能之一。在介绍评述这些观点的同时,一方面有所选择、有所详略;另一方面客观公允。这样,学生有思考的空间,有利于激发学生学习积极性,培养学生的创新精神,这也是符合素质教育的要求的。

第三,内容和体例有所创新。创新是学科发展的动力。随着人们对心理现象研究的深入,一些新的发现、新的研究成果必然导致我们对传统学科理论体系的重新思考,从而不断丰富、完善和修正原有的知识体系和内容。在本书体系中,参照我国著名心理学家潘菽的观点,我们将心理过程划分为认识过程和意向过程;将需要和情感、动机和意志列为意向过程。我们从人的心理素质结构角度,将个性心理分为智能和人格两大方面,诸如此类,均体现了这种思索的倾向。

本书是我省高等院校心理学专业教师集体合作的成果,同时也是安徽省心理学会组织编写的高等院校心理学主干课教材之一。参加编写的人员是(按章节顺序):张履祥教授(安徽师范大学心理学系,执笔第一章第一节,第十二、十三章)、葛明贵教授(安徽师范大学心理学系,执笔第一章第二、三节,第五、六章)、汪明副教授(阜阳师范学院教育系,执笔第二章)、刘新民教授(皖南医学院医学心理学系,执笔第三章)、储召宏副教授(皖西学院教育系,执笔第四章)、刘洪副教授(黄山学院教育系,执笔第七章)、田海洋、柳友荣副教授(巢湖学院教育系,执笔第八章)、刘万伦副教授(淮南师范学院教育系,执笔第九章)、任其平副教授(安庆师范学院教育技术系,执笔第十章)、桑青松副教授(安徽师范大学心理学系,执笔第十一章)。本书由张履祥教授、葛明贵教授主编并统稿、定稿。

本书的出版得到了各编写人员所在单位、安徽大学出版社等单位的大力支持,编写过程中也参考了国内外大量有关的文献资料,在此谨致以深深的谢意。限于水平,错误和不当之处很多,诚望广大读者批评指正。

编　者

2002 年 7 月

目　　次

第一章　绪　论 ……………………………………………（1）
　第一节　心理学的对象 ……………………………………（1）
　第二节　心理学的任务 ……………………………………（10）
　第三节　心理学的方法 ……………………………………（18）
第二章　心理的实质 ………………………………………（28）
　第一节　心理的发生与发展 ………………………………（28）
　第二节　人的心理实质 ……………………………………（41）
　第三节　意识与无意识 ……………………………………（45）
第三章　心理的生理基础 …………………………………（56）
　第一节　神经元 ……………………………………………（56）
　第二节　神经系统 …………………………………………（63）
　第三节　脑功能的各种学说 ………………………………（78）
　第四节　内分泌腺和神经—体液调节 ……………………（82）
第四章　注　意 ……………………………………………（87）
　第一节　注意的概述 ………………………………………（87）
　第二节　注意的种类 ………………………………………（95）
　第三节　注意的特征和类型 ………………………………（102）
　第四节　注意的规律 ………………………………………（112）
　第五节　注意的理论 ………………………………………（114）
第五章　感　觉 ……………………………………………（118）
　第一节　感觉的概述 ………………………………………（118）
　第二节　感受性及其测量 …………………………………（128）
　第三节　视　觉 ……………………………………………（133）

- 第四节 听觉……………………………………………(148)
- 第五节 感觉的基本规律………………………………(158)

第六章 知觉……………………………………………(162)
- 第一节 知觉的概述……………………………………(162)
- 第二节 知觉的种类……………………………………(169)
- 第三节 知觉的基本特征………………………………(183)
- 第四节 观察……………………………………………(192)

第七章 表象与想像……………………………………(198)
- 第一节 表象……………………………………………(198)
- 第二节 想象……………………………………………(203)
- 第三节 再造想像、创造想像与幻想…………………(211)
- 第四节 睡眠与梦………………………………………(219)

第八章 思维……………………………………………(225)
- 第一节 思维的概述……………………………………(225)
- 第二节 概念……………………………………………(235)
- 第三节 问题解决………………………………………(244)
- 第四节 创造思维………………………………………(255)

第九章 记忆……………………………………………(258)
- 第一节 记忆的概述……………………………………(258)
- 第二节 记忆的理论和生理机制………………………(267)
- 第三节 记忆过程及规律………………………………(272)
- 第四节 提高记忆力的有效策略………………………(283)

第十章 需要与情感……………………………………(288)
- 第一节 需要……………………………………………(288)
- 第二节 情绪情感的概述………………………………(298)
- 第三节 情绪情感的类别………………………………(303)
- 第四节 情绪理论与情绪调节…………………………(310)

第十一章　意志与动机 …………………………………（317）
第一节　意志的概述 ……………………………………（317）
第二节　动机和意志行动 ………………………………（321）
第三节　意志过程及其结构 ……………………………（332）
第四节　意志的品质 ……………………………………（340）

第十二章　人　格 …………………………………………（344）
第一节　人格的概述 ……………………………………（344）
第二节　气质和性格 ……………………………………（348）
第三节　人格的理论 ……………………………………（367）
第四节　人格的测量 ……………………………………（390）

第十三章　智　能 …………………………………………（402）
第一节　智能的概述 ……………………………………（402）
第二节　智能的测量 ……………………………………（423）
第三节　智能发展与个别差异 …………………………（431）
第四节　智能与知识和人格 ……………………………（445）

第一章 绪 论

第一节 心理学的对象

一、什么是心理学

心理学是一门研究人的心理现象发生、发展规律的科学。

世界上存在两种现象：物质现象和精神现象。心理现象是一种精神现象，人类自有史以来，一直在探讨心理现象问题。公元前4世纪古希腊的哲学家亚里士多德（Aristotle）写了一本《论灵魂》，探讨心理现象与肉体的关系，它是西方最早系统研究心理现象的著作。我国古代对身心关系的探讨比亚里士多德还早，《管子·内业篇》就有"凡人之生也，天出其精，地出其形，合此为人"的论述。当时，人们认为身与心都是由"气"所构成，对身心关系的论述也缺乏科学的论据。英文中的心理学（Psychology）一词源于希腊文"ψχυολογος"，意思是灵魂的科学。直到1590年，德国麻堡大学教授葛克尔才首先用"心理学"来标明自己的著作。两千多年来，心理学一直被看做是哲学的附庸，研究采用的是哲学家们用的思辨方法。1860年，费希纳（G. T. Fechner）发表《心理物理纲要》，创立了心理物理学，他把自然科学的研究方法引入心理学，为心理学的实验研究方法的发展奠定了基础。1879年，冯特（W. Wundt, 1832～1920）在德国莱比锡创立世界上第一个心理实验室，标志着心理学从哲学中分化出来成为一门独立的实验科学。科学心理学迄今才一百多年的历史，正如艾宾浩斯（H. Ebbinghalls）所说，心理学有一个很长的过去，但仅有一个短期历史。心理学是一门古老而充满生机的年轻科学。马克思曾誉之为"地球上最美丽的花朵"。

自心理学诞生以来,各学派的心理学家对于心理学研究对象的理解与主张是不同的。19世纪末,以德国心理学家冯特为代表的构造主义学派,受英国经验主义、联想主义和德国实验生理学的影响,采用心理化学的观点,主张用实验内省法研究意识经验的内容或构造。他们把意识经验分析为感觉、意象和感情等三个基本元素。感觉是知觉的元素;意象是观念的元素;感情是情绪的元素。认为心理活动是这些基本元素的整合,心理学是研究心理、意识事实的一门经验科学。以美国实用主义哲学家、心理学家詹姆斯(W. James,1842~1910)为代表的机能主义学派认为,心理学是描述和解释意识状态(包括感觉、愿望、认识、推理、决心、意志等)的科学。意识是一种持续不断、川流不息的过程,即意识流,因此,不能把意识看做为元素的集合。机能主义心理学强调意识的机能,而不是像构造主义心理学那样强调意识的结构,认为心理学的研究对象是个体适应环境的机能。20世纪初,以美国心理学家华生(J. B. Watson,1878~1920)为代表的行为主义学派,坚决摒弃用内省法研究人的意识,认为心理学研究的对象是可以观察和测量的行为。主张用客观的方法,按照刺激—反应(S—R)的公式去研究行为。行为主义心理学把传统心理学中的意识、感觉、意象等一概排除在心理学研究范围之外,并把人的行为和动物的行为等同起来加以研究,遭到不少人的非难和反对。被讥嘲为没有心理的心理学。以德国心理学家韦特海默(M. Wertheimer,1880~1943)为代表的格式塔心理学派,既反对构造主义的心理元素的观点,又反对行为主义所持的刺激—反应的观点。认为心理学既研究直接意识经验,也研究行为,但是研究的对象是个整体,是具有特殊的内在规律的完整历程。所谓格式塔是从德文"Gestalt"音译而来,意思是完形和整体。格式塔心理学研究的主要课题是有关人的知觉过程。以奥地利心理学家弗洛伊德(S. Freud,1856~1939)为代表的精神分析心理学认为,人的意识包括意识和潜意识两部分。潜意识不能为人所意识,它包括人的原始的盲目冲动、各种本能,以及被压抑的动机和欲望。精神分析心理学强调潜意识的重要性,甚至认为在人的整个精神生活中,意识部分仅是一种附加物。认为心理学的研究对象主要是各种无意识的精神过程和内容。以马斯洛(A. Masslow)和罗杰斯(C. Rogers)为代表的人本主义心理学,提出自我实现论,主张心理学应以正常人为对象,研究如何充分发挥人类潜能。20世纪50年代末兴起的现代认知心理学,是以信息加工观点为核心的心理学,又可称做信息加工心理学。其研究对象主要是人的认知过程,以及儿童认知发展和人工智能(计算机模拟)。其实质是主张用信息加工观点揭示认知过程的内部心理机制,将这种观点应用于心理学,自然会得出一些重要的心理学结论。第一,心理学应当研究行为的内部机制,即研究意识或内部心理活动;第二,心理过程可理解为信息的获得、贮存、加工和使用的过程;第三,可以并应当建立心理过程的计算机模型(计算机程序)[1]。认知心理学提出的心理学研究的信息加工范式,代表了现代心理学研究的发展趋势。

现代心理学认为,作为心理学研究对象的心理现象或心理活动是一个具有不同水平、不同层次、不同功能的动力系统。心理学主要研究人的心理现象,也研究动物的心理现象;既研究个体心理现象,也研究群体的社会心理现象;主要研究心理活动的形式和过程,也要研究心理活动的内容和功能;主要研究有意识的心理活动,也要研究无意识的心理活动;既要研究人的心理活动的内部心理机制,又要研究心理的生理机制和外部行为,要把意识与行为统一起来加以研究,这样才能全面、系统地揭示人的心理现象发生、发展的规律。

---

[1] 王甦、汪安圣:《认知心理学》,4页,北京大学出版社,1992。

二、心理现象及其结构

心理现象又称心理活动,简称心理。人的心理是心理过程和个性心理的总称。

(一)心理过程

按照系统论的观点,人的心理是一个不断与外界发生物质、能量、信息交换的动态开放的自组织系统,人的心理活动发生、发展的过程,是人与客观现实相互作用时,人脑反映客观事物的过程。恩格斯指出:"推动人去从事活动的一切,都要通过人的脑。""外部世界对人的影响表现在人的头脑中,反映在人的头脑中,成为感觉、思想、动机、意志,总之,成为'理想的意图',并且通过这种形态变成'理想的力量'。"[1]我国心理学家潘菽根据恩格斯的论述,运用辩证唯物主义关于主观和客观对立统一原理,提出心理结构的二分法理论,认为人们在实践中的整个心理活动由认识活动和意向活动两大部分所组成。认识活动是人们对客观事物的反映活动。人们对客观事物的感知(感觉、知觉)、思维(想像、联系、思考)等都是认识活动。认识过程是主观客观化的过程,即主观反映客观,使客观表现在主观中。意向活动是人们对客观事物的对待活动。人们对客观事物所产生的意图、情绪、谋虑、意志等都是对待客观事物的活动。意向过程是客观主观化的过程,即通过意向活动施加影响于客观,使客观事物按照意向的方向变化,从而使主观体现于客观之中。行动是主观转化为客观的过渡过程,它是主观意向转化成影响、改变客观事物的力量的桥梁,是主观见之于客观的东西。对客体的认识过程和施加影响于客观使之改变的意向过程的交互作用,就构成了人类心理活动发生、发展的基本心理过程[2]。

---

[1] 恩格斯:《费尔巴哈与德国古典哲学的终结》,23页,北京,人民出版社,1972。
[2] 潘菽:《漫谈心理学》,载《教育研究》,1979(2)。

认识过程又称认知过程,是人们获取知识和运用知识的过程。人的认识过程包括感觉、知觉、表象、想像、思维和记忆等过程。现代认知心理学以信息加工的观点来解释认知过程,认为认知过程就是信息的接受、编码、贮存、提取和使用的过程。信息加工系统由感受器、效应器、记忆和加工器组成。认识过程是心理过程的基本过程,意向过程是在认识客观事物的性质、规律及其对人的意义的基础上产生的。

人们在认识客观事物的过程中产生的意志过程和情绪情感过程,是人对待或处理客观事物的意向过程。意志过程是人自觉地确立目的,并根据目的支配和调节行动,克服困难,实现预定目的的心理过程。在意志支配下的行动,称之为意志行动。意志是人类特有的心理现象,它实现了人的内部意识向外部行动的转化,充分体现了意识的能动性。因此,意志是意向活动的高级形式。

意志的目的性是意志行动的前提,人的任何意志行动也总是由一定的动机引起的。动机是意志行动的内部原因和动力,决定着一个人行动的性质和方向。动机是在需要的基础上产生的,意向是行为动机的初级形式,是在还未清楚意识到需要对象之前的带情绪性的需求动力。意向推动意识进一步明确需要的对象、满足需要的手段方法时,就会产生满足需要的愿望和意图。当意图、信念指向的对象激起人们行动时,反映这种对象的形象或观念就构成活动的动机。从产生动机到采取行动的这种心理活动过程就是意志。意图、谋虑等属于意向性的思想活动,即考虑怎样去做,去影响、改变或造成某种客观的或现实的事物的意向活动。

情绪和情感也属于意向活动,是对事、对人的一种对待方式。情绪和情感过程,是人对客观事物是否符合自己的需要所产生的态度的体验。它是以主观体验的方式反映人的主观需求与客观事物之间的关系,且有显著的内部生理变化和外部表情动作。因而,情绪和情感具有信号功能和调节功能。人的情感过程与意志过程是密不可分的,情感是意志活动的推动力,是实现意志过程不可缺少的条件。

认识过程和意向过程并不是各自孤立的,而是一个统一的整体。它们彼此之间相互作用、相互渗透,构成了人们极其复杂的心理生活。

(二)个性心理

心理过程是人类共有的,具有一般的活动形式及其规律。但是,心理过程在具体人身上产生和进行时,又总是带有个人的特点。正是这些不同的特点构成了个体心理上的个性差异。在心理学中,人们通常从两方面去研究心理现象。一方面是心理过程,它是探讨人的心理的共同性;另一方面是个性心理,它探讨人的心理的差异性。个性心理,是指一个人在心理过程的发展和进程中,经常表现出来的比较稳定的心理倾向和心理特征。

个性倾向性又称意识倾向性,包括需要、动机、兴趣、理想、信念和世界观等。它是决定个人对事物的态度和行为的内部动力系统,是人进行活动的基本动力。这些心理倾向在整个个性倾向中的地位,随着个人的成熟与发展的阶段而有所不同。例如,在儿童时期,兴趣是支配他们的心理活动与行为的主要心理倾向;在青少年时期,理想上升到主导地位;在成年期的个性倾向性结构中,世界观居于最高层次,它决定一个人总的思想倾向。当一个人的个性倾向性成为一种稳定而概括的心理特点时,就构成了一个人的个性心理特征(叶奕乾等,1997)。

个性心理特征是指一个人在心理活动中经常表现出来的、稳定的心理特点。它主要包括气质、性格和能力。其中以性格为核心。性格决定对待活动的态度,能力标志活动的水平,气质表现一个人的活动风格。个性心理特征影响着个体的举止言行,反映出一个人的基本精神面貌和意识倾向,集中地体现了人的心理活动的独特性。

个性心理是在个体社会化过程中逐步形成的。所谓个性的社会化过程,就是个体掌握和积极再现社会经验从而形成自己的个性心理品质的过程。人的心理素质,就是指一个人的个性心理结构和品质。素质(Quality)作为现代素质教育理论中的概念,是指以个体先天禀赋为基础,在后天环境和教育的影响下,通过人的实践活动而形成的内在的稳定的身心结构的能量。人的素质主要包括思想道德素质、文化科学素质、身体素质和心理素质。那么,什么是人的心理素质呢?根据心理过程结构的二分法理论和现代心理学的研究成果,我们把学生心理素质定义为一个由心理能力素质(智力因素)、心理动力素质(人格素质)和身心潜能素质三个亚系统交互作用的、动态同构的自组织系统(图1-1)[①]。

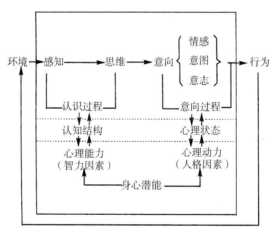

图1-1 心理素质的结构-功能模型

在反映客观事物的认识活动中,学生通过构建认知结构、掌握技能和学习策略,逐步形成一系列稳固的心理能力。学生的心理

[①] 张履祥、钱含芬、葛明贵等:《应用心理测量学——智力·人格·心理素质教育》,3页,合肥,中国科学技术大学出版社,1993。

能力素质即智力因素,是以抽象逻辑思维为核心的,认知智能、操作智能和社会智能的有机综合。在改造客观世界的意向活动中,学生通过积极的心理状态、动机概括化和定型化,逐渐形成稳固的心理动力系统。学生心理动力素质即人格因素,是指个性心理结构中除智力因素以外,影响智力活动和智力因素发展的那些具有动力作用的个性心理因素(特征)。主要包括个性意识倾向性、气质和性格。人的心理素质,是在身心潜能素质的基础上,在环境和教育的影响下,通过实践活动而形成的个性心理结构和品质。它是智力因素和人格因素的有机统一。

普通心理学是心理学的基础学科和总学科。它研究心理学的基本原理和正常成人心理现象的一般规律。综上所述,本书参照下列结构(图 1-2)来安排普通心理学教学内容,探索心理活动的普通规律。

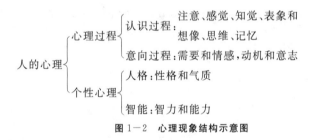

图 1-2 心理现象结构示意图

三、心理活动的整体性

现代心理学认为,人的心理现象结构是一个由心理过程和个性心理交互作用构成的,多功能、多水平、多层次的纵横交错的立体网络结构。系统论认为,系统内多种因素之间存在着特定关系,而更为重要的是相互作用、相互制约的关系。系统结构是功能的载体,功能是系统整体属性。人的心理活动具有高度的整体性。

首先,认知过程是一个完整的信息加工系统。认知心理学把认知过程(注意、知觉、表象、记忆、概念形成、推理、问题解决、思维等)理解为信息的获得、贮存、加工和使用的过程。他们在一些研究中,具体模拟了概念是如何在感性的基础上形成的,问题解决和逻辑推理是如何进行的,以及表象在概念的形成、思维中的作用等等。认知心理学是以认知为主要对象的。但它并不局限于认识的范围。它不但把从低级感知到高级的思维当做一个不可分割的连续的整体,而且也试图把认知因素和非认知因素结合起来[①]。认知心理学强调把各种认知过程作为一个整体,进行综合分析。例如,由于认知心理学把知觉看做是对刺激信息的组织、解释和确定其意义的过程,因而认为,影响知觉的因素不仅有记忆、推理、思维等高级认知过程,而且还受到人的需要、动机、情感、意志等意向过程的影响。这样,知觉研究就超越了感知的范围。

其次,表现在人的实践活动中,认识过程和意向过程是紧密联系、相互作用和相互制约的。认识活动和意向活动,是人的统一的心理活动不可分割的两个方面。意向活动总是在认识指引下的意向,需要和情感、动机和意志是在认识基础上产生的;认识总是在意向主导下的认识,意向活动对认识过程有巨大影响。但就整体来看,在认识和意向的对立统一的矛盾关系中,意向一般总是矛盾的主导方面。在人的整个心理活动中,思维占有核心的地位。因为有了思维,才有意识。由于有意识,人才有自觉的、有目的的行动。这是人区别于动物的本质特征。

第三,人的个性具有整体性。个性是一个统一的整体结构,是人的整个心理面貌。每一个人的个性倾向性和个性心理特征并不是孤立的,而是相互渗透和相互影响的,个性心理特征受个性倾向性的调节;个性心理特征的变化也会在一定程度上影响个性倾向性。

学生心理素质,是指学生活动中经常表现出来的稳固的个性

[①] 《朱智贤全集》第5卷,77~86页,北京师范大学出版社,2002。

品质。在心理素质结构系统中,智力因素和人格因素既有其独立的结构和功能,又是彼此制约、相互渗透和相互制约的。智力因素的发展会促进人格因素积极特征的发展;反过来,人格因素的积极特征又会促进智力因素的不断发展,正是由于智力因素和人格因素的交互作用,从而表现出心理素质结构的整体性。

第四,心理过程和个性心理也是相互作用、相互制约的。人的个性是在心理过程的基础上逐渐形成和发展的;同时,已经形成的个性心理特征又表现在心理过程之中,影响着心理过程的性质,使人的心理过程总带有个性的色彩。

根据心理结构的二分法理论,智力和能力属于认识活动的范畴,它是由认识活动的一系列稳定特点所构成的;非智力人格因素属于意向活动范畴,它是由意向活动的一系列稳定特点所构成的。

智力因素构成活动的执行-操作系统,发挥着反映事物的认知功能;人格因素构成活动的动力-调节系统,发挥着定向、维持、强化、定型的调节作用。学生的学习活动受多维心理结构的控制,是智力因素和人格因素协同活动的结果。心理素质是一种基础素质、核心素质,它不仅制约着身体素质的提高,而且是思想品德素质和科学文化素质得以形成的核心机制。学生已形成的心理素质结构,既是环境影响和教育作用的结果,同时,又是学生整体素质教育的出发点。总之,心理活动整体性原理,可以帮助我们理解心理素质及其结构优化对于促进人的素质整体发展的重大意义。

第二节 心理学的任务

心理学的产生是适应人类自身不断发展的要求,同时也是适应社会实践活动的需要,并且在社会实践活动中得以不断丰富、完善和发展的。心理学研究对象的性质决定了心理学研究任务的复杂性与综合性。

从心理学的研究对象来看,人的心理活动是受他的生物学特征和环境条件的差异共同制约的。因此,心理学的学科定位就处在自然科学与社会科学之间,是一门边缘交叉科学。心理活动的生理机制以及人如何接受、加工、贮存和提取信息的过程,当属于自然科学性质。而涉及心理品质的发展以及心理特征的形成,却离不开一个重要方面即实践活动,这一过程总是在一定的社会环境中进行的,社会团体的心理特征及氛围本身就是心理学的研究内容,所以,心理学又具有社会科学的性质。心理学的这种边缘交叉学科的特点,要求心理学工作者必须加强学习,完善自己的知识结构,同时也使得心理学家的类型有所侧重。

任何心理学研究的重心,不是基本理论、基础知识,就是实际应用,或者是两者的混合。基础研究带有抽象、理论的色彩;应用研究强调解决实际领域的问题;两者都是学科发展所必需的。因此,心理学从任务上讲,是一门综合研究学科,有其重要的理论意义和迫切的现实意义。

一、心理学的基本理论任务

心理学的研究对象是心理现象。因此,心理学的基本任务就是揭示心理现象的实质,弄清心理现象产生、发展、变化的规律,以便在社会实践活动中运用这些规律,提高实践活动效率。同时,揭示心理的实质,可以丰富和发展认识论尤其是辩证唯物主义的基本原理,具有理论上的价值意义。

心理学首先要告诉人们,其研究对象——心理现象是客观存在的,这是心理科学存在的前提和基础。因此,对心理存在的事实的揭示便成为心理学的基本任务之一。我们要在质上和量上确定心理生活的具体事实,做出定性的描述和定量的分析。一种现象若不能描述和测量,便不能被理解和控制。例如,心理学中有关自我控制力的观点。这种观点揭示,每个人都想有自觉的控制力,这是一种基本动机。若这种努力受到阻碍,则会产生愤怒、攻击等情绪反应。事实情况如何,是否客观存在呢?我们可以从一个4岁的孩子想自己拉上外衣的拉链,家长忍不住来帮忙,换来的可能是愤怒这个事例来证实它。这里确实存在这种现象,是从质上规定之,而孩子愤怒反应的强弱则是量上的差别。任何心理现象我们都可以在质和量两个方面给予确定。

其次,我们必须了解心理现象产生的内外部原因以及内部的工作机制。这是心理学的又一基本任务。任何心理现象都不是无缘无故地产生的,总有其原因。心理学就必须探讨原因与结果之间的关系,找到其间的因果联系或其发生、发展规律,以便于我们适时地激发、控制或利用之。例如,小学生受到表扬就高兴,那么在什么时候表扬、采用什么形式表扬,对小学生的学习有最大促进呢?为什么人受到赞扬就愉快,其内在的心理运动机制如何,内部神经过程究竟发生了什么变化,这些神经过程的变化还与什么刺激有关。诸如此类的问题,便是心理学的基本任务。

第三,心理学研究还要揭示心理现象的实质。这是心理学研究深化与提高的需要。心理的本质问题涉及身心关系、心物关系,科学地揭示其间的关系,有助于我们认识心理学与哲学、遗传学、生理学等学科的关系,有助于确立心理科学的科学地位和价值,充分发挥心理学的理论意义。正如列宁所说:"心理学提供的一些原理,已使人们不拒绝主观主义而接受唯物主义。"[1]

因此,从心理学的基本任务来看,我们又可以将心理学定义为研究心理事实的特点及心理现象规律和心理的本质的科学。

二、心理学的应用任务

任何科学研究,均有目的。从实际应用的角度来看,心理学的目的非常明确:运用心理学原理,促进各行各业工作、生产、劳动效率的提高。社会实践向人们提出了许多现实的问题和要求,需要科学工作者给予科学的回答和解决。近年来,随着科学技术的迅

---

[1] 《列宁全集》第1卷,396页,北京,人民出版社,1955。

猛发展,社会生活节奏的普遍加快,人们面临的心理学性质的问题更加普遍,另外,邻近学科的不断分化与发展,也向心理学提出了挑战。这些,不仅促进了心理学的更加深入人心,推动心理学的研究的丰富,同时,也使得心理学的学科分支逐渐增多,呈现出一派欣欣向荣的繁荣局面。

由于人的一切活动都是在心理活动的调节支配之下进行的;又因为社会实践活动的范围日益扩大,因而,心理学的应用领域也随之扩大。心理学就在这种不断分化与整合的过程中实现着自己的应用价值,形成着一个又一个的分支学科。

普通心理学是心理学的基础学科之一,它概括总结各分支学科的重要研究成果,上升为最一般的心理基本理论知识。从其研究对象来分析,它主要研究正常成年人的心理;从其研究内容来看,它研究心理活动的基本原理和规律。其中既有低级心理现象(如感知觉、表象等),也涉及高级心理过程(如思维、情感意向等)。普通心理学为其他分支学科的学习与研究提供前提和保障,是学习和了解心理学的入门学科。因此,普通心理学又常常被称为心理学概论、心理学导论、心理学原理及基础心理学等。普通心理学中,随着研究的深入发展,又衍生出许多子学科。从形式上可分:专门探讨心理的实质,揭示心理研究的理论意义的理论心理学;研究心理学学科成长发展历程的心理学史;从生理解剖及化学变化角度来研究心理现象的生理心理学等。从内容上可分为:感觉心理学(其中还可按研究的对象再分为视、听、嗅、味、触摸觉等心理学)、知觉心理学、注意心理学、表象心理学、想像心理学、思维心理学、记忆心理学、情感心理学、意志心理学、能力心理学、人格心理学等等。

实验心理学也是心理学的基础学科之一。它是以科学的实验方法来研究心理现象,探求心理规律的一门学科。从广义上讲,凡是采用实验方法来研究心理现象的,都可以称之为实验心理学;狭义上理解,实验心理学侧重于心理实验原理、设计、方法技术、仪器操作等方面的论述与说明。心理学正是由于采用实验方法,才从哲学怀抱中挣脱出来,成为一门独立的学科。一位心理学工作者可以对心理学的任一领域、任一分支特别感兴趣;可以专门从事儿童心理、教育心理、医学心理,或知觉心理、思维心理,以至于社会心理的研究,但是,如果他想成为一个真正严格的科学的心理学工作者,他就必定要很好地掌握实验心理学的研究内容和方法,了解应当如何科学地考察心理和行为的规律(杨治良,1988)。

当代实验心理学的发展,在研究的理论、方法技术手段及内容上都已取得长足的进步,研究触角已渗透到人类全部生活的各个领域,并以越来越多的研究成果,支撑着心理学的科学体系大厦。

发展心理学,研究心理的种类和人的心理的个体发展的学科。前者叫比较心理学,从比较中确定动物心理与人的心理的联系和区别,从而正确认识人的心理的实质。后者称毕生发展心理学,就是要研究个体心理发展各个阶段各方面的矛盾与变化,为实施针对性教育和训练提供理论依据。毕生发展心理学按照人生的阶段,分成婴儿心理学、幼儿心理学、儿童心理学、少年心理学、青年心理学、成年心理学、中年心理学以及老年心理学等。

社会心理学是研究个体与社会环境交互作用中的心理现象及其规律的学科。它侧重于个人与社会的相互关系、人与人之间的相互交往中的心理现象,从而协调个人与社会、人与人之间的关系。例如民族心理、团体内的心理氛围、心理相容、社会认知、人生价值与信仰等。社会心理的研究,有助于良好集体气氛的形成、群体间及群体内部信息的宣传与沟通以及社会适应。

劳动心理学,研究人在劳动过程中发生的心理活动及其规律的科学。诸如劳动者的心理素质结构、劳动环境心理、提高劳动生产率的心理因素和条件等。劳动心理学包括工程心理学、工业心理学、企业管理心理学等分支。

例如,在现代自动化生产的条件下,要求劳动者准确、及时地监视、控制、分析操作台上的各种仪表和指示信息。而如何设计这些仪表和信息才能适合劳动者的心理特点,劳动者在操作这些设备的心理反应是什么,如何做到人机系统的合理匹配,使人在安全有效的条件下从事工作,这些都是劳动心理学的研究任务。

领导与管理心理,是研究有效领导者的心理特征及有效管理过程中的心理现象的学科。目的在于用科学的手段实施领导和管理活动,充分调动员工的工作积极性,提高劳动生产率和工作绩效。现代心理学的研究已经证明,实施以人为本的管理理念,充分信任和尊重员工,给他们以情感关怀,有利于工作的开展。

消费心理学,这是研究消费活动中的心理规律和行为特征的学科。商业企业若能了解消费者的需要,实施针对性的广告宣传策略,便可以提高商品的竞争力,促进商业活动的成效。消费者(顾客)的消费行为,一般都经历了消费需要→消费动机→消费信息的认知→消费行为决策→实施消费行为等几个环节。在这个过程中,顾客的心理特点如何、不同类型的顾客群体又具有什么特征等,都属于消费心理学的研究内容。

体育运动心理学,研究体育训练和运动竞赛中的心理现象及其规律。它帮助体育运动员了解体育运动技能形成的一般规律及影响因素,掌握克服竞争所带来的紧张心理与焦虑的调节方法。在当代体育竞技水平差距日益缩小的条件下,维持良好的竞技心理状态,是在比赛中获取胜利的重要条件。世界各国都比较注重体育运动员的心理训练。

军事心理学,是研究战争中人的心理活动及其对军事行为影响的学科。现代高科技战争急需一大批心理素质过硬的军事指战员,以便在军事心理战的条件下,打赢战争,维护国家的安全和稳定。

司法与犯罪心理学,是研究违法犯罪行为以及处理违法犯罪行为过程中的心理问题的学科。它包括对罪犯的犯罪动机的研究、违法犯罪者的心理特征、侦察及审讯(判)过程中的心理战术策略研究、罪犯改造心理学等。

缺陷心理学,研究具有生理和心理缺陷隐患者的心理活动规律。它包括盲人心理学、聋哑心理学、智力落后心理学等。研究这些异常心理活动的规律,可以加深对正常心理的认识,同时,有利于治疗和教育训练。

医学心理学是心理学与医学相交叉的产物。它主要研究心理因素在疾病的发生、诊断、治疗和预防中的作用。心理因素既是致病原因,又是治病的不可缺少的条件。因此,传统的生物医学模式已向现代的心理行为医学模式过渡,强调建立良好的医患关系,认真学习护理心理,切实维护患者的身心健康。

总之,心理学的应用领域十分广泛,并不仅仅局限于以上所列的这些学科。现实需要心理学,心理学也必须从实验室中走出来,投身现代化建设,为社会政治、经济发展、为社会的安定团结、为人类自身的不断完善与发展服务。

三、心理学与学校教育

心理学与教育的关系最为密切,它们交叉的结果便产生教育心理学这个分支学科。

教育心理学,是研究学校教育过程中的各种心理现象,揭示教育与心理的相互关系的学科。它的内容主要涉及学生思想品德的形成、知识技能的掌握、个别差异与因材施教以及教师心理等几大块。教育心理学的研究直接关系到我国当前的教育改革、人才的培养及选拔,因而具有极大的应用价值。教育心理学依照研究的侧重点又分为品德心理、学习心理、学科心理等。

心理学与学校教育的研究都涉及活生生的人,两者的目的都是为了更好地促进人的发展,促进实践活动效率的提高,这是两者的共同点。它们之间的密切联系表现在:一方面,心理学是教育的理论依据之一,心理学的知识将有助于教师更加准确地认识学生,了解学生的情感体验方式和行为活动特点,从而做到因材施教,搞好教育教学工作,取得事半功倍的效果。另一方面,教育实践又向心理学提出了大量的新颖的实践课题,成为推动心理学理论发展的强有力的动力之一。

首先,心理学的知识有助于学校教育工作者准确认识学生的心理和行为特点,从而正确解释学生的行为表现。许多心理学的研究方法可以被教师所借用,来了解学生、解释学生的行为。比如,通过社会测量法,可以了解学生在班级中的人际关系特点和人际关系能力;通过记忆测验,可以较准确地描述学生的记忆品质特点;运用心理健康问卷,可以了解学生的心理健康状况。当然,我们也可以运用个性测验,把握学生的个性差异,这些都是我们搞好教学工作、进行有效教育的前提。

其次,心理学的知识还可以帮助教师预测和控制学生的行为倾向,增加教师的教育艺术。比如,通过能力倾向测验,我们可以知道学生的能力差异及发展潜力,给学生提供有效的针对性的措施,促进学生自我潜能的发挥;对不同个性特点的学生,我们可以采用各不相同的方法进行教育,收到异曲同工之效;一个懂得心理学的教师,更容易成为学生的知己、朋友,他可以了解学生的内心世界。只有知己知彼才能百战不殆。很多优秀的教育工作者都自觉或不自觉地运用心理学知识,贴近学生,了解学生,矫正学生的不良品质,促进学生健康成长。

再次,心理学知识亦是教师进行教学改革、提高研究素质和能力的必备条件。20世纪60年代以来,世界上一些科技发达国家掀起了教育改革与教育实验热潮。我国也不例外,在当前创新教育、素质教育的热潮中,教师要提高自己的科研意识、优化自己的知识结构,提升自己的科研素质和能力,向研究型、开拓创新型教师的目标迈进,就必须进行教育教学改革,教会学生"学会学习"。

如果没有心理学尤其是教育心理学的知识和技能，教育教学改革就是一句空话，因为那是在不了解学生的情况下进行的。提高学生素质，首先就必须围绕学生心理素质结构的优化而展开。因为一个人的整体素质中，心理素质是核心机制。

此外，心理学知识还有助于学生的自我教育和训练，达到激发学习动机、强化学习行为、提高学习效果的目的。学生可以通过心理学了解自己，意识到自己的长处和缺点，并按照心理学的原理和规律，自觉地调整自己的心理状态，可以遵循心理学的方法和技术，自觉维护自身的心理健康；可以贯彻心理学的要求，约束自己的言行，锻炼自己的品格。

总之，作为教育工作者，学习和掌握心理学知识，有着非常重要的意义。

第三节　心理学的方法

一、心理学研究的方法论基础

任何科学研究都是在一定的指导思想下进行的。研究者自觉或不自觉地奉行的指导思想就是方法论。心理现象是非常复杂的，因此，心理学研究中的方法论尤为重要。总的来说，心理科学研究的指导思想就是辩证唯物主义。

坚持唯物辩证法思想研究心理学，首先必须贯彻实事求是的原则，也就是要求研究者必须按照客观事物的本来面目予以揭示。对心理学研究中的现象做到不夸大、不主观臆测、不随意歪曲。要尽量采用客观的研究方法，如实地记录刺激变化以及研究对象的心理活动变化和外在行为活动变化，确定有效的指标去探明现实与心理、心理与行为以及心理活动的内容和形式上的关系，找出心理活动的规律。

贯彻实事求是的原则，要求研究者不能被虚假的表面现象所迷惑，要善于透过现象抓本质。只有真正揭示了心理现象的本质和规律,才真正达到了科学研究目的。这样的知识才是科学的水平。

坚持唯物辩证法思想研究心理学,其次必须贯彻整体性原则。就是要将心理现象放在其产生的环境条件中来看待,要将某一心理现象纳入到人的整个心理活动体系中去;视心理为一动态的整体结构和发展过程。综合的观点是唯物辩证法关于事物间普遍联系观点在心理学研究中的运用。心理现象的产生总是和它所面临的外部环境、机体状况以及反应活动紧密地联系着,割裂开刺激变量、机体变量以及反应变量之间的关系,孤立地研究心理现象是肯定行不通的。

贯彻整体性原则,还意味着要将心理现象放在它产生、发展、变化的完整过程中进行探讨,要兼顾其历史发展进程。也就是要用发展的观点去研究心理现象,要区分不同阶层、不同水平、不同层次的心理,按照发展的顺序去要求他们,去认识他们。这一点在对研究对象的心理进行定性研究时必须注意,要用发展的眼光审视,不能"一棍子打死"。

贯彻整体性原则,还要求研究者要确保研究对象身心的完整性,不能做有损于研究对象身心的研究设计。尤其在进行青少年心理研究时更应当时刻注意提醒自己,因为青少年的心理正处于发展成熟之中。这个道理极其简单,却往往为研究者所忽视。

二、心理学研究的基本步骤

从本质上来说,指导思想是一种哲学观念。在一定的指导思想作用下,研究者还必须掌握科学研究的一般方法,这就是各种科学研究方法、策略与步骤的概括或称科学方法论。而科学的方法论是一种精密化了的普遍方法。就其一般的形式来说,科学的方法论表现为一定的研究程序。

心理科学的研究和其他一切科学研究一样,也遵循着选择课题与提出假设、设计研究方案、搜集资料、整理与分析资料、解释结果与检验假设等五个基本步骤。这是一个循环往复的过程,参见图1—3。

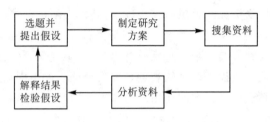

图1—3 研究程序图

科学研究始于观察。在观察中发现问题,产生疑问,再根据研究者的知识水平尝试对之作出解释或解决,这便是研究的第一步。为了有效地验证假设,研究者必须周密考虑,合理安排,制定出切实可行的研究方案,下一步便是执行方案、搜集相关的事实资料。采用适当的方法将搜集到的资料加以整理、分类,是科学研究的重要一环,这里统计分析方法是非常必要的,通过统计分析,一方面简约原始资料,使之一目了然;另一方面检验各类资料的关系,发现其间的本质或非本质联系。对结果的解释实际上就是对原先假设的检验,如果假设得以验证,这个结论的可信度就提高了;否则,假设就被否定。必须注意的是,心理学的假设检验不是一次性的,必须不断加以检验,能被重复验证的假设,才可能上升为理论。

三、心理学研究的具体方法

心理学研究经常采用的有三种类型,即因果关系研究、相关研究以及个案研究。围绕三种类型的研究,有许多具体的研究方法,它们都各有其优缺点,可结合具体研究课题选择使用。

观察法,是在自然条件下搜集被观察者的资料,以了解其心理和行为的一种方法。如观察学生在课堂上的表现,可以推测其学习态度、学习动机以及注意力品质等。观察法一般用于以下几种情况:

(1)对所研究(观察)的对象无法加以控制;

(2)在控制条件下,可能会影响某种行为的出现;

(3)由于社会道德的要求,不能直接对观察者进行控制。

采用观察法研究心理,首先要求有明确的计划(包括观察的目的、要求、次数等);其次应做好尽可能全面细致的记录,除文字记载外,还应充分利用现代化的手段作全方位的记录,以备日后的分析以及反复观察之用;第三要善于分析记载下来的资料,力求客观而非武断地得出结论。近20年来,有些生态学家在自然状态下,利用各种现代化的观察设备,对各种野生动物的生活环境、习俗特点进行了长达1～2年的观察,为研究动物的行为和心理积累了宝贵的资料。

观察法可以按观察者是否直接参与被观察者所从事的活动划分为参与性观察和非参与性观察。前者是观察者以小组或团体成员的身份直接参与团体活动,在参与活动过程中进行隐蔽性研究观察;后者是观察者以"旁观者"的身份,可以公开也可以秘密地进行观察。

观察法的主要优点是简便易行,所获得的资料比较真实。其主要缺点是观察资料的质量容易受观察者的能力和其他心理因素的影响,并且观察到的资料数量有限,往往很难做出概括性的结论。因为要获得足够的资料,往往需要很长时间的等待。此外,观察者在观察过程中较为被动。为了克服这种弱点,便出现了有控制的观察,即实验法。

实验法,是在控制的条件下对某种心理现象进行观察的方法。在实验中,研究者可以主动创设或改变一定的条件,以引起研究对象某种心理活动,从而进行研究。由实验者主动操纵变化的条件称之为实验变量(自变量),由实验变量引起的某种特定的反应称为反应变量(因变量),除实验变量之外,一切能够影响因变量的条件和因素就叫控制变量。实验法实质上就是研究者系统地控制和变更自变量，客观地观察因变量，然后考察自变量与因变量关系的过程。

用实验法研究心理学问题，必须设立实验组与控制组，并使这两个组各方面的条件大致相同；对实验组施以实验变量处理，对控制组则不施加实验处理，考察比较这两个组的反应以确定自变量的效果。实验法的价值就在于它对变量的精确的控制以得出可靠的量化结果。从而不但能揭示心理问题，而且还能找到心理问题的因果联系，回答"为什么"。

实验法一般分为实验室实验法和自然实验法两类。前者是借助于专门的仪器设备，在对实验条件严加控制的情况下进行的，它主要承继了自然科学实验的特点。其基本程序是：

(1)确定研究问题，并提出假设；

(2)选择被试，设计研究方案计划；

(3)进行实验设计；

(4)安排实验进行，充分利用仪器设备记录条件与反应的变化；

(5)分析实验结果，找出其间的因果关系。例如，心理学家L.Lange通过实验证明，不同的心理准备，其反应时不同。感觉准备比运动准备的反应时平均慢100毫秒。

实验室实验对于研究动物心理、认知过程和心理的生理机制意义重大。通过严格控制的条件，可以获得精确的数据，分析出确切的结果。其主要缺点是研究情境的人为化，容易引起被试的紧张，同时也因与现实的一定差距而在推广应用实验结论时受到一定的限制。

自然实验也叫现场实验，在某种程度上克服了实验室实验的弱点，它是在实际生活情境中对实验条件适当控制所进行的实验。例如在条件相似的两个班级，采用不同的教学方法观察比较教学结果，说明哪种教学方法好。自然实验法运用于教育过程中，不仅

可以了解学生心理发展水平的现状,而且更可以考察某一教育因素、措施对学生学习的影响。其一般程序是:

(1)前测;
(2)设置等组;
(3)施加实验处理;
(4)后测;
(5)比较分析。

现场实验的优点是把心理研究与日常工作、学习、劳动等实践活动相结合,研究的问题来自现实,具有实践价值。其缺点是容易受无关因素的影响,难以得到精密的实验结果。

测验法。在当代心理学中,测验是一种重要的研究工具。它主要用于了解、评价各种能力、兴趣、态度和成就的差异,因而也就有了能力(智力)测验、兴趣测验、态度测验以及成就测验之分。心理测验按测验规模可分为团体测验与个别测验,按形式可分为文字测验与非文字测验。心理测验法的基本程序为:

(1)针对研究问题,初步制定测量工具;
(2)对测量工具进行标准化工作;
(3)正式测验;
(4)分析统计测验结果,做出结论。

运用心理测验法,必须注意测验的信度和效度问题。只有按科学程序严谨地编制出来的心理测验量表,才能有效而可靠地测量出人们的心理品质。同时,我们对测验的局限性也必须清醒地认识。测验研究只要求评价解答测验的结果,而同一结果可能通过完全不同的心理途径来达到。因此,既要注重结果,又必须关注对结果有某种影响的许多条件如被试者的态度、心境等,要结合过程和结果来评定测验的成绩。

个案法,是由医疗实践中的问诊方法发展而来的一种古老的方法,它通过搜集单个被试各方面的资料以分析其心理特征。搜集的资料包括个人的生活史、家庭关系、生活环境等。例如,我们通过个案分析,可以了解家庭破裂对孩子心理发展的影响。

个案法有时和其他方法(如观察法、测验法、历史文献分析法等)配合使用,这样可以搜集更丰富的个人资料。其优点是能加深对特定个体的了解,有利于教育工作与因材施教。其缺点是所搜集的资料往往缺乏可靠性,例如,个人写的日记、自传等材料会因为自我防卫而失真,或因记忆误差或情感好恶而错误。因此,个案法常用于提出理论或假设。

模拟法。近年来,由于计算机科学的发展,心理研究中出现了一种新的方法,即模拟法。模拟法是根据所掌握的研究对象的已有知识,建立一个与研究对象相类似的模型,通过对该模型的研究以探索心理活动规律的方法。最常用的是编制一个可输入计算机的程序来模拟所要揭示的心理规律。

模拟法的优点在于,它以数学的严格规律来呈现研究的客观性和准确性,来检验研究假设和实验程序是否符合严格的数量化规律。其缺点则在于,模拟与心理现象之间不可能完全相似,计算机毕竟不同于人脑,因此,通过模拟得出的结论可能由于过分的简化而导致对原型的歪曲。

四、当代心理学的研究取向

自 1879 年科学心理学诞生以来,心理学家们曾从不同的角度,运用不同的理论去揭示心理活动规律,迄今,形成了以下五种观点,代表了现代心理学的主要研究取向。

生理心理学观。采用这种研究取向的心理学家关心心理与行为的生物学基础,把生理学看成描述和解释心理功能的基本手段,认为我们所有的高级心理功能都和生理结构尤其是大脑的功能有关。他们关心的问题是:(1)脑功能的定位;(2)心理免疫学;(3)遗传在行为中的作用。

在学习和记忆领域、动机和情绪领域,生理心理学的研究取向获得了相当大的成就。例如神经生理学家对条件作用的学习已经提出了单个细胞的解释,用微电极刺激动物下丘脑不同部位会引起动物不同的情绪反应等。

人脑是宇宙间最为复杂的结构。我们目前了解到的脑活动与心理活动之间的关系,大多来自对动物和脑疾患者的研究结果。因此,单凭生理学观点来研究心理现象,显然是不妥的。

行为主义心理学观。这种观点最早由华生于20世纪初提出。与生理学观不同,它主要关心环境对人的行为的作用,而不关心有机体的内在的心理过程和机制。行为主义强调:人是环境的产物,行为可以通过学习和训练加以控制,正是学习和经验决定了一个人成为什么样的人。行为主义关心的问题:

(1)在什么条件下某种行为能发生;

(2)不同刺激对行为可能有什么影响;

(3)行为的结果怎样影响后继的行为。

20世纪50年代以后,行为主义的研究在某些应用领域(如程序学习、行为治疗、生物反馈等)产生了较大的影响。

心理与行为虽然有着密切的联系,但心理与行为毕竟是不同的。因此,严格的行为研究并不能揭示心理学的规律。

信息加工心理学观。现代的认知观点部分是对心理学中的认知研究取向的回归,但它不是根据内省法而是采用客观的方法来研究认知。其出发点是将人脑与计算机进行类比,将人脑看做类似于计算机的信息加工系统。

信息加工心理学观点的主要方面表现在:

(1)研究行为的内部机制,即被行为主义所忽视的意识或内部心理过程;

(2)将心理过程理解为信息的获得、贮存、加工和使用的过程,即经历一系列连续阶段的信息加工过程;

(3)以客观的方式进行研究,而不是只根据个人的内省报告。

这种研究取向在人类的认知过程、智力发展、情绪和心理治疗等领域取得了相当大的进展。

精神分析心理学观。弗洛伊德是其早期代表。他认为,人类的很多行为是由潜意识过程支配的,而不是人们所意识到的理性的理由。因此,他强调对人的潜意识即个人没有知觉到的然而却影响着行为的那些冲动和欲望的研究。人类总是不断地与控制人类本能冲动与欲望的社会力量相对抗。

许多心理学家不赞同弗洛伊德过分强调潜意识动机的观点,却同意个体有不能充分知觉到的认知活动,如近年来的内隐记忆研究。

人本主义心理学观。在人本主义心理学家看来,我们每一个人都有一种力求充分发展自己的潜能,有超过自己目前状况的基本需求;虽然每一个人都会遇到环境和社会的各种阻挠和障碍,但是人们的天性则是趋向于实现自己的潜能。人在争取需要的满足过程中,能产生人性的内在幸福感和丰富感,给人以最大的喜悦,这种主观的感受是对人的最高奖赏和鼓舞力量。

人本主义心理学强调,心理学应当研究自我的纯主观意识,着重探讨个体的自我知觉和自我对事件的解释;应当改变对一般人或病态人的研究而代之以健康人(自我实现者)的研究,总结他们的成功道路,从而找到发挥人的创造性的动机,展现人的潜能。

人本主义心理学是一门尚处在发展之中的理论,其许多主张还带有理论的性质,由于他们对自己所使用的名词缺乏明确的定义,也没有具体说明他们所采用的研究方法,因而还有待继续发展。

当代心理学存在的这几种观点,还没有哪一个成为强有力的研究范式。弗洛伊德学说被沿用至今,但由于缺乏实验研究基础未被广泛认可;行为主义不能把握复杂的心理过程,认知心理学虽然对高级心理过程感兴趣,但未涉及心理异常问题,等等。可以看出，这五种观点都是从各自不同的层面或维度对心理现象的探讨。人的心理是一个开放的动态系统，这就要求我们必须以辩证唯物论为指导，从这五种观点中吸收其合理因素，把它们综合起来，采用综合的观点来研究人的心理现象。这也是推动心理学发展、促进心理学成为规范科学的必由之路。

第二章　心理的实质

第一节　心理的发生与发展

一、心理现象的发生

心理现象是怎样产生的呢？首先要从物质的普遍属性，即反映谈起。列宁指出："假定一切物质都具有本质上跟感觉相近的特性，反映的特性，这是合乎逻辑的。"[①]所谓反映是指一个物体受到外界的影响，就以某种状态的改变来回答外界的影响。反映是物体相互运动的结果，在反映过程中，往往是一种物体状态的改变可以把另外一种物体的特性再现出来。例如，用脚踩在沙子上，会留下自己的脚印，即沙子形状的改变再现出脚印。

反映随着物质本身发展水平的不同而具有不同的形式。物质经历了从低级形式向高级形式的发展，反映也同样经历了从低级形式向高级形式的发展。高级的反映形式是在低级反映形式的基础上发展起来的，它包含了低级反映的发展形式，但又以自己的本质特点区别于低级的反映形式。

宇宙间的物质，可以分为两大类：无生命的物质和有生命的物质。无生命的物质具有结构的、物理的、化学的反映形式，例如，物体位置的移动、摩擦产生热量、铁在露天环境里会生锈等等。有生命的物质，即生物，它和无生命物质的根本区别是感应性。

所谓感应性，是指生物以自己的活动或状态的变化对外界的影响作出反应，以维持新陈代谢进行的能力。恩格斯指出："刺激

[①] 列宁：《唯物主义和经验批判主义》，81页，北京，人民出版社，1971。

感应性——它已经包含在蛋白质和他的养料的相互作用中。"[1]例如,单细胞原生物变形虫遇到细菌、藻类等营养物质,就伸出伪足将其裹入体内,经过一定的生化过程,同化为自己的组成部分;如果遇到有害物质,它就缩回伪足向相反的方向运动。这种感应性使它保持同周围世界的平衡,以维持新陈代谢的正常进行。

在生命发展的不同阶段,感应性的表现形式和水平也各不相同。在植物界,绿叶植物的枝叶、花朵总是朝向阳光充足的地方,如向日葵;其根部总是向营养、水分充足的地方伸展。由于植物不能移动,它们对外界的感应性只能在一定的位置上进行,虽然它也能积极地作用于世界,但是与动物相比,这种感应性是相对低级的。

对于动物来说,即使是最低等的动物,如变形虫,其感应性也比植物复杂得多。生物学家通过观察发现,一个变形虫就是一个细胞(如图 2-1),它是一团形态不固定的原生质。胞体向不同方向伸展的长短不同的突起,叫伪足。变形虫虽然是最低等的动物,

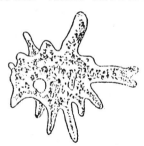

图 2-1 变形虫

但是其感应性有较高的水平。其表现有以下几方面:

(1)趋利避害;

(2)饱食后对事物不再反应;

---

[1] 《马克思恩格斯选集》第 3 卷,122 页,北京,人民出版社,1972。

(3)对温度、光、点等多种刺激有反应;
(4)对刺激有适应性反应。

和变形虫相比,草履虫不仅在结构上复杂得多,而且对外界刺激的反应也更加灵活。研究证实,草履虫不仅能趋利避害,对维持生命机能的生物性刺激作出反应,而且能够对与维持生命机能无关的刺激发生反应。一些研究还证实,草履虫甚至具有对刺激能够形成初步的暂时神经联系的倾向。

一个物体具有了感应性,只能表明其有生命,还不能确定其有心理。因为心理发生的标志是信号性反应,信号性反应是指能够建立条件反射。当动物能够把一个刺激变成另一个刺激的信号,我们就说它不仅具有生命,而且还有了心理。心理是在生物发展到一定水平(即神经系统的发展)后才产生的。有些具有网状神经系统的生物,不能形成条件反射,所以,它们还没有心理。例如,水螅,它有散漫的、无定向的、网状的、无中枢的神经系统,它不能形成条件反射。目前研究证实,扁虫是最低级的能够建立条件反射的动物,也就是说,扁虫具有了心理。扁虫的神经系统出现了神经细胞团——即神经节(相当于脊椎动物的脑),而且在神经细胞之间有了单向传导的突触。比扁虫更为高级一些的动物,它们具有节状神经系统。凡是具有节状神经系统的动物,都能建立条件反射。例如,蚯蚓就是有节状神经系统的动物。

二、动物心理的发展

动物在进化过程中,其神经系统的结构和功能完善程度不同,它们的心理发展水平也不同。动物心理学家研究发现:动物心理从低级到高级的发展经历了三个阶段:感觉阶段、知觉阶段和思维萌芽阶段。

(一)感觉阶段

处于感觉阶段心理发展水平的动物为无脊椎动物。这种类型的动物只能对单一性质的刺激形成条件反射,即只能反映刺激的个别属性。

蚯蚓的神经系统就是梯形的(如图2-2)。身体的每一节中有一对神经节相互连接。纵贯前后的两条神经索形成腹神经索。在前端的几节中神经节有显著的集中,主要是接收来自集中在头部的各种受纳器官的球形纤维,这就是脑的雏形。头部神经节的发展,在神经系统的演化上称为发头现象,这显然与前端的地位有

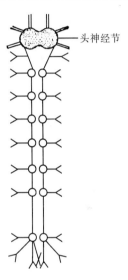

图2-2 蚯蚓的梯状神经系统

密切的关系,这样就使得在动物活动中经常最先接受外界影响的前端的生理阶梯由暂时的高水平,转变为永久的高水平。头部神经节的存在,使蚯蚓产生了各种感官的萌芽,如触须、刚毛和眼睛。这样,蚯蚓的反应能力大大提高,能够对多种刺激进行反应,初步具有了各种感觉能力。

蚯蚓的这种梯形神经系统和结构使蚯蚓有了形成暂时神经联系的机制。有人用蚯蚓做"T"形迷宫(如图2-3)实验。迷宫的壁是玻璃的,平放在一块厚纸板上,"T"形柄是迷宫的入口,向右转

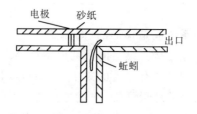

图 2-3 蚯蚓的迷宫实验

到达出口,向左转会碰到粗糙的砂纸,纸外装有电极,可给蚯蚓电击。经过 120~180 次实验,蚯蚓就学会了爬向右边而不再爬向左边;将迷宫的出口左右调换,结果,只用 65 次实验,蚯蚓就学会了对新的信号刺激形成反应。

从环节动物进化到节肢动物(如蜈蚣、蜘蛛、蜜蜂等),神经系统得到进一步发展,各种感觉能力也有所提高,行为变得更加复杂。在节肢动物中,昆虫的种类和数量最多,虽然它们的生活条件多种多样,体态和神经系统的解剖结构也有变异,但基本上是一致的。

节肢动物是动物界中种类最多的一门,其活动范围较之于无脊椎动物要更加复杂、广泛。其神经系统已经进化为索状神经系统,其脑神经比环节动物更趋集中。和环节动物相比,节肢动物已经发展了相当发达的和非常专门化的感觉器官。例如,昆虫头部的单眼和复眼就能够帮助它们获得复杂的镶嵌图像;而且,其嗅觉、触觉、味觉技能已经相当发达。例如,蜜蜂已经能够辨别 4 种光谱颜色,蝴蝶能够辨别红色,苍蝇的甜味感受性是人类的 20 倍,蟋蟀会利用声音来寻找配偶等。

蚂蚁、蜜蜂和蜘蛛等昆虫是典型的无脊椎动物,它们只有感觉这种心理现象。例如,蚂蚁在打仗时,仅凭气味来分辨敌友。因为它们的触角是嗅觉器官,如果把它们的触角切断,蚂蚁就无法分辨敌友。蜜蜂区分敌友的方法也是如此,遇到气味不同的蜜蜂,就把它们咬死。蜘蛛也是凭单一刺激即振动作为信号来捕捉食物的。

当一只苍蝇飞行撞到了蜘蛛网,就有可能成为蜘蛛的美食;而当人用夹子夹住一只苍蝇,把它放在蜘蛛面前,但不去触动蜘蛛网(即不产生网的振动),这时蜘蛛不会有任何反应。

昆虫的身体大致分为三部分:头部、胸部和腹部。头部有较敏锐的感觉器官,胸部有足、翅,腹部无附肢。昆虫的神经系统更趋于集中,头部集中了庞大的神经节,胸部和腹部也各有一个大神经节,并形成一条神经索,称为节状神经系统。

(二)知觉阶段

处于知觉阶段心理发展水平的动物为低等脊椎动物。这类动物不仅能够反映刺激的个别属性,而且能够对刺激物的多个属性进行反映。

低等脊椎动物的形体一般是左右对称的,身体分为头部、躯干和尾部三个部分,体内有一条脊椎骨,因此而得名。在脊椎骨里有一条空心的神经管,这条空心神经管为神经兴奋的传递及神经组织与外界物质的接触提供了有利条件,从而使神经系统获得了向更为复杂、更为完善方面发展的可能性。

无脊椎动物发展到脊椎动物,是动物进化史上的一次重大飞跃。现代动物心理学家研究发现,鱼类、两栖类动物、爬行类和鸟类等属于低等脊椎动物,它们的心理发展水平处于知觉阶段。

在脊椎动物的发展过程中,水生的鱼类可能是较早得到进化的脊椎动物。和其他的脊椎动物相比,鱼类的大脑体积很小,也很不发达,小脑的发达与否则取决于鱼类的不同活动水平。鱼类具有多种感觉器官,对化学刺激的受纳面之广是其他脊椎动物所望尘莫及的。例如,尽管一些鱼类全身的表面,甚至胸鳍、尾等都有味觉受纳器等,它们也能够对一些刺激形成简单的条件反射,但是,它们仍然不能将这些受纳器所获得的信息综合起来进行分析,它仍然是一种本能的行为,行为的可塑性很差。

随着动物的进化,地球上开始出现了两栖类动物,它的出现标志着水生动物开始向陆生动物过渡。从两栖类动物开始,动物的大脑开始出现了两半球,出现了早期的原脑皮,但大脑皮质仍没有出现。两栖类动物与鱼类相比,身体更加分化,其感觉器官开始出现精细化,例如,两栖类动物的皮肤上已经出现了温点、冷点、触点和痛点,其行为也更加多样化,它们能够建立起条件反射,而且还能辨别物体的运动与形状,这说明它们能够开始对信息进行一定程度的综合加工。

从两栖类动物过渡到爬行类动物,标志着心理的进一步发展。和两栖类动物相比,爬行类动物的大脑和小脑更加发达,出现了真正意义上的大脑皮质。爬行类动物的诸如对化学、机械、温度、光等的感受性大为减退,但是,它们的味觉、嗅觉、听觉和视觉有了很大的发展。爬行类动物已经能够辨别黑色和白色,能够辨别一些简单的图形。它们的行为方式与两栖类动物相比已经更为复杂,它们能够适应地面、水下、树上的不同生活,它们能动、能走、能跑、爬行、游泳等,这些活动为它们提供了更多的经验,同时爬行类动物形成条件反射的能力大为提高,一些研究者利用爬行类动物进行的迷津学习的实验证明爬行类动物甚至已经有了联想式的记忆能力。

在爬行类动物的基础上,动物的演变向两个方向进行:一支在演化的过程中变成了鸟类,另一支发展成为哺乳动物。

鸟类的种类繁多,生态多样,神经系统高度发展,但大脑两半球还没有向皮层的方向发展,而是出现大脑的纹状体,这与它们的飞行方式是一致的。鸟类已经有了非常发达的感觉器官,它们的视觉器官相当发达,眼球结构复杂,视觉十分敏锐,能够辨别物体的形状和运动方向;同时,鸟类的听觉、触觉也相当发达,其听觉几乎发展到近似于耳窝的水平,能够依靠声音进行定位、求偶、占据地盘等多种活动。虽然鸟类有较复杂的心理,但其发展水平仍然处于知觉阶段。

(三)思维萌芽阶段

处于思维萌芽阶段心理发展水平的动物是高等脊椎动物。哺乳类动物的神经系统发展日趋完善。它们大脑两半球皮层有了相当的发展,并且开始出现了沟回。大脑不同部位执行不同机能也日趋明显。一般说来,大部分哺乳类动物的心理只是达到了知觉的高度复杂阶段,只有灵长类动物的心理发展到了思维萌芽阶段。属于灵长类动物的有黑猩猩、大猩猩等。由于灵长类动物的神经系统已经发展到非常完善的程度,所以它们的大脑不论在重量上、外形上和细微结构上都已经接近人脑。

哺乳动物的心理发展首先表现在感觉系统的发展。哺乳动物的视觉敏锐性虽然比不上鸟类,但是它们的视知觉水平却大为提高。实验研究表明,大白鼠可以区分三角形和圆形,能够学会走各种迷津,狗的知觉能力则更加高级,如警犬利用嗅觉分辨物体的能力。此外,一些研究者甚至发现,某些哺乳动物竟然具备了深度知觉能力。在用听觉方面,由于哺乳动物生活环境的不同,其听觉能力有很大的差异,大多数哺乳动物有很好的听觉能力,有的甚至非常敏锐,如犬科动物、猫科动物、海豚、海豹等。

除了感知觉能力的发展以外,灵长类的哺乳动物还发展了相当高级的学习和记忆能力,并产生了"观念行为"的萌芽。例如,有一个研究发现,生活于沼泽边缘地区的大猩猩甚至学会了用水清洗食物。

哺乳动物中的某些灵长目(如黑猩猩),它们的脑无论在重量上还是在质量上(如外形、细微结构)均接近人脑。在脑的重量上,它们的脑重量几乎达到成人三分之一的水平,它们的大脑有许多沟回,皮层细胞分层排列,投射区也比较精确。这些发展为它们脑的职能的高度发展奠定了基础。

许多观察和研究都表明,类人猿已经出现了智能行为,如前述的黑猩猩学会用水来清洗食物。目前研究者们认为,类人猿的智

能行为主要表现在以下几个方面:

(1)它们可以把某些细小的行为连贯起来,达到最后目的。例如黑猩猩可以学会用水灭火、叠加物体获取高处食物等;

(2)它们可以通过模仿来进行学习,只是它们模仿的往往不是动作的结果,而是动作的本身。例如,一只黑猩猩看到另一只通过叠加木箱子而获得食物,它也尝试叠加,但却不是在食物的下方,而是在任何地方进行;

(3)它们可以排除眼前刺激物的引诱而从事有"长远目的"的活动,例如,当将一只橘子放进一支细长的管子中,黑猩猩会用小棒将橘子从管子的另一头推出来而达到目的;

(4)可以利用类人猿的好奇心作为奖赏,使他们进行学习;

(5)它们不仅能够利用工具,在适当的时候还能够"制造"工具,如黑猩猩将细树枝折断作为获取蚁穴中蚂蚁的工具;

(6)它们在争斗中也会使用工具,有人在野外拍摄到一群黑猩猩用棍子和树枝击打一只模拟的机械豹(Kortlandt,et al,1965)[1]。

研究者们还发现,类人猿的语言目前已处于萌芽时期,从20世纪50年代以来,许多心理学家们就对这个问题产生了相当的兴趣,投入了许多精力。20世纪50年代初,美国心理学家基恩·海思和卡西·海思夫妇,花了6年的时间教会了小猩猩学会了"mama"、"papa"、"cup"、"up"四个单词,但是它们从来也没有学会真正的人类发音方式。此后,美国心理学家加德纳教小猩猩手势语,结果,几乎花了4年的时间才教会了77个不同的单词。这些研究和此后的其他研究都表明,类人猿的语言学习不能脱离具体的情境,无法实现由概念到概念的联想、判断和推理,更不能创造语言。这实际上决定了它们的思维水平只能停留在形象思维的低级水平,根本不可能进入到抽象逻辑思维水平。

---

[1] 黄希庭:《心理学导论》,61~62页,北京,人民教育出版社,1993。

三、人类心理的发生

万物之灵的人类,其进化发展是一个极为漫长的过程,在这个漫长的过程中,他们的心理现象也经历了一个由低级到高级、由简单到复杂的过程。虽然人类的心理和人类自身一样源于动物,但与动物相比却有着本质的区别。人类心理的发展,一方面遵循生物学的规律;另一方面,由于其他许多非生物因素在人的心理发展过程中扮演着更加重要的角色,因此,它又遵循其他动物所不具备的人类发展的规律。在众多的影响人类心理发展的因素中,劳动和语言是两个最为重要的因素。

(一)劳动的作用

恩格斯说:"劳动创造了人类本身。"可见,无论是在生理上还是在心理上,劳动都对人的发展起着决定性的作用。

劳动对于人类心理发展的影响,首先在于劳动促使人类能够直立行走,使人类逐渐摆脱了树居生活,开始并适应了地面生活,这些地面活动则进一步促使我们人类的智力得到进一步的发展,和动物之间的差别越来越大。和树居生活相比,人类获取食物、抵御自然灾害和防御敌害侵袭要困难得多,这就迫使人类开始更多地运用自己的双手,双手不仅用来进食和行动,而且更多的是用来进行其他的活动,如拿起各种物体作为自己获取食物、抵御敌害的工具。地面生活的另一个好处是,人类不再像树居生活时那样惧怕火,而是逐渐发现了火的功用,在长期的运用天然火的过程中,人类开始有意识地将火种保留下来,还逐渐学会了人工取火。此时火已经变成了人类生活的重要手段和工具。火的使用实际上标志着人类开始了原始的工具制造。此外,在火的运用的同时,人类也开始制造并使用一些实用的工具,这些工具的运用,实际上是以手的逐渐灵活作为基础的。

在劳动促使上肢(特别是手)的功能分化的同时,也促使了下肢的分化,下肢逐渐演变成用于行走和支撑身体的器官,上肢则成为专门抓握和操作的器官。

就人类的发展来说,对于直立行走意义的任何估计都不为过,正是因为直立行走,使我们的视觉、听觉这两个最主要的获取信息的器官得到了解放,它们能够获得范围更加广泛的信息,眼观六路、耳听八方只有在直立的情况下才能做到;同样,直立行走,也使我们祖先的手变得越来越灵活,双手可以帮助我们获得许许多多的信息,以弥补视觉和听觉等器官的不足。同时由于手从行走中解放出来,它们和视觉、听觉等建立起更加密切的联系,视觉、触摸觉、听觉等感觉器官之间也建立起相应的复杂的神经联系。这些众多的复杂的神经联系的建立,进一步促进了大脑皮层沟回的发展,产生了许多特殊的机能区,并使这些机能区之间的联系愈益复杂,形成了十分精细复杂的大脑皮质结构。

直立行走除了促进神经系统得到前所未有的发展外,还使人类的其他器官得到发展,尤其是口腔、鼻腔和咽喉形成了直角,从而加长了呼吸道,促进了发音器官的灵活,为人类语言的发展奠定了基础。而语言的发展又促进了大脑皮质的发展,出现了语言中枢,这些发展最终使人类心理彻底摆脱了动物心理,使人类成为万物之灵。

第二,劳动对人类心理的影响还在于促进了人类的社会化。众所周知,劳动是一种社会化的活动,在劳动中,个体必须处理好自己与群体其他成员的关系,必须明了自己在劳动群体中的地位和作用。例如,在群体狩猎活动中,每一个成员的分工是不同的,它们的分工活动都指向捕获猎物这样一个终极目标。因此,在群体劳动中人们一开始就要区分出群体的共同目的与个人目的之间的关系,必须学会个人服从群体,学会协调个人与群体的关系。这些活动最终形成了我们祖先的自我意识和群体意识,促进了人类社会的最终形成。

第三,劳动对人类心理的影响还表现在逐渐积累了丰富的经验,这些经验最终积淀为我们悠久的文化,而有无文化也是人类与动物的本质区别之一。由于劳动的需求,人类从很早就注重文化的传递与传播,他们不仅注重将上一代的经验传递给下一代,这种经验传递的方式经过千万年的演变逐渐产生了人类的教育。由于个人参加劳动必须学会使用工具和形成技能技巧,因此长辈在儿童很小的时候就开始有意识地进行经验的传递,使新生一代在较短的时间内就能够掌握前辈的各种经验,继承人类的文化遗产。而且,通过不同群体、部落之间的相互学习、相互交流,使文化在各部落群体之间广泛传播,加速了人类文化的繁荣和进步。这些活动不仅进一步促进了人类的社会化,而且这些经验和文化又是人类心理发展的重要源泉。

(二)语言的作用

语言是人类最重要的交际工具,也是正常人思维赖以进行的工具。语言是一种符号系统,它包括语音系统、词汇系统和语法系统,具有巩固认识成果和表达思想信息的功能。虽然许多动物也能发音,以表示它们的生理需要和在群体中传递信息,如海豚、鲸鱼能够发出各种声音,传递出许多信息,但这仅仅是动物的本能行为。只有人类才能将这些无意义的语音组合起来产生话语,创造出各种文字符号,能够用变化无穷的方式表达意义。

由于人类祖先从事的活动是一种群体活动,这种群体活动从一开始就需要群体成员之间能够传递信息、交流思想感情,因而语言的出现就极为迫切。同时,由于直立行走,人类的发音器官逐渐进化,为语言的最终产生提供了生理条件,这就使语言的最终产生成为不可避免。正如恩格斯所说的:"劳动的发展必然促使社会成员更紧密的互相结合起来,因为它使互相帮助和共同协作的场合增多了,并且使每个人都清楚地意识到这种协作的好处。一句话,这些正在形成中的人,已经到了彼此间有些什么非说不可的地步了。需要产生自己的器官:猿类不发达的喉头,由于音调的抑扬顿挫的不断加多,缓慢地然而肯定地得到改造,而口部的器官也逐渐学会了发出一个个清晰的音节。"①由此可见,群体劳动在创造了人的同时,也创造了语言。而语言的出现,实际上使人类有了最为先进的交流工具,摆脱了动物心理的限制,促进了心理发展的质变。语言在人类心理发展中的作用实际上可以从以下几个方面加以说明:

首先,语言是人类心理产生与发展的最直接的原因。以词作为条件刺激物的第二信号系统是人类区别于动物的本质特点之一,正如巴甫洛夫指出的那样,第二信号系统是人脑的附加物,正是词,使人成为人。

其次,语言促进了人类的意识和自我意识的产生。当人类的祖先们在劳动中逐步认识了周围的世界,逐渐认识到自己和他人的行为感受并创造出语言加以表述时,人类开始从混沌和蒙昧状态中分离出来,这种分离涉及自然界、人类生活的各个方面。也就是说,这种分离实际上是动物心理和人类心理的分水岭,使人类的心理终于达到了心理发展的最高台阶——意识阶段,并产生了自我意识。

再次,语言的出现促进了人类抽象逻辑思维的产生与发展。即使从人类个体的发展过程中我们也不难看出,人类的思维发展是和语言的发展同步的,随着个体运用语言的能力不断提高和语言的不断复杂化,他们的思维水平也由幼年期的动作思维、形象思维逐渐发展到抽象逻辑思维阶段。人类思维的长期演化也是如此,人类的祖先首先是通过自己的活动形成感性认识,然后运用语言逐渐抽象出事物的最本质的东西,而这种抽象和概括就是抽象逻辑思维。

最后,语言使人类的认识更加广阔,语言是一个由有声语言发

---

① 《马克思恩格斯选集》第1卷,510~511页,北京,人民出版社,1972。

展到文字符号语言的过程,由于文字符号的出现,人类在传递、传播、储存信息、思想、人类认识成果时不再受到时间、空间等的限制,使我们人类的文化能够传播广泛、传递久远,促使我们展开无穷的想像,更好地创造未来。

第二节 人的心理实质

对于人类心理的本质的研究和认识历来存在着唯心主义与唯物主义、形而上学与辩证法的斗争。只有辩证唯物主义的哲学才给这个问题予以科学的解答。辩证唯物主义认为,人的心理是在社会实践的基础上,人脑对客观现实的能动的反映。从心理现象的生理机制来看,人的心理是人脑的机能和属性;从心理现象的源泉和内容来看,人的心理是客观现实的主观映象。科学心理学强调,社会实践是人的心理活动产生和发展的基础。

一、人的心理是人脑的机能

心理是脑的机能,脑是心理的器官,这是人类长期探索心理现象和身体活动关系的科学成果,也是辩证唯物主义关于脑和心理关系的基本观点。

长期以来,人类就对心理现象的产生过程感兴趣,古代人认为心脏是心理的器官,例如,凡涉及的心理活动在汉字的构字中都与"心"有关,而"心之官则思"就是中国古代对心理的最典型看法,国外的看法也是如此。后来,人们在经验中逐渐意识到脑的作用。例如,人们在入睡之后,心脏在活动,但什么都不知道;当人们昏迷时,虽然心脏仍在跳动,但却没有意识;还有许多人经历过的意识空白现象也和心脏没有关系。于是人们开始将注意力集中到大脑,逐渐意识到大脑是心理的器官。如明朝李时珍说,"脑为元神之府",1861年法国医学家布罗卡在大脑左半球发现了语言中枢等说明了大脑在心理活动中的重要性。19世纪后期,随着解剖学的发展,脑在心理活动中的作用逐渐被认可,人类终于肯定了脑是心理的器官。

心理是人脑的机能,意思是说,心理必须依附于人的大脑,产生心理活动必须借助于人脑的系统结构和机能而实现。现代科学发展史以无可辩驳的事实证明,没有人脑这块物质基础,人的心理活动就不可能产生。

有人曾做过实验:把他们的孩子(9个半月)与初生的(出生7个半月)黑猩猩养育在一起,给予同样的训练,起初,幼小的黑猩猩表现很好,学习某些东西比幼儿进步还快。可是到了一定的阶段,幼儿开始学讲话时,幼小的黑猩猩就跟不上了,无论怎样训练,黑猩猩都不可能产生人的心理。

那么,人脑是怎样产生心理活动的呢?一切心理活动从其产生的方式来说,都是反射活动,反射机制就是心理的生理机制。反射是有机体借助于神经系统的结构实现的对体内外刺激所作的规律性的应答。脑的反射活动分为三个主要环节:

(1)开始环节:外界刺激作用于感受器,经传入神经,向脑中枢输入信息;

(2)中间环节:脑中枢进行加工,表现为主观上的心理现象;

(3)终末环节:从脑中枢沿传出神经将信息传至效应器,引起相应的活动。

谢切诺夫强调,反射的三个环节是不可分割地联系着的。心理现象不可能只是一种主观的体验和表现,它虽然在反射的中间环节产生,但它为反射的始端的外界事物所引起,又对反射终端的反应活动起调节作用。

俄国生理学家巴甫洛夫创立的经典条件反射实验表明,条件反射是在无条件反射的基础上形成的。条件反射的形成,就标志着人能对具有信号意义的相关刺激作出反应,标志着心理现象的产生根据信号刺激的特点,巴甫洛夫把大脑皮层的功能分为第一信号系统活动和第二信号系统活动。凡是以直接作用于感觉器官的具体事物为信号刺激而建立起来的条件反射系统,称第一信号系统活动,具体的事物就视作第一信号;而由语词作为信号刺激而建立的条件反射系统,称为第二信号系统,语词就成为第二信号。第二信号系统的活动是人类所独有的,因此,动物条件反射的形成决定于刺激生物学意义;而人的条件反射的形成还决定于刺激的社会意义。正是由于这个特点,我们在研究心理活动的生理机制时,不能把人和动物混同起来,用纯生物学的观点来解释人的行为。

二、人的心理是客观现实的主观反映

脑是心理的器官,但这并不意味着只要有了脑,就会自动地产生出心理现象。辩证唯物主义和现代科学的研究都证明,只有当脑的活动与客观现实结合起来时,才会产生真正的人的心理。正如马克思所说:"观念的东西不外是移入人的头脑并在头脑中改造过的物质的东西而已。"[①]

首先,人的心理活动的一切内容都可以在客观实践中找到依据。客观现实可以分为自然性和社会性两大方面。人的各种心理活动,无论是低级的,还是高级的,其内容都受到这两方面客观现实的制约,并以各种形式反映客观现实。例如,我们之所以能够产生感知觉,就是因为各种刺激物作用于我们的感觉器官,我们对其产生了反应的缘故;我们之所以会产生人际知觉和社会知觉,就是因为人际和社会中的信息作用于我们,我们对其加以反映。不仅如此,高级的心理现象也无不如此。如作家创作中的想像与思维,其想像与思维的内容无不来源于我们的客观现实,作家在创作前的体验生活,实际上就是积累各种生活经历,以作为他们创作活动的内容。

其次,人类心理的产生不能脱离客观现实,脱离客观现实(尤

---

① 《马克思恩格斯选集》第 2 卷,217 页,北京,人民出版社,1972。

其是人类的社会生活现实)就不可能产生人的心理。由于种种原因,个体相对脱离人类社会是可能的,人类历史的一些记载能够说明这一点。1920年,在印度加尔各答东北部的一个小山村米德那波尔发现的两个狼孩就是一个相对脱离人类社会的典型例子。由于在生命的最初8年里,狼孩与狼生活在一起,她们当时的智力只相当于初生婴儿的水平,她们丧失了人性,代之以狼的习性。她们用四肢行走,舔食扔在地上的肉,怕强光而夜视敏锐,害怕水而不愿洗澡,即使冬天也不愿穿衣,深夜嚎叫。后经过辛格夫人的悉心照料和训练,她们中的一个(另一个在第二年死去)2年学会了站立,4年学会了六个单词,到17岁临死时,她的心理水平也只相当于4岁的儿童。此外,据史料记载,人类历史上曾有过猪孩、熊孩、猴孩等被野兽哺育的儿童,他们的共同特征就是有人的生物属性,但是没有人的心理属性。

由此可见,人的心理是人脑对客观现实的能动的反映及其过程,是人脑与客观现实的关系状态,是人脑的机能及其活动方式。而在人所反映的一切客观现实中,人类社会生活具有十分重要的地位,它是影响人的心理的决定性因素。离开了人类社会,即使具有健全的大脑,也不可能产生人的心理。

人的心理是人脑对客观现实的反映,但是这种反映不是机械的、死板的,而是带有主观性的。因此,同样的客观现实会引起个体不同的反应。例如同样的一篇文章,不同的人在阅读时会产生不同的反应。即使是同卵双生子,他们的遗传基因、生活环境、教育环境非常相似,但是他们的心理也不相同。不仅是个体,群体也是如此,在人类历史发展的长河中,形成了许多不同的民族、种族,他们在漫长的历史长河中逐渐形成了自己的民族性、社会性、等级性等。这些无不说明人们对于客观世界的反映是经过人的主观世界的折射而最终形成的。但是心理发展的主观性并不是对心理发展的客观性的否定,而是强调人对客观现实的反映既是一种主观映象，又总是带有个人所处的群体的特点。也正是由于这一缘故，才最终形成了我们世界各民族丰富多彩的文化，形成人与人之间形态各异的心理现象。这一特点已经越来越为各国心理学研究者们看重，在20世纪的最后十多年时间里，心理学家们不仅逐渐关注心理现象的普遍性，更关注心理现象在各民族中的特异性，心理学的本土化趋势不仅成为中国心理学家们的关注点，也成为国外心理学家们的关注对象。

第三节 意识与无意识

意识与无意识的问题，是心理学研究中的基本理论问题之一。由于意识和无意识的研究涉及多个学科，极其复杂，因此，完全弄清意识和无意识的本质，可能尚需时日。

一、意识

(一)意识的本质

意识(conscious)在心理学词典中一般指一种觉知状态。但是关于意识的定义和意识的本质，目前心理学界众说纷纭，莫衷一是。黄希庭认为："意识是心理反应的最高形式，是人所特有的心理现象，它是人在劳动中，用语言与他人交往的过程中，在社会历史条件下形成的。"[①]车文博认为："意识是主体对客体所意识到的心理活动的总和。意识是主体对客体的一种自觉的整合的认识功能，是主体对客体的一种随意的体验和意识活动的功能。"[②]尽管心理学家们对意识有许多不同的看法，但是，比较一致的看法是，意识是界定动物心理和人的心理的最重要的区别，是人脑最高级的反映形式，是人所觉知到的一切心理活动的总和，是主体对客体自觉的认识、体验和意识活动的统一。并不是人的所有的心理都

[①] 黄希庭主编：《心理学导论》，81页，北京，人民教育出版社，1991。
[②] 车文博著：《意识与无意识》，17~21页，大连，辽宁出版社，1987。

是意识,只有人的高级的心理才叫做意识。

(二)人的意识的基本特点

1. 概括性。概括性就是对一类事物共同的本质的属性及其内在规律的反映,其形式是"凡这样必那样"。例如:"水往低处流"、"凡木材都能燃烧"、"凡水就可以灭火"等。

概括性是人类意识的重要特点,动物不具备真正意义的概括,因此,动物也不可能有意识。例如,有一个这样的实验,研究者用一个铁丝网编成灶,灶口有火封住,灶内放着猩猩爱吃的食物。猩猩只能看见却不能取出来吃。旁边放着一个安装着水龙头的水罐和一个水杯。研究者让猩猩学会了拧开水罐的龙头,用茶杯盛水去把灶口的火浇灭,取出食物来吃。然后将铁丝网、灶口、茶杯和一块跳板放在湖中的一条木筏上,水罐放在另一条木筏上。重现上一个实验的情景,结果,猩猩将跳板放在两条木筏之间,到另一只木筏上拧开水龙头倒了一杯水,回到原先的木筏上浇灭灶口的火,取到食物。从这个实验中可以看出,猩猩虽然比较聪明,但是它却不能发现湖中的水也同样可以灭火,说明即使是灵长类的动物也没有形成人类所特有的概括能力。

2. 自觉性。它是对所反映的事物能够自觉地"意识到",是人的意识的基本特征之一,即人能够自觉地意识到自身的存在、客观世界的存在以及自己同客观世界的复杂关系。这是因为意识活动总是和抽象思维、语言联系在一起。人们借助于抽象思维以语言的形式将各种事物标识出来,并将其归入到特定的体系或系统中,或将其从其他事物中分离出来,予以专门的反应,了解它的内容和意义。这是其他任何动物都不可能做到的,即使是高级的动物,他们的思维也仅仅处于具体形象思维阶段,无法达到抽象逻辑思维的水平。

同时,人不仅自觉地反映客观世界,还能自觉地反映和意识到自身的状态,包括意识到自己的生理、心理以及自己与周围世界的关系,即自我意识。

3. 能动性。意识的能动性主要表现为以下几个方面:

(1)对现实的有意识的反映。人对于周围世界的反应不是消极被动的,他们是现实积极的活动者。面对纷繁复杂的世界,人们总是有选择地进行反映,总是选择自己需要的、符合自己活动目的的东西。这种自觉的有意识的选择就是意识能动性的具体表现之一。

(2)能够认识事物的本质和规律。借助于语言和抽象逻辑思维,人类能够反映事物的最本质的规律。人们能够对所接收的信息去粗取精、去伪存真、由此及彼、由表及里,从而达到认识事物本质和规律。这是动物心理根本无法达到的。

(3)保持和监督有目的的活动的进行。由于人类的意识活动,人类在进行任何一种活动之前,活动的目的和结果就以观念的形式存在于自己的头脑中,并以此制定计划,指导自己的行动,克服困难,进行反馈,最终达到目的。这一过程也是人类所特有的活动。

(4)社会历史制约性。人类意识和动物心理的最重要的差别在于它们的发展条件根本不同。动物的心理活动完全取决于生物规律,并且为适应外界环境服务。人类意识的发展服从于社会历史的规律,是为人类改造世界服务的。即使是反映自然界的规律,也受到社会历史条件的制约。因此,人类不论是反映自然界还是反映人类社会,都是在一定的社会生活中发展起来。"意识一开始就是社会的产物,而且只要人们还存在着,它就仍然是这种产物。"[1]

不同的国家、不同的社会、不同的历史时代,人们的意识活动的发展有不同的水平和特点。例如,20 世纪 60~70 年代,对于我国国情的基本认识是:地大物博,自然资源取之不尽用之不绝;而

---

[1] 《马克思恩格斯选集》第 1 卷,35 页,北京,人民出版社,1972。

现在,人们认为我国人口众多,自然资源人均数量较少,许多自然资源是不可再生的,需要加以保护。可见,人们的思想意识,随着生活条件、社会关系、人们的社会存在而改变。

二、自我意识

(一)自我意识的含义

自我(self)或自我意识(self-consciousness)是人的意识活动的一种形式,也是人与动物心理的根本区别之一,但心理学界至今没有一个统一的见解。在西方心理学界,自我被区分为自我接受、自我和谐、自我肯定、自我评价、自我认同、自我满意等等,而自我意识是作为自我概念下的一个子概念。在我国心理学界,自我和自我意识基本上指的是同一个意思,即自我意识是指人对自身以及对自己与客观世界关系的意识。

自我意识是一个极其复杂的心理结构,它与人的内部注意状态密切相关,当个人关注自己时,注意就出现了自我聚焦,相应的自我意识也就出现了。

从意识活动的形式上看,自我意识具有认知的、情绪的和意志的三种形式,即自我认知、自我体验和自我调节。自我认知包括自我感觉、自我观察、自我分析、自我评价等。例如,"我是一个好孩子"、"我做事诚实认真"等,它主要回答的是"我是谁或我是什么"、"我为什么是这样的人"等问题。自我体验可以表现为自尊、自爱、自豪、自卑、自怜、自傲、责任感、优越感等,是自己对自己情绪方面的体验,它主要回答"我是否满意或悦纳自己"这样一类问题。自我调节是自我意识的意志部分,是个体的自觉过程,它包括自我监控、自我激励、自我暗示、自我控制等。自我调节的实现受到自我认知、自我体验等的制约。

从意识活动的内容上来看,自我意识又可以分为生理的自我、社会的自我和心理的自我。生理自我就是人对自己生理属性的认识,包括占有感、支配感、爱护感、认同感等。人类的自我意识最初表现形式就是生理自我,生理自我是一个人在与他人交往的过程中通过学习而逐渐形成的。社会的自我是指个人对自己的社会属性的意识,包括个人对自己在各种社会关系中的角色、地位、权力、义务等的意识。社会自我是个体在社会交往过程中,通过扮演各种角色逐渐产生和形成的。心理自我是指个人对自己的心理属性的认识,包括对自己的感知、记忆、想像、思维、人格等的意识。生理自我、心理自我和社会自我共同构成了自我这一系统,三者密切相关,相互影响。

(二)自我意识的主要成分

1. 自我概念与自我评价是自我认识中的两个重要概念。自我概念是个体关于自己的总体认识;自我评价是对自我(生理、心理、社会自我)所作的某种判断。自我评价与自我概念实际上是始终联系在一起的。由于自我概念在形成过程中有自我评价的融入,而自我概念形成后又为自我评价提供了框架,因此有人将自我概念界定为"关于自我特性的认知评价"。

自我概念是一个十分复杂的结构系统,其内容十分庞杂。通常自我概念可以分为现实自我、理想自我和投射自我(镜中自我)。现实自我也称现实我,是个人从自己的立场出发对现实中我的认识;投射自我是个人想像他人对自己的认识,如想像他人心目中的自己的形象、他人对自己的评价,以及由此产生的自我感;理想自我是个人从自己的立场出发对将来我的认识。现实我与投射我、理想我并不一致,当现实我与投射我的距离较大时个人便会感到别人不理解自己,产生隔阂。

2. 自尊感是个体对自己的价值感、重要感的一种体验,它包括两种成分:一是个体自己尊重自己的情感体验,即自尊心;二是个体要求他人尊重自己的情感体验,即尊重感。两种成分密切联系,并以自尊心为基础。个体的自尊感是对自我概念评价的结果,是通过自我评价获得的。自尊感和个人的心理健康状况息息相关,一个有自尊感的人,他的心理就比较健康。

3. 自我控制与自我教育。自我控制是自我调节的最基本手段。它是个体对自己心理活动和行为的一种操纵。自我控制包括两个方面的含义:一是在遇到困难时使自己的心理活动和行为朝向某一目标前进;二是为某一目标而抑制自己的心理活动和行为。

自我教育是指个体对自己进行教育,这是自我调节的最高形式。自我控制着眼于"克制",而自我教育则着眼于"发展"。

(三)自我意识的发展

从种系发展来看,自我意识的出现和发展,使人与动物有了根本性的差别;从个体发展来说,使人由幼稚变得成熟,具有了真正的责任感和义务感。目前研究者们通过研究发现,自我意识形成和发展的途径主要有以下三个方面。

1. 通过认识他人来认识自我。自我意识不是生来就有的,它是个体在社会交往过程中,由于语言和思维的发展,通过认识他人而逐渐认识自己的。婴幼儿在早期是没有自我意识的,他们还没有将自己和周围的环境区别开来,大约在进入人世间的第8个月开始,儿童的自我意识开始萌芽。例如有这样一个实验,先让儿童照镜子看自己镜中的形象,然后在他的鼻子或脸上涂上颜色,再让他看镜中的自己。8个月大的儿童已经知道擦掉自己脸上的颜色,而不是去擦掉镜中形象的颜色。在一至两周岁时,儿童对自我的一些基本概念,如年龄、性别等可以在不同的情况下认识了。随着儿童出现了用第一人称的"我"来称谓自己,儿童的自我意识出现了。儿童自我意识的产生,关于自己和他人的信息,主要来源于成人,来源于成人与他们的各种交往活动。

在与他人的交往过程中,个人由自己的感官直接接受到自己的一些特性往往必须经过与他人的相同特性相比较,才会有意义,才能建立起对自己的评价。在与他人交往过程中,他人对自己所表现出来的态度、行为好像一面镜子,使自己对自己是一个什么样的人,能从外面加以认识。因此,他人的态度和评价对自我意识形成具有十分重要的意义。

2.通过对自己的活动结果的分析来认识自我。对自己的活动结果进行分析,并以此为依据评价自己,也是建立自我意识的有效途径。通过对自己的结果的分析,人们能够客观地认识自己,形成客观的自我意识。同时,对自己的活动结果的分析不仅仅是个人的事,周围的人也会对自己的行为进行各种形式的分析,从而确定了自己在群体中的地位。而这种地位反过来又会影响到自己对自己的判断和评价,影响到自我意识。

3.通过自我观察来认识自我。对于自己的认识,既可以通过间接的方式,主要是通过他人、通过自己的活动结果来认识;同时,个体也可以通过直接的方式——自我观察的方式来认识自己。自我观察有两种方式:一是通过自己的感官直接认识自己的一些特征,如通过镜中自己认识高矮、胖瘦、美丑;通过自己所拥有的财富多少来认识自己的富有程度。二是通过内省的方式对自己进行心理观察,以了解自己的心理自我,进行自我批评,发扬优点,克服缺点,进一步完善自我。

三、无意识

(一)无意识的本质

无意识(unconscious)又叫潜意识,无意识问题比意识更为复杂,争论更多。什么是无意识? 无意识就是"不能觉知的一种状态"[1]。或者是"未被意识到"的意识,换句话说,无意识是主体对客体所未被意识到的心理活动的总和[2]。如无意感知、无意记忆、无意想像、无意体验等等。关于无意识的类型,国外心理学家一般将其分为三类:

---

① 阿瑟·S.伯雷(美):《心理学词典》,907页,上海译文出版社,1996。
② 车文博著:《意识与无意识》,40页,大连,辽宁人民出版社,1987。

(1) 个体的无意识现象,这些现象经常处于模糊不清的隐秘状态,并且成为离奇古怪的神话的基础;

(2) 未被意识到的活动动机,它们是以目的的形式参加活动,并成为个体常常意识不到的活动调节器,这是精神分析学派研究的核心问题;

(3) 未被意识的行为和操作的调节器。

除了个体心理活动中的无意识外,心理学家荣格还提出过集体无意识(种族无意识)的概念。荣格的集体无意识指的是人们都有的无意识方面,这种无意识是遗传的、超越个人的、包含着人类进化的残余。

无意识首先是主体对客体的一种不知觉的认识功能。无意识并不是人们对客观对象根本没有一点认识的反映,而是对某种对象不自觉的、未加注意的、不由自主的、不知不觉的、模糊不清的反映的认识。或者说,无意识是阈限下的认识,而不是无认识,它相当于下意识、潜意识。

其次,无意识是主体对客体的一种不知不觉的内心体验的功能。无意识不仅包括人们不自觉的认识功能,而且包括人们不自觉的体验功能。由于人的需要与客观现实之间的关系是异常复杂的,因而人们的内心体验也是极为多样、形形色色的。人们的情感体验除了有意识的体验外,还有无意识的体验状态。

因此,无意识是人所未意识到的心理活动的总和,是人脑不可缺少的反映形式,是主体对客体不自觉认识和内部体验的统一。

(二) 无意识的作用

对于无意识的作用,心理学界有两种极端的看法,一种是"万能论",即认为无意识主宰着人的整个灵魂,决定这个人和国家的命运。以弗洛伊德为代表的精神分析学派就是这一观点的典型代表。另一种是"无能论",即认为无意识根本不存在,或者承认无意识的存在但是否定它的作用。关于无意识的问题,近百年来心理学家们不断进行探讨,尤其是精神分析学派、新精神分析学派和后精神分析学派等的研究,在这方面做出了巨大的贡献,对于无意识是否存在以及其作用问题,逐渐受到人们的重视。目前,人们已经意识到无意识是客观存在的一种心理现象,而且对人们的心理活动有着重要的影响和作用。许多研究者倾向于认为,无意识不仅对我们的心理发展有着特定的意义,而且对于人类的创造性活动和其他活动的意义也不可低估。

首先,无意识是人们认识客观世界的一种不可或缺的形式。我们所处的世界是异常庞大、极其复杂、信息众多的世界,尽管具有极大潜力的人脑在不断地获取信息、加工信息、保存信息,不断地增加信息量,但是由于受到时间、加工能力的限制,这就决定了人类认识世界的形式不可能是单一的,而是多种多样的。人们也不可能仅仅依赖意识这一单一的反映形式认识世界,应该依赖意识以外的途径作为必要的补充,而无意识恰恰就能承担这方面的工作。例如,阿维尔克罗姆比曾经报道过这样一件事:有一位病态的医生能背诵哥美尔作品中的一段很长的引文。恢复健康后,关于他病中背诵的那段引文他连一小段也回想不起来。这是一种典型的无意识记忆的情况。无意识实际上在其他情况下也是普遍存在的,是人们世界观的形成与发展所不可缺少的。巴甫洛夫指出:"我们清楚地知道,这某种程度的精神生活、心理生活是由意识和无意识的东西错综复杂地形成的。"

其次,无意识活动是促使人们有效学习的一种能力。现代心理学和生理学的研究都表明,人们大脑潜力只运用了不到10%,其余的90%以上的潜力完全没有得到利用。如何开发人脑的潜能,心理学家和教育学家们认为,如果能够运用无意识的能力,将能够有效地促进个体学习能力的提高和学习潜能的开发。例如,一些研究者认为,在教学过程中不仅可以用意识到的过程(讲话、音乐、光),而且可以用意识上不可接受的视听觉信号来提高获得信息的能力。前苏联科学院高级神经活动和生理学研究所实用生理学实验室的 C.基谢廖夫研究的快速外语教学法,可以使学生在首次学习英语、德语等外语时,能够在 10 天内掌握三四千个单词,能用日常的生活语言进行阅读、翻译和对话,并初步掌握书写能力。这种方法就是在无意识状态中运用暗示进行教学,此外,在催眠状态、半睡眠状态等无意识状态下,能够有效地提高人们的学习效率。

再次,无意识能够帮助人们治疗心理疾病。这方面最典型的是弗洛伊德的精神分析疗法。弗洛伊德认为,无意识的本能冲动是人类心理活动的动力源泉。无意识的本能冲动既是人们许多心理疾病的致病因素,也是治疗者治愈患者疾病的理想方式和途径。弗洛伊德通过各种途径,分析患者潜意识中存在的问题,找出致病的原因,有针对性地进行治疗,取得了令人瞩目的治疗效果。

最后,无意识活动也是创造性活动的一种源泉。许多无意识状态,尤其是睡眠、接近睡眠和梦在一个科学家的一生中往往能起到创造性的作用。英国剑桥大学的胡钦逊教授曾经做了一个关于各种学科有创造性思想家工作习惯的调查,结果表明,有 70% 的科学家回答说,从一些梦中得到过帮助。另一些研究者也得到类似的结论。德国诺贝尔奖获得者、药理学教授劳伊有一天的夜里睡着了,在梦中他有了一个很好的想法,于是半夜醒来后记下了梦中的想法,结果这个想法在实验室实验中得到证实。不仅在自然科学领域,甚至在文学艺术领域从睡梦里得到启发的事例也数不胜数,它们的共同点都是在创作中利用过无意识状态和睡眠状态。

(三)意识与无意识的关系

意识和无意识并不是截然分开的,而是对立统一的。

首先,意识是人所觉知到的一切心理活动的总和,是人自觉的认识、体验和觉知活动的统一,是人脑最高级、最主要的反映形式,是与语言紧密联系的;而无意识则是人所没有觉知到的一切心理活动的总和，是人不自觉的认识与体验的统一，是人脑最重要的辅助的反映形式，是没有同语言有明显联系的大脑皮层较弱兴奋部位的活动。

其次，意识和无意识都是人所具有的心理现象，都是在无条件反射的基础上所形成的条件反射和高级神经活动，都是主体以观念的"模型"来反映客观现实的原型，都是在实践活动中产生和发展起来的，并具有认识和改造世界的能动作用。

再次，意识和无意识并不是彼此隔绝的和固定不变的，而是相辅相成和相互转化的。从心理反应演化的历史来看，人的意识是一个由无意识到意识的长期发展的过程。其中动物无意识心理是人类有意识心理产生的前提和基础，而人的意识则是动物无意识发展的质变和崭新阶段。

第三章 心理的生理基础

第一节 神经元

一、神经元和神经胶质细胞

（一）神经元

神经元（neuron）即神经细胞，是神经系统最基本的结构和机能单位。它的基本作用是感受刺激和传导兴奋。

神经元是具有细长突起的细胞，它由胞体、树突和轴突三部分组成（图3-1）。神经元胞体的形态和大小有很大的差别，有圆形、锤体形、梭形和星形等。胞体最外是细胞膜，内含细胞核和细胞质。细胞质具有复杂的结构，如神经元纤维、尼氏体、高尔基体、线粒体等。其中神经元纤维和尼氏体是神经元的特有结构。

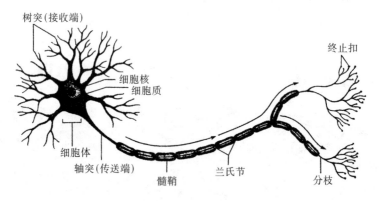

图3-1 神经元的结构

一个神经元可有一个或多个树突，树突较短，呈树枝状，长度只有几百微米（μm）。其作用类似于电视的接收天线，负责接受刺激,将神经冲动传向胞体。一个神经元一般只有一个轴突,轴突细长,其长度从十几微米到1米,分支较少,但可有侧支,主干内包含许多平行排列的神经元纤维。轴突的作用是将神经冲动从胞体传出到达与它联系的各种细胞。

神经元按突起的数目可以分成单极细胞、双极细胞和多极细胞;按功能可以分成内导神经元(感觉神经元)、外导神经元(运动神经元)和中间神经元。内导神经元收集和传导身体内、外的刺激,到达脊髓和大脑;外导神经元将脊髓和大脑发出的信息传到肌肉和内分泌腺,支配效应器官的活动;中间神经元介于前两者之间,起联络作用。这些中间神经元的连接形成了中枢神经系统的微回路,是脑进行信息加工的主要场所。

(二)神经胶质细胞

在神经元与神经元之间有大量神经胶质细胞,在人类中枢神经系统中约含1000~5000亿个,是神经元数量的10~50倍,胶质细胞对神经元的沟通有重要作用。

神经胶质细胞的主要作用有:

(1)为神经元的生长提供了线路和支持作用,在发育的后期,它们为成熟的神经元提供了支架;

(2)修复和再生作用,神经胶质细胞在脑细胞受到损伤时,可大量增生,帮助其恢复;

(3)绝缘和屏障作用,神经胶质细胞在神经元周围形成髓鞘,成为绝缘层,使神经冲动得以快速传递,防止神经冲动从一根轴突扩散到另一根轴突,并参与血脑屏障的形成;

(4)物质代谢和营养作用;

(5)神经胶质细胞还有维持合适的离子浓度的作用。

二、神经冲动及其传导

(一)神经冲动

冲动性是神经和其他兴奋组织(如肌肉、腺体)的重要特性。

当任何一种刺激(机械的、热的、化学的或电的)作用于神经时,神经元就会由静息的状态转化为活动的状态,产生神经冲动。用两根微电极,一根插入神经元的膜内,另一根放在神经元的细胞膜外,就像接通电池的正负极一样,可以测量到神经细胞膜内外的电活动。结果发现,细胞膜内为负,外为正,电压相差 70~90mV。神经元这种处于静息状态时存在于细胞膜内外的电位差,叫静息电位。

一般认为,静息电位的产生与神经元细胞膜的特性有关,也与细胞内外的一些化学物质有关。神经细胞膜内外存在大量的离子,离子在膜内外有不同的分布。膜外主要是带正电荷的钠离子(Na^+)和带负电荷的氯离子(Cl^-),膜内主要是带正电荷的钾离子(K^+)和带负电荷的大分子有机物。离子在细胞膜内外的出入是通过所谓的离子通道实现的。在一定条件下,它使用离子泵让一些离子通过,而不让另一些离子通过。这就是细胞膜对离子的不同通透性。在静息状态下,细胞膜对 K^+ 有较大的通透性,对 Na^+ 的通透性很差,其结果 K^+ 经过离子通道外流,而 Na^+ 则被挡在膜外,致使膜内外出现电位差,膜内比膜外略带负电(内负外正),即静息电位。

当神经受到刺激时,细胞膜的通透性迅速发生变化,钠离子通道临时打开,使膜内正电荷迅速上升并高于膜外电位+20~+40mV,这一电位变化过程叫动作电位。对动作电位来说,钠离子的快速运动作用特别大,动作电位是神经受刺激时的电位变化,它表示神经的兴奋状态。

人们把静息电位时膜内外所保持的内负外正状态称膜的极化;当静息时膜内外电位差的数值向膜内负值加大的方向变化时,称为膜的超极化;当膜内电位向负值减少的方向变化,称去极化;去极化后向正常安静时膜内负值恢复,称做复极化。

动作电位实际上是膜受到刺激后,在原有的静息电位基础上发生的一次膜两侧电位的快速倒转和复原,即先出现膜的快速去极化而后又出现复极化。紧接着动作电位之后,细胞膜关闭离子通道,泵出过剩的钠离子,使自己恢复到静息电位状态。

(二)神经冲动的电传导

神经冲动的电传导是指神经冲动在同一细胞内的传导。神经冲动沿着神经的运动,跟电流在导线内的运动不同。电流按光速运动,每秒30万公里,而人体内神经兴奋每小时运行的速度只有3.2~320公里。

神经冲动的传导与动作电位的产生有密切的联系。当动作电位产生时,神经纤维某一局部就会出现电位变化,细胞膜表面由正电位变为负电位,而膜内由负电位变为正电位。但是,邻近未受刺激的部位,膜外仍为正电,膜内仍为负电。这样,在细胞表面,兴奋部位与静息部位之间便出现电位差,于是就产生了由未兴奋部位的正电荷向兴奋部位的负电荷的电流。同样,膜内兴奋部位与静息部位间也出现电位差,产生相反方向的电流,构成一个电流的回路,称局部电流。这种局部电流刺激邻近未兴奋部位膜电位产生局部去极化,达到阈电位时,能使邻近未兴奋部位产生动作电位,这种作用反复进行下去,使兴奋从一处传向另一处(图3-2)。

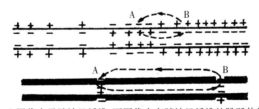

上图代表无髓神经纤维;下图代表有髓神经纤维的跳跃传导

图3-2 局部电流学说模式图

神经冲动的传导服从于全或无法则。神经元反应的强弱并不随外界刺激的强弱而改变。这种特性使信息在传递途中不会变得越来越微弱。

三、神经冲动的化学传导

神经冲动的化学传导是指神经元之间的信息传递。神经系统的机能是很多神经元共同完成的,各个神经元必须互相联系,构成简单或复杂的神经通道,才能传导信息。对脊椎动物来说,神经元之间在结构上没有细胞质相连,仅互相接触。一个神经元与另一神经元或效应器细胞彼此接触的部位,叫突触。

(一)突触的结构

突触具有特殊的细微结构。在电子显微镜下进行观察,可以看到突触包含三个部分(图3-3),即突触前部、突触间隙和突触后部。突触前部指轴突末梢的球形小体,其中包含许多突触小泡(synaptic vesicles),是神经递质的存储场所。球形小体前方的质膜叫突触前膜,神经递质就是通过它释放出去的。突触间隙即狭义的突触,其间隔约 $20\sim40\mu m$。突触后部指邻近神经元的树突末梢或胞体内一定部位,它通过突触后膜与外界发生关系。突触后部含有特殊的分子受体。突触的这种结构保证了神经冲动从一

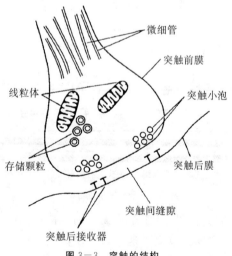

图3-3 突触的结构

个神经元传递到另一个神经元或效应器。

(二)神经冲动的化学传导

神经冲动在突触间的传递,是借助于神经递质来完成的。当神经冲动到达轴突末梢时,使突触前膜发生去极化,引起前膜上的一种电压门控式 Ca^+ 通道开放,细胞外液中的 Ca^+ 进入突触前膜,使突触小泡和前膜接触、融合和胞裂,导致神经递质的释放。当神经递质经过突触间隙后,作用于突触后膜上的特异性受体或化学门控式通道,从而打开或关掉膜内的某些离子通道,改变膜的通透性,并引起突触后神经元的电位发生一定程度的去极化或超极化,实现神经兴奋的传递。这种以化学物质为媒介的突触传递,是脑内神经元之间信号传递的主要方式。

从以上全过程看,突触传递是"电—化学—电"的传递过程,即由突触前神经元的生物电变化,通过突触末梢化学物质的释放,引起突触后神经元的生物电改变。此过程与神经—肌接头的传递过程非常相似。

神经递质在使用之后,并未被破坏。它被神经末梢摄取,重新包装成突触小泡,再重复利用。

突触分兴奋性突触和抑制性突触两种。兴奋性突触是指突触前神经元兴奋时,由突触小泡释放出具有兴奋作用的神经递质,如乙酰胆碱(ACh)、去甲肾上腺素(NA)、5-羟色胺(5-HT)。这些递质可使突触后神经元产生兴奋。某些阻碍 Ach 释放的药物能引起致命性的肌肉瘫痪。例如,南美印第安人使用的箭毒,由于占据了受体的位置,妨碍 Ach 活动,因而能使人瘫痪。抑制性突触是指突触前神经元兴奋时,由突触小泡释放出具有抑制作用的神经递质,如多巴胺、H氨酸等。这些递质使突触后膜"超极化",从而显示抑制性效应。

四、神经回路

神经元与神经元通过突触建立的联系,构成了极端复杂的信息传递与加工的神经回路。据估计,一个脊髓前角的运动神经元的胞体可有 2000 个突触,大脑皮层每个神经细胞可有 30 000 个突触。芝加哥大学神经学家赫里克(J. Herrick)计算,100 万皮层细胞两两组合,就可得 $10^{2783\,000}$ 种组合。由此可见神经回路的复杂程度。单个神经元只有在极少数的情况下才单独地执行某种功能,神经回路才是脑内信息处理的基本单位。最简单的一种神经回路就是反射弧。反射弧一般由感受器、传入神经、神经系统的中枢部位、传出神经和效应器五个部分组成(图 3—4)。从图上可以

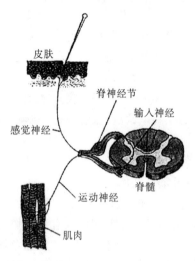

图 3—4 反射弧

看到,一定刺激作用于相应的感受器,使感受器产生兴奋。兴奋以神经冲动的方式经传入神经传向中枢,经过中枢加工,又沿着传出神经到达效应器,并支配效应器的活动。神经元的连接方式除了一对一的连接外,还有以下四种典型的方式,即发散式、聚合式、链锁式和环式等(图 3—5)。在发散式中,一个神经元的轴突通过它的末梢分支与许多神经元(胞体或树突)发生突触联系,这种联系

使一个神经元的活动有可能引起许多神经元的同时兴奋或抑制；在聚合式中，许多神经元的神经末梢共同与一个神经元发生突触联系。这样，同一个神经元可以接受许多其他神经元的影响，这些神经元可能都是抑制的，也可能都是兴奋的，或一部分是抑制的，另一部分是兴奋的，它们聚合起来共同决定突触后神经元的状态。

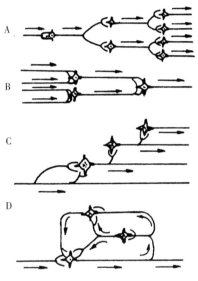

A 辐射式　B 聚合式　C 链锁式　D 环式

图 3-5　突触联系方式示意图

它表现了神经兴奋在空间和时间上的整合作用；发散式和聚合式的混合并存，形成链锁式和环式。链锁式联系形成空间上的多次加强，环式连接使神经冲动在时间上多次加强。

第二节　神经系统

神经系统指由神经元构成的一个异常复杂的机能系统。由于结构和机能不同，可以将神经系统分成中枢神经系统和周围神经系统两部分(图 3-6),中枢神经系统位于颅腔和椎管内,包括脑和脊髓,主要由神经细胞和神经胶质细胞构成。位于颅腔和椎管以外的神经组织属于周围神经系统,包括神经干和神经节(图 3-7)。

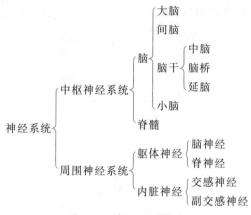

图 3-6 神经系统的构成

一、周围神经系统

周围神经系统由躯体神经和植物性神经两部分组成,躯体神经又包括脊神经和脑神经两部分。

(一)脊神经

脊神经发自脊髓,穿椎间孔外出,共 31 对。依脊柱走向,可分为颈神经 8 对,胸神经 12 对,腰神经 5 对,骶神经 5 对,尾神经 1 对。脊神经由脊髓前根和后根的神经纤维混合组成。脊髓前根的纤维属运动性,后根的纤维属感觉性。因此,混合后的脊神经是运动兼感觉的。脊神经具有四种不同的机能成分:

(1)一般躯体感觉纤维。分布于皮肤、骨骼肌、腱和关节;
(2)一般内脏感觉纤维。分布于内脏、心血管和腺体;
(3)一般躯体运动纤维。支配骨骼肌的运动;
(4)一般内脏运动纤维。支配平滑肌、心肌和腺体。

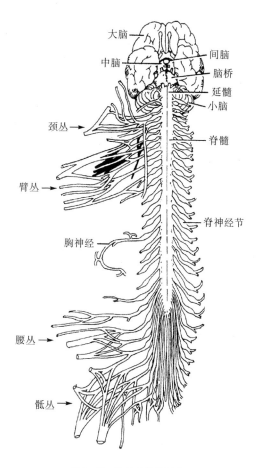

图 3－7 神经系统的区分

(二)脑神经

由脑部发出,共 12 对。按顺序为:①嗅神经;②视神经;③动眼神经;④滑车神经;⑤三叉神经;⑥外展神经;⑦面神经;⑧位听神经;⑨舌咽神经;⑩迷走神经;⑪副神经;⑫舌下神经。其中第 1 对、第 2 对和第 8 对为感觉神经,分别传递嗅觉、视觉、听觉和平衡觉的感觉信息。第3对、第4对、第6对、第11对和第12对为运动神经,分别支配眼球活动、颈部和面部的肌肉活动以及舌的运动。第5对、第7对、第9对和第10对为混合神经,其中第5对三叉神经负责面部感觉和咀嚼肌的运动;第7对面神经支配面部表情、舌下腺、泪腺及鼻粘膜腺的分泌,并接受味觉的部分信息;第9对舌咽神经负责味觉和唾腺分泌等;第10对迷走神经支配颈部、躯体脏器的活动,包括咽喉肌肉、内脏平滑肌及心肌的运动,同时还负责一般内脏感觉的输入。

(三)植物性神经

植物性神经也叫自主神经。19世纪德国学者莱尔最先提出"植物性神经系统"这个名词。以后英国科学家兰格莱将植物性神经系统分成交感神经和副交感神经两部分。交感神经系统从脊髓的全部胸髓和上三节腰髓的灰质侧角内发出。它借助短短的交通支(节前纤维)和脊髓两侧的交感干联系,然后由交感干神经节发出节后纤维,以支配胸腹部的脏器和血管的活动。

副交感神经系统发自中脑、桥脑、延脑及脊髓的骶部。它的节前纤维在副交感神经节中交换神经元,然后由此发出节后纤维至平滑肌、心肌和腺体。副交感神经节一般位于脏器附近或脏器壁内(图3—8)。

交感神经和副交感神经在机能上具有拮抗性质。一般讲,人们把交感神经看成机体应付紧急情况的机构。当人们挣扎、搏斗、恐惧或愤怒时,交感神经马上发生作用,如加速心脏的跳动;下令肝脏释放更多的血糖,使肌肉得以利用;暂时减缓或停止消化器官的活动,从而动员全身力量以应付危急等。而副交感神经的作用则相反,它起着平衡作用,抑制体内各器官的过度兴奋,使它们获得必要的休息。

二、中枢神经系统

中枢神经系统包括脊髓与脑。脑在颅腔内,脊髓在脊柱中。

两者通常以椎体交叉的最下端和第一颈神经的最上端为界。

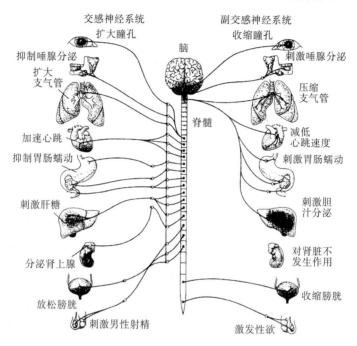

图 3-8 自主神经系统

(一)脊髓

脊髓是中枢神经系统的低级部位,位于脊椎管内,略呈圆柱形。前后稍扁,它上接延髓,下端终止于一根细长的终丝。

脊髓表面以前后两条纵沟分成对称的两半。从横切面看,脊髓中央是呈 H 形的灰质,它的主要成分是神经元的胞体和纵横交织的神经纤维;灰质的外面为白质,由纵行排列的神经束组成(图 3-9)。

脊髓每侧灰质的前端扩大为前角,含有大型多极神经元,称前角运动细胞。它们的轴突组成脊髓前根,直接支配骨骼肌的运动。灰质的后端形成后角,含有小型多极神经元。后角细胞为感受细胞,它接受进入脊髓后根的纤维,把外界的信息传送给脑。

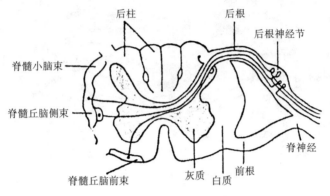

图 3—9 脊髓横切面示意图

在脊髓的胸髓和上三节腰髓的前后角之间,还有侧角,含小型多极神经元,是交感神经节前纤维的胞体。它们的轴突从前极出来,经交通支进入交感干。

脊髓的主要作用有二:一是作为脑和周围神经的桥梁。来自躯干和四肢的各种刺激,只有经过脊髓才能传导到脑,受到脑的更高级的分析与综合;而由脑发出的指令,也必须通过脊髓,才能支配效应器官的活动。二是脊髓可以完成一些简单的反射活动,如膝反射、肘反射、跟腱反射等。在正常情况下,这些反射是可以受脑的支配的。

(二)脑干

脑干位于脊髓和间脑之间,由延脑、脑桥和中脑三部分组成。

延脑在脊髓上方,背侧覆盖着小脑,形似倒置的圆锥体,全长4cm左右。延脑与有机体的基本生命活动有密切关系,它支配呼吸、排泄、吞咽、肠胃等活动,因而又叫"生命中枢"。桥脑在延脑的上方,它位于延脑与中脑之间,是中枢神经与周围神经之间传递信息的必经之地。它对人的睡眠具有调节和控制的作用。

中脑位于丘脑底部,小脑与脑桥之间。它的形体较小,结构也较简单。从横切面看,中脑可分成三个部分:(1)中央灰质:指环绕大脑导水管的灰质。腹侧有动眼神经核和滑车神经核,两侧有三叉神经中脑核,分别支配眼球和面部肌肉的活动。(2)中脑四叠体:在中央灰质背面。其中上丘是视觉反射中枢,下丘是听觉反射中枢。(3)大脑脚:其中有黑质与红核,与调节身体姿势和随意运动有关。

网状系统位于脑干各段的广大区域。是由白质与灰质交织混杂的结构,也称网状结构。主要包括延脑的中央部位、桥脑的被盖和中脑部分。网状结构按功能可分成上行系统和下行系统两部分。上行网状结构也叫上行激活系统,它控制着机体的觉醒或意识状态,对保持大脑皮层的兴奋性,维持注意状态有密切的关系。如果上行网状结构受到破坏,动物将陷入持续的昏迷状态,不能对刺激作出反应。下行网状结构也叫下行激活系统,它对肌肉紧张有兴奋和抑制两种作用,即加强或减弱肌肉的活动状态。

从进化的观点看,脑干是脑的最古老的部分。由脑干控制的活动比脊髓控制的活动更复杂。脑干控制的活动大致是反射性的,即脑干内的神经联系主要是周围的和自动的。

(三)间脑

间脑位于中脑与大脑半球之间,被两侧大脑半球所覆盖。间脑主要由丘脑和下丘脑组成。

丘脑是个中继站。在脑干上方、大脑两半球的下部,形似鸡蛋的两个神经核团。丘脑后部有内、外侧膝状体,分别接受听神经与视神经传入的信息。除嗅觉外,所有来自外界感官的输入信息,都通过这里再导向大脑皮层,从而产生视、听、触、味等感觉。丘脑网状结构对控制睡眠和觉醒有重要意义。

下丘脑是调节交感神经和副交感神经的主要皮质下中枢,对维持体内平衡,控制内分泌腺的活动有重要意义。例如,下丘脑前部对体温的增高很敏感,它可以发动散热机制,使汗腺分泌、血管舒张。相反,下丘脑后部对体温降低很敏感,有保温、生热机能,使血管收缩、汗腺停止分泌。下丘脑对情绪也起重要的作用。用微弱电流刺激下丘脑的某些部位,可产生快感;而刺激相邻的另一区域,将产生痛苦和不愉快的情绪。

(四)小脑

小脑在脑干背面,分左右两半球,小脑表面的灰质叫小脑皮层,其表面积约 $1000cm^2$。内面的白质叫髓质,小脑与延脑、桥脑、中脑均有复杂的纤维联系。它的作用主要是协助大脑维持身体的平衡与协调动作。一些复杂的运动,如签名、走路、舞蹈等,一旦学会,似乎就编入小脑,并能自动进行。小脑损伤会出现痉挛、运动失调、丧失简单的运动能力。

(五)边缘系统

在大脑内侧面最深处的边缘,有一些位置不十分确定的结构,它们组成一个统一的功能系统,叫边缘系统。这些结构包括扣带回、海马回、海马沟、附近的大脑皮层(如额叶眶部、岛叶、颞根、海马及齿状回),以及丘脑、丘脑下部、中脑内侧被盖等(图3-10)。

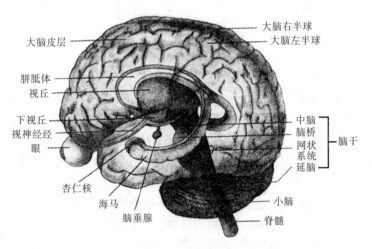

图3-10 脑部透视略图

从进化的观点看,边缘系统比脑干、丘脑和下丘脑、小脑出现得更晚些。在种系发生的阶梯上,哺乳动物以下的有机体没有边缘系统。边缘系统与动物的本能活动有关,动物的喂食、攻击、逃避危险、配偶活动等,可能由边缘系统支配。没有边缘系统的动物,上述这些行为只能通过刻板的行为方式实现。在哺乳动物中,边缘系统好像能抑制某些本能行为的模式,使肌体对环境的变化能做出更好地反应(希尔加德等,1987)。

边缘系统还与记忆有关,特别是海马。边缘系统受伤的病人,不能完成有目的的序列动作,任何细小的干扰,都会使他们忘记所要干的事情。边缘系统与情绪也有密切的关系,尤其是杏仁核。边缘系统某些区域受伤的猴子,对轻微的挑衅会做出愤怒反应;而另一些区域受伤,则可失去攻击能力,这些猴子只消极躲避,没有敌视的表情。

三、大脑的结构和机能

(一)大脑的结构

人的大脑分左右两半球。体积占中枢神经系统总体积的一半以上,重量约为脑的总重量的60%左右。从进化的观点看,大脑比脑干出现得晚,是各种心理活动的最高级中枢。

大脑半球的表面布满深浅不同的沟或裂。沟裂间隆起的部分称为脑回。有三条大的沟裂,即中央沟、外侧裂和顶枕裂。这些沟裂将半球分成额叶、顶叶、枕叶和颞叶几个区域。在每一叶内,一些较细小的沟裂又将大脑表面分成许多回。如额叶的额上回、额中、额下回、中央前回;颞叶的颞上回、颞中回和颞下回;顶叶的中央后回等(图3-11)。

大脑半球的表面由大量神经细胞和无髓鞘神经纤维覆盖着,呈灰色,叫灰质,称为大脑皮层,它的总面积约为$2200cm^2$。皮层的厚薄不一,中央前回最厚,约4.5mm;大脑后端的距状裂最薄,约1.5mm。皮层从外到内分为六层:分子层、外颗粒层、椎体细胞层、内颗粒层、节细胞层和多形细胞层。它们由不同类型的神经细胞组成,其中颗粒细胞接受感觉信息,锥体细胞传递运动信息。

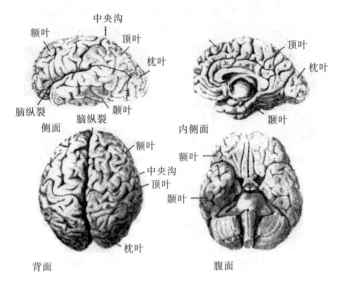

图 3—11 大脑皮层不同脑区的位置

大脑半球内面是由大量神经纤维的髓质组成,叫白质。它负责大脑回间、叶间、两半球间及皮层与皮层下组织间的联系。其中特别重要的横行联络纤维叫胼胝体,位于大脑半球底部,对两半球的协同活动有重要作用。

(二)大脑皮层的机能分区

大脑皮层机能分区的思想,开始于 19 世纪欧洲的一批骨相学家。他们根据头部的隆起部位来确定一个人的人格和智力,相信脑的不同部位负责不同的心理机能。以后,生理学家和医生们对此进行了广泛的研究,提出了不同的设想。其中以布鲁德曼(Brodmann,1909)的皮层分区图为大家所公认。根据前人的研究成果,把大脑皮层分成几个机能区域。

1. 初级感觉区,初级感觉区包括视觉区、听觉区和机体感觉区。它们分别接受来自眼睛的光刺激,来自耳朵的声音刺激,以及来自皮肤表面和内脏的各种刺激等。它们是接受和加工外界信息的区域。

视觉区位于顶枕裂后面的枕叶内,属布鲁德曼的第 17 区,它接受在光刺激的作用下由眼睛输入的神经冲动,产生初级形式的视觉,如对光的觉察等。若大脑两半球的视觉区受破坏,即使眼睛的功能正常,人也将完全丧失视觉而成为全盲。

听觉区在颞叶的颞横回处,属布鲁德曼的第 41、42 区。它接受在声音的作用下由耳朵传入的神经冲动,产生初级形式的听觉,如对声音的觉察等。若破坏了大脑两半球的听觉区,即使双耳的功能正常,人也将完全丧失听觉而成为全聋。

机体感觉区位于中央沟后面的一条狭长区域内,属布鲁德曼的第 1、2、3 区。它接受由皮肤、肌肉和内脏器官传入的感觉信号,产生触压觉、温度觉、运动觉和内脏感觉等。躯干、四肢在体感区的投射关系是左右交叉、上下倒置的。中央后回的最上端的细胞,主宰下肢和躯干部位的感觉;由上往下的另一些区域主宰上肢的感觉。头部在感觉区的投射是正直的,即鼻、脸部位投射在上方,唇、舌部位投射在下方等。身体各部位投射面积的大小取决于它们在机能方面的重要程度。例如,手、舌、唇在人类生活中有重要作用,因而在机体感觉区的投射面积就较大(图 3—12)。

2. 初级运动区,中央前回和旁中央小叶的前部,即布鲁德曼第 4 区,称为躯体运动区,简称运动区,它的主要功能是发出动作指令,支配和调节身体在空间的位置、姿势及身体各部分的运动。运动区与躯干、四肢运动的关系也是左右交叉、上下倒置的。中央前回最上部的细胞与下肢肌肉的运动有关,其余的细胞区域与上肢肌肉的运动有关。运动区和头部运动的关系是正且直的,即上部的细胞与额、眼睑和眼球的运动有关,下部的细胞与舌和吞咽运动有关。同样,身体各部位在运动区的投射面积不取决于各部位的实际大小,而取决于它们在机能上的重要程度。

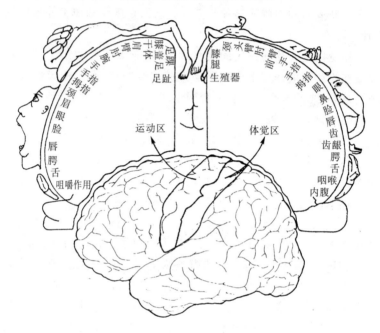

图 3-12 运动区与体觉区所管制的相关部位

3. 言语区,对大多数人来说,言语区(speech areas)主要定位在大脑左半球,它由较广大的脑区组成,若损坏了这些区域将引起各种形式的失语症。在左半球额叶的后下方靠近外侧裂处,有一个言语运动区,即布鲁德曼第 44、45 区,亦称布洛卡区,它通过邻近的运动区控制说话时的舌头和颚的运动,受损就会发生运动性失语症;在颞叶上方、靠近枕叶处,有一个言语听觉中枢,它与理解口头言语有关,称为威尔尼克区,损伤这个区域将引起听觉性失语症,病人不理解口语单词,不能重复他刚刚听过的句子,也不能完成听写活动;在顶枕叶交界处,还有言语视觉中枢,损坏这个区域将出现理解书面语言的障碍,病人看不懂文字材料,产生视觉失语症或失读症。

4. 联合区,人类的大脑皮层除上述有明显不同机能的区域外,还有范围很广、具有整合或联合功能的一些脑区,称联合区。联合区不接受任何感受系统的直接输入,从这个脑区发出的纤维也很少直接投射到脊髓支配身体各部分的运动。

从系统发生上来看,联合区是大脑皮层上发展较晚的一些脑区,它和各种高级心理机能有密切的关系。动物的进化水平越高,联合区在皮层上所占的面积就越大。低等哺乳动物(如老鼠)的联合区在皮层总面积中占的比例很小,而人类大脑皮层的联合区却占 4/5 左右,比感觉区和运动区要大得多。

依据联合区在皮层上的分布和功能,可分成感觉联合区、运动联合区和前额联合区。

感觉联合区是指与感觉区邻近的广大脑区。它们从感觉区接受大部分输入信息,并提供更高水平的知觉组织。感觉联合区受损将引起各种形式的"不识症"。例如,布鲁德曼的第 18、19 区是视觉联合区,若这些区域受损,会出现视觉不识症,即病人能看见光线,视敏度正常,但丧失认识和区别不同形状的能力;或者他们能看见物体,但不能称呼它,也不知道它有什么用处。颞叶除颞横回以外的脑区都是颞叶的联合区,这个区域与人的记忆,特别是长时记忆有密切的关系。运动联合区位于运动区的前方,又称前运动区,它负责精细的运动和活动的协调。运动联合区损伤的小提琴家,能够正确地移动他的每个手指,正确完成演奏时的各种基本动作,但不能完成一段乐曲,演奏一个音阶,甚至不能有韵律地弹动自己的手指。

前额联合区位于运动区和运动联合区的前方。通过额叶切除手术发现,该区可能与动机的产生、行为程序的制订及维持稳定的注意有密切关系。切除前额皮层的病人,智力很少受到损害,智力测验分数很少下降.但不能适时地停止某种不适当的行为。用猴子进行的延缓反应实验也证明,前额联合区未受损伤的猴子,能对延缓后的刺激做出正确反应;而前额联合区受到损伤的动物,在刺激延缓超过1秒钟后,就不能完成正确的选择。可见,前额联合区既与注意、记忆、问题解决等高级认知功能有密切的关系,也与人格的发展有密切的关系。

(三)大脑两半球的一侧优势

人的大脑左右两半球在结构和功能上存在着明显的差异。从结构上说,人的大脑右半球略大和重于左半球,但左半球的灰质多于右半球;左右半球的颞叶具有明显的不对称性;颞叶的不对称性是和丘脑的不对称性是相关的;各种神经递质的分布,左右半球也是不平衡的(Kolb&Whishhaw,1996)。从功能上说,在正常情况下,大脑两半球是协同活动的。进入大脑任何一侧的信息会迅速地经过胼胝体传达到另一侧,做出统一的反应。近几十年来,由于割裂脑的研究,提供了在切断胼胝体的情况下,分别对大脑两半球的功能进行研究的重要资料。由于胼胝体被切断,两半球的功能也被人为地分开了,每个半球只对来自身体对侧的刺激作出反应,并调节对侧身体的运动。

研究发现,手术后大脑两半球分割的病人,视力、听力和运动能力都正常,而命名、知觉物体的空间关系、理解语言的能力等都出现选择性的障碍。如果将铅笔两个字分别投射在病人左、右眼视野内,铅在左,笔在右。那么病人能说出"笔",不能说出"铅",这是因为笔投射在左半球,所以能命名,而"铅"投射在右半球,因而不能用言语描述。如果把一支铅笔放在病人的左手上,他可以用动作表示铅笔的用途,但不能用语言描述它。如果把铅笔换到右手上,病人马上就能用言语做出报告。如果让病人根据积木的颜色来排列某种图形,那么他可以用左手而不能用右手完成任务。这说明,两半球可能具有不同的功能。语言功能主要定位在左半球,该半球主要负责言语、阅读、书写、数学运算和逻辑推理等。而知觉物体的空间关系、情绪、欣赏音乐和艺术等则定位于右半球(Gazzaniga,1967)。

应该指出的是,大脑两半球功能的一侧化并不是绝对的。近年来的许多研究发现,右半球在语言理解中同样起重要作用。在加工复杂程度不同的句子时,右半球上与左半球语言区对应的部位也得到激活,只是强度低于左半球而已(Just 等,1996)。

四、神经系统的发育

神经系最显著的一个特点是神经细胞连接的高度准确性,这也是准确执行心理机能的基础。研究发现,在发育过程中,神经元的轴突向它的靶生长,并以高度精确的方式选择正确的靶位。轴突离开某些细胞,去选择其他的细胞,与之形成永久的连接。例如视觉,在发育过程中,位于大脑视觉皮层的神经元要和位于外周的视网膜建立连接,这种连接是通过神经元的轴突向外生长,最后在视网膜上选定某个特定的靶区来实现的。靶子本身可能释放必要的分子引物,引导轴突的生长;轴突也可能识别沿途细胞释放的大量特殊分子,找到正确的靶位。当轴突达到正确的靶位后,还要选择正确的地址,并能消除选址的错误。

在神经系统的发育中另一个有趣的发现是细胞突触的精简(elimination)。在对新生大鼠的神经肌肉接点进行研究发现,一条肌纤维由许多轴突支配,每根轴突都形成有效的突触。在出生后头两周左右,一些轴突失去它们的连接,直到和成体一样,一个终板只由一根轴突支配(Kuffler et all. 1975)。在人类的生长发育中,也存在突触精简的现象,这是成人的轴突密度少于婴幼儿轴突密度的原因。

第三节　脑功能的各种学说

心理是脑的功能,但脑如何产生心理?心理的大脑机制又是怎样的呢?通过近一个世纪的研究,形成了以下学说①。

一、定位说

脑功能的定位说,始于盖尔(Franz Josel Gall,1758～1828)和斯柏兹姆(Johann Capser Spurzheim,1776～1832)提出的颅相说。盖尔检查了颅骨的外部特征,并将这些特征与行为的某些方面联系起来。颅骨突出表示下面的皮层发育完好,有很好的能力;而颅骨凹陷表示下面的皮层发育不足,能力下降。盖尔进行了上千次的观察,提出了27种重要的官能,如聪明、探究精神、忠实、竞争性、自爱、好色等,每种官能都有对应的颅骨特征和位置。

颅相说以颅骨的外部特征来推测脑的发育程度,并以此来说明人的能力的高低是不科学的。但颅相说把人的心理官能与颅骨的外形特征联系起来,企图揭示它们之间的对应关系,因而推动了脑功能定位的研究。

真正的定位说开始于失语症病人的临床研究。1825年波伊劳德(Jean. Baptiste Bouillaud,1796～1881)提出语言定位于大脑额叶。由于人们大都用右手书写、绘画、击剑,波伊劳德认为,对这些行为的控制可能是左半球。1861年布洛卡(Paul Broca,1842～1880)接待了一位失语病人。这位病人右侧身体瘫痪,只能说"tan",而智力的其他方面正常。1861年4月17日病人去世后,尸检的结果表明,病人的左侧额叶受到损伤。1874年威尔尼克(Carl Wemicke,1833～1892)描述了一种新的失语症,这种病人的脑损伤发生在颞叶,病人说话流畅,但所说的话没有意义;病人有听觉,但不理解别人的话语。这些发现使人们相信,语言功能是特

---

① 参见彭聃龄主编《普通心理学》,63～66页,北京师范大学出版社,2001。

定脑区的功能。

20世纪四五十年代,定位说得到进一步的发展。尤其是加拿大医生潘菲尔德,为此做出了巨大的贡献。潘非尔德用电刺激法研究颞叶时发现,微弱的电刺激能使病人回忆起童年时的一些事情。这说明记忆可能定位在颞叶。另外,科学家发现,杏仁核和海马与记忆有关,下丘脑与进食和饮水有关,这些发现也有利于脑功能的定位学说。

二、整体说

在定位说流行的同时,另一些学者提出了脑功能的整体说。19世纪中叶,弗罗伦斯(Perre Flourens,1794~1867)用鸡和鸽子等动物进行了一系列实验。实验采用局部毁损法,切除动物脑的一部分,然后观察动物的行为表现。结果发现,在切除小块皮层后,动物开始很少运动,不吃不喝。但随着时间推移,动物能康复到接近正常的情况。弗罗伦斯进行了许多实验,结果都是这样。根据这些发现,他认为,不存在皮层功能的定位。功能的丧失与皮层切除的大小有关,而与特定的部位无关。如果所有皮层都被切除,那么各种智力功能都会丧失;如果有足够的组织保留下来,所有的功能都可以康复。弗罗伦斯强调脑功能的整体性,对盖尔提出的颅相说进行了批评。但他所用的实验动物都没有新皮层,而且他所说的动物智能和盖尔所说的人的智能是完全不一样的。

到20世纪中叶,整体说重新引起人们的注意。最著名的代表人物是拉什利(Karl Spencer Lashley,1890~1958)。20世纪初,拉什利采取脑毁损技术用白鼠进行了一系列走迷宫的实验。结果发现,在大脑损伤之后,动物习惯形成出现很大障碍,这种障碍与脑损伤的部位无关,而与损伤面积的大小有密切关系(平均相关为0.75)。由此,拉什利引申出了两条重要的原理:均势原理和总体活动原理。按照均势原理,大脑皮层的各个部位几乎以均等的程度对学习发生作用;按照总体活动原理,大脑是以总体发生作用的,学习活动的效率与大脑受损伤的面积大小成正比,而与受损伤的部位无关。

三、机能系统学说

第二次世界大战期间,鲁利亚(Ruria,1902～1977)及其同事们对因战争而造成大脑损伤的病人,进行了机能恢复的工作。根据大量的临床观察和对病人的训练,鲁利亚批评了关于大脑机能狭隘定位的理论,指出传统的理论把人的心理活动分析为某些分割的机能,并且把这些机能与大脑某一严格限定的部位联系起来。鲁利亚从脑损伤的病人身上看到,脑的一定部位的损伤,往往不是导致某一孤立的心理机能的丧失,而是引起某种综合症,即引起一系列过程的障碍。可见,某种心理机能的障碍,除受脑的损伤部位的直接影响外,还受其他脑区的影响。

在进行机能恢复的训练工作中,鲁利亚还发现,在大脑皮层某些部位损伤之后,与这些部位相联系的某些基本生理机能是难以恢复的。但是,借助于机能改造的方法,却可以使一些比较复杂的心理机能得到恢复。例如,由于枕叶损伤引起的阅读机能障碍,可以借助于对字母的触摸和描绘而恢复起来;由于颞叶损伤引起的书写机能的障碍,也可以通过对要书写的词进行视觉—动觉分析而得到恢复。

根据这些研究,鲁利亚认为,脑是一个动态的结构,是一个复杂的动态机能系统。在机能系统的个别环节受到损伤时,高级心理机能确实会受到影响。从这个意义上看,大脑皮层的机能定位是一种动态的和系统的机能定位。

鲁利亚把脑分成三个互相紧密联系的机能系统:

第一机能系统即调节激活与维持觉醒状态的机能系统,也叫动力系统。由脑干网状结构和边缘系统等组成。它的基本功能是保持大脑皮层的一般觉醒状态,提高它的兴奋性和感受性,并实现对行为的自我调节。第一机能系统并不对某个特定的信息进行加工,但却提供了各种活动的背景。当这个系统受到损伤时,大脑的激活水平或兴奋水平将普遍下降,并影响对外界信息的加工和对行为的调节。

第二机能系统是信息接受、加工和储存的系统。它位于大脑皮层的后部,包括皮层的枕叶、颞叶和顶叶以及相应的皮层下组织。它的基本作用是接受来自机体内、外的各种刺激(包括听觉、视觉、一般机体感觉),对它们进行加工分析与综合,并把它们保存下来。

第二机能系统由许多脑区构成,如视觉区、听觉区、一般躯体感觉区等。每个脑区又可分成一级区、二级区、三级区等不同等级。其中一级区是外界刺激信息的直接投射区,如布鲁德曼第17区是视觉的直接投射区,第41、42区是听觉的直接投射区,第1、2、3区是躯体感觉的间接投射区,它们都是不同感觉皮层的一级区。一级区具有高度特异化的功能,它对刺激的个别特性做出反应。当一级区受到损伤时,患者将丧失视觉、听觉或躯体感觉的能力。二级区是对信息进行综合的脑区,它位于一级区的附近。如布鲁德曼第18、19区就是视觉的二级区。它对一级区加工过的信息进行综合,从而反应刺激物的整体特性。当二级区受到损伤时,患者仍保留初级的感觉能力,但产生各种形式的不识症。三级区位于枕叶、颞叶、顶叶的交界处,是视觉、听觉和躯体感觉的重叠区。它的基本作用是实现对信息的空间整合和时间整合,反映事物的联系和关系。当这个脑区受到损伤时,患者将丧失各种同时性的空间整合的能力。

第三机能系统也叫行为调节系统,是编制行为程序、调节和控制行为的系统。它包括额叶的广大脑区。其中一级区是皮层运动区,位于前中央回内,是运动的直接投射区。由大脑发出的各种动作指令,通过这个区域直接调节身体各部位的动作反应。二级区称运动前区,位于运动区的前方,其主要作用是实现对运动的组织,制定运动的程序。三级区位于额叶的前面,主要作用是产生活动的意图,形成行为的程序,实现对复杂行为形式的调节与控制。当这些脑区受到破坏时,患者将产生不同形式的行为障碍。例如,有的研究证明,前额皮层受到损伤的病人将丧失计划与组织行动的能力,不能将行为的结果与原有计划、目的进行对照,也不能矫正自己的行为。

鲁利亚认为,人的各种行为和心理活动是三个机能系统相互作用、协同活动的结果。其中每个机能系统又起各自不同的作用。鲁利亚的研究,特别是关于心理机能定位的研究,丰富和发展了脑功能的理论,引起了各国心理学家和生理学家的普遍重视。

四、模块说

模块说是20世纪80年代中期在认知科学和认知神经科学中出现的一种重要理论(Fodor,1983)。这种学说认为,人脑在结构和功能上是由高度专门化并相对独立的模块组成的。这些模块复杂而巧妙的结合,是实现复杂而精细的认知功能的基础(沈政,1997)。神经科学的许多新的研究成果,都支持了模块学说。例如,在视觉研究的领域已经发现,猴子的视觉与31个脑区有关,颜色、运动和形状知觉是两个大的功能模块,它们之间的精细分工和合作,是视觉的神经基础。在词的识别研究中也发现,词的命名与广大的脑区有关,这些脑区的动力学关系决定了词的识别(Ojemann,1991)。

第四节 内分泌腺和神经—体液调节

一、内分泌腺的概念

内分泌系统是由内分泌腺和分散在某些组织器官中的内分泌细胞组成的信息传递系统,它与神经系统紧密相连,相互配合,共同完成调节机体的各种功能活动。内分泌系统的调节机制是通过内分泌腺分泌化学物质来实现的。

人体内的腺体有两类,一类是有管腺或外分泌腺,它的分泌物通过导管,流入某种管道或皮肤表面。例如,汗腺将汗液排出体外,胃腺将胃液排至胃腔内等。另一类是无管腺或内分泌腺,它的分泌物由腺体细胞直接渗入血液或淋巴,并影响有机体内其他细胞的功能。由内分泌腺生成并分泌的生理活性物质叫激素,又称荷尔蒙。

激素对人类行为有多方面的影响,包括:①身体的发育;②一般的新陈代谢;③心理发展;④第二性征的发展;⑤情绪与行为;⑥有机体的化学合成等。

内分泌系统和神经系统是从共同的系统演化而来的。它们都是细胞间实现沟通的化学信使。神经递质对其临近的细胞发生作用,这种作用是迅速发生的;而荷尔蒙对远方的细胞发生作用,它的作用是缓慢实现的。

二、内分泌腺的分类及机能

到目前为止,已发现的内分泌腺有 27 种。这里介绍与人们心理现象直接有关的几种内分泌腺(表 3-1)。

表 3-1　体内常见内分泌腺及其功能

主要来源	激　素	英文缩写	功　能
下丘脑	促甲状腺激素释放激素	TRH	促进 TSH 释放,也能刺激 TRL 释放
	促性腺激素释放激素	GnRH	促进 LH、FSH 释放(以 LH 为主)
	生长素释放抑制激素	GHRIH	抑制 GH 释放,对 LH、FSH、TSH、PRL、ACTH 分泌也有抑制作用
	生长素释放激素	GHRH	促进 GH 释放
	促肾上腺皮质激素释放激素	CRH	促进 ACTH 释放
	促黑(素细胞)激素释放因子	MRF	促进 MSH 释放
	促黑(素细胞)激素释放抑制因子	MIF	抑制 MSH 释放
	催乳素释放因子	PRF	促进 PRL 释放
	催乳素释放抑制因子	PIF	抑制 PRL 释放
	血管升压素(抗利尿激素)	VP(ADH)	抗利尿作用
	催产素	OXT	促进乳汁排出、刺激子宫收缩

续表

主要来源		激素	英文缩写	功能
腺垂体		促肾上腺皮质激素	ACTH	形成下丘脑－垂体－肾上腺皮质轴
		促甲状腺激素	TSH	形成下丘脑－垂体－甲状腺轴
		促卵泡激素	FSH	形成下丘脑－垂体－性腺轴
		黄体生成素	LH	形成下丘脑－垂体－性腺轴
		促黑（素细胞）激素	β MSH	调节黑色素代谢
		催乳素	PRL	促进乳腺发育与泌乳
		生长素	GH	调节物质代谢和个体生长
甲状腺		甲状腺素	T_3、T_4	促进物质与能量代谢、促进生长和发育
甲状旁腺		甲状旁腺激素	PTH	调节钙、磷代谢
胰岛		胰岛素		促进合成代谢、调节血糖浓度
肾上腺	皮质	糖皮质激素（如皮质醇）类固醇		调节物质代谢、水盐代谢，参与应派
		盐皮质激素（如醛固酮）类固醇		调节水盐代调
	髓质	肾上腺素	E	参与交感－肾上腺髓质系统，对应激作出反应
		去甲肾上腺素	NE	参与交感－肾上腺髓质系统，对应激作出反应
睾丸	间质细胞	睾酮	T	生精、生殖器发育、维持性欲、促进蛋白质合成
	支持细胞	抑制素（卵巢也可产生）		抑制腺垂体分泌 FSH
卵巢、胎盘		雌激素	E_2、E_3	促进生殖器发育与副性征出现、促进代谢
		孕激素	P	作用于子宫，适应孕卵着床和妊娠

(一)甲状腺

甲状腺(thcroid gland)是人体内最大的内分泌腺,位于气管下端两侧,左右各一。甲状腺分泌的激素称甲状腺素,它能促进机体代谢机能,增进机体发育过程。甲状腺机能亢进时,中枢神经系统兴奋性增高,主要表现注意力不集中,敏感多疑,烦躁不安,情绪不稳,失眠多梦,肌肉震颤等;甲状腺机能低下时,中枢神经系统兴奋性降低,记忆力减退,反应迟钝,容易疲劳等。如果儿童患甲状腺机能减退,会使发育停滞,骨骼和神经系统发育不全,称为呆小症(cretinism)。患者身体矮小,智力落后,记忆和思维的发展不及正常的儿童。严重者成为白痴。

(二)副甲状腺

副甲状腺(parathyroid gland)又称甲状旁腺,为甲状腺包囊内四个卵圆形的小体。它分泌的激素为副甲状腺激素和降钙素,主要作用是调节钙磷代谢。副甲状腺分泌不足,会使人反应迟钝,肢体运动不协调。

(三)肾上腺

肾上腺(adrenal gland)位于肾脏上端,左右各一。每个肾上腺又分皮质和髓质两部分。肾上腺皮质分泌肾上腺皮质激素,其主要作用是调节物质代谢,维持体内钠离子及水分的正常含量。人体缺少肾上腺皮质激素,会出现精神萎靡,肌肉无力等症状。肾上腺髓质分泌肾上腺素和去甲肾上腺素,主要作用是兴奋交感神经,促使血压升高,心率加快,瞳孔放大,胃肠肌肉松弛等。因而在机体应激时有重要作用。

(四)脑垂体

脑垂体(pitutary gland)位丁大脑底部,有一个漏斗形短柄与脑相连,重0.6克,只有一粒豌豆大小。

脑垂体由前叶、中叶、后叶三部分组成。前叶分泌生长激素、促性腺激素、促甲状腺激素、促肾上腺皮质激素、生乳激素等;中叶分泌黑素细胞扩张素,作用于皮肤的色素细胞;后叶分泌血管加压素(又称抗利尿激素)和催产素。脑垂体又可分为腺垂体和神经垂体两部分,前叶和中叶为腺垂体,后叶是神经垂体,它不含腺体细胞,不能合成激素。它分泌的是神经元产生的神经垂体激素。摘除脑垂体将使幼小动物的生长停顿,甲状腺及肾上腺萎缩,性腺萎缩,性机能衰退,机体极度消瘦,排尿量明显增加等。由于脑垂体分泌的激素较多,并能控制多种内分泌腺,因而具有"主腺"的称谓。

(五)性腺

男性的性腺(sex gland)叫睾丸,女性的性腺叫卵巢,它们分泌不同的性激素(性荷尔蒙)。卵巢分泌雌激素和孕激素,分别控制排卵、怀孕和月经周期。睾丸分泌睾丸素,它刺激精子的产生。性腺激素还促进第二性征的发育,如乳房的发育、音调的变化等。

三、神经—体液调节

所有内分泌腺的活动都受神经系统的调节与控制。神经系统通过内分泌腺分泌的激素影响各种效应器官的活动,叫神经—体液调节。有的内分泌腺可由不同的神经来支配,如甲状腺既接受交感神经(颈上交感神经节)的支配,也接受副交感神经(迷走神经)的支配;脑垂体同时接受交感及下丘脑神经核的支配等。

由于内分泌腺中脑垂体的特殊作用,中枢神经系统调节内分泌腺的活动有两种不同的方式:一种是通过植物性神经系统直接支配内分泌腺;另一种是通过下丘脑神经核,先影响脑垂体的活动,然后由脑垂体分泌各种激素,进一步调节其他内分泌腺的活动。后者是通过神经—体液调节的方式来调节内分泌腺的活动。

第四章 注 意

第一节 注意的概述

一、什么是注意

注意是心理活动对一定对象的指向和集中。

指向性和集中性是注意的两个基本特征。所谓指向性,是指在某一特定时间内,我们的心理活动有选择地朝向一定的对象,而同时离开其余对象。例如,我们注意听课时,就不能把心理活动朝向教室内外的一切事物,只能有选择地朝向教师。当我们心理活动指向一定事物时,我们的心理活动就会贯注在这一事物上,对其余的事物则不予理会,那就会"白黑在前而目不见,雷鼓在侧而耳不闻"[①],以保证对所选的对象做出清晰的反映,这就是集中。集中有两种情况:一是指在同一时间内各种有关的心理活动共同集中于一定的对象,通常我们说的"聚精会神"、"专心一致"就是指人的各种有关的心理活动都共同地指向于一定的对象;二是指同一种心理活动不仅指向于一定的对象,而且维持着这种指向,使活动不断地深入下去。通常我们所说的"注视"、"倾听"就是指人们某种心理活动不仅指向而且持续地、深入地维持着这种指向。指向与集中是密切联系的,指向是集中的前提和基础,集中是指向的体现和发展。

注意的对象可以是我们周围的外部事物,如学生在课堂上注意教师一言一行;也可以是自己的行动、观念或内心状态,如有的

---

① 《荀子·解蔽》。

学生在课堂上"想心思"。前者称为外部注意,它经常与知觉同时进行,也称知觉注意,它在探究外部世界中起着重要作用。后者称为内部注意,通过它,人可以洞察自己的心理活动,发展自我意识,规划未来活动和深思熟虑地办事,它对发展人的个性方面起着重要作用。同一时间内,人只能注意少数的对象,而不能注意所有的对象。由于心理活动对一定对象有选择的集中,这些少数对象就被清晰地意识出来,而同时作用着的其他的对象,就没有意识到或者意识比较模糊。因此,注意总是心理活动对某些对象的集中,集中注意的对象是注意中心,其余的对象有的处于"注意的边缘",多数处于注意范围之外。一般来说,注意中心与注意边缘是经常地变化着的,新的对象不断地变化为注意中心,原来为注意中心的对象可以退到注意的边缘,甚至完全不被注意了。

人在清醒的时候,总是处于某种注意状态,没有"不注意"的现象。当我们谈到"没有注意"这个词的时候,并不是讲这个人对什么都没有注意,而是指他没有注意应该注意的对象。

注意不是独立的心理过程,它不能离开一定的心理过程而独立存在,它总是在感知、思维、记忆、情感、意志等心理过程中表现出来,是各种心理过程所共有的特性。我们平常所讲的"注意黑板上的挂图"、"注意老师的话",好像"挂图"、"话"是我们注意的对象,实际上,"挂图"是看的对象,"话"是听的对象,由于平常说话的习惯,"看"和"听"两个动词被省略。离开了"看"或"听"等心理过程,也就谈不上注意了。这里所说的"注意"含有命令自己、支配自己认识活动的意思。注意还表现在情感和意志活动中,没有注意,情感就无从表现,没有集中注意,就不能决定是否执行或如何去克服困难。注意与一个人的个性也是分不开的,一个人的兴趣、能力、性格都刻画着一个人的注意特点。同样,注意又是受一个人需要、兴趣、性格等特点制约的。不同的人可能有不同的需要、兴趣、性格等,因而他们的心理活动会有不同的方面和不同的内容,所注意的事物,也会因个体的需要、兴趣而有所不同。因此,注意总是表现出一个人的个性倾向性和个性心理特征。当然,研究最多的是感知时表现出来的注意,实际上一切说明注意现象的资料,都是在研究感知性注意时获得的。

二、注意的生理机制和外部表现

(一)注意的生理机制

巴甫洛夫等人的实验研究表明,注意的生理机制同神经系统的反射活动密切联系。注意就其发生来说是有机体的一种定向反射。每当新异刺激物出现时,人便产生一种相应的运动,将感受器朝向新异刺激物的方向,以便更好地感知这一刺激。在定向反射发生之后,随即发生适应性反射,即只有与刺激有关的分析器进行活动,并随着刺激物的性质和强度的变化而变化。

但是,定向反射只能描述注意的开始阶段,它还远远没有阐明人的注意的全部复杂性。最近几十年来,学者们在研究中获得了许多新的资料,揭示了各种注意现象的神经生理机制。

1. 注意与皮层下中枢。注意与脑干网状结构的活动有着密切的联系。注意必须在有机体觉醒状态下才能进行,而个体觉醒状态的维持则依赖于脑干网状结构的活动。实验表明,在一定水平上切断脑干网状时,动物就陷入沉睡状态。临床上,脑干上部损伤的患者出现睡眠或梦状态,注意严重障碍。进一步研究表明,清醒状态依赖于大脑皮层与网状激活系统的相互作用。

觉醒状态除受神经系统调节外,还受神经生化调节。主要是神经介质和醒觉因子两个方面。研究表明,去甲肾上腺素在维持动物醒觉中起主要作用。琼斯(Jone)等人损伤猫脑桥的蓝斑核使脑内去甲肾上腺素下降,则醒觉的大脑皮层活动明显降低,而且与损伤的范围成正比。损伤中脑去甲肾上腺素神经元也达到同样结果。乙酰胆碱在维持醒觉状态方面也起一定的作用。动物兴奋时大脑皮层释放乙酰胆碱增多,睡眠时释放减少。潘普海默在脑脊液中发现醒觉因子,它使动物出现激惹行为,使动物的活动明显增强达数日之久。20世纪50~60年代,普尔普拉(Purpura)和孟默尔(Monmr)等人都在体液中发现有醒觉因子的存在。

边缘系统的一些结构与注意密切相关。普利勃拉姆(Pribrara)等人认为,边缘系统中的海马和尾状核是实现精确选择行为的重要的神经结构。在神经元水平上的研究表明,这些组织(特别是海马)中主要的神经元似乎是对新、旧刺激进行比较,从而对新的信号作出反应,抑制旧的已经习惯的刺激。因此,海马被认为是"过滤器"的重要组成部分。这些部位破坏,则引起选择性注意的严重阻碍。

2.注意与大脑皮层。按照巴甫洛夫学说,注意的神经机制是负诱导规律在起作用。所谓负诱导是指在大脑皮层某一部位产生优势兴奋中心的同时,其周围部位便处于抑制状态。由于优势兴奋中心的存在,在这一皮层部位新的暂时联系容易建立,旧的暂时联系容易恢复,因而个体对外界事物或对自己的行为、思想感情就反映得最鲜明、最清晰;而当其他刺激引起的冲动传到兴奋中心周围的抑制部位时,则不能得到细致的分析,不能留下清晰的印象。

优势兴奋中心不是长时间地保持在皮层的一个部位上,而是随着主、客观条件的变化不断地从一个区域转移到另一个区域。先前处于优势兴奋状态的区域,过一些时候可以转化为抑制状态;而先前处于抑制状态的部位可以转化为兴奋状态,出现新的优势兴奋中心。巴甫洛夫描述这种情况时说:"如果能够透过头盖骨来看,如果大脑两半球具有优势兴奋性的地方能够发光,那么,我们在思考着有意识的人的大脑中就会看见一个发光的斑点是如何地沿着他们的大脑两半球转移着;这个斑点的奇妙而不规则的轮廓,无论在形式或大小上都经常在变化着,而且这个斑点是被大脑两半球上所有其余空间内的或深或浅的阴影围绕着。"① 这个"发光点"就是这里所说的优势兴奋中心,而围绕着它的"阴影"就是其他区域的抑制状态。皮层内这种优势的兴奋中心的转换,就引起注意方向的变化。可以认为,优势兴奋中心的转移就是注意转移的生理机制。

人在注意高度集中时,额叶的生物电会发生明显的变化。鲁利亚等人的研究表明,额叶部分受伤的人,对言语指示、定向反射几乎不能恢复,大脑皮层的觉醒水平不能提高;额叶受伤的人不能根据预定的任务集中注意,不能抑制对附加刺激的反应。麦克沃思(Mackworth)等人的研究表明,额叶能抑制大脑不需要区域的活动,因此使注意能集中在重要的事物上。

由此可见,注意既与大脑皮层的活动有关,也与皮层下的活动有关,但它们各自起着不同的作用。注意是中枢神经系统多种水平的整合活动。

(二)注意的外部表现

人在集中注意于某种对象时,他在表情上和动作上常有各种外部表现。这些外部的表现和动作,往往在不同的心理活动中以不同的形式表现出来。

1.适应性运动。人在注意时,有关的感觉器官朝向某一刺激物。例如,人在注意听一个声音时,常常把耳朵转向声源的方向,尖起耳朵听,即所谓"侧耳倾听"。注意看一个物体时,把视线集中在该物体上,即所谓"目不转睛",或眼睛睁得大大的,一眨也不眨,即所谓"举目凝视"。当沉浸于思考问题或想像某个事物时,常表现为两眼向着远方但没有指向具体对象的"呆视"。

2.无关运动的停止。人在注意某个事物时,身体的肌肉就会处于紧张状态,而其他的无关动作就会暂时停止下来,如当教师的

---

① 巴甫洛夫:《条件反射演讲集》,166 页,北京,人民卫生出版社,1954。

课讲得很精彩时,学生会一动不动地看着老师。

3.呼吸运动的变化。人在注意时,呼吸变得轻微而缓慢,而且呼吸的时间比例改变了,一般吸得更短促而呼得更长。在注意十分紧张时,甚至出现呼吸暂时停歇的状态,即所谓"屏息"现象。

此外,在紧张注意时,还会出现心跳加速、牙关紧闭、握紧拳头等现象。

根据注意的外部表现,教师很容易判断学生的专注程度,图4—1是中学生专心听讲时的姿势和表情①。

图4—1 中学生专心听课(高石汉摄)

但注意的外部表现和内部状态有时不一致。所以,要真正了解学生注意表情,还必须进一步把握学生在课堂上注意的几种状态。

1.真正的注意。表现为从上课一开始就对学习活动有所准备,在整个上课期间的各个教学环节都表现出积极的智力活动。外部标志是认真的学习姿势和集中注意力的面部表情。

2.表面上的不注意。有的学生表现为外表上的不注意,实际

---

① 章志光:《心理学》,86页,北京,人民教育出版社,1984。

上隐藏着深刻的、稳定的注意。其外部标志有两种,一种是回避注视;另一种是冲动性运动或随便的姿势。前者如当教师向全班学生提问时,他们从不主动举手要求发言,好像不在注意,但教师若向他们发问,他们会有准备地回答所提问的问题。这种较弱的注意,多数是因为他们的个性上某些特征,诸如缺乏勇气、羞怯等。后者这种过分积极的表现,多数在主动活泼的儿童身上出现。这是因为他们急于表达自己的思想而与同伴交流,显示出坐立不安。对教师的提问,他们总会积极地予以回答。

3. 表面上的注意。表现为注意外部形式与内部状态不一。表面上看,学生两只眼睛一动不动地盯着讲台上的教师,但智力活动不积极或思想上"开小差"。注意离开了教学内容,如果进行调查性提问,他会感到愕然。

4. 真正的不注意。表现为对课堂学习毫无准备,人在教室,心早已飞向别处。脸部表现为"走神",目光呆滞,有时还会随着暇想出现与课堂情景无关的脸部表情。让他们回答问题时,不是答非所问,不知所云,就是瞠目结舌。

教师要善于洞察学生的不同注意状态,正确组织学生的活动,发展学生真正的注意。

三、注意的功能和作用

(一)注意的功能

1. 选择功能。注意的基本功能是对信息进行选择,使心理活动选择有意义的、符合需要的和与当前活动任务相一致的各种刺激,避开或抑制其他无意义的、干扰当前活动的各种刺激。即注意将有关信息线索区分出来,使心理活动具有一定的指向性。许多心理学家把注意看做认识选择性的高度表现。

2. 保持功能。外界大量信息输入后,每种信息单元必须经过注意才能得到保持,如果不加注意就会很快消失。因此,需要将注意对象的映象或内容保持在意识之中,一直到完成任务达到目的为止。

3.调节和监督功能。有意注意可以控制活动向着一定的目标和方向进行,使注意适当分配和适时转移。工作和学习中的错误和事故一般都在注意分散或注意没有及时转移的情况下发生的。前苏联心理学家加里培林把注意称为"智力监督动作"。

(二)注意的作用

1.注意在认识活动中的作用。注意在认识活动中的作用,可以概括为两个方面:一方面注意是认识活动的启动者。从感知到思维,每一认识过程都是从注意开始的。俄国19世纪教育家乌申斯基(к. д. ущинский)曾说过,注意是扇门,不打开注意这扇门,外界的一切都不能进入心灵。不仅如此,注意还是认识活动的警卫。事实表明,外界的一切信息必须通过注意的选择才能进入我们的头脑。也就是说,接受哪些信息,拒绝哪些信息,都是由注意决定的。另一方面注意是认识活动的维持者。注意不仅是认识过程的开端,而且贯穿于认识过程的始终。也就是说,一切认识活动都必须有注意参加,才得以顺利而有效地发生发展。如果把认识活动比做一艘航船,那么注意不仅掌握着起航,还负责领航、护航。一旦注意中止,认识活动将偏离目标,甚至终止。没有注意,即"心不在焉",就会"视而不见"、"听而不闻"、"食而不知其味"。

2.注意在实践活动中的作用。《孟子·告子上》说:"今夫弈之为数,小数也。不专心致志,则不得也。奕秋,通国之善弈者也。使弈秋诲二人奕;其一人专心致志,惟奕秋之为听;一人虽听之,一心以为有鸿鹄将至,思援弓缴而射之。虽与之俱学,弗若之矣。若是其智弗若与? 曰:'非然也。'"这段话是说两个人跟著名棋手学下围棋,一个人注意老师讲解,一个人则心不在焉,结果,前者学习进步很快,效果很好,后者的学习成绩则远不如前者,并不是谁比谁更聪明,而是一个专心致志,一个心不在焉。马克思也说:"在劳动的全部历程中,他还必须有那种有目的的意志,也就是要把注意集中起来。并且一种工作的内容和进行方法对劳动者越少有吸引力，他越是不能把这个工作当作自己的体力和精力的活动来享受，这种注意就越是必要。"[①]注意能使人的感受性提高，知觉清晰，思维敏捷，从而使行动准确、及时。

第二节 注意的种类

美国心理学家詹姆斯（W. James）曾把注意划分为随意注意和不随意注意两种类型。前苏联心理学家多勃雷宁（н. ф. добрцнин）提出，除随意注意和不随意注意外，还有一种随意后注意。

目前，一般根据注意产生和保持时有无目的以及意志努力程度的不同，把注意分为无意注意（不随意注意）、有意注意（随意注意）和有意后注意（随意后注意）三种。

一、无意注意

（一）什么是无意注意

无意注意是指事先没有预定目的，也不需要做出意志努力的注意。也可以这样说，某种事物我们没有打算注意它，但它却吸引着我们，迫使我们不得不去注意它。例如，学生正在听课，忽然有人推门进来，大家不由自主地转头看他，这种注意就是无意注意。这种注意的产生和维持，不是依靠意志努力，而是人们自然而然地对那些强烈的、新颖的和感兴趣的事物所表现的心理活动的指向和集中。它往往由周围环境发生变化时产生的。动物也有无意注意，它是注意的一种初级表现形式。在心理学文献中，有时把无意注意称为消极注意，这是因为无意注意集中时缺乏个人的意志努力和积极性；有时又把无意注意称为情绪注意，这是突出无意注意与情绪、兴趣和需要的关系。

---

① 马克思：《资本论》，第1卷，172页，北京，人民出版社1963。

(二)引起无意注意的原因

引起无意注意的原因,概括起来,可分为两个方面:一是刺激物的特点,二是主体状态。前者是产生无意注意的主要原因。

1. 刺激物的特点。第一,刺激物的强度。刺激物的强度是引起无意注意的重要原因。平常情况下,一声尖叫,一道强光,一种扑鼻的香味,都会引起我们的注意。无意注意基本上服从于刺激的强度法则,有人用强度不同的声音作用于被试,并记录由定向反射引起的血管容积的变化,结果发现,用60分贝的声音比用50分贝的声音引起较大的血管反应。不仅刺激物的绝对强度对引起无意注意有重大作用,而且刺激物的相对强度也有巨大作用。所谓刺激物的相对强度指的是,这个刺激物的强度与其他刺激物强度相比较而言的。同一强度的刺激物在不同强度背景上会产生不同的效果。比如考试的时候,环境寂静,一枝笔落地的声音,就会引起旁人的注意;但在运动场上,大家都在奔跑喧叫,这时铅笔落地的声音就不会引起旁人的注意。从中可以看出,在无意注意中,起决定作用的往往不是刺激的绝对强度,而是刺激的相对强度。

第二,刺激物之间的对比关系。如果某个事物在环境中突出出来,那么,这个事物就会引起我们的无意注意。比如在车水马龙的闹市上突然传来救护车的尖锐的笛声、万绿丛中一点红的"红"、鹤立鸡群的"鹤"等都会引起我们不由自主的注意它们。上述所言的相对强度对无意注意的作用,也是由于刺激物在强度方面的对比而发挥作用的。

第三,刺激物的活动和变化。活动的刺激物、变化的刺激物比不活动、无变化的刺激物容易引起人们的注意;例如,大街上一亮一灭的红绿霓虹灯就比普通照明灯容易引起人们的注意;商店里那些活动的小汽车就比那些不活动的玩具更能引起儿童的注意;一位教师讲课时抑扬顿挫、伴有手势或突然停止讲课,都会引起学生的注意。

第四，刺激物的新异性。所谓刺激物的新异性是指刺激物的异乎寻常的特性。千篇一律的、刻板的、多次重复的事物，很难吸引人们的注意，而新异的刺激物很容易成为注意的对象。例如，班上来了位新老师或新同学、教师演示一件新奇的教具都会引起学生的注意。又如，一位平常爱说爱笑的同学，最近却一反常态，不爱说不爱笑了，也会引起老师和同学的注意。前者称为绝对新异性，是指人们从未经历过的事物及其特点。后者称为相对新异性，是指司空见惯的事物以不寻常的姿态出现，即人们对这个事物有些熟悉但又觉得好奇。对新异刺激物的注意和探究称为好奇心。新异刺激物对注意力的吸引，与我们对它理解程度有关。如果我们对这种新异刺激物毫不理解（绝对新异性），虽然可以引起一时的注意，但却难以长久的注意。如果我们对新异刺激物有一些理解，但又不完全理解（相对新异性），为了求得进一步的理解，就会引起强烈的注意，并长时间地维持这种注意。由此可见，刺激物的相对新异性更能引起人们的注意。

2.主体状态。为什么同样的事物引起这个人的注意，而引不起另一个人的注意呢？这是因为无意注意还取决于人的主体状态。

第一，需要和兴趣。凡是能够满足人的需要和引起人的兴趣的事物都会使人产生期待的心情和积极的态度，从而引起无意注意。例如，饥饿的人注意的只是食物，而不注意闪烁的霓虹灯；球迷看报时，可以不注意头版头条套红的新闻，却不会忽略对球讯的注意。直接兴趣是无意注意的重要源泉。人们常常会被感兴趣的事物所吸引，不自觉地加以注意。一般地讲，凡与一个人已有知识有联系而又能增进新知识的事物容易引起兴趣。

第二，精神与机体状态。人的心境在很大程度上影响着无意注意。如果一个人心境开朗，心情愉快，平时不大容易引起的注意的事物，这时也容易引起他的注意。如果一个心境忧郁，平时容易引起无意注意的事物，这时也不容易引起他的注意。期待也是引起无意注意的重要条件，我们听过一次"系列学术报告"后，由于期待着下一次讲座，因此，有关下一次讲座的通知，就很容易吸引我们的注意。旧小说的作者或说书人在描写到紧张的情节时忽然有意停止，并添上一句结束语："欲知后事如何，请听下回分解"，目的就是要使人们产生对新的章回的期待，以便吸引人们的注意。期待常常可以使我们感知那些在其他情况下完全觉察不出来的东西。

人的机体状态对无意注意也有重大影响。人在过度疲劳时常常不能觉察到在精神饱满时容易注意的事物；人在精神饱满时，最容易对新鲜事物产生注意，而且注意也容易集中和持久。实验证明，工作时出现的差错数量，在工作快要结束时就增加起来，这是由于疲乏状态使注意难以集中所造成的。

第三，知识经验。外界事物出现在我们面前，能否成为我们注意对象，常常要看它与我们知识经验有无关系，以及能否被我们理解或理解到什么程度。外界事物与我们知识经验一点没有联系，或者我们一点不理解，那么，这个事物就很难成为我们注意对象，当然，完全熟悉的事物也很难引起我们的注意。

当主客观条件同时具备时，无意注意最容易产生。在实际生活中，引起无意注意的原因也是经常综合在一起的，只是为了行文的方便，我们才条分缕析。

无意注意是不由自主地自然发生的，它既可帮助人们对新异事物进行定向，使人们获得对事物的清晰认识，也能使人们从当前进行的活动上被动地离开，干扰人们正在进行的活动，因而具有积极的和消极的两方面作用。因此，我们必须掌握引起无意注意的规律，尽量避免引起我们注意分散的消极因素，善于利用积极因素把注意引导到学习和工作方面。

二、有意注意

(一)什么是有意注意

有意注意是指有预定目的,必要时还需作一定意志努力的注意。也可以这样理解有意注意,某件事物本来并不能吸引我们,但由于它与我们需要有间接关系,我们就去注意它。在心理学文献中有时把有意注意称为积极注意或意志注意,因为有意注意需要个人的积极性和意志努力。

有意注意主动地服从于既定的目的任务,它受人们意识的自觉调节和支配。有意注意的客体不易吸引人的注意,但又是应该去注意的事物,因此,要使意识集中在这种对象上就必须有一定的意志努力。

有意注意是在人类社会实践中发生和发展起来的。劳动本身是一种复杂和持久的工作,其中总有一些使人不感兴趣而又非做不可的事情,必然会有困难和单调的因素,这就要求人们把自己的注意有意识地集中并保持在这些事情上,有意注意的能力就是在这种实践活动中发展起来的。有意注意又是人们实践活动的必要条件。马克思说:"除了从事劳动的那些器官紧张之外,在整个劳动时间内还需要有作为注意力表现出来的有目的的意志,而且,劳动的内容及方式和方法越是不能吸引劳动者……就越需要这种意志。"[①]

有意注意是人类所特有的心理活动,是在语词成为心理活动的组成因素的时候产生的。语词调节和控制着心理活动的指向和集中,人的注意在当前没有具体刺激存在的情况下,也能借助于语词的刺激而实现。

(二)引起和保持有意注意的条件

1.对活动目的、任务的理解。人对活动目的、任务理解得越清

[①] 《马克思恩格斯全集》第23卷,202页,北京,人民出版社,1972。

楚、越深刻,完成任务的愿望就越强烈,与完成任务有关的一切事物就越能引起人们的有意注意。

2. 培养间接兴趣。在无意注意中起作用的兴趣是直接兴趣,这种兴趣是由活动本身直接引起的。在有意注意中,起作用的是间接兴趣,这种兴趣是对活动目的或活动结果感兴趣。有时活动本身并不吸引人,甚至是非常枯燥乏味的,但活动的结果却很吸引人,能引起强烈的兴趣,这种兴趣是间接兴趣。间接兴趣能够推动我们完成一定任务,并克服完成任务过程中所遇到的困难,因而形成稳定的间接兴趣对引起和保持有意注意有很大作用。例如,人们开始学习外语时,常常觉得记单词、学语法很单调和枯燥,但一旦认识到掌握外语的重要意义后,就能够克服困难,刻苦攻读,专心致志地学习外语。

3. 合理组织活动。在明确活动目的、任务和培养兴趣的前提下,合理地组织活动,有助于集中有意注意。

首先,把智力活动与实际操作结合起来。如果我们在注意一定事物的过程中加上一些实际操作,就能更长时间地保持有意注意。如上课时一边听课一边做笔记就比光用耳朵听能更长时间维持注意;一边阅读书籍一边记要点,一边读单词一边书写单词等等都有助于注意。

其次,提出问题。人们为了回答问题,必须注意有关事物。在教学过程中,向学生提问,不仅可以检查学生的成绩,发展智力,而且对保持有意注意也具有重要意义。

第三,根据任务的需要,提出一定的自我要求,经常提醒自己保持注意,特别是在要求加强注意的紧要关头,向自己提出"必须注意"的要求尤其重要,这样可以起到集中注意的作用。

4. 用坚强的意志排除干扰。保持有意注意常要同各种干扰作斗争。干扰可能是外界的,如噪音、外界诱惑,也可能来自内部,如机体的某些状态(疲劳、生病),还有无关的思想、情绪。有些外部干扰,可以采取一定措施进行消除,有些干扰不能消除时,就需要我们锻炼自己,培养坚强的意志和正确的思想感情,克服内外干扰,把自己的注意保持在完成任务上。

避免干扰有助于集中有意注意,提高工作和学习效率,但是,某些微弱的附加刺激不仅不会干扰人的有意注意,而且会加强有意注意。例如,学习时听听音乐、室内的钟表嘀嗒声等有时会加强有意注意。实验证明:人在绝对隔音的环境中不但不能有效地工作,而且会逐渐地进入睡眠状态。正如俄国生理学家谢切诺夫说过:绝对的"死气沉沉"的寂静并不能提高而且还降低智力工作的效果。

三、有意后注意

有意后注意是指事前有预定的目的,不需要意志努力至少并不要求有明显的意志努力的注意。有意后注意是注意的一种特殊形式。它一方面类似于有意注意,因为它和预定的目的联系着;另一方面类似于无意注意,因为它又不需要意志努力。

有意后注意是在有意注意的基础上发展起来的,例如我们解一道数学难题,当这道题长期解不出来时,我们就会产生厌烦情绪,注意就开始分散了,为了完成作业,我们就强迫自己集中注意,苦思苦索,这就是有意注意。不久,我们找到了正确的解题途径,解题活动本身就越来越吸引着我们,这时,继续保持注意也就用不着什么意志努力了,有意注意就发展成有意后注意。"有意后注意"的概念便表明了这样的注意是在有意注意后产生的。

有意后注意是一种高级类型的注意,具有高度的稳定性,是人类从事创造活动的必要条件,一切有成就的科学家和艺术家都会高度专注自己的事业,废寝忘食地为科学或艺术做出创造性的贡献。培养有意后注意关键在于发展对活动本身的直接兴趣。

无意注意、有意注意和有意后注意在实践活动中紧密联系,协同活动。有意注意可以发展为有意后注意,而无意注意在一定条件下也可以转化为有意注意。如在学习和生活中常常看到这种情况,当某种活动吸引着一个人去从事这种活动时,是不由自主的、没有付出什么意志努力的。后来他认识到这种活动的重大意义,就能自觉地、有目的地去从事这种活动,并且在遇到困难和干扰时仍然能保持对这种活动的注意。

第三节 注意的特征和类型

一、注意的特征

(一)注意的稳定性

注意的稳定性是指对同一对象或同一活动上注意所能保持的时间,这是注意在时间上的特征。注意保持的时间越长,稳定性越高。注意的稳定性与注意的集中性既有区别,又有联系。区别为:稳定性就注意维持的时间而言;集中性指注意深入的状态而言。联系为:所谓稳定,是注意集中的稳定,可见,离开了注意的集中性,稳定性就没有什么内容;所谓集中,是注意稳定的集中,可见,离开了注意的稳定性,集中性也就没有什么意义。

狭义的注意稳定性是指注意保持在同一对象上的时间。在感知同一事物时,注意很难长时间保持不变。在听觉方面,将一只表放在离被试耳朵的一定距离处,使他刚能隐约听到嘀嗒声。被试有时听到表的声音,有时又听不到;或者感到表的声音一时强、一时弱。注意的这种周期性的短暂的不随意的变化,称为注意的起伏,前苏联心理学家把这种现象称为注意的动摇。在视觉方面,当我们注视图4-2时,可以明显地觉察到注意的起伏。时而小方形凸起(位于大方形之

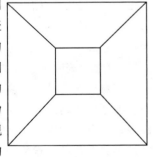

图4-2 注意的起伏

前)时而下陷(大方形凸到前面),在不长的时间内两个方形的相互

位置会跳跃式地变更。

注意起伏的周期,包括一个正时相和负时相。注意处于正时相时表现为感受性提高,感觉到有刺激或刺激增强。注意处于负时相时,则表现为感受性降低,感觉不到刺激或者刺激变弱。一般每一次起伏周期平均约8~10秒。注意起伏的原因,一般认为是由于感觉器官的局部适应,对物体的感受性短暂地下降。实验表明:声音刺激的起伏时间最长,其次是视觉刺激,触觉刺激的时间最短。现代神经生理学提出了新的论点,他们把注意的起伏和有机体一系列机能的起伏联系起来,如血压、呼吸以及一定类型的神经元节律性的机能作用。在注意稳定时,对一些不显著的起伏常常觉察不出来,并且对大多数的活动影响也不大。

广义的注意稳定性是指注意保持在同一活动上的时间,注意的总方向始终不变,但注意的对象和活动本身可以变化。如我们在听课时,偶尔看看黑板,偶尔看看书本,有时用笔在笔记本上画画,但注意的总方向是教师讲课的内容。因此,我们的注意是稳定的。

广义的注意稳定性与人的主体状态和对象特点有关。人对所从事的活动的意义理解得越深刻,对活动有浓厚的兴趣,抱着积极的态度,并且在身体健康、精力充沛、心情愉快时,注意容易保持稳定。意志坚强,又善于自制且能和干扰做斗争的人,注意就容易保持稳定。

在主体积极性相等的条件下,刺激物的强度和持续时间对注意稳定性有显著影响。提高刺激物的强度和延长刺激物的作用时间有助于保持注意的稳定性。另外,刺激物的复杂性和活动对注意的稳定性有显著影响。内容丰富的对象比内容单调的对象、活动的对象比静止的对象更容易保持人的注意稳定性。但注意的对象过于复杂,则疲劳可能会迅速出现,注意也会减弱。因此,对象过于复杂也不利于注意的稳定。

同注意稳定性相反的状态是注意的分散。它是指注意离开了应该注意的对象而指向和集中于其他对象上。也就是说,注意的分散是指我们的有意注意被无意注意干扰了。注意的分散是由无关刺激的干扰或由单调刺激的长期作用所引起的。无关刺激对注意的干扰作用决定于这些刺激物本身的特点及其与注意对象的关系。实验证明:与注意对象相类似的刺激,比不相类似的刺激干扰作用大;同样的无关刺激,对知觉影响小,对于思维影响大;在知觉过程中,视知觉受无关刺激影响小,听知觉受无关刺激影响大。使人发生兴趣的或强烈地影响情绪的刺激,也会引起注意的分散。但是,并非任何附加刺激都会引起注意的分散。在没有外界任何附加刺激时,大脑皮层兴奋性降低,保持注意也是困难。因此,有时微弱的附加刺激不仅不会减弱注意,反而会加强注意。

人们在和注意分散做斗争时,对分散注意的刺激物所抱的态度具有重要意义。当学生专心致志在教室里看书时,室外的噪音会干扰他们的集中注意,会引起他们的烦恼甚至愤怒,这种情绪比噪音更能分散学生的注意。因此,为了集中注意,除了设法除去(避开)干扰刺激外,还应该对干扰刺激保持平静的态度。

在任何工作中都不容许注意的分散。特别是听讲、速记、校对、实验、警卫等工作中,更要求有稳定的注意。在学习中保持稳定的注意,使注意长时间集中于所从事的学习活动是提高学习质量的重要条件。

(二)注意的广度

注意的广度也叫注意的范围,是指在单位时间内能清楚地把握对象的数量。用信息论的观点来讲,注意的广度是指在注视点来不及移动的很短时间(1/10 秒)内所能接受的同时输入的信息量。注意的广度很早就受到心理学家的重视,并对它进行实验研究。早在 1859 年哈密尔顿(W. Hamilton)就进行了这项实验研究。他在地上撒了一把石弹子,让被试在一瞬间辨认,结果发现被试不容易立即看清6个以上的石子。若把石子2个、3个或者5个一堆,被试能把握堆数和单个石子的数目一样多。后来用速示器做实验,结果表明:成人一般能注意到8~9个黑色圆点,4~6个没有联系的外文字母,3~4个几何图形。

人的注意广度并不是固定不变的,影响注意广度的因素主要有两个方面:

1. 注意对象的特点。在知觉任务相同的情况下,知觉对象的特点不同,注意范围会有一定的变化。例如,颜色相同的字母要比颜色不同的字母的注意范围要大些;对排列成一行的字母要比分散在各个角落上的字母的注意数目要多些;对大小相等的字母感知的数量,要比对大小不同的字母感知的数量要大得多;对组成词的字母所注意的范围,要比对孤立的字母所能注意的范围大得多。这就是说,知觉的对象越集中,排列得越有规律,越能成为相互联系的整体,注意的范围也就越大。

2. 个人知觉活动的任务和知识经验。同样的知觉对象,由于个人知觉活动的任务和知识经验不同,注意的范围也会有一定的变化。如果知觉活动的任务多,注意范围就小;知觉活动的任务少,注意范围就大。例如,在速示器上呈现一定数量的外文字母,要求被试不仅辨认出字母的个数,同时还要求他的指出字母在书写上的错误,这时他们所能知觉到的字母数量比他在只辨认字母数量时要少得多。

知识经验丰富,注意范围就大,知识经验贫乏,注意范围就小。若能够把注意对象联合成组,注意范围就大为增加。如"newspaper"对刚学英语的学生来说,每个字母就是一个客体,他需要一个一个地看,其注意范围就小,而大学生就能把整个单词作为一个有意义客体来知觉,范围就大得多。在做英语"阅读理解"题型时,如果文章所讲的内容是我们熟悉的,则做题速度快,正确率高。

注意广度除了同时广度外,还有继时广度,即一个人把握在时间上连续出现的刺激的数量。1950年,塔伯曼(R. E. Tauboman)等人研究了连续闪光刺激和连续声音刺激的注意广度,呈现1到10个短促的音或闪光,每次呈现的刺激数量不等,呈现的频率也不相同,然后要求被试说出看到或听到的数目。结果表明,在一般情况下,刺激数量越多,呈现速度越快,判断错误越多,而且趋向于低估。注意在时间上的广度也受知觉对象的特点和主体状态的影响。

在人们学习和工作中,注意广度的扩大有着重要价值,它有利于人们扩展感知范围和提高反应速度。"一目十行"就能够在同样的时间内输入更多的信息。排字工人、打字员、电报员、驾驶员等都需要有较大的注意广度。当然,也有一些工作必须缩小注意广度,如钟表工人注意的范围,限于小小的机件,绣花工人只管绣花,这是工作本身的要求。

(三)注意的分配

注意的分配是指同一时间内把注意指向于不同的对象。例如,有的姑娘一边织毛衣,一边闲聊;学生在课堂上一边听教师讲课,一边思考,还要作笔记;教师一边讲课,一边观察学生听课的情况。汽车司机能在双手操纵方向盘的同时,两眼还要注意道路上的行人、车辆、障碍物和灯光信号等。这些都是所谓"眼观六路"、"耳听八方"的注意分配。

我们平常所讲的"一心不能二用",实践证明,这句话是不妥的。一心不仅能"二用",还能"多用"。不过"一心二用"或"多用"是有条件的。

首先,同时进行的多种活动,只有一种不熟悉,其余的活动都已达到了熟练的或"自动化"的程度。因为熟练了的或"自动化"的活动不需要我们更多注意,我们可以把注意力集中在比较生疏的或困难的活动上,如果同时进行的几种活动都是生疏的或困难的,那么就会"使左手画方,右手画圆,无一时俱成"。课堂上,我们之所以能一边听课一边记笔记,是因为写字对我们来说是很熟悉的,不需要多加注意,我们就可以把注意力集中在教师讲课内容上。初次登台讲课的教师往往由于怕教材讲不好,情绪紧张,只注意自己的讲述,结果,虽然看着学生却不能判断学生是否注意听讲,虽然向学生提问却不能发现学生回答中的错误。教学经验丰富的教师,熟悉教材,从容不迫,所以就能在讲解教材的同时,注意学生的反应以及整个课堂的活动。

其次,同时进行的几种活动之间建立了一定的联系。如果它们之间彼此不相联系,甚至相互排斥,它们同时进行就很困难。反之,如果在日常生活中由于经常重复而已形成了某种反应系统,它们同时进行就很容易成功。例如,汽车司机驾驶汽车的复杂动作,通过训练后形成一定的反应系统,就可以不费力气地完成各种驾驶动作,并且把注意分配到其他与驾驶有关的事情上。由此可见,注意分配是可以在实践活动中锻炼和培养的。

很多工作要求人们善于分配注意。注意分配能力对于飞行员、驾驶员、教师、乐队指挥等工作都十分重要。注意的分配在学习上也有很大的作用,由于注意的分配必须以某一种熟练的活动为条件,因此在学习中培养多方面的熟练的技能,对于注意的分配具有重要意义。

(四)注意的转移

注意的转移是指根据新的任务,主动地把注意从一个对象过渡到另一个对象上,或从一种活动转移到另一种活动上。它是注意灵活性的表现。

注意转移的快慢和难易取决于先前注意的强度。如果先前注意的紧张度高,注意转移就慢;紧张度低,转移就快。如上节课考试,下一节课你就难于把注意转移到新课业上来。有的教师喜欢一上课就测验或发试卷,然后进入新课,这样做的教学效果往往不好,其主要原因是学生对测验或试卷上的分数十分注意,以致很难把学生的注意力转移到新课上来。

注意转移的快慢和难易还依赖于新的注意对象的特点。若新的注意对象符合人的需要、兴趣,注意转移迅速;否则注意转移就慢。如果上自己感兴趣的课,自己就能很快安定下来听课;上自己不感兴趣的课就很难把注意转移过来听课。

注意转移的快慢与难易与个体神经过程的特点有关。注意的转移是注意灵活性的表现,注意的灵活性有赖于神经过程的灵活性。如果一个人的神经过程灵活性差,那么,这个人注意转移就会困难。

注意的转移和注意的稳定性是紧密联系着的。注意的稳定性是动态的,而不是静态的,前面讲过,广义的注意稳定性并不是指注意总是指向同一对象,而是指注意的总方向和总任务不变,在同一活动中,如果没有注意的转移,也就难以保持注意的稳定。

注意的转移和注意的分配是彼此紧密联系着的。每一次注意的转移,注意的分配也必然发生变化。注意一转移,原来注意中心的对象便转移到注意中心之外。而新的对象进入注意的中心,整个注意范围的图像便发生变化。因此,每当注意中心的对象转换时,必然出现新的注意分配的情况。

注意的转移和注意的分散是不同的。两者虽然都是注意对象的变化,但前者是根据需要,有目的地把注意转向新的对象,使一种活动合理地为另一种活动所代替,并且能在新的对象或活动上稳定下来。后者是在需要注意稳定时,不随意地改变了注意的对象,而且在新的对象上不能稳定下来。

注意转移的快慢对学习有很大影响。一个人的注意长期固定在某一对象或活动上,尽管学习上要求他必须把注意转移到另一种事物或活动上,但总是调整不过来,这就会影响新的学习任务的顺利进行。相反地,如果注意能迅速转移,我们就能迅速转入并集中注意于新的学习活动,保证新的学习活动顺利进行。有些职业要求工作人员每一分每一秒都要保持高度的警觉,随时注意情况的变化,随机应变。如飞行员在起飞和降落的5～6分钟时间内,注意的转移达200多次,如果注意不及时转移,其后果不堪设想。所以在选拔飞行员时,要用仪器对应聘者的注意转移及分配的能力进行测定。

二、注意的类型

上述的注意特征在一个人的实践活动中固定下来,就形成一个人的注意类型。根据不同的标准,可以分为以下几种类型[①]。

(一)集中型和分散型

人们在对客体注意的过程中,有些人倾向于集中,有些人则倾向于分散,因而人们的注意可以区分为集中型和分散型两大类型。

集中型是指一个人的注意总是能够在一个较长时间内深入到某一事物或活动中去,而同时离开其他的一切事物或活动。所谓"一心不二用"便是。属于集中型的人,其表现一般有两种情况:一是一般集中。这种集中的时间不是很长,在集中的过程中,还可能出现短暂的注意分散现象,但这种分散对集中不发生多大影响。例如,学生的集中注意上课的情况便是。二是高度集中。这种集中的时间很长,在集中的过程中,无丝毫分散现象产生。俗话所说的"入迷",便是这种高度集中的表现。如果一个人的注意处于高度集中的状态,即达到所谓"入迷"的程度时,他便会白黑在前而目不见,雷鼓在侧而耳不闻。严格地说,注意倾向于一般集中,还不能称为集中型,只有注意倾向于高度集中,才算得上集中型。许多著名学者、科学家和发明家,几乎都具有"入迷"的特点。

分散型是指一个人的注意总是被动地而且很快地从一个对象转移到另一个对象,无法稳定下来。属于分散型的人,其表现一般也有两种情况:一是外在的分散。这种分散是由外在的某些事物

---

① 燕国材:《新编普通心理学》,224页,上海,东方出版中心,1998。

所引起的。例如,凡是强烈的、新异的、突然变化的事物都可能引起注意的分散。二是内在的分散,即所谓"分心"。这种分散是由内在的某些心理因素所引起的。例如,在注意过程中,对另一事物的需要、兴趣、情感和思考等,都可能引起注意的分心现象。所谓"思想开小差"即是。当然,并非只要有注意分散的人,就可划分为分散型,而只有那些经常倾向于(或习惯于)注意分散的人,即他们不论做什么事,都是心不在焉,才能划分为分散型。

注意的集中和分散是互相对立的,要集中,就不能分散;有分散,就无法集中。但是,就整个注意的进程来说,注意的集中和分散又并非完全水火不相容的。一个人的注意总要有所集中,有所分散,才能维持长久,不致倦怠。从这个角度来看,那种单纯属于集中型或分散型的人是不多的,因为集中和分散总是相反相成的。例如,即使在一个较长的时间内集中注意于某一事物或某一活动时,间或出现几次短暂的分散,这不但对集中无害,反而可以调节精神,对集中有益。

(二)主体型和客体型

从注意的倾向性看,可以分为内部注意和外部注意两种。由于这两种注意在各人身上所占的地位不同,因而又可把人的注意区分为主体型和客体型两大类型。

主体型就是内部注意占优势,即爱把注意指向并集中于自己的内部世界。例如,有的人喜欢沉思凝想,常常为某种情感体验所纠缠、所困扰,喜欢独处,常常沉默寡言,对外部世界所发生的种种变化不予关心,这些都是注意主体型的表现。

客体型就是外部注意占优势,即爱把注意指向并集中于客观的外部世界。属于这种类型的人,他们经常所关注的是外部世界的种种变化,而且外部世界一有动静,就会立即引起他们的思考,激发他们的情感,但他们却不沉湎于自己的思考和情感本身。一般说来,这些人总喜欢活动,喜欢议论评说,他们的情绪比较愉快乐观,性格也比较活泼开朗。

在现实生活中,属于典型的主体型或客体型的人是不多的,大多数人都属于主体—客体型,即在这些人的身上,有时主要表现为内部注意,有时却又表现为外部注意。也就是说,大多数人既关注客观的外部世界,也关注自己的内部世界。

(三)细心型和粗心型

从人们注意的态度来看,有些人遇事细心周到,有些人则粗心大意。据此又可把人的注意划分为细心型和粗心型两大类型。

细心型,顾名思义,就是一个人时时、处处、事事都能细心办理,从不或绝少出纰漏、出差错。一个细心的人,无论做什么事情,事前总要作好充分准备,对办好该事的主客体条件作反复的考虑;在办事的过程中总要慎重地对待每一个步骤,周密地审查有关的细节;事后对结果还要作反复的核实、检查,不轻易出现"完事大吉"的思想。一般说来,细心的人也就是有耐心、有责任心的人,他们做事情总爱精益求精、好上加好。

粗心型,顾名思义,就是一个人无论做什么事,总是漫不经心、疏忽大意。一个粗心的人,在考虑问题和解决问题时,往往心急火燎,急于求成,从不全面地仔细地权衡有关的一切,而是抓到一点,看到一个方面,就马上动手,马上下结论。一般说来,属于粗心型的人,也就是没有耐心、不负责任的人,他们做事总爱敷衍塞责、马虎应付。

在现实生活中,我们经常见到的是这样的一些人,即他们在这一方面或这一件事情上是仔细认真的,但在另一方面或另一事件上则可能又是粗心大意的。完全可以说,百分之百的细心人或粗心人是不易见到的。

第四节 注意的规律

根据现有的研究资料,可以肯定注意有以下几条规律[①]:

一、注意纵向发展的规律

在个体发展中,无意注意的发生先于有意注意。小学低年级儿童的认识活动常依赖无意注意,如在教学中,初入学儿童的注意状态取决于教学内容的直观性和形象性。刺激物只要是生动的、新异的,就能引起他们的注意。如果教学内容没有兴趣,而教师又不能运用一些有兴趣的教学方法,那么,保持注意就很困难。到了小学中、高年级,儿童的有意注意迅速发展,儿童在日常学习活动中更多地依靠有意注意,而且有意注意的效果明显高于无意注意。如对某对象估计的正确率,无意注意时只占22%,有意注意时则达56%[②]。从中可以看出,随着儿童年龄增长,注意的有意性逐渐发展。

二、无意注意受主客观因素制约的规律

无意注意的产生,一方面是由某些客观因素影响所引起的,凡是强烈的、对比的、活动的、新异的事物都会引起人们的无意注意。另一方面也可由人的某些主观因素所引起。一个对人们迫切需要与期待的事物,或怀有浓厚的兴趣的活动,也会引起人们的无意注意。

三、有意注意受人们目的性支配的规律

有意注意是服从活动任务的注意,它依赖于对活动目的的理解。凡是一个人对任务的重要性和必要性理解得越清楚、越深刻,他完成任务的愿望就越强烈、越稳定,因而他也就会越加自觉地予以注意。同时,目的性越明确、越具体,就能用坚强意志去克服

---

① 参见燕国材《新编普通心理学》,217~221页,上海,东方出版中心,1998。
② 王振宇:《心理学教程》,17页,北京,人民教育出版社,1998。

注意的分散。

四、无意注意与有意注意相互转化的规律

在同一活动和同一对象上,无意注意可以转化为有意注意,例如,有些科学家在实验中,无意之间发现了某种始料未及的变化(这是无意注意的表现),然后在实验时便有意识地进行观察(这便是有意注意的表现),终于导致了某种新的发现。但在同一活动和同一对象上,有意注意不能转化为无意注意,可以转化为有意后注意。在不同活动和不同对象上,无意注意和有意注意可以相互转化,交替进行。例如,我们毫无目的地做过某一事情后,可以立即转到一种有目的的活动中,反之亦然。

五、注意的稳定与起伏相互协调的规律

人的心理活动在一个较长的时间内保持在某种对象或活动上,便是注意稳定的表现,人为什么能在较长时间内保持注意的稳定性呢?这是与其内在所具有的注意的起伏分不开的。人在集中注意感知某一事物时,其注意很难一直保持不变,而是会时紧时松,有快有慢,表现出一种波动状态,即注意的起伏。注意的起伏是一种不可避免的正常心理现象。正因为有它们调节,我们的注意才能保持一定时间的稳定。

六、注意的集中与分配对立统一的规律

人在一定时间内,注意深入到某一对象或活动上,而同时离开了其他的对象或活动,即"一心不二用",这便是注意集中的表现。人在同一时间内将注意指向或集中更多的对象或活动上,即"一心二用",这是注意分配的表现。很显然,要集中注意,就不可一心二用;要分配注意,就必须一心二用。这二者是矛盾的。但是经过训练,动作熟练,注意就可指向两种或两种以上的活动,也就是说,在一定条件下,注意的集中与分配是可以统一的。

第五节 注意的理论

在实际生活中,人们为什么会注意这个事物,而不会注意那个事物?这是个很重要的理论问题。19世纪末期实验心理学建立时这个问题就受到心理学家的关注。机能心理学家强调了注意的选择性功能。构造心理学家认为,注意是构成集中和形成感觉清晰度的意识状态。行为主义心理学家认为,心理学只应该研究刺激与反应之间的联系,而注意是一个表明内部活动的概念,在心理学中不应占有地位。格式塔心理学家用神经系统内部固有的"场"的作用,来取代对注意的研究。认知心理学的兴起,重新肯定了意识活动,并强调认知过程的主动性,对注意的研究表现出浓厚的兴趣,进行了一系列有关的实验,提出了种种假说,可称为注意理论。主要有过滤说、衰减说、完全加工说、智源限制说与资料限制说。前三者总称为选择理论,后者为容量理论[①]。

一、过滤说

1958年,英国心理学家布鲁德本特(D. E. Broadbent)提出了注意的过滤器学说。他认为,人类面临着大量的信息,但个体的神经系统在同一时间内对信息进行加工的能力是有限的,需要过滤器调节,从而使中枢神经系统不致负担过重。过滤器相当于一个开关,它按照"全或无"原则工作,接通一个通道,通过一些信息,这些信息便得到进一步的加工处理。其他的通道则被阻断,信息不能通过,暂时贮存在短时记忆中,并且迅速衰退。

1954年布鲁德本特的双耳分听实验可以作为过滤器学说的实验依据。他对被试两只耳朵同时呈现刺激。例如,对一只耳朵呈现了数字:6、2、7;对另一只耳朵呈现数字:4、9、3。呈现的速度为每秒两个数字,呈现后要求被试再现数字。结果表明,大部分被

---

① 参见叶奕乾等《普通心理学》,121~126页,上海,华东师范大学出版社,1997。

试是以耳朵为单位分别再现各个耳朵所接受的信息,如627、493。戚里(Cherry)的实验也支持这个理论,他的实验表明,被试能很好地报告追随耳的项目,对非追随耳除能觉察出刺激的一些物理特性外,几乎不能报告出其他任何东西。

新异的、强烈的、具有生物学意义的刺激容易通过过滤器而被注意。微弱的、缺乏新异性的刺激则容易被过滤掉。此外,布鲁德本特重视人的期待作用,即人所期待的信息,容易通过过滤器而被注意到。

二、衰减说

1960年,美国心理学家特瑞斯曼(A. M. Treisman)提出衰减模型来修正布鲁德本特的过滤器模型。衰减说认为,没有集中注意而设想被关闭的通道,事实上并没有完全被阻断,而只是被衰减。其中重要信息仍可以通过而得到高级的加工,并反映到意识中。1967年,特瑞斯曼和格芬(G. Geffen)对这种学说提出了实验证明。他们的双耳听音实验表明:被试能觉察出追随耳中的80%的词;而只能觉察出非追随耳中的8%词。特瑞斯曼曾要求被试双耳听两个材料。

追随耳听:There is a house understand the word.

非追随耳听:Knowledge of on a hill.

实验结果表明:大多数被试听到的是:There is a house on a hill 而且他们声称信息是来自一个耳朵。

这些实验表明,被试并非只注意追随耳中的信息,也注意了另一只耳朵中的重要信息。这只有在两个通道都接通的情况下才能实现。

1971年,布鲁德本特接受了特瑞斯曼的修正。因此现在一般把这种理论称为布鲁德本特—特瑞斯曼过滤衰减模型。

三、完全加工说

注意的完全加工说认为,对信息的选择是发生在模式识别之后。人们能够不受限制或很少受限制地同时对大量信息进行分析,而人类信息加工受阻则在于个人不具备记住这种分析结果的能力。因此,堵塞是一种记忆堵塞,而不是对信息加工的堵塞。1974年,希夫令(R. M, Shffrin)和皮索尼(D. B. pisoni)等人做了如下的实验:在有噪音的背景上给被试呈现辅音,要求被试指出他是否听到一特殊的辅音。实验时,控制辅音呈现方式,以便被试知道辅音来自哪一只耳朵或不知道辅音将出现在哪一只耳朵中。如果被试不知道辅音会出现在哪只耳朵,他便不得不加工采自两耳的信息。而在单耳的条件下,他只需加工一半信息。根据注意的衰减说,这项实验的结果应该是单耳比双耳条件下要好。而注意的完全加工说则认为在这两种条件下,效果是相等的,因为两只耳对信息的分析是自动而完全的。实验结果表明,被试觉察辅音的能力与他们正在收听的信息量无关,实验支持了完全加工说。

四、智源限制说与资料限制说

为了调和衰减说与完全加工说的矛盾,有人提出智源限制和资料限制说。

智源限制说认为,注意是一种非常有限的心理资源。一个人在执行一项任务时,如果全部资源都被使用,他便没有更多的资源去执行其他任务;如果一个任务没有用尽所有资源,注意才会倾向另外的任务。资料限制说认为,当执行某项任务时不是受智源的限制,而是由资料的质量问题所造成的。如果输入的资料较差,即便再加上一些智源,也不能改善作业成绩。例如,要被试在有噪音的房间里觉察一种音调,这就是资料限制任务。如果给被试的最低限度的智源,要求他觉察该音调便依赖了资料的质量。如果对象与背景很难区分,那么即便增加被试的心理智源也无用。

心理学家用这种学说来解释衰减说和完全加工说之间的矛盾。在衰减说中由于一只追随耳的信息使用了大量的智源,受智源限制,非追随耳的信息只使用了少量的智源,因此,完成任务的水平是差的。在完全加工说中,只要求被试对某些听觉信息进行加工,而不是像衰减说的研究中那样要求被试加工语义信息,这项任务只需要较少的智源就能做好,因此,在完全加工说的实验中,两只耳朵都能很好地觉察辅音。

第五章 感 觉

第一节 感觉的概述

一、感觉及其意义

客观事物直接作用于人的感觉器官,人脑中就产生了对这些事物的个别属性的反映。这种反映叫做感觉。

首先,感觉是一种直接反映,它要求客观事物直接作用于人的感官。人的感官是身体的某个特殊区域,专对某种刺激,产生某种活动。如眼睛、耳朵等。从空间上看,感觉所反映的事物,是人的感官能直接触及的范围;从时间上看,感觉所反映的,是此时此刻正作用于感官的事物,而不是过去或将来的事物。

其次,感觉所反映的是客观事物的个别属性,而不是事物整体和全貌。事物的属性包括事物的物理属性(如颜色、形状、软硬等)、化学属性(如气味、味道等)以及有机体的某些生理变化(如疼痛、饥渴、便意等)。任何一种感觉,都是脑对该事物的某个属性的反映。

再次,感觉是客观世界的主观映象。这是辩证唯物主义对于感觉的理解。它一方面属于主体,从它的形成与表现来看,是在一定的主体身上存在的;同时,感觉反映着不依赖于人的意识而存在的客观世界,是客观世界事物和现象的模写。"不可争辩,模写决不会和原型完全相同……模写定要而且必然是以'被模写'的东西的客观实在性为前提的。"[①]

---

① 《列宁全集》第 14 卷,247 页,北京,人民出版社,1955。

由上可知,感觉的产生依赖于感觉器官的健全与客观事物的直接影响。它是主观与客观的统一。

虽然感觉是一种最简单的心理现象,但它在人的心理活动中却有着重大的意义。

感觉是认知的开端。人们关于世界的认识首先来源于感觉。只有通过感觉,我们才能分辨事物的各种属性,才能了解自身的运动、姿势及内部器官的活动情况。"不通过感觉,我们就不能知道实物的任何形式,也不能知道运动的任何形式。"①

哲学上唯心主义的唯理论认为,人的认识来自理念。理念的东西是可靠的,感性的经验的东西是不可靠的。他们主张不通过感性的认识就可以获得理性的认识。"这一派的错误在于颠倒了事实。理性的东西所以靠得住,正是由于它来源于感性,否则理性的东西就成了无源之水,无本之木,而只是主观自生的靠不住的东西了"。② 人只有通过感觉,才有可能逐步认识不依赖于他而存在的客观世界。

感觉是一切心理活动的基础。离开了感觉,其他任何较高级较复杂的心理现象都不能产生。同时,限制或剥夺人的感觉经验,就可能造成正常心理状态的扭曲,影响到知觉、记忆、思维等更为高级的心理过程。没有刺激,没有感觉,人不仅不会产生新的认识,而且连正常的心理机能都得不到维持③。

1954年,心理学家贝克斯顿等(Boxton and Heron and Scofl)在加拿大的麦克吉尔大学进行了首例感觉剥夺实验研究。他们在付给大学生每天20美元的报酬后,让他们在缺乏刺激的环境中逗留。具体地说,就是在没有图形视图视觉(被试须戴上特制的半透

---

① 《列宁全集》第14卷,319页,北京,人民出版社,1955。
② 《毛泽东选集》第1卷,289页,北京,人民出版社,1951。
③ 葛明贵:《感觉剥夺实验研究述评》,《安徽师大学报》1994(3)。

明的塑料眼镜)、限制触觉(手和臂上都套有纸板做的手套和袖子)和听觉(实验在隔音室里进行,用空气调节器的单调嗡嗡声代替其听觉)的环境中,静静地躺在舒适的帆布床上。实验结果显示:感到无聊和焦躁不安是最起码的反应。在实验过后的几天里,被试者注意力涣散,不能进行明晰地思考,智力测验的成绩不理想等。通过对脑电波的分析,证明被试的全部活动严重失调,有的被试者甚至出现了幻觉(白日做梦)现象。

必须指出,虽然感觉有其重要的意义,但随意夸大其作用,就有可能走向主观唯心主义。英国大主教、哲学家贝克莱竟赤裸裸地宣称,世界上没有客观存在的东西,只有感觉是真实存在的,感觉以外的东西就不能说是存在的。所谓"存在就是被感知,客观世界是感觉的总和"的观点,曾遭到列宁的彻底批判。

二、感觉的神经过程

研究感觉,一般涉及人的感官的构造以及影响感官的刺激两个方面。我们的各种感官将输入的刺激转换成神经能量,传入中枢并相应地产生感觉现象。

刺激与刺激过程,向中枢的传导,以及感觉现象及其规律,是研究感觉过程的三个环节。外界刺激信息经由这三个阶段的活动,从而产生感觉经验。因此,三个环节又称为感觉信息神经加工过程。

客观事物的直接影响,称之为刺激;作用于感官的客观事物就叫刺激物。由刺激引起感受器产生相应变化的整个过程叫刺激过程。刺激过程的实质是感官将输入的刺激能量(机械的、物理的、化学的)转化为神经冲动的过程。这个过程也就是我们所说的感觉编码。正是从这个意义上说,感觉是人类对来自于体内外刺激信息的最初的加工。

感觉编码不仅发生在感官中,而且发生在神经系统的不同层面上。有关感觉编码的研究存在两种有代表性的理论。一种是特异化理论,另一种是模式理论。近年来的研究发现,在不同的感觉系统中,神经系统同时采用了特异性编码和模式编码。

然而,感觉器官并不是消极地接受刺激。在感觉信息加工过程中,感觉器官不断进行着探索,并依据先行的感觉效应对感觉器官进行反馈调节。感觉器官的主动探索活动是感觉信息加工的必要条件之一。这可从考纳斯韦特(Cornsweet 1953)的实验中得到证明。在这个实验中,把一个微型投影器固定在被试的眼球角膜上,使视像随着眼球的转动而转动,无论眼球如何转动,视像始终固定在一定点上。用这种稳定网膜像所看到的图像最初表现得鲜明清晰,但是它马上就开始减弱,经过几秒钟后,被试就完全看不见这个投影图像了,只留下一个均匀的灰色视野。

感觉信息加工的第二个环节是传入神经的活动,它把神经冲动传递到中枢。有些感觉的神经传导部分非常长,如从脚趾直到脑;有些则很短,如从眼到脑。神经冲动在各个神经元之间的传递主要借助于神经介质来进行的。因此,感觉信息的传递除了电位编码外,还存在化学编码。

人的大脑皮层的活动,是感觉信息加工的最后环节。神经系统正是借助于不同的时空模式的神经冲动把外界事物反映到大脑中。在这里,来自于感觉器官的信息被分析、综合,最终形成一定的感觉经验。

巴甫洛夫将由感觉器官、传入神经通路以及相应的中枢神经等三部分组成的神经生理结构叫做分析器。分析器就是有机体感受和分析某种刺激的整个机能系统。事物具有各种不同的属性,它们作用于人的不同的分析器而产生不同的感觉。

虽然感觉是在脑中发生的,但我们却意识不到感觉是发生在脑中的。相反,我们感觉到的却是在外部世界或身体表面发生刺激的地方。感觉的这种投射现象是习惯和过去经验作用的结果。

三、感觉器官的专门化现象

感觉器官的功能和结构是在外界环境的影响下，与环境的要求相适应并趋于完善的结果。感觉器官的发展沿着两个主要方向进行，即专门化和复杂化。

一般说来，每一种感觉器官只对一种刺激最敏感，这种刺激便叫做该感官的适宜刺激，其他一些不能或需要较强的作用才能引起感觉的刺激，就是不适宜刺激。这种不同感官各自适宜于接受特定的专门刺激的现象，称之为感觉器官的专门化现象。感觉器官的专门化，能使人获得更精细、更清晰的客观世界的形象。

感觉器官发展的另一个方面是由于神经系统的形成与发展，各种形态的感受作用与有机体运动反应之间联系的形成和复杂化。这两方面的发展都与动物积极适应环境的要求分不开。在自然发展史上，越来越多的外界变化迫使动物越来越精细地分析这些变化。从分布在动物有机体表面的跟外界接触的细胞开始，逐渐分工，逐渐形成不同的专门接受某种特定刺激的分析器。

19世纪上半叶，德国生理学家缪勒（J. Müller 1801～1858）在研究感觉器官的机能时，发现每一感觉器官都以严格确定的感觉来反应各种刺激的作用。用同一种刺激物作用于不同的感官，会引起不同质的感觉。例如电流，作用于眼便引起光感觉，作用于听觉器官便引起声音的感觉等。于是，他提出：每一感觉器官在任何一种刺激物作用于它的时候，都释放出一种该感官所特有的特殊能量。"我们感官知觉的直接对象只是在神经内引起而被神经自身或感觉中枢认为感觉的特殊状态。"[1]这便是他的感觉"神经特殊能量说"。

黑尔姆霍茨（H. Helmholtz 1821～1894）是缪勒的学生。他继承缪勒的观点，认为感觉不是客观世界的反应，而只是同物没有

---

[1] B. 蓝德编：《西方心理学家文选》，57页，北京，科学出版社，1959。

"任何相似之处"的记号或符号。"我们的感觉的质表示光或热,声音或气味等等,并不依赖于感知了的外部对象,而是依赖于传导感觉的感觉神经。"[1]

缪勒和黑尔姆霍茨的错误在于过分夸大了感觉对感觉器官的依赖性,把感觉同客观事物相分离。他们错误地解释了感觉器官的专门化现象。现代生理学的研究表明,神经纤维只是传导冲动,所不同的是传导速度的快慢和频率的高低,并无能量形式上的差异。另外,所谓不同的刺激作用于同一感官可以产生同样的感觉,也不符合实际。眼睛对光可以产生正常的光觉,光以外的刺激(达到一定的强度)所引起的则是异常的视觉。

四、感觉的分类

根据不同的标准,可以将感觉分成不同的种类。其目的是为了探讨各种感觉的一般规律。

根据刺激的来源不同,可将各种感觉分为两大类:外部感觉和内部感觉。外部感觉是指感受外部刺激,反映外部事物的个别属性的感觉。它主要分为视觉、听觉、味觉、嗅觉和肤觉五大类。其不同的感官分别是眼、耳、舌、鼻、身等。内部感觉是指感受内部刺激,反映机体内部变化的感觉,它主要有机体觉、平衡觉和运动觉等。

根据刺激能量的性质,可将各种感觉分为物理的和化学的两类。前者的刺激只在感官上起物理的或机械的变化。如视觉是对电磁能的反应,听觉是对声波(机械能)的反映,肤觉是对触压(机械能)和热能的反映,后者在感觉之前,须经过化学变化,如嗅觉和味觉。

从距离和非距离的角度,又可将感觉分成距离感觉和非距离感觉。距离性的感觉指的是刺激的来源跟人有一定的距离。如视

---

[1] 转引自曹日昌《普通心理学》,102页,北京,人民教育出版社,1986。

觉是通过电磁波作为信息通道,听觉是通过空气的疏密波做信道,还有嗅觉。非距离性的感觉则是自己身体内部的内部感觉以及味觉和触觉等。

临床上把感觉分成四大类:
(1)特殊感觉:包括视、听、嗅、味等感觉;
(2)体表感觉:包括触压觉、冷觉、热觉、痛觉等;
(3)深部感觉:包括肌肉、肌腱、关节等本体感觉;
(4)内脏感觉:包括饥、渴、便意等。

比较常见的感觉的分类,是从感觉器官的角度来划分,即外部感觉与内部感觉。其中视觉和听觉是人们最为重要的两种感觉,我们将分别论述。下面仅就其他感觉作一说明。

(一)皮肤感觉

皮肤是人类最大的感觉系统,成人皮肤表面积大约有 2 平方米。从皮肤可以得到各种感觉:触与压、冷与热、痛与痒、硬与软、粗糙与平滑、湿与干等。但最基本和最主要的是四种感觉,即触觉(压觉)、温觉、冷觉和痛觉。例如,物体接触皮肤表面(不引起皮肤变形)就能产生轻微的触觉;如果用力压迫皮肤并引起皮肤变形时就产生一种压迫的感觉,称为压觉,它是触觉的变型,又称触压觉。用凉水刺激皮肤,产生冷觉;用温水刺激皮肤,产生温觉。皮肤可能受到损害或碰到以许多形式出现的外界能量的极端情况(如刀割、针刺、火烧、电击)从而产生痛觉。

人的皮肤,除了面部和额部受三叉神经的支配外,其余都受 31 对脊神经的支配,每对脊神经中的一根神经支配对侧躯体皮肤的一定区域。肤觉的神经通路分为两种:传递轻触触觉、痛觉和温度觉的信息通过脊髓近丘脑通路;传递精细触觉信息的后索通路。两条通路先后都投射到大脑皮层的中央后回。

最早进行肤觉基本性质研究的是瑞典的布里克斯(M. Blix)、德国的高尔史尼德(A. Gold-Schneider)以及美国的唐纳森(H.

H. Donaldson),他们对皮肤上的感觉点进行实验,了解皮肤上不同的点产生的感觉。结果分别确定出皮肤上的触点、冷点和热点。后来,德国生理学家冯·佛雷(C. M. Von. Frey)又确定出皮肤上的痛点。一般来说,痛点最多,其次是触点,再次是冷点和温点。据推测,一个人共计温点 3 万,凉点 30 万,触点(头部除外)50 万,痛点 200～400 万。

痛觉的生物学意义在于它是危险的信号,引起机体进行防卫。痛觉不是由于单纯的某一种刺激的作用所引起的,它是一种内在感受与体验。凡是伤害皮肤上神经末梢的刺激(如机械的、物理的、化学的、蒸汽的、电力的等)都能引起痛觉,同时,情绪、动机等因素也会影响痛觉。研究者发现,在战场上受到重伤的士兵可能很少作出痛反应,只有 1/3 的伤员需要止痛剂,而 2/3 的伤员则不要止痛剂。临床条件下,有 35% 的病人在使用安慰剂后可以减痛。有关痛觉感受机制的学说,为人们所接受的是梅尔扎克和沃尔(Malzak & Wall 1965)提出的阀门控制说(gate control theory of pain)。

触觉是皮肤受到机械刺激而引起的感觉。触觉的特征有两种基本类型即轻触觉与压觉,它们位于皮肤的特殊的触点之中。确定触点的方法,是用一种测量触感受性的仪器即触觉计来进行。触点的数量在皮肤不同部位不同,指尖和舌上分布最多。盲人不能看见视觉的文字符号,但可以利用触觉去感知一种由凹凸的点子组成的特殊符号即盲字。

热觉和冷觉合称为温度觉。它们是由皮肤表面温度的变化引起的,且它们有各种特殊的感受器即热点和凉点。皮肤表面的温度又叫生理零度,它是一种在温度觉上的中性的温度,也就是使人既没有冷觉也没有温觉的温度。一种温度刺激会引起什么样的感觉,取决于刺激温度与皮肤温度之间的关系如何。低于皮肤温度的温度刺激产生冷觉,高于皮肤温度的温度刺激产生热觉。在人体中,面部皮肤对冷热最为敏感,而下肢的皮肤对冷热较为迟钝,身体上经常被遮盖的地方对冷较为敏感。

(二)嗅觉和味觉

嗅觉和味觉都是对化学物质的感觉。嗅觉是指辨别物体气味的感觉,它的适宜刺激是有气味的气体物质。这种气体物质作用于鼻腔上部的嗅细胞而产生嗅觉。

几个嗅觉刺激同时作用于嗅觉器官时,在感觉上会产生以下三种变化情况:

(1)气味的融合,就是不同气味混合而得到单一的嗅觉。混合物中所包含的成分相似,融合得就越紧密。

(2)气味的竞争,就是一会儿闻到这个气味,一会儿又闻到另一种气味。如果有一种气味特别强烈,就产生遮盖现象;

(3)气味的抵消,就是说,混合以后,什么气味也闻不到了。

人的嗅觉能分辨挑选食物,具有防卫和滋养的功能,是辨别安危、侦探环境的利器。

味觉是指辨别物体味道的感觉。它的适宜刺激是溶于水的化学物质。人对滋味的感觉器官主要分布在舌头上,叫味蕾。一般认为有四种基本的味觉:酸、甜、苦、咸。它们的感受器的分布为:甜在舌尖,酸、咸在舌的两边,苦在舌根上。根据实验,四种味觉发生的速度是咸最快,甜次之,然后是酸,最后是苦。在性别上,除咸外,女子对味觉的感受皆胜于男子。

人对味道的偏爱心理,充分体现了地域、气候以及生活条件的影响。在我国,俗有"南甜北咸,东辣西酸"之说,味觉对维持有机体内部环境的动态平衡起着重要的作用。

(三)动觉

动觉一种反映身体运动和位置状态的感觉,又叫运动觉。其感受器官位于肌肉、肌腱和关节中。肌肉的运动、关节角度的变化等都是动觉的适宜刺激。从一定意义上讲,在各种感觉中以动觉的重要性为最大。因为各种感觉器官都必须有运动器官做其配件,才能实现其调节作用。其中尤以触觉明显。触觉经常是和动觉一块发生的,所以称为触摸觉。在现实生活中,我们常常依靠触摸觉来认识物体的许多情况,从而代替和补充视觉的不足。没有动觉参与的触觉,准确性很差。

动觉对有机体维持姿势、走路、提取物品、控制随意动作等,都具有重要的作用。在思维和言语活动中,动觉亦起着重要的作用。

(四)静觉

静觉又称平衡觉,是反映头部运动速率和方向的感觉。其感受器是内耳的前庭器官。静觉实质上是反映整个身体位置和地心引力的方向、角度的关系。例如平躺着或挺直不动时,不用看就能大体知道别人把自己放到或扶起若干角度。内耳中的三个半规管里充满了淋巴液,当身体位置和地心引力的方向角度关系有所改变时,由液体流动引起毛状细胞的变动,从而引起感觉。

静觉对保持身体平衡有重要作用。因此,对于体操、舞蹈、航海、航空等职业来说,就显得非常重要。

(五)机体觉

机体觉反映内脏各器官活动状况的感觉,也叫内脏感觉。其感受器分布于各脏器壁内,可将各脏器的活动及其变化的信息,经传入神经传向中枢。

机体觉包括饥、渴、窒息、便意、恶心、内脏疼痛等感觉。一般而言,机体觉总是不清晰的,一旦产生清晰的感觉,则往往与内脏器官受到强烈刺激或病变有关。

内脏感觉调节内脏活动,维持有机体的生存,是一种与生存相联系的重要感觉。

第二节 感受性及其测量

一、感受性与感觉阈限

在我们生活的环境中,存在着各式各样的刺激,但并不是任何刺激都能引起感觉。要引起感觉,刺激必须达到一定的量,产生感觉与其直接作用刺激强度之间的关系,就是感受性与感觉阈限的关系问题。

感受性是对刺激物的感觉能力,也就是人对刺激的感觉灵敏程度。它的高低是用感觉阈限的大小来度量的。感觉阈限是指能引起感觉的一定限度的刺激量。感觉阈限的下限就是绝对感觉阈限,指那种刚刚能够产生感觉的最小刺激强度。而那种即使继续增强也不能使感觉进一步变化(甚至产生痛觉)的刺激则是感觉阈限的上限。

我们的每一种感觉都有两种类型的感受性和感觉阈限:绝对感受性和差别感受性,绝对感觉阈限和差别感觉阈限。

绝对感受性是指刚刚能够觉察出最小刺激强度的能力。那种最小的刺激强度就是绝对感觉阈限。其实,绝对阈限并不是一个单一的强度值,因为研究者并不能找到一个单一的强度值,在它之下的刺激永远觉察不到,在它之上的刺激总是能够觉察到。我们有感觉与无感觉之间存在着一个强度范围,在这个范围内,刺激的物理能量从没有效应到有部分效应再到完全效应,如图 5-1 所示,随着刺激量的增加,被试报告"是"的次数百分数随之增加。这条曲线称为心理物理函数,它表明了心理量与物理量之间的关系。

绝对感受性与绝对感觉阈限在数量上成反比关系。如果用 E 代表绝对感受性,R 代表绝对感觉阈限,则写成公式:

$$E=\frac{1}{R}$$

各种感觉的绝对阈限是彼此不同的。根据心理学的研究,人

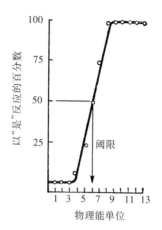

图 5－1 心理物理函数

纵坐标上画的是被试以"是,我觉察到刺激了"的回答所作反应的次数百分数;横坐标上是刺激的物理能量。从任何感觉道都能得到一个心理物理函数。当涉及视觉时,这种函数有时称做"视频曲线"。

类重要感觉的绝对阈限近似值如表 5－1。需要指出的是,绝对阈限在不同个体之间的差别是相当大的,即使同一个体也会因为机体的生理和心理状态的不同而发生变化。

表 5－1 一些绝对阈限近似值

感 觉	阈 限
视 觉	在晴朗的黑夜里,一个烛光火焰可见到的距离为 30 英里。
听 觉	在安静的条件下,手表滴嗒声可听到的距离为 20 英尺。
味 觉	两加仑水中的一匙糖
嗅 觉	一滴香水扩散到有 6 个房间的公寓的空间中
触 觉	从　厘米远的距离落在脸颊上的苍蝇翅膀

资料来源:Galanter(1962)

差别感受性是指我们能够区分两种刺激强度的感觉灵敏度。能够引起感觉的刺激,如果在刺激强度上发生了变化,我们的感觉不一定能够觉察出来。例如,在 100 克的重量上只增加 1 克,我们是觉察不出两者在重量感觉上的差别的。为了引起差别感觉,刺激强度就必须增加或减少到一定的数量。那种刚刚产生差别感觉所需的最小差别量就是差别感觉阈限或称最小可觉差。对这一最小差别量的感觉能力就是差别感受性。

差别感受性与差别感觉阈限也成反比。在心理学家对感觉心理的研究中,感觉是否发生和两个感觉经验是否相同是主要研究方向,也就是要研究人的绝对感受性和差别感受性高低的问题。从实际意义来看,差别感受性对人的意义相对更重要一些。因此,大量的研究都集中在差别感受性与差别感觉阈限上。

二、韦伯—费希纳定律

德国生理学家韦伯(E. M. Weber,1795~1878)是第一个系统地对感觉差别阈限进行研究的人。1846 年,他发表了对举起重量的 J. n. d(最小可觉差)的研究结果,发现 100 克的重量至少要增加 3 克才会感觉到重量有差别,而 200 克的重量则最小要增加 6 克才会觉得重量有变化。如果以 I 表示原初刺激的强度,ΔI 表示刺激的增加量,$\Delta I + I$ 表示刚刚觉察出较原初刺激强一些的刺激强度。那么,在一定范围内,每一种感觉的差别阈限都是一种相对常数,即 $\frac{\Delta I}{I} = k$,这就是韦伯定律。它表明:当 I 的大小不同时,ΔI 的大小也会不同,但 $\frac{\Delta I}{I}$ 是相同的。例如 $\frac{3}{100} = \frac{6}{200} = 0.03$。0.03 这一韦伯分数告诉我们,必须在原初重量的基础上再增加它的 3%,才能觉察出重量的差别。韦伯分数越小,就表示其感受性越高。

对于不同刺激来说,韦伯分数(k 值)是不同的。表 5-2 是根据许多研究者得出的结果综合而成的,这些韦伯分数都是在最良好的判断条件下所得到的最小数值。

1860 年,费希纳在韦伯研究的基础上提出了新的假定。这个假定是,刚刚可以觉察出来的刺激物的增加量(差别阈限值)是感觉的单位。他动用积分运算,从韦伯定律中推导出 $S=K\lg I+C$ 这个公式,其中 S 是感觉的大小,I 为刺激强度的大小,K 和 C 是常数。这就是著名的费希纳定律,亦称为韦伯—费希纳定律。它表明:在一定限度内,感觉的强度随着刺激强度的增加而增加;刺激量是按几何级数增加,而感觉强度(心理量)是按算术级数增加的。即刺激强度增加 10 倍,感觉强度才增加 1 倍。当然,这一定律只是在刺激强度适中时才适用。

表 5-2 不同感觉的最小韦伯分数

音高(在 2,000 赫时)	$0.003=\frac{1}{333}$
重压(在 400 克时)	$0.013=\frac{1}{77}$
视觉明度(在 1000 光量子时)	$0.016=\frac{1}{62}$
举重(在 300 克时)	$0.019=\frac{1}{53}$
响度(在 1,000 赫,100 分贝时)	$0.088=\frac{1}{11}$
橡皮气味(在 200 嗅单位时)	$0.104=\frac{1}{10}$
皮肤压觉(在每平方毫米 5 克重时)	$0.136=\frac{1}{7}$
咸味(在每升 3 摩尔量时)	$0.200=\frac{1}{5}$

20 世纪 50 年代,美国心理学家史蒂文斯(S. S. tevens)用数量估计法研究了刺激强度与感觉大小的关系。根据研究结果,斯蒂文斯认为,心理量并不随刺激量的对数的上升而上升,而是随刺激量的乘方函数而变化。即感觉到的大小是与刺激量的乘方成正比的,用公式表达为:$\phi=KI^a$,这就是史蒂文斯的幂定律。它指出了心理量与物理量关系的两类形式:其一,当幂指数 $a<1$ 时,心理量的增长慢于物理量的增长,这与韦伯—费希纳定律相似,例如音高、明度的感觉;其二,当幂指数 $a>1$ 时,心理量的增长快于物理

量的增长,这与韦伯—费希纳定律相左。例如电击感觉等。

三、心理物理法和信号检测法

我们知道,阈限是判定某种刺激是否有效的界限。作为一种反应过渡到另一种反应的物理维的界限,感觉阈限是一个强度范围。按照惯例,心理学家在测定阈限时,通常是用恰好能引起某种感觉和恰好不能引起某种感觉刺激的集中趋势来作为感觉阈限的操作定义的。也就是将被觉察到50%的次数的物理刺激值定为绝对阈限。

感觉阈限的测量有许多方法,通常将这些方法称为心理物理学方法。经典的心理物理学方法主要有最小变化法、恒定刺激法、平均差误法,50年代后又将信号检测理论引入感知心理的研究。

(一)最小变化法

这是一种直接测定从一类反应到另一类反应转变的方法。该方法把刺激等距地分成一系列很小变化的梯级,然后以上行(渐增)和下行(渐减)法交替呈现,最终求出有无感觉之间的转折点上的刺激强度作为阈限。

(二)恒定刺激法

该方法只选定少数几个刺激强度,呈现刺激的顺序是随机的,次数均等,实验对象不知道在任何一次试验中的刺激强度,而只是报告他们觉察到的刺激。最后,可以用直线内插法求出阈限。

(三)平均差误法

这种方法的一大特点是被试自己调节控制刺激的强度,达到与标准刺激强度相等,被试或从高于阈限值开始,逐次降低刺激强度,或从低于阈限值开始,渐次增高刺激强度。阈限值可以定义为调整到相等时的比较刺激与标准刺激之差的绝对值平均。

(四)信号检测理论

经典的心理物理学方法在测量阈限时,常会受到被试的动机、态度、期待等心理因素的影响。阈限的估计中难以将它与反应的倾向性分开。信号检测理论的引入妥善地解决了这个问题。

信号检测理论采用两个独立的指标(d'和β)来说明被试的感受性与判断标准的高低,辨别力指数 d'可以说明一个人的感受性是稳定的;随先定概率和奖惩的不同,被试往往是通过改变判断标准β来做出各种反应的。因此,信号检测理论的引入,是感知心理研究的一大进步,是目前较为理想的测定阈限的方法。

在信号检测的基本实验中,我们将被试的反应与信号刺激的出现与否相比较,即可得到四种结果,见表5-3。

表5-3 两择矩阵

输入＼判断	有信号	无信号
有信号出现	击中	漏检
无信号出现	虚报	正确拒斥

根据被试击中与虚报的概率,我们可以计算出其辨别力指数 d'和判断标准 β。最后,还可以画出接受者工作特性曲线(Receiver Operating characteristic Curve),通过曲线,可以反映出相同感受性在不同判断标准下的表现情况。

第三节 视 觉

一、视觉的概述

视觉是个体辨别外界事物的明暗、颜色等特性的感觉。它是人类的主导感觉,在人类感觉系统中占有最重要的地位。研究证明,在人类认识世界的过程中有80%左右的信息是靠视觉获取的。

(一)视觉的适宜刺激

视觉的适宜刺激是波长为380~780毫微米之间的电磁波。整个电磁波的波长范围很广,但只有这一小段为可见光谱,它是视觉的适宜刺激,见图 5-2。

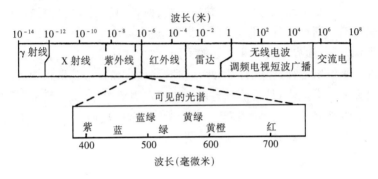

图 5-2 全部电磁光谱

可见的部分——全波长中的一小段——在图的下方予以扩大。(Geldard, 1972)

我们看到的光,一类是发光体直接发射出来的,另一类是由反光体反射出来的。日常生活中所见到的大多是反光体。反光体本身不发光,它们只是有选择地对光进行反射,有的对所有的光波都反射,看起来便觉得白;反之,对所有的光波都不反射而吸收,便觉得黑。而吸收一部分,只反射某一波长的光波时,便呈现出颜色(彩色)。

可见光谱的波长、强度、纯度等物理特性与我们视觉经验的色调、明度、饱和度有密切的关系。

(二)视觉的生理机制

光刺激引起视觉的过程,大体上经历四个主要的生理机制:折光机制、感光机制、传导机制和中枢机制。首先是光线透过眼的折光系统到达视网膜,其次网膜中的感光细胞兴奋,沿视神经将神经冲动传入大脑皮层枕叶产生视觉。

眼睛是我们的视觉器官。眼睛的折光系统由角膜、房水、晶状体和玻璃体组成,它们具有透光和折光作用。来自视野中的每一个物体的光线,通过角膜和晶状体的联合活动,聚焦到视网膜上,形成倒置的物像。

视网膜位于眼球后部的内层,它是眼睛的感光部分。视网膜可分为三个层次,最外层是锥体和棒体细胞;第二层为双极细胞和其他细胞;第三层是最内层,含有神经节细胞。光线到达感光细胞前,必须先通过视网膜的其他各个层次,参见图5—3。

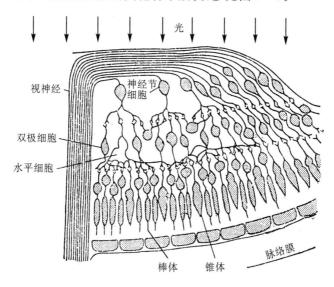

图5—3 视网膜的分层

这里面的是视网膜的主要层次:棒体、锥体、双极细胞和神经节细胞。双极细胞接受从一个或多个锥体或棒体来的信号,并将信号传到神经纤维。这些神经纤维的细胞体就是所画的神经节细胞。横跨视网膜的整合作用是通过连结棒体和锥体的水平细胞以及在神经节细胞水平上的内部联合细胞来完成的。

由于视锥细胞与视杆细胞的结构不同,它们的机能也有所不同。视锥细胞专门感受强光和颜色刺激,能分辨物体细节,视杆细胞则对弱光很敏感。

当光线作用于感光细胞时,引起视锥细胞和视杆细胞中的化学物质的分子结构的变化,从而激起感受细胞发放视神经冲动,光能便转化为神经信息。这种信息通过视觉的传导通路进入皮层产生视觉。需要指出的是,视觉信息从每侧眼睛的视网膜沿视神经向上传导,在视交叉的地方大约半数的神经纤维进入对侧的大脑半球,另一半仍留在原来的一侧,参见图5—4。

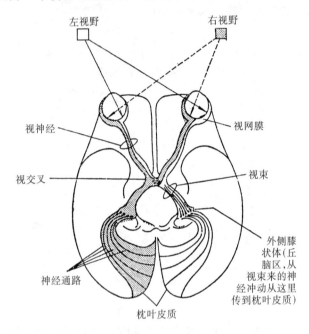

图 5—4 视觉通路

从右视野中的物体来的光波落到每个视网膜的左半侧,从左视野来的光波落到每个视网膜的右半侧。从每只眼来的视神经束在视交叉相遇。从视网膜的内半侧(或称鼻侧)来的纤维在这里交叉达到脑的对侧。因此,落在每个视网膜右侧的刺激传到大脑左半球的枕叶皮层,每个视网膜的左侧受到的刺激,传到右半球。根据视野来说,这意味着,右视野中的物体投射到左半球,而左视野中的物体投射到右半球。

视网膜上各个不同的点,在视觉传入通路和皮质视区是按空间对应原则投射的。来自网膜中央部分的传入纤维投射于枕叶的枕极,来自周围部分的传入纤维投射于枕叶的较前部分,20世纪

60年代以来,有关视觉感受野的研究,对视觉中枢机制的认识产生了深远的影响。

(三)视觉感受野与特征觉察器

休伯尔和威塞尔(Hubel & Wiesel,1963,1965,1968)采用微电子记录技术探索眼睛与大脑之间的相互关系。他们曾希望发现,来自网膜的信息在到达大脑皮层区后,激活其中任何一定细胞所必需的且充分的刺激。大脑中一个神经元的视觉感受野被定义为向该细胞供给信息的一套感受器(棒体、锥体或两者)。在实验动物的皮层视觉投射区的一个神经细胞里,植入一根微电极,电极中的电流变化就表明皮层细胞的放电速率的变化。接着,他们给动物加以范围广泛的刺激,每一种刺激全面地作用于网膜的各个部分,直至其中有一种刺激引起细胞放电速率的改变为止。记录这种改变即可制成感受野图。

他们的实验说明:第一,各个皮层细胞对落在网膜某个区域上的刺激模式敏感,而不仅仅是对单个网膜感受器敏感。这些区域称作感受野。一个特定的皮层细胞在网膜的表面有一个相应的感受野,感受野的大小不同。第二,落在视网膜上的光刺激的特性只有与相应的皮层细胞的要求相吻合,才能激活大脑皮层中的高级神经元的活动,也就是说,该神经元只对作用于感受野的具有某些特征的光刺激模式进行反应,对于不具有这些特征的刺激不予反应。这样,人类便得以对环境刺激和视觉信息做出选择性的反应。

这种只对某些特征的刺激反应的神经元,叫做特征觉察器。这种神经元不仅存在于皮层之中,而且存在于从网膜到皮层的神经通路的各个阶段之上。进一步的考察发现,作为特征觉察器的大脑皮层细胞可分为三类:一类叫简单细胞,只对一定网膜位置上的一定特征发生反应,如果刺激网膜的位置改变,即使是同样的特征,也不能反应;另外一类叫复杂细胞,它们对一定特征的反应不受网膜刺激部位的影响;还有一类叫超级复杂细胞,它们可以觉察由简单特征组成的复杂特征,见图5—5。

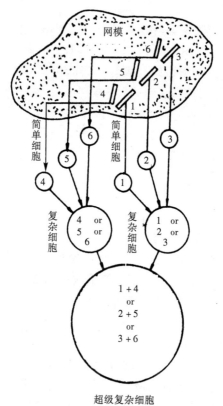

图5—5 三个水平特征侦察器的功能示意

简单细胞:其中每一个细胞只反应网膜上相应位置的刺激。它要受网膜位置的限制。

复杂细胞:其中每一个细胞都能反应三个同样倾斜度的任何一个刺激。它不受网膜位置的限制,但要受刺激方向的限制。

超级复杂细胞:其中每一个细胞都能反应1,4,2,5,3,6等刺激所形成的角。它既不受网膜位置的限制,也不受刺激方向的限制。

二、明度视觉现象

(一)明度的绝对阈限与差别阈限

明度是眼睛对光源和物体表面的明暗程度的感觉,主要是由光线强弱决定的。一般来说,光线越强,看上去越亮;光线越弱,看上去越弱。在正常情况下,人眼对光的强度具有极高的感受性,感觉阈限很低。据研究测定,光强低于 10^{-6} 烛光/m^2,人眼就不能觉察了,这就是视觉对光强的绝对阈限。10^{-6} 烛光/m^2 到 10^{-1} 烛光/m^2 为暗视觉范围,10^0 烛光/m^2 为间视觉范围,10^1 烛光/m^2 到 10^7 烛光/m^2 为明视觉范围,超过 10^7 烛光/m^2 的光强对人眼有破坏作用。

明度的差别阈限在中等强度时,符合韦伯定律,其数值近似于 1/100。极弱强度时,韦伯分数可达 100/100;极强时为 1/167。

明度的绝对阈限与差别阈限的大小,主要与光刺激作用的网膜部位有关,中央窝部位,绝对阈限较差而差别阈限较高,距中央窝 $16°\sim20°$ 处明度的绝对阈限值较低,感受性较高。

在可见光谱范围内,人眼对不同波长的光线的感受性也是有差别的,反映出明度与波长的关系。这种情况可以用视见函数来加以说明(参阅图5—6)。

图中右边的曲线代表锥体细胞对不同波长的感受性,左边的曲线代表棒体细胞对不同波长的感受性。在昼视光下,人眼对波长为 555 毫微米的光最敏感,而对于低于 500 和高于 625 毫微米的波长的光,感受性要差得多。从明度来说,480 毫微米的光只有 555 毫微米的光的 20%。

从图上我们看到,在夜视觉下,视见函数整个地向左侧移动。人对 511 毫微米的光感受性最高。也就是说:当强度相同时,最敏感的光波波长向偏短波方向移动,这个现象由捷克学者浦肯野(J. E. Purkinje,1824)所发现,因此一般称之为"浦肯野现象"。

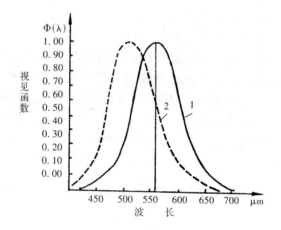

图 5—6 视见函数
1.白昼视觉 2.黄昏视觉

(二)视觉后像与闪光融合

当刺激物对感受器的作用停止后,感觉并不立刻消失,而是在头脑中暂时保留片刻。这种现象叫做后像。视觉后像表现得最明显。

视觉后像有两种:正后像和负后像。正后像保持刺激物所具有的同一的品质。在灯前阖眼三分钟,睁开眼睛注视电灯两三秒钟,再闭上眼睛,此时可见一盏灯的光亮的形象出现在暗的背景上,这种现象就叫正后像。电影正是利用了这个生理心理特点。

随着正后像出现以后,如继续注视,会发现在亮的背景上出现黑色斑点,这就是负后像。

视觉后像有一定的延续时间,在这时间内有时还会交替出现正负后像。这种正负后像的互换过程可能与基本神经过程的诱导作用有关。视觉后像延续时间的长短,受种种条件所制约。其中主要有:

(1)引起后像的刺激明度。刺激的明度越大,后像的延续时间越长。

(2)引起后像的刺激的延续时间越长,后像的延续也越长。

(3)一般说来,明度大的刺激落在网膜的中央部分的时候,后像的延续时间较长。

当刺激不是连续作用而是断续作用的时候,随着断续频率的增加,感觉到的不再是断续的刺激,而是连续的刺激。能引起连续感觉的最小断续频率,叫做临界频率。临界频率现象在视觉中就称为闪光融合现象。例如当电频率为50次秒时,日光灯每秒钟闪动100次,但是我们并没有感到它的断续。

(三)明度对比和马赫带现象

明度对比是由光强在空间上的不同分布造成的明度感光变化的现象。例如图5-7清楚地表示出:灰色圆环放在黑色背景上比放在白色背景上,显得更加明亮一些。

图5-7 请注意,这灰环具有均匀的亮度

当人们在观察两块亮度不同的区域时,在明暗变化的边界上,常常在亮区看到一条更亮的光带,而在暗区看到一条更暗的线条。这种现象最初由马赫(Mach)发现,故称"马赫带"参见图5-8。

产生马赫带的原因,是视觉系统中的侧抑制作用造成的。

(四)视敏度

视敏度是指视觉系统分辨物体细节的能力,在临床医学中称为视力。一个人辨认物体细节的尺寸越小,视敏度越高,反之视敏度就越差。这里所谓的大小,实际是指视网膜物像的大小,而视网膜物像的大小又决定于视角的大小。

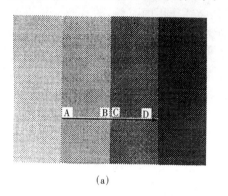
(a)

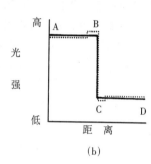
(b)

图 5—8 马赫带

(资料来源:Ratliff, 1972)

所谓视角,就是作为对象的物体的最边沿的点与眼球节点的联线所成的角。当距离不变时,物体越大,那么该物体形成的视角越大,当物体大小不变时,物体与眼睛的距离越远,则该物体形成的视角就越小。因此,对视敏度更恰当的定义是:能分辨或能看见视角越小的物体,视敏度越大,写成公式:

$$V = \frac{1}{\alpha}$$

影响视敏度的因素主要有距离、物体大小、亮度、对比度以及网膜的不同部位等。

三、颜色视觉现象

(一)颜色的基本特性

颜色是光波作用于人眼所引起的视觉经验。不同波长的光波作用于视网膜时引起的心理反应就是颜色视觉。光谱的波长不同,产生的颜色视觉也不同,见表 5—4。

表 5-4 光谱颜色波长和范围

色调	波长(μm)	范围(μm)
红	700	640～750
橙	620	600～640
黄	580	550～600
绿	510	480～550
蓝	470	450～480
紫	420	400～450

(根据荆其诚等编《色度学》,38页,北京,科学出版社,1979。)

严格地说,我们所能看到的东西,都是有颜色的。无色透明的物体我们是看不到的。因此,我们的视觉亦可称为色觉。色觉分为彩色与非彩色两大类。非彩色是指从黑色——白色,由深浅不同的灰色排成的系列,其基本特征主要是明度,可以用一条垂直线来表示;除去黑、白、灰以外的各种颜色统称彩色。彩色具有明度、色调、饱和度三种基本特性,见图5-9。

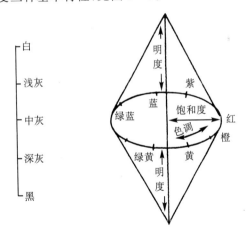

(左)无色系列　　(右)有色系列立体模型
图 5-9　有色系列和无色系列

色调是彩色的最重要的属性。它决定于物体表面反射的光线中什么波长占优势,也就是常见的红、橙、黄、绿等颜色。

饱和度是一种颜色色调的表现程度,它取决于光波成分的复杂程度。物体表面反射出的光线中某种色调的波长所占比例越大,该种彩色则越饱和;反之,则饱和度低。实际上,饱和度代表一个颜色渗入白色的数量,饱和度高的颜色物体含有白色成分较少,看起来颜色较深而鲜艳,饱和度低的物体,含有较多的白色,看起来颜色较浅。

明度是指颜色的明暗程度,主要取决于光的物理强度。反射光的表面的明度,是指作用于这一表面的光线的反射系数。在照到表面的光线强度相等时,表面的反射系数越大,这个表面的亮度也就越大,它的明度也就越显著。例如,黑纸上反射出投射于它的全部光的一小部分,而白纸却反射了投射光的85%。所以后者比前者的明度要大得多。至于主观感觉上的明度,则除了刺激物体本身的鲜明性外,还决定于眼对刺激物的感受性。

(二) 颜色的混合

我们见到的单纯的一种波长的光是很少的。因为照在物体上的光线主要来自于像太阳那样发出不同波长光的光源。因此,我们在日常生活中见到的都是不同波长混合起来的光。从牛顿时代起,人们就开始研究颜色混合并企图找出说明颜色混合的规律。现已确定的主要有:

1. 补色律:每一种颜色都有另一种同它混合而产生白色或灰色的颜色,这两种颜色称为互补色。例如,黄色和蓝色;红色与青绿色;绿色与紫色等等,都是一对对的互补色。

2. 间色律,混合两种非补色时,便产生一种新的混合色或介于两色之间的中间色。例如,将红色与黄色混合,便可得到介乎它们之间的橙色。如果混合红与绿,则按混合比例不同,可以得到介乎它们之间的橙、黄、黄绿等各种色调。

3.代替律:不同颜色混合后产生的相同颜色可以彼此相互代替。代替律表明,只要在感觉上颜色是相似的,便可以相互代替而得到同样的视觉效果,尽管它们二者的光谱成分是不一样的。如果颜色A+颜色B=颜色C,而颜色B=颜色x+颜色y,则A+(x+y)=C;如果A=B,C=D,则颜色A+颜色C=颜色B+颜色D。

应当指出,上述的颜色混合定律只适用于色光的混合,而不适合于染料、颜料的混合。光线的混合是两种波长的光线同时作用于视网膜上而发生的相加过程,而染料、颜料的混合则是相减过程,吸收了一些颜色而反射出某些波长的颜色。

颜料的混合可由下列公式表示:

青色=白色-红色

品红色=白色-绿色

黄色=白色-蓝色

因此,色光的混合是一种加色法,混合后明度增加,颜料的混合是一种减色法,混合后明度减弱。

(三)色觉异常

色觉异常主要包括色弱和色盲两类。

色弱患者虽然能够区分光谱上的各种主要颜色,但对红色和绿色区的颜色感受性很低,在刺激光较弱时,这些人几乎分辨不出任何颜色。色弱患者在男性中约占6%。

色盲又可分为全色盲和部分色盲。全色盲患者将一切颜色都看成灰色的,丧失了对光谱上各种波长光的颜色视觉。这种情况极为罕见。

部分色盲中以红-绿色盲较为常见,他们不能区分红色和绿色,把光谱上所有的红、橙、黄、绿部分都看成是黄色,而把青、蓝、紫的各部分都看成蓝色。此外还有黄-蓝色盲。

色盲常常是先天的,后天性色盲往往是由于多种原因造成,诸如视网膜疾病、脑损伤以及维生素缺乏。根据有关研究报道,大约有8%的男孩和0.5%的女孩有某种程度的红－绿色盲或色弱。

(四)色觉理论

解释颜色视觉现象的理论很多,其中影响较大的是三色说和对立过程理论(亦称四色说)[①]。

1.三色说。英国物理学家杨(T. Young)于1807年左右首先提出三原色假设,1860年由赫尔姆霍茨(H. Helmholtz)在其基础上发展的三色说被后人合称为杨－赫三色说。

三色说假设在视网膜上存在着三种不同的颜色感受器,它们分别含有对红、绿、蓝敏感的视色素,每种感受器只对光谱上的特定波长最敏感,红色感受器对长波最敏感,绿色感受器对中波最敏感,蓝色感受器对短波最敏感,当某种光刺激作用于感受器时,它所引起的兴奋程度不同,从而产生相应的颜色感觉。各种颜色感觉就是各感受器相应的有比例活动的结果,如红色感受器的兴奋活动占优势,则产生红色光的感觉等。当三个感受器兴奋程度相同时,则产生白色光的感觉。

2.四色说。四色说又称拮抗说,由德国生理学家黑林(E. Hering)于1874年提出。他假设视网膜上存在着三对感光视素,即黑－白视素、红－绿视素、黄－蓝视素。在光刺激下每对视素产生分解或合成的过程。光刺激时,黑－白视素分解,产生白色感觉,无光刺激时,黑－白视素合成,产生黑色感觉。同样,红光刺激时,红－绿视素分解,产生红色感觉;绿光刺激时,红－绿视素合成,产生绿色感觉。

近年来,色觉研究的进展所获得的认识是:两种学说都有其正确的方面,也有其无法说明的现象,似乎可以整合。

现代的生理学研究均发现了分别支持三色说及四色说的材

---

① 参见叶奕乾、何存道、梁宁建主编《普通心理学》,150页,上海,华东师范大学出版社,1997。

料。例如,已经有实验证明,在一些动物及人类的视网膜上确实存在着三种不同光谱敏感性的视色素,它们分别相对应于红、绿、蓝的一定频率的光发生反应,这些发现有力地支持了三色学说的理论。而近年来随着感受野的研究获得的一些材料表明,在一些动物(如金鱼、短尾猴)的网膜及外侧膝状体等一些重要视觉中枢存在着对白光反应及对红—绿、黄—蓝光相颉颃反应的细胞,瓦格纳(Wagner,1963)在金鱼网膜上发现,白光刺激引起神经节细胞"开—闭"放电,另一些神经细胞在红光刺激时引起兴奋"开"反应,而在绿色刺激时引起了抑制"闭"反应。这样看来,三色学说比较成功地说明了网膜上存在的三种感色成分,四色学说则比较成功地说明了颜色在神经通路中的传递是编码为颉颃成对的形式的,可以说,这两种学说都说明了色觉机制的一部分真理,二者可以辩证地统一起来。

概括以上的情况,可以看出。颜色视觉过程似乎可以分成几个阶段。第一阶段,视网膜存在三种独立的锥体感色物质,它们有选择地吸收光谱不同波长的辐射,同时每一物质又可单独产生白或黑的反应,在强光作用下产生白的反应,无外界刺激时产生黑的反应。第二阶段,在神经兴奋由锥体感受器向视觉中枢传导的过程中,这三种反应又重新组合,最后形成三对对立性的神经反应,即红—绿、黄—蓝、白—黑反应,这一过程的示意图如图5—10。这样,颜色视觉的机制在视网膜感受器水平上可能是三色的,符合杨—赫的学说,而在视网膜感受器以上的视觉传导通路水平则是四色的,符合黑林的学说。颜色视觉机制的最后阶段发生在大脑皮层的视觉中枢,在这里产生各种颜色感觉[①]。

---

① 参见林仲贤主编《实验心理学》,328页,北京,科学出版社,1987。

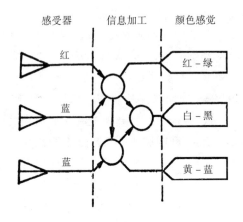

图 5-10 颜色视觉机制示意图

第四节 听 觉

一、听觉的概述

听觉是个体对声波物理特性的反映。人的听觉是仅次于视觉的一种重要的感觉。人类的语言及其他所有与声音有关的信息，都是靠听觉而获得的。

(一)听觉的适宜刺激

当使一个物体振动时，振动就会产生周期性的声波，它通过了空气向各个方向传播。这些声波就是听觉的刺激。

在振动物体所能产生的全部振动系列中，只有一定范围的振动撞击我们的耳膜方能产生声音感觉。这个限度是16～20000Hz（赫兹）。低于16Hz的次声波和高于20000Hz的超声波，都不是听觉的适宜刺激，不能产生听觉。根据实验研究，人的听觉系统最敏感的声波范围是1000～4000Hz。

声波与引起视觉的光波不同。光波的传播是无需介质的，而声波一定要有传播的介质。在0℃的空气介质中，声波传递速度为331米/秒；声波在水中的传播，比空气中约快5倍。

最简单的声波就是纯音,它是单一的正弦曲线形式的振动。这种声音在日常生活和自然界很少见到,绝大多数声音都是由多个频率不同的纯音组合而成的复合声(复音)。音乐声、噪声、言语声等都是复合音。根据声学中的傅里叶定律,任何复音都可以分解成几个频率不同的纯音。

无论纯音或复音,都可以用频率、强度和相位来规定。频率是波动在单位时间内周而复始一周的次数,通常以每秒一周作为单位(Hz);强度在实际测量中常用压力来表示。压力是单位面积上的作用力,单位是帕(pascal)。人能听到的声压动态范围很广(20 微帕~20 帕),相差 100 万倍,于是人们将声压换算成声压比的对数,代替声音的绝对值。声压比所用的分母采用 1000Hz 纯音的听觉阈值(20 微帕),由此得出的测量单位叫分贝(dB):$1dB = 20\lg\dfrac{P}{20\text{微帕}}$ 它表示的是声压级。下表 5-5 是由大到小几种声压级的具体事例。声波的相位,指的是在某一瞬间对于某一参照点,波动落在一周的那一部分。将整个一周分为 360°,相位的单位用角度或弧度表示。图 5-11 是两声波之间的三种不同相位关系:A 为同相,B 为异相 180°,称倒相,C 为异相 90°。

表 5-5 以分贝为单位的典型声音的声压级

声压级(分贝)	典型的声音
180	火箭噪声
160	风洞
140	喷气机起飞
120	打雷
100	地铁
80	真空除尘器
60	日常对话
40	夜晚住宅区背景噪声
20	树叶抖动声
0	听阈

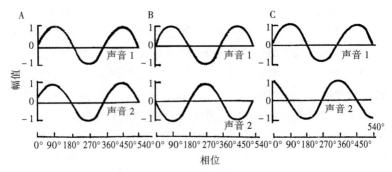

图 5—11　波形的不同相位关系

(二)听觉的生理机制

感受声波的听觉系统包括外周的耳和大脑皮层听区以及两者之间的上行和下行的听觉通路。大体上包括四个主要阶段：身体机制、感声机制、传导机制和中枢机制。

耳朵是人的听觉器官，它由外耳、中耳、内耳三部分组成。参见图 5—12。

声波经外耳道撞压鼓膜，引起三块听小骨的机械振动，从而增强声波压强把振动传向卵圆窗，推动耳蜗中的淋巴，振动在液体中传导。这样外界的声波通过这种方式转换成内耳中相应的液体波。

听觉的感受细胞叫做毛状细胞，它们排列在耳蜗管里面的基底膜上。当蜗管被产生于耳蜗内的压力波所振动时，基底膜和覆膜相互联系地进行运动，引起听细胞兴奋。

人类的听神经是由大约 30000 条独立的听神经纤维组成的一个纤维束，它将冲动从耳蜗传送至脑。传导过程中，从左耳和右耳来的纤维在上橄榄体第一次交汇。在通向皮质的最直接通路上最后一个神经结构是丘脑的内侧膝状核。

听觉中枢对到来的信息进行加工分析，产生听觉。这里有两个方面需注意:第一,表现不同频率音的空间间隔,在皮层中很好得得到了保持;第二,当两个听觉通路上行到脑时发生的纤维交叉,使得每只耳朵在脑的对侧所表现的比在它的本侧所表现的多少要好一些。

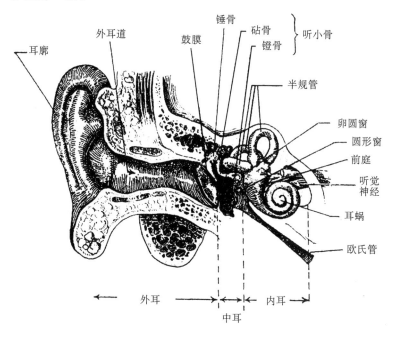

图 5—12 人耳的构造
(资料来源:张春兴,1991)

二、听觉现象

(一)听觉的基本特性

从物理特性上说,声波一般具有频率、振幅和振动形式三种特性。它们分别决定了声音心理感受的音高、响度和音色。音高、响度和音色是听觉的基本特性。

音高又称音调,它是表示声音高低的感觉。音高依赖于声波每秒钟振动的次数即频率。频率越大,听到的声音的音调就越高;

反之,音调就低。例如,唱歌时,1,2,3,4,5,6,7 都是不同的音调,它们的振动频率一个比一个高,因而音调一个比一个高。

响度又叫音强,它是指听到声音的强弱,是听觉的主观心理量。响度主要决定于声波的压力强度即振幅。随着声强的不断增加,主观上产生由弱到强的程度不同的响度感觉。测量声音响度的国际标准单位是宋(sone),一个宋为 40dB 时所听到的 1000Hz 的音调的响度。

音色是指把基本频率与强度相同但附加成分不同的声音区分开来的品质。它主要是由基音和陪音的比例关系决定的。一个物体除全部振动(叫基音)外,还有分段振动(叫陪音),它可以分 $\frac{1}{2}$、$\frac{1}{4}$、$\frac{1}{8}$……段振动,即同时有好几个振动。我们可以笼统地讲,音色是由声波的波形所决定的。因为每一个声源发出的复声都有自己的独特的波形。通常也就把不同声源发出的音高响度相同的不同声音称之为音色。比如长笛和单簧管同奏一首乐曲,我们也会感到不同,这就是音色的不同。

(二)听阈

人类的听觉感受性有极其宽的动态范围。就频率来说,人耳能听到的纯音最低可达 20Hz,最高可达 20000Hz;就声强来说是 0~120dB。

声音要达到一定的声压级才能被听到,这种最小可听声级称为听觉的绝对阈限,即听阈。测定听觉绝对阈限的方法,一般应用的有两种:

(1)声音通过耳机传给被试,定出阈值后,再计算此时加到鼓膜上的音压;

(2)在一个既隔音又没有回声的专门实验室内,要被试辨别声源传来的声音,找到刚可觉察的阈值后,用仪器测量被试头部中点位置上音的强度。

根据不同的测定方法,不同研究者获得了不尽相同的结果,但一般趋势是相同的,见图 5-13。

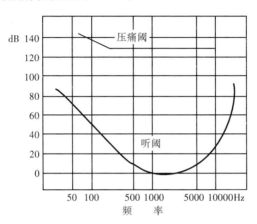

图 5-13 听觉的阈限曲线

从图中可见,对 1000Hz 附近的声音的感受性最高。500Hz 以下和 5000Hz 以上的声音,需要大得多的强度才能被感觉。当音强超过 140dB 时,所引起的不再是听觉而是触压觉或痛觉。图中两条线所包围的范围是正常人的听觉范围,它主要是由频率和响度这两个因素所决定的。

(三)听觉疲劳和适应

两者都是在声音长时间作用下出现的。听疲劳是声强超过了听觉系统正常生理反应所需要的程度时造成的。它的测量可以通过"暂时阈移(TTS)"来表示。先测定被试对某频率的阈值,而后让他听一段时间引起疲劳的特定频率和强度的纯音,再测定他的听阈、阈限的移动量就是 TTS。

听疲劳表现为阈值的提高。当同样疲劳性刺激长年累月发生时,就会引起职业性听力降低或耳聋。

听适应的特点在于它是一个平衡过程。听觉系统对一个稳定声的反应最初是逐步下降的,而后稳定在一个水平。这时,听觉系统消耗的能量和维持它的能量达到平衡。实验表明,适应发展最快是在声作用以后1~2分钟。恢复也很快,通常在2分钟以内。

(四)声音的混合

如果两个声音同时落入人耳,这时,由于两个声音的强度和频率的关系不同,会产生不同的听觉现象:

(1)拍音。这是一种音响起伏的声音感觉。它是指两音同时到达,其强度大致相等,频率相差很小,我们听到的两音频率的差数。例如频率各为275和276的两音将产生每秒一次的拍音。

(2)混合音。这是指两音同时到达,强度大致相等,但频率相差较大时,我们听到的声音感觉。混合音分差音(两个原音频率的差)和和音(两个原音频率的和)两种。也可从听觉的愉快与否来分为和谐音与不和谐音。

(3)声音的掩盖现象:如果两音同时到达而强度相差较大,我们的听觉就只能感受其中之一,称之为声音的掩蔽现象。实验表明:频率接近的掩蔽作用更大,低频率对高频率的掩蔽比高频率对低频率的掩蔽大。

(五)双耳听觉现象与声音定向

我们的听觉系统的外周配备有两支接收器——双耳。双耳在日常生活中接受的声信号,无论时长、强度或者频率,都是互不相同的,但是我们听到的却是一个单一的声像。这一过程就称为双耳融合。

在没有其他感觉参与的情况下,双耳还是辨别声音方位的重要器官。由于两耳所处的对侧位置,侧面声源的声波到达两耳所经的距离就不同。这个距离差别叫"两耳距离差"。如果声源靠近一耳,音波就必须绕过头颅约27.5cm的半圆周才能到达另一耳。因此,两耳离开声源的距离不同所造成的两耳刺激强度差别、时间差别和位相差别就成为声音空间定位的主要依据[①]。

1. 由于两耳所处的对侧的位置,一个来自侧面的声音刺激物到两耳的强度是不一样的。与声源同侧的耳朵所获得的声音较强,由于音波受到头部的阻挡,对侧耳朵获得的声音较弱,声源便被定位在声音较强的一侧,低频声音因为波长较长,长波可以比较容易地绕过头部,所以两耳的强度差别较小。对于高于 3,000Hz 的声音,两耳强度差别较大。因此,两耳声音强度的差别是辨别高频声音方向的重要信号。

2. 由于两耳的位置不同,音波到达两耳的时间也不同。一个来自侧面的声音先刺激同侧耳朵,后刺激对侧耳朵,声源便被定位在先获得刺激的一侧。音波传导速度为 344 米/秒,当声源从正中偏向侧面 3°时,刺激两耳的时间差别为 0.0000 秒,便感到声音偏向一侧。刺激的时间差别越大,所感到的声音偏向侧面的角度越大。当声源从正中偏向侧面 90°时,两耳感受刺激的时间差别最大,达到 0.0008 秒。对于 500～700Hz 的声音,两耳辨别时间差别的能力最强。

3. 音波是以连续的空气波动向前传播的。一个侧面的音波作用在两耳上的位相可能不同,两耳刺激物在位相上的差别使人感到声音是来自侧面的。低频声音的波长较长,产生位相差别的机会可能大些,所以位相差别可能是辨别低频声音方向的信号之一。

在听觉空间定向中,人的身体和头部的运动是判断声音方位的重要辅助依据。身体和头部的运动可以使双耳的刺激差别发生变化,一个正后方的声音,如果判断不准,将头向右转动便能听出声音是在头的右侧。由于自己知道头部转动的方向,所以能够推论出声音是在后方。在生活中人经常转动躯体和头部的位置使双耳的刺激差别不断变化,帮助精确地判断声音的方位。即使仅用

---

① 参见曹日昌主编《普通心理学》,175 页,北京,人民教育出版社,1987。

一只耳朵,借助头部和身体的转动也不难确定声音的方位。

三、听觉的理论[①]

1. 频率理论。这是 1886 年由物理学家罗·费尔得提出来的一种理论。这种理论认为,内耳的基底膜是和镫骨按相同频率运动的。振动的数量与声音的原有频率相适应。如果我们听到一种频率低的声音,连接卵圆窗的镫骨每次振动次数较少,因而使基底膜的振动次数也较少。如果声音刺激的频率提高,镫骨和基底膜都将发生较快的振动。基底膜与镫骨的这种关系,类似于电话机的送话机和收话机的关系。当我们向送话机说话时,它的膜片按话音的频率产生不同频率的振动,使线路内的电流出现变化。在另一端,收话机的薄膜因电流的变化的振动,并产生与送话端频率相同的语音。这种理论也叫电话理论。

人们很快发现,频率理论难以解释人耳对声音频率的分析。人耳基底膜不能做至少 1000 次以上的快速运动。这是和人耳能够接受超过 1000Hz 以上的声音不符合的。

2. 共鸣理论。这是赫尔姆霍茨提出的一种理论。在他看来,由于基底膜的横纤维长短不同,靠近蜗底较窄,靠近蜗顶较宽,因而就像一部竖琴的琴弦一样,能够对不同频率的声音产生共鸣。声音的频率高,短纤维发生共鸣;声音的频率低,长纤维发生共鸣。人耳基底膜约有 24000 条横纤维,它们分别反应不同频率的声音,基底膜的振动引起听觉细胞的兴奋,因而产生高低不同的音调。共鸣理论(resonance theory)强调了基底膜的振动部位对产生音调听觉的作用,因而也叫位置理论(place theory)。

共鸣理论主要根据基底膜的横纤维具有不同的长短,因而能对不同频率的声音发生共鸣。但人们以后发现,这种根据并不充

[①] 参见彭聃龄主编《普通心理学》,109~111 页,北京,北京师范大学出版社,2001。

分。人耳能够接受的频率范围为20～2000Hz,最高频率与最低频率之比为1000∶1,而基底膜上横纤维的长短之比仅为10∶1,可见,横纤维的长短与频率的高低之间并不对应。

3.行波理论。20世纪40年代,著名生理学家冯·贝克西(Von Bekesy)发展了赫尔姆霍茨的共鸣说的合理部分,提出了新的位置理论——行波理论(travelling wave theory)。

贝克西认为,声波传到人耳,将引起整个基底膜的振动。振动从耳蜗底部开始,逐渐向蜗顶推进,振动的幅度也随着逐渐增高。振动运行到基底膜的某一部位,振幅达到最大值,然后停止前进而消失。随着外来声音频率的不同,基底膜最大振幅所在的部位也不同。声音频率低,最大振幅接近蜗顶;声音频率高,最大振幅接近蜗底(即镫骨处)。从而实现了对不同频率的分析。

贝克西进行过一个著名的实验:在耳蜗管的管壁上钻一小孔,从小孔向基底膜上撒些铝粉,然后用玻璃将孔盖上,并观察在不同声音振动时基底膜的运动。结果发现,基底膜的不同部位对不同频率的声音进行反应。当镫骨按高频运动时,基底膜的底端振动较厉害;声音频率降低,基底膜的最大振动部位转向蜗顶。

贝克西认为,基底膜的某一部位振幅越大,柯蒂氏器上的盖膜就越弯向那个区域的毛细胞,因而使有关的神经元的激活比率上升。正是这些激活率最大的成组神经元,发出了声音频率的信息。

行波理论正确描述了500Hz以上的声音引起的基底膜的运动,但难以解释500Hz以下的声音对基底膜的影响。当声音频率低于500Hz时,它在基底膜的各个部位引起了相同的运动,并对毛细胞施加了相等的影响。有人认为,声音频率低于500Hz,频率理论是对的;声音频率高于500Hz,位置理论是正确的。

4.神经齐射理论。20世纪40年代末,韦弗尔(Wever,1949)提出了神经齐射理论(neural volleying theory)。这个学说认为,当声音频率低于400Hz以下时,听神经个别纤维的发放频率是和声音频率对应的。声音频率提高,个别神经纤维无法单独对它作出反应。在这种情况下,神经纤维将按齐射原则发生作用。个别纤维具有较低的发放频率,它们联合"齐射"就可反应频率较高的声音。韦弗尔指出,用齐射原则可以对 5000Hz 以下的声音进行频率分析。声音频率超过 5000Hz,位置理论是对频率进行编码的惟一基础。

第五节 感觉的基本规律

感觉的基本规律,就是要探讨人的感觉能力的差异及其影响因素。从产生上讲,感觉的产生必须依赖于客观刺激的直接作用,而且这种刺激必须是适宜的,达到一定的强度。这是感觉产生的基础。然而人对客观刺激的感觉能力(即感受性)并不是一成不变,它会受到以下特征的制约而发生变化,体现出规律性。

一、感觉适应规律

人的感受性会由于刺激的持续作用而发生变化,这种现象叫适应,它是感觉受刺激时间影响的结果。适应现象发生在一切感觉领域内,如古语说:"入芝兰之室,久而不闻其香;入鲍鱼之肆,久而不闻其臭。"说的就是嗅觉适应现象等等。

适应可引起感受性的提高,也可以引起感受性的降低。这在视觉适应中表现得特别明显。视觉适应分为明适应和暗适应。从明亮的阳光下进入暗室,最初什么也看不见,经过若干时间之后,才逐渐分辨出周围的事物。这一过程叫暗适应过程。在这个过程中,感受性逐渐提高,据测定,停留一小时,感受性可提高约 20 万倍。相反,从暗处出来,我们的眼睛会感到外面的光线太强,不得不眯起眼来以免受强光的照射。稍过一会,我们便又能看清物体了。这一过程叫明适应。在这个过程中,人的感受性是迅速降低的。

从适应的难易程度和速度上来看,触觉最容易发生适应,其次是温度觉和嗅觉,听觉一般比较慢,而痛觉则根本不能适应或很难适应。

适应现象对人来说,意义非常重大。它对于我们精确和正确地感知外界事物,保证我们在复杂变化的环境中做出恰当适宜的反应,具有重大价值。

二、感觉的相互作用规律

事物是互相联系互相影响的。对某种刺激的感受性不仅决定于该刺激的性质,而且同一感受器接受的其他刺激以及其他感受器的机能状态,都会对这种刺激的感受性发生影响,这称之为感觉的相互作用。

(一)感觉对比

对比是同一感受器接受不同的刺激而使感受性发生变化的现象,这是某一特定感受器中不同刺激效应相互影响的表现。感受对比现象又分为同时对比和继时对比。

几个刺激同时作用于同一感受器而发生的对比现象称同时对比。这在视觉中表现得非常明显。如果把一个灰色的小方块放在绿色的背景上,看起来小方块显得带红色,放在红色的背景上则显得带绿色。

几个刺激先后作用于同一感受器时,便产生继时对比现象。例如吃了苦药之后,接着喝白开水也觉得有点甜味。

研究对比现象在实践活动中意义重大。

(二)不同感觉间的相互作用

不同感觉间的相互作用,指的是一种感觉的感受性会由于其他感觉的影响而发生变化的现象,这种现象相当普遍。例如在生活中,牙痛会由于强烈的声音刺激而更加厉害;用凉水擦脸会提高视觉的感受性等。

关于不同感觉间的相互作用,其中的许多问题还有待于研究,但一般的倾向是:弱刺激能提高另一种感觉的感受性,而强刺激则能降低另一感觉的感受性。

(三)联觉

当某种感官受到刺激时出现另一种感官的感觉和表象,这种现象称为联觉。它是不同感觉间相互作用的另一种表现。例如,音乐家常会发生视听联觉,即在声音刺激作用下,产生某种视觉形象,"余音绕梁,三日不绝"。

联觉的形式中最突出的是颜色的联觉。色觉可以引起温度觉,色觉可以引起轻重觉……

联觉不是人们随意想像出来的,它带有某种普遍性。现实生活中"沉重的乐曲,明快的曲调"等都说明这一点。究其原因,是由于我们在日常生活中各种感觉现象经常自然而然地有机联系在一起之缘故。

三、感觉能力发展的规律

感受性的高低,因人因时因地而不同。同一刺激,在某种情形下会产生感觉,而在另外的情形下则没有感觉,其中原因很多,而最主要的原因是社会实践活动。社会实践活动不仅决定着人的感觉的产生,而且还决定着人的感觉的发展。

第一,由于社会实践活动的训练和要求,人们对某种感觉会特别敏感。如人们对母语的语音分辨能力就越来越精细。从事不同的职业活动,其感受性尤其是差别感受性会得到显著的发展和极大的提高。实践表明,一个有经验的染织工人可以分辨40种不同的黑色,而常人只能区分2~3种黑色。音乐家具有高度精确的听觉辨别能力,调味师具有敏锐的嗅觉和味觉辨别能力等。

第二,有计划地练习可以提高感受性。系统的教育训练,可以使人某种感受性更加灵敏,前苏联心理学家捷普洛夫(ъ. м. теплов)曾对不懂音乐的人的听觉进行训练,结果,只用四次训练,便使其感受性提高了一倍。

第三,某种感觉丧失之后,可以由提高其他感觉的感受性的方式来补其缺陷,这称做感觉的补偿作用。例如,盲人的听觉和触觉的功能就比较发达,他们可以通过自己的脚步声来辨别周围的环境等等。当然,这也是由于社会生活实践的需要和锻炼造就的。

由此可见,社会生活实践的要求是人的感觉能力变化发展的最重要原因和条件。

第六章 知 觉

第一节 知觉的概述

一、什么是知觉

知觉是人脑对直接作用于感觉器官的客观事物的整体与意义的反映。它在感觉的基础上产生,是对感觉信息的组织和解释的过程。

和感觉一样,知觉是对客观事物的直接反映,离开了刺激物对感觉器官的直接作用,既不能产生感觉,也不能产生知觉。但知觉反映的不是客观事物的个别属性,而是事物的整体和全貌。外部世界的许多刺激无时不在作用着我们的感官,我们倾向于有选择地输入信息,把感觉信息整理综合、组织起来,通过知觉的加工,我们就能对事物作出解释,知道它的意义,形成一个完整的印象。

人的感觉和知觉的关系是十分密切的。它们同属于认识过程的初级阶段即感性认识阶段。它们都是对客观事物的直接反映,一旦客观事物在我们的感官所及的范围之内消失时,感觉和知觉也就停止了。

然而,感觉和知觉又是不同的。这主要表现在:其一,感觉是介于心理和生理之间的活动,它的产生主要来自于感觉器官的生理活动以及客观刺激的物理特性,相同的客观刺激会引起相同的感觉。而知觉则是在感觉的基础上对物体的各种属性加以综合和解释的心理活动过程,知觉的反映要借助于人的主观因素的参与。其二,感觉反映的是客观事物的个别属性,而知觉是对客观事物的整体和意义的解释。不同的人对于同样的客观事物的知觉往往不相同,甚至同一个人在不同的时间地点,对于同样的客观对象的知觉也可能有很大差异的。在人的各种特点中,尤以人的过去的知识经验对知觉的影响最为明显。其三,从生理基础来看,感觉是单一分析器活动的结果,而知觉是多种分析器协同活动的结果。在多种分析器的参与下,通过反映事物多种属性并整合后才形成知觉。其四,从严格意义上讲,感觉是天生的反应。刺激一旦作用于感官,只要是适宜的且达到阈限,就立刻产生感觉。而知觉却是后天学习的结果。儿童不学照样能看能听,但对刺激的认识、解释却非学不可。由于人的实践活动中积累了关于一定对象的知识和经验,他就会借助于这些知识和经验把当前的刺激物认知为现实世界的确定的事物。如果所知觉到的事物同过去经验没有联系,他就不可能立刻把它确认为一定对象而赋予它意义。

感觉和知觉的紧密联系表现在,感觉是知觉的基础,知觉是感觉的深入和发展,是感觉的有机综合。对某个事物感觉的个别属性越丰富、越精确,对该事物的知觉也就越完整、越正确。在现实生活中,单纯的或孤立的感觉是十分罕见的。感觉一经产生便立刻转化为知觉,人们总是以知觉的形式直接反映客观事物,因为某一事物的整体与其个别属性是不可分割的,正因为感觉与知觉的关系如此紧密,所以,心理学中一般将其合称为感知。

综上所述,我们认为知觉的实质是将感觉信息组成有意义的对象,即在已贮存的知识经验的参与下,把握刺激的意义。因此,知觉是现实刺激和已贮存的知识经验的相互作用的结果。

二、知觉的相关理论

知觉历来是心理学的一个重要研究领域。许多知觉研究者提出了多少有点区别的理论来解释、说明知觉现象。其中格式塔学派偏重强调知觉的先天性,构造主义却强调先验经验对知觉活动的重要影响,行为主义集中于知觉者在他的环境中做动作探测所产生的反馈作用。吉布森的生态学观点却侧重在刺激模式中所固有的全部环境的信息,归纳起来,在已有知识经验对知觉的作用上,存在两种对立的观点。

(一)知觉的刺激物说

主张知觉只具有直接性质,否认已有知识经验的作用。其著名代表吉布森认为,自然界的刺激是完整的,可以提供非常丰富的信息,人完全可以利用这些信息,直接产生与作用于感官的刺激相对应的知觉经验,根本不需要在过去经验基础上形成假设并进行考验。例如,距离就是我们直接知觉到的。距离并不是抽象的空间,而是有着一定的物理光线分布。这种近处稀疏、远处密集的光线结构显示出密度级差,造成了距离知觉。

(二)知觉的假设考验说

这是一种建立在过去经验作用基础上的知觉理论。他们认为,过去的知识经验主要是以假设、期望或图式的形式在知觉中起作用的。依照布鲁纳和格里高里(Bruner & Gregory)的看法,知觉是一种包含假设考验的构造过程。人通过接收信息、形成和考验假设,再接收或搜寻信息,再考验假设,直到验证某个假设,从而对感觉刺激做出正确的解释。心理学中早就确定了许多事实,如斑点图的知觉、定势效应等,肯定了已有的知识经验在知觉中的作用。现代认知心理学的兴起之后,大量的实验研究都支持假设考验说。但现代认知心理学却主张知觉信息是现实刺激和已有经验相互作用的结果。

三、知觉活动过程

知觉作为一种活动,包含了以下三个阶段:觉察、分辨和确认。觉察是指发现事物的存在,而不知道它是什么。分辨是把一个事物或其属性与另一个事物或其属性区别开来。确认是指人们利用已有的知识经验和当前获得的信息,确定知觉的对象是什么,给它命名,并把它纳入一定的范畴。

知觉活动过程一般由五个环节组成,称为知觉链,每一个环节都是人们形成正确知觉所不可缺少的。第一个环节是外界刺激，它是指环境中作为知觉来源的客观事物的各种属性、特征、位置及其分布。第二个环节是中介物。外界刺激通过各种中介物传递到人的感觉器官，第三个环节是刺激物与感官间的相互作用，将刺激能量转化为神经冲动。第四个环节是神经冲动通过感觉通路向上传递。第五个环节是大脑皮层的相应区域进行整合分析处理。

现代认知心理学将大脑对输入信息进行分析、比较、解释和决策的过程，称为模式识别。模式识别是人的一种基本的认知能力或智能，在人的各种活动中都有重要的作用。目前关于模式识别主要有模板说（模板匹配模型）、原型说（原型匹配模型）和特征说（特征分析模型）等。

模板说的核心思想认为在人的头脑中存在着许多各式各样的过去在生活中形成的外部模式的袖珍复本即模板，它们与外部的模式有一一对应关系；当一个刺激作用于人的感官时，刺激信息得到编码并与贮存的各种模板进行比较，然后做出最佳匹配。这样，模式便得到识别。

原型说认为头脑中贮存的不是与外部模式有一对一关系的模板，而是原型。原型是一类客体的内部表征，即一个类别或范畴的所有个体的概括表征。当刺激与某一原型有最佳（最近似）的匹配，即可将该刺激纳入此原型所代表的范围，从而得到识别。

特征说是目前最受注意的一个模型。它认为外部刺激在人的长时记忆中，是以其各种特征来表征的，在模式识别过程中，首先要对刺激的特征进行分析，也即抽取刺激的有关特征，然后将这些抽取的特征加以合并，再与长时记忆中的各种刺激的特征进行比较，一旦获得最佳的匹配，外部刺激就被识别了。

四、知觉过程的信息加工

（一）数据驱动加工

我们知道，人对外界事物的识别，是从外界刺激到达人的感官开始的,人们接受外界刺激并对它进行一系列阶段性的加工。这个加工过程受外界刺激信息的驱动,并且,每一加工阶段的输出信息都作为下一加工阶段的输入信息,驱动着下一阶段加工的进行。这就是我们通常所说的数据驱动的加工过程,又称为自下而上的加工过程。

以对一个字母图形的识别为例。它可能包括了对明暗的分辨、将图形从背景中分出,对图形进行分析,把一个字母与其他字母加以分辨,最后才确定它是哪一个字母。见图6-1,格拉斯(A. L. Glass 1979)指出:自下而上的加工从视觉输入开始,以视觉的表征结束。根据视觉输入的传递顺序,它可以分成低级阶段(如明度的辨别,它直接依赖于视觉输入的作用)和高级阶段(如图形分析,它产生知觉的表征)。自下而上的加工有一个重要的特点,即较低阶段的信息输出不受较高加工阶段的影响。

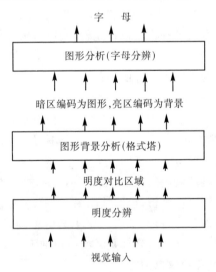

图6-1 数据驱动加工

(二)概念驱动的加工

人的知觉不仅受外部输入信息的影响,而且也受到人们已有的、有组织的知识结构的影响,也即受到概念或称图式的影响。概念能推动人们对外界事物的识别过程。这就是概念驱动的加工过程,亦称自上而下的加工过程。

例如,给你看图6-2,但什么也不告诉你,只是要求你说出该图画的是什么。大概你很难识别出来。但如果告诉你画的是雪地里有一条狗,头往前嗅地面上的东西,可能你很快就识别出来了。这就是概念驱动的加工。格拉斯认为,较低阶段输出,受到较高阶段的输出的影响是自上而下的知觉加工的一个重要特征。

图6-2 雪地里的一条狗

(二)图式与知觉

图式(Schema)是认知心理学的一个重要概念。它和认识活动的各种形式如知觉、记忆、思维等都有密切联系。前述概念驱动加工就表明了图式对知觉活动的影响。

所谓图式,通常涉及对于事件、情景或物体的已经组织好了的知识单位,也就是说图式是一种大的、复杂的知识单位。它也是一种心理结构,是用于表示我们对于外部世界的已经内化了的知识的单位。图式在知觉中的作用有两方面:

第一,图式是一种信息接收系统。环境中的信息只有与个体具有的图式发生联系时,才算是有意义的。如看一张两歧图形,见图6-3,当告诉你这是一张人面像。这种情况下,你头脑中的与人面像有关的图式被激活,图中与人面像有关的轮廓线条被接受,而无关轮廓线条被忽略。相反,当告诉你这是一只老鼠,那么,头脑中与老鼠有关的图式被激活,图中与老鼠有关的轮廓线条

图6-3 用于说明原有知识在知觉中的作用的图例

就得到加工。因此,适合图式的信息便得到加工,不适合图式的信息则被忽略。

第二,图式提供了从环境中提取信息的计划。也就是说,当某种图式被激活后,人们将预测环境中的某种信息的出现,并且积极探索所需要的信息。图式将产生一系列的知觉期待。正因为图式的这种计划作用,所以当告诉你这是一张人脸时,你便带有计划地去搜寻眼睛、鼻子、耳朵等,而且把眼睛上的两个大圆圈看成是眼镜。图式的这种作用,限定了我们该从何处去寻找信息,并且告诉我们可能有什么信息在其中。于是减少了需知觉的外部刺激的复杂性,使知觉加工更快、更准确。当然,图式有的亦会有消极作用。当环境中的刺激与我们头脑中的图式不符合时,它将延缓或阻碍我们对外界刺激信息的加工。

现代认知心理学认为,人采用两种方式激活图式,即前面所述

的自上而下和自下而上的加工。当记忆中的图式是完全依靠对外界刺激信息的分析而被激活时,便是数据驱动加工;而当它被另外的图式激活时,便是概念驱动加工。在实际的知觉过程中,这两种图式激活的方式通常是同时出现的且是相互补偿的。

当我们的知觉更多依赖于感觉输入的直接作用时,自上而下的加工作用就减弱;相反,如果知觉更多地依赖于自下而上的加工,那么对物体直接作用的依赖程度就下降了。

如果只有数据驱动加工,那么会因为需要识别的特征总量太大,噪音干扰以及来自环境资料的不可靠性,而使知觉不能实现。反之,如果只有概念驱动加工也是不行的。

总之,知觉的信息加工过程,是确定环境中物体和事件的意义的过程。这个过程包括激活和修正个体所具有的关于环境的图式。

第二节 知觉的种类

一、知觉类型学说

按照不同的维度可将知觉分成不同的种类,传统心理学领域内,通常将知觉分成时间知觉、空间知觉、运动知觉和错觉四大类。随着知觉研究的进展,关于知觉的类型的学说亦涌现不少。

从知觉的性质来看,有正确的与不正确的知觉之分;

根据知觉中哪一种感受器的活动占主导地位,可以把知觉分为视知觉、听知觉、嗅知觉以及触摸知觉等等;

根据知觉反映对象的特点,可以把知觉区分为物体知觉和社会知觉。前者是以物质或物质现象为知觉对象的,也就是对自然现象的感性认识过程。它又可分为空间知觉、时间知觉和运动知觉。后者是对人的知觉,亦称对人的认知,它包括对他人的知觉、人际知觉、自我知觉和角色知觉等。

西方一些心理学家认为,知觉是一个系统,是不同感觉通道协同作用的结果,他们尝试从这个维度对知觉进行分类。如吉布森(J. Gibson 1966)就提出可以把知觉分成五种系统,即基本的定向系统、触觉系统、气味系统(嗅觉和味觉)、听觉系统和视觉系统。

二、空间知觉

空间知觉是人对物体的空间特性与关系的认识。它包括形状知觉、大小知觉、深度知觉以及方位知觉等。

人们在知觉客观世界的事物时,总是要使用一个标准才能进行判断,这个标准叫知觉的参照系。空间知觉的参照系有两大类:以知觉者自己为中心的参照系和以知觉者以外的事物所建立的参照体系。对上下、左右、前后的空间特性的判断通常是以知觉者自身为参照系的,而对知觉者自身与物体以及物体之间空间关系的判断,则两类参照系并用。

(一)形状知觉

形状是物体所有属性中最重要的属性。我们要认识世界,就必须分辨物体的形状。

形状知觉反映物体的形状特征,是对视野中出现的刺激的空间关系的知觉。

物体的形状是靠视觉、触摸觉和动觉来感知的。物体在网膜上的投影的形状、眼睛察看物体时沿着对象轮廓进行运动的动觉刺激都是物体形状的信号。在用手触摸对象时,肌肉动觉的连续性刺激,给大脑提供了物体形状的信号,最后通过大脑对这些信号的加工分析,使人能够正确地反映物体的形状。

许多心理学家相信,对形的识别开始于对原始特征的分析与检测。这些原始特征包括点、线条、角度、朝向和运动等。视觉系统中的特征觉察器便可完成这一分析任务,再高级一些的阶段是图形识别,即人们利用已有的知识经验和当前获得的信息,确定知觉到的图形是什么。图形识别要求人对复合特征进行加工。

知觉物体的形状首先要把握它的轮廓。轮廓是形状信息的负载者,是构成形状的外形线。形状知觉的心理物理学研究表明:在一个两维的形状中,形状的信息被载于轮廓上,轮廓变化最陡之处(如顶点、角、)或曲率最大的地方,就是信息最集中的地方。画师之所以能只用几笔就能把对象勾勒得惟妙惟肖,其中奥秘就在于把对象信息最集中的地方勾画出来以表征所画的对象。

在形状知觉的研究中,有一个非常重要的理论问题,就是人脑如何将不同的特征联合在一起,这在神经科学和心理学中叫特征捆绑问题。现代的一些研究认为,在特征的整合中,注意起着非常重要的作用。没有注意的参与,特征可能是游离的,可能会出现错误的结合。

此外,时间因素也会影响人们的形状知觉,这可以从后效现象明显地看出。注视一个图形一定时间之后,对随后知觉别的图形会产生影响,称为图形后效。图形后效最经典的例子是 Kohler 和 Wallach 于 1944 年证明的,即一定形状的边界从原来的位置消失。如图 6-4 所示,如果先注视(a)图的 X 点 40s,然后再把注视点转移到(b)图的 X 点,此时(b)图中左侧两个正方形之间的距离看起来要比右侧两个正方形之间的距离大,而实际上这两个距离是相等的。虽然我们知道这种对距离知觉的变化是由于注视(a)

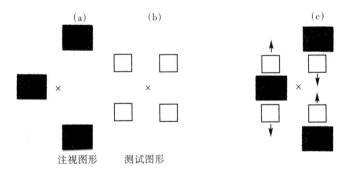

图 6-4 图形后效演示

图而造成的,但是到目前为止还没有一种能够完全被大家接受的解释。Kohler 和 Wallach 认为饱和(satiation)作用导致这种位移,就是说,当一个图形在视网膜上的视像保持一定时间后,视网膜上成像区域以及相临区域的感受器变得疲劳,对新刺激产生抑制或饱和,使得投射到视网膜上饱和区域附近的新图形发生位移。图(c)实验模式表明如果把(a)、(b)两图合在一起,那么根据饱和的观点,左侧两个正方形分离,而右侧两个正方形聚拢。

(二)深度知觉

深度知觉就是判断物体距离的知觉。它包括判断观察者到物体的距离(即绝对距离)远近和判断两个物体之间的距离或同一个物体内的不同部分之间的距离(即相对距离)两种不同的情况。在知觉同一个物体的不同部分的距离时,被知觉的就是一个立体物体,这时就叫做立体知觉。心理学的有关研究表明,判断相对距离的能力比判断绝对距离的能力要精确许多倍。

人根据很多客观和机体内部的条件来估计判断物体的远近距离,这些条件称为深度线索。关于深度线索,主要有两大类:眼球运动线索和视觉线索。眼球运动线索又称肌肉线索,包含眼睛的调节和双眼视轴辐合,视觉线索根据使用双眼或单眼的情况,又可细分为单眼线索和双眼线索。

眼球运动线索提供的是有关绝对距离,而不是相对距离的信息,而且它不需要其他线索的补充就能提供明确的绝对距离的信号。至于相对距离的判断,主要依赖视觉的尤其是双眼视觉的线索,同时也伴随着眼球运动线索。

1.眼球运动线索,主要包括以下内容:

(1)眼睛的调节:在观察物体时,眼睛的睫状肌可以对水晶体进行调节,以保证网膜视像的清晰。看远物时水晶体较扁平,看近物时较突起。但这种眼睛肌肉紧张度的变化所传给大脑的信号很不精确,一般人们极少单独利用此线索来作为距离知觉的线索。

(2)双眼视轴辐合:当看一个物体时,为使物体的映像落在网膜感受性最高的区域里,以获得清晰的视像,视轴就必须完成一定的辐合运动。看近距离物体时,两个眼球转向鼻侧,视轴趋于集中,看远距离物体时,视轴趋于平行。这种线索只在物体距离眼球约几十米时才有效。

2.单眼线索,主要是指:

(1)大小:物体的远近不同,在视网膜上所形成的视像大小也不同。物体的相对大小就提供了空间距离的线索。假定两物体实际大小相同,那么在网膜上所形成的视像小的物体,便知觉为远些。

(2)遮挡:当一个物体的一部分遮蔽了另一个物体,或盖着另一个物体,这一物体就显得近些。如图6－5。

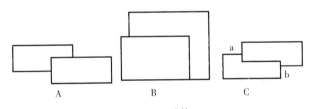

图6－5 遮挡

(3)线条透视:近处的物体占的视角大,看起来较大,远处的物体占的视角小,看起来较小。因此,向远方伸展的两根平行线条看起来趋于接近,如火车轨道。电线与地面的关系,看起来越远越狭,最后几乎汇合成为一点。这种直线线条的透视效果能帮助知觉对象的距离,如图6－6。

图6－6 线条透视

(4)空气透视:物体在色彩的明度、饱和度以及清晰度上的变化是判断距离的重要线索之一。物体的距离越远,其颜色变化越大,明度、饱和度和清晰度越低。例如,我们看远山会觉得它略偏蓝而且朦朦胧胧。但是,根据这一线索有时也会发生错误。天气晴朗,空气透明度大,远方物体看起来较清晰,所以觉得近些;而当天气阴暗,雾大时,空气透明度小,我们则会觉得近处的物体远些。

(5)光亮与阴影:光亮的物体显得近些,灰暗或阴影中的物体显得远些。在图画上常把远的部分画得暗些,把近的部分画得鲜明些。

(6)运动视差:当对象静止,而观察者头部或身体移动时,会觉得视野中的对象在运动。如在奔驰的列车上看车外静止不动的物体,近的物体向相反方向快速运动,远的物体向相反运动的速度稍慢;而更远的物体似乎是向同方向运动。由于视野中物体运动速度和方向的差异,便提供了关于物体所处距离的线索。当观察者静止而对象运动时,头部和眼睛追随物体的运动提供了关于物体运动速度的信号。假如已熟悉这一对象的一般运动速度,便可以根据对象的相对运动速度来判断其距离。运动快,知觉为较近,运动慢,知觉为较远。

3.双眼线索。在正常的知觉情况下,人们都是利用双眼来观察环境和物体,双眼线索给肌肉和单眼线索提供了必要的补充,且在三维空间的深度知觉上,双眼线索起了重要的作用。

双眼线索主要是双眼视差。它是指远近不同的物体或同一个物体的凹凸不同部分,由于它们与眼睛保持着不同的距离,于是刺激了两个视网膜的非对应部位从而产生了两眼视网膜像的差异。两眼的不对应的视觉刺激变为神经兴奋,传至大脑皮层,经过分析和综合,便形成深度的知觉。

在生产实践中,双眼视差具有重要的意义。飞行员、火车司机以及精密仪器加工等方面的工人都要求有精确的双眼视差的深度辨认能力,以便准确地判断有关对象的距离。

(三) 大小知觉

一般所说的大小包括三种情况：一是物体的实际大小，即物理大小；二是物体按几何学规则在视网膜上投影的大小，即视像大小；三是人们在实践中知觉到的物体的大小，叫知觉大小。对象的大小知觉也靠视觉、触摸觉和动觉获得的。

对象大小的视知觉，一方面决定于物体的大小，大的对象投射在网膜上的视像大，因而可能知觉得较大，小的对象投射在网膜上的视像小，因而可能知觉得较小；另一方面决定于对象的距离，对象近时视像变大，对象远时视像变小，这时单凭视像是无法知觉客体的实际大小的，需要其他线索的参与（包括过去知识经验）。由于过去知识经验的作用，人们对熟悉对象的大小知觉趋向于保持其原来的实际大小。

在正常知觉的条件下，对象一般都是在熟悉的环境中被知觉的。如果在黑暗的环境里观察对象，排除周围物体的参照作用，或者所知觉的物体是陌生的，没有关于它的实际大小的经验，那么，人就会更多地依据网膜视像的大小来判断对象的大小。

三、时间知觉

这是人脑对客观现象延续性和顺序性的反映。时间是客观存在的，但人们对它的反映、判断和估计是有个别差异的。

一般来说，自然界的周期变化现象、人类自身的活动及活动对象的变化以及人造计时工具等，都可以作为人反映、判断时间的参照物。

人对时间的估计，即对时间长短的判断可以分为两种，一是对"知觉到的现在"的判断，一是靠回忆对过去持续时间的估计。

"知觉到的现在（perceived present）"这一术语是为了区别现在不少教科书中的"时间知觉（time perception）"而提出来的。它是指主观意识到的感知到的一种心理上的时间，由于物理上继起的几个事件（如一个电话号码，报时的几个继起的钟声等），可以在心理上被感知为同时发生的,被知觉为一个单位。在这种情况下,它们在心理上被当作是现在发生的,又称为心理上的"现在"。心理上的"现在"的长度(范围)一般为 $\frac{1}{6}$ 秒到 2~3 秒。短于 $\frac{1}{6}$ 秒的时间,感知不到它的长度,被称为"瞬间",长于 2~3 秒的时间仅靠直接知觉就比较困难,一般要靠回忆来估计它的长短。

研究表明,对于心理上的"现在"时间长度的估计,1 秒钟左右最为精确,短于 1 秒容易高估,长于 1 秒易于低估。

对于超过心理上的"现在"范围的时间的长短的判断,除了参照种类、环境及体内生物钟所提供的时间信息外,主要是靠回忆来估计,称为对持续时间的估计。

影响对持续时间的估计的因素主要是记忆中保持的信息量的多寡。一个持续时间过去越久,它就显得越短,因为记忆中的信息逐渐减少。此外,情绪、兴趣、态度等对于时间的估计也有很大影响。

研究时间估计,一般采用三种方法进行。其一,比较法:主试先呈现一定时距的刺激,然后再呈现另一个一定时距的刺激。被试比较哪一个时距长,哪一个时距短。其二,再现法:主试先呈现一定时距的刺激,被试再现之。其三,评判法:主试呈现一段时距,被试估计这一时距的久暂。三种方法的结果处理中,均须求出被试的误差。

时间知觉与空间知觉是相互影响的。首先,空间事件影响时间知觉,称为 Kappa 效应。这一效应说明,如果在人的视野中,物体的空间间隔不同,那么即使以同样的时间间隔呈现两对物体,而人的感觉总是空间距离近的持续时间短,空间距离远的持续时间长。其次,时间知觉也会影响空间知觉,称为 Tau 效应。这一现象表明,当分别呈现的两个刺激的时间间隔愈大时,则人知觉到的刺激间的空间距离也越大。

四、运动知觉

这是人脑对物体空间位移和移动速度的知觉。通过运动知觉，我们可以分辨物体的静止和运动状态以及运动速度的快慢。

物体运动的速度、运动物体离观察者的距离以及观察者本身所处的运动或静止状态等，都是影响运动知觉的重要条件。

一般按照人所知觉到的各种运动现象的形成条件，将运动知觉分成真动知觉和似动知觉两大类。

真动知觉是对物体本身真正在空间位移和移动速度的知觉。虽然事物都在不断变化，但并不是任何种类的运动变化都能被我们知觉的。运动太慢及运动太快，都不能被我们觉察到，只有在一定限度内的运动，我们才能产生运动知觉。刚刚能产生运动知觉的物体位移速度为运动知觉的阈限。它一般是用视角/秒表示的。据荆其诚等测定，在2米距离时，运动知觉的下阈为0.66毫米/秒，上阈为605.22毫米/秒。

似动知觉是指在一定条件下，人们把客观上静止的物体看成是运动的，或把客观上不连续的位移看成是连续的运动的。它主要包括似动现象、自主运动及诱导运动等。

当两个刺激物按一定空间和时间间隔相继呈现时，人看到原来静止的物体的连续运动现象称为似动现象。这种现象早在1833年就被发现，普拉托在一圆盘上画有16个跳舞者的连续动作姿态，当圆盘旋转时，通过镜子看这16个人像，就觉得这个人像在跳舞。究其原因，这是由于视觉后像的作用，使得我们把继续的刺激知觉为一个整体刺激。

自主运动又称为移动运动，指人在注视暗室内一个微弱的、静止的光点片刻后，感觉到光点在来回移动的现象。造成自主运动的原因尚不清楚。一种观点认为，自主运动是视野中缺乏参照物之故，因为一旦视野里有某个参照物，自主运动即随之消失。另一种观点认为，自主运动是由于人总认为看客体的眼睛是固定不动的。其实即使在注视时,眼睛也会有不经意的颤动,眼动信息的输入反而使人觉得亮点在运动。

由于一个物体的运动使其邻近的一个静止的物体产生运动的现象,叫诱导运动。在晴朗的夜空,由于浮云的运动,人会觉得月亮在移动而云朵是静止的。在暗室中,用幻灯在被试前面屏幕上呈现一个方形的框子,框子中央有一小方形,把框子左右移动,小方形保持静止,结果被试会知觉到小方形在静止的框子内移动。究其原因,一般认为人们会将注视到的那一个对象视作运动的,而将另一个较大的范围视作静止的。因为动与不动是相对的。

运动知觉通常是通过多种分析器协同活动来实现的,因此,它同空间知觉、时间知觉有着不可分割的关系。当我们看见飞机在天空飞翔、汽车在公路行驶时就会产生对飞机、汽车的运动知觉。而钟表上的分针和时针,我们则可以根据它的间隔一段时间后它们的位移来推测它们在运动,但我们不能直接感知分针和时针的位移。

五、社会知觉

以社会生活中的人为知觉对象的知觉叫社会知觉,亦称对人认知。包括对他人的知觉、人际关系知觉、自我知觉和角度知觉。

(一)对他人的知觉

在社会交往中,通过感官获得他人的外部特征(言谈、举止、仪表相貌等)。进而判断他人的动机、情感和个性,形成对他人的印象即对他人的知觉。

对他人的知觉,一方面决定于对象本身的外部特征如他人的风度、仪表,另一方面也受到知觉者的知识经验、价值观以及态度体系的影响。

一个在人群中表现独特、言谈举止明显出众的人就很容易给人留下深刻的印象。而知觉者在知觉对象时的目的、任务等主观态度,都会使其在对人知觉上表现出差异。根据心理学家的研究,

影响对他人知觉的主要心理因素有:

(1)首因与近因效应:首因效应是指与他人接触时,最初得到的信息对印象形成的作用最大。近因效应是指与他人接触时,在时间与空间上距知觉最近的信息,给人印象较深刻。一般而言,首因效应对陌生人作用大,而近因效应则对熟人的作用大。

有学者曾进行过研究。分别向四组大学生介绍一个陌生人,对甲组说,这个人性格开朗;对乙组说此人性格内向;对丙组,先讲述这个人性格开朗,后又介绍他性格内向;对丁组,则与丙组相反。结果丙组学生普遍把陌生人想像为性格开朗,而丁组学生则普遍认为陌生人性格内向。

(2)晕轮效应:对其他人的判断最初基本上是根据好坏得出来的,然后再从这个判断推论出他们所有的品质。这就是所谓的"一好百好效应",又称光环效应。

戴恩等人的研究说明了这种效应。他们让被试看一些人的照片,其中照片反映出一个人的魅力程度。结果,在一些与魅力无关的特性方面,被试对有魅力的人加以很高的评价,而对无魅力的人则作低的评价。

(3)刻板印象:又称定型。是在过去经验的基础上,根据有限的信息,对某一群体得出的普遍结论。如知识分子是彬彬有礼的、老年人是保守的等等。定型化过程有助于简化认识,但易造成偏差。

对他人的知觉是人与人相互作用的接触点,它往往直接影响人们之间的相互交往及其社会行为。

(二)人际知觉

这是对人与人之间关系的知觉。包括自己与他人,他人与他人的关系。

人际知觉是一个相互感知的过程。认知与被认知的双方都是有知觉能力的。因此个体在认识人际关系时,总带有各种情绪色彩。人们往往凭借自己的情感来决定与他人的关系的亲疏。

人际知觉是了解人与人之间各种复杂关系的途径,是做好工作、调整关系的依据。人与人之间融洽,就会产生协调和谐的心理气氛,人与人之间会相互支持、鼓励与帮助。否则就会出现紧张的心理气氛,不利于学习和工作。

(三)自我知觉

以自己为知觉对象,对自身的生理变化和心理状况(包括与他人关系、在社会中的地位等)的知觉,称为自我知觉。

一个人往往是通过别人对自己的态度评价来知觉自己,但更多的却是通过自我观察、自我体验来知觉自己。

人贵有自知之明。有了正确的自我知觉,人就能做出与自己情况相适宜的行为来。妄自尊大和妄自菲薄都是缺乏正确的自我知觉的结果。

(四)角色知觉

根据他人表现出来的行为,对其在社会上扮演的角色的知觉,称为角色知觉。

个体作为社会的成员,在其所属的各种群体中占有一定的地位、享受一定的权利、尽一定的义务;这就是他在社会生活中所担当的社会角色。也就是说,角色是占有某一社会位置的人应有的行为模式。如学校中校长、老师、学生等角色。若想当好自己所扮演的角色,就必须对角色有清晰的知觉。

人们总是根据自己所掌握的角色模式去知觉每个人的行为活动。并影响对角色的评价。如对性别角色的知觉,当看到女孩子爬树、男孩子学做针线活时,总觉得不符合他们本身的角色。

六、错 觉

错觉是指在特定条件下所产生的对外界事物歪曲的知觉,这种歪曲带有固定的倾向,只要条件具备,它就必然产生,主观的努力是难以克服的。

错觉不同于幻觉。前者是对客观刺激不正确的知觉,则后者却是在没有外界刺激的情况下出现的虚幻知觉。

错觉现象是普遍存在的,在各种知觉中都可以发生,最常见的是视错觉。见图6-7。

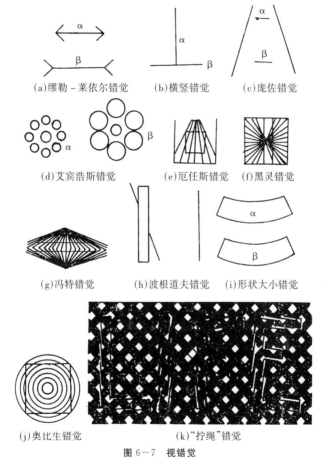

图6-7 视错觉

a.缪勒－莱依尔错觉。两条等长的线段,由于箭头的朝向不同而造成错觉。

b. 横竖错觉。两条等长的线段,由于垂直平分水平线,而造成不等长的错觉。

c. 庞佐错觉。两条等长的平行线放到一个锐角内,靠近角顶的线段看起来要长一些。

d. 艾宾浩斯错觉。左右两个中心圆相等,但觉得被大圆包围的中心圆比被小圆包围的中心圆小一些。

e. 厄任斯错觉。一个正方形放在一组线条的背景上,看起来就不是正方形。

f. 黑灵错觉与 g 冯特错觉。两条平行线在不同线条的背景上,看起来就不是平行线。

h. 波根道夫错觉。图中的直线被切断,而看上去成为两根错位的线段。

i. 形状大小的错觉。图中的 $\alpha=\beta$,但看上去 $\alpha>\beta$。

j. 奥比生错觉。图中的正方形在圆的影响下,看上去发生了变化。

k. 拧绳错觉。图中的字母本来都是直立的,但在黑白格组成的背景上,看起来字母好像倾斜了。

除视错觉外,还有形重错觉(同重量而不同体积的物体,体积大者知觉为轻,体积小者知觉为重的现象)、方位错觉(听报告时,声音本来是从旁边的扩音器里传来的,但却被知觉为从报告人的正面传来的现象)以及运动错觉、时间错觉等等。

造成错觉的原因相当复杂,有生理的因素,也有心理的因素。此外还有像感官输入了相互矛盾信息,思维推理上的错误等。比如关于缪勒—莱依尔错觉的原因至少有 12 种说法(波林,1942),因此,对错觉的研究还有待于深入和继续。

一般认为,错觉的产生有主客观两方面的原因。客观上主要有知觉条件的变化、周围环境对知觉对象的影响;主观上来说,主要与人的知识经验、情绪态度、动机等因素有关。

研究错觉有两方面的意义：一是利用错觉,使其在某些实践活动中产生预期的心理效应。二是设法纠正错觉,使反映尽可能符合客观实际。

错觉可以在军事、建筑、表演艺术以及人的日常生活中得到应用,产生预期的效果。

第三节 知觉的基本特征

知觉过程是一个揭示对象意义的活动过程。在客观刺激与感觉器官的相互作用过程中,人的知觉表现出整体性、选择性、理解性及恒常性等有关特性,这也是知觉的基本规律。

一、知觉的整体性

人的知觉与感觉的不同之处在于,知觉是对客观事物整体形象的反映。知觉的整体性就是人在知觉时总是把由不同部分、不同属性组成的客观事物作为一个整体来反映。

当客观事物作为刺激物对人发生作用的时候,是它的部分或属性分别作用于或先后作用于人的感官,有时甚至只有一部分对人发生作用。但是,人所反映的这些部分或属性并不是孤立的,而是有机地联系在一起的,因而人所反映的客观事物是一个整体。

知觉之所以能具有整体性,是因为事物的各个部分或属性是作为一个整体对人发生作用。也就是说,客观事物对人是一个复合的刺激物。当客观事物作用于人的感官时,大脑会对来自感官的信息进行加工处理,发现其属性及其相互联系,从而把事物知觉为一个整体。当其某一属性单独作用于人的感官时,人也会根据头脑中的有关图式,以补充其他属性,从而整个地知觉它。

事物的不同部分或属性,在整体中所处的地位是不相同的,它们对整体性知觉的影响也就不同。强的、关键性的部分对知觉的整体性起决定作用。

事物的部分和整体在人的知觉过程中是相互联系、相互制约的。整体知觉依靠于对事物的组成部分的感知；反过来，对事物个别属性的知觉也受到对事物的整体知觉的影响。当我们感知的对象是熟悉的事物时，整体性知觉主要依赖于大脑中的经验。而当我们感知的对象是没有经验过的或不熟悉的事物时，整体性知觉就更多地依赖于感知对象的特点，将它组织成具有一定结构的整体。这种现象叫知觉的组织化。根据格式塔心理学派的研究，知觉的组织原则有接近、相似、连续等。

根据接近原则，在空间上或时间上比较接近的成分容易组织在一起形成整体。

根据相似原则，在物理属性方面相似的成分容易组织在一起形成整体。

根据连续原则，以相同方向、具有连续性特点的成分，容易被知觉为同一整体。

封闭和完整的图形易于被知觉为一个整体。

以上组织原则可以在一项知觉任务中同时存在。如图 6－8 中 e，根据连续性和封闭性原则，我们知觉为两个长方体，其中一个长方体在另一个长方体的后面。

知觉的整体性不仅与客观事物本身的特性密切相关，而且也与知觉者的主观状态有关，尤其是一个人原有的知识经验，可以对当前的知觉活动提供补充信息。也就是说，人的知觉可以把客观上缺失的不完整图形知觉为完整图形。这种知觉组织过程在主观轮廓中表现最为明显，称为封闭性知觉。参见图 6－9。

二、知觉的选择性

人的知觉具有对外界刺激信息有选择地进行加工的能力，称为知觉的选择性。

客观事物是多种多样的，在每一时刻里作用于人的感官的刺激也是众多的。但是，由于通道的限制，人并不能注意到同时作用

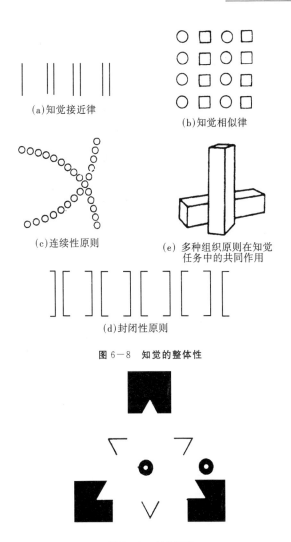

图 6-8 知觉的整体性

图 6-9 主观轮廓

于感觉器官的所有刺激,也不能对作用于感觉器官的所有刺激发生反应,而只能选择其中的少数刺激加以反应。这部分刺激物就是知觉的对象,而同时作用于感官的其他刺激物就成了知觉对象的背景。

知觉的对象与背景相比较,它形象清楚,好像突出在背景的前面;而背景则好像退到它的后面,变得模糊不清。知觉对象和背景的这种结构成分,是知觉选择性中的最基本特点。丹麦心理学家鲁宾(Rubin,1915)曾提出图形与背景之间的三点区别:第一,图形具有"事物"的特性,图形形状的边界形成轮廓;相反,背景具有"物质"的特性,相对来说没有形状。第二,图形看起来离观察者距离较近,并且在背景的前面;而背景没有明确的定位,在图形的后面连续伸展。第三,与背景相比,图形看起来印象更为深刻、更明显和更好记忆,而且,图形一般表现出有意义的形状,而背景的形状不一定有任何意义。

人要把知觉的对象从背景中区分出来,客观刺激物之间必须存在着差别。如果外界是完全均匀的,环境中存在差别,那就不可能有知觉的对象。梅茨格和考夫卡(Metzger & Koffke)曾做过一个实验(参见图6-10)。他们让被试将头放在一个大而空的半球体里面。它的内表面是光滑的,没有痕迹,并由一个中等强度的灯光均匀地照射着,以便他的眼睛受的刺激是完全均匀的。结果他不能说出这个半球体的内表面有多远;事

半球体的内表面是完全没有痕迹的并且是均质性的。照明度的水平可以改变。

图6-10 在视觉领域中研究均匀刺激的知觉效应的一种实验方法

实上,他仅仅看见均匀的光的"轻雾"弥漫在无限的空间里,完全没有知觉的分化。这种现象称为空虚视野。在这样一个知觉域中没有对象,光照明度显著变亮以至半球内表面上非常细微的小点接

近视觉分辨能力的阈限时,立刻就有一种知觉的转变。

然而,在知觉过程中,哪些刺激成为对象,哪些刺激变成背景,并不是固定的。鲁宾(Rubin)的双关图形是知觉的对象与背景可以相互转化的最显著的例子,如图6-11,当我们以黑色为背景时,便看到一个白色的花瓶;而当我们以白色为背景时,便又会看到两个侧面人头像。我们可以一会儿看成是花瓶,一会看成是面孔,花瓶与面孔经常交替出现,但却不能既看见花瓶又看见面孔,两者不可能同时出现。

图6-11 对象和背景转换双关图

影响知觉的选择性的因素主要有:

第一,人的认知经验、兴趣爱好。翻开报纸,球迷选择有关的赛事报导;关心政治者则先看头版头条……

第二,知觉者的知觉目的。目的不同,选择的对象亦不一样。考古队员与地质勘探人员对土壤的选择就有差别。

第三,对象与背景的差别越大,越容易选择。如,万绿丛中一点红。当然这里的差别不仅包括空间上的、时间上的,还包括运动特征上的差异。

知觉选择性规律对于实践活动有重大意义。人们根据这些规律设计交通中的信号标志,军事中的伪装设施,工业产品的检查,等等。同时,在教学实践中按照知觉选择性规律,组织直观教学,使教学内容重点突出,鲜明生动,有利于学生知识的理解与掌握。

三、知觉的理解性

人的知觉是一个非常主动的过程,它要依据主体的知识经验,对感知的事物进行加工处理,并用概念的形式把它们表示出来。知觉的这种特性就是知觉的理解性。

同一客观事物,知识经验不同的人,对它的知觉的内容是有差别的。也就是说,不同的知识经验,可以导致不同的知觉理解性。而对某一事物的有关知识经验越丰富,其知觉的内容就越深刻、越精确,知觉的理解性就越好。

首先,过去知识经验影响知觉的内容。举例来说,用10℃的水来洗手。如果一个人刚在火上烤过手,则觉得冷;而刚从雪堆里抽出手的人则觉得温。这是因为两人刚获得的经验不同之缘故。

其次,过去知识经验影响知觉的速度和准确性。这已被常识所证实,当我们阅读本专业书籍时,阅读的速度很快且内容把握也较得心应手;若阅读其他专业书籍,则往往出现困难、吃力甚至产生知觉上的错误。

当然,过去知识经验也可以使我们的知觉产生定势,把客观事物知觉为想要知觉的那个样子。

现代认知心理学强调,知觉的过程实质上是知觉者对感觉信息寻求最佳解释的过程。在这当中,思维和语言起着明显重要的作用。在通常情况下,知觉的对象往往只有一种适宜的解释,因而,当对象出现在我们面前时,不需要任何中介,能迅速地作出认知,并准确地叫出它的名称。这称之为知觉水平上的直接理解。这一过程在极短的时间内自动地完成,我们不易觉察到。当遇到一些复杂的对象,或对象外部特征不够鲜明,提供的信息又不充足,对象的各个部分不一定同时作用时,我们对它的知觉就会伴随思维和语言的参与,从而达到对知觉客体的理解。这便称之为知觉水平上的间接理解。

思维和语言对知觉理解的作用明显表现在下面一个实验中。

有这样一个实验,请被试看图6-12,然后回答:"这是什么?"结果绝大多数被试说:"左半部是三齿,是一个三齿叉?不像,因为右半部是两齿。是两齿叉?也不像,因为它左边是三个齿。那是……"最后,他们只好说这是一种"不可能图形。"这个实验清楚地表明了知觉过程对语言和思维活动的依赖。

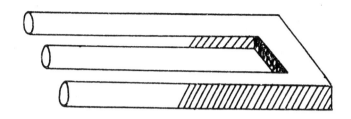

图 6-12 不可能的图形

由于言语的指导作用能够唤起人们过去的知识经验,所以它也是影响知觉理解性的一个因素。试看下图 6-13,乍一看,似乎这套图形从左至右越来越简单,但很难辨认出是什么图形。可当告诉你这是一套长方体的图形时,你会立即明白:这是从三个不同角度观察的同一长方体的透视图。这也就证明,词的揭示加强了对图形的理解,从而补充了知觉的内容,很快辨认出这套图形。

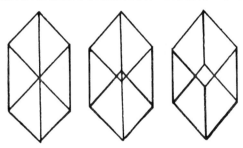

图 6-13 长方体透视图

语言对知觉的作用还在于,它能使知觉过程更加迅速,映像更加完整。尤其是在感知不完整图形或轮廓不清的图形时,语词的指导作用更加明显。

四、知觉的恒常性

当知觉的条件发生一定的变化时,人们对知觉客体的映像仍然保持相对不变,知觉的这一特性称为知觉的恒常性。

知觉的恒常性普遍存在于各类知觉中,尤以视知觉为突出、明

显。在视觉范围内,恒常性主要表现为以下几种:

形状恒常性:当我们从不同角度观察同一特体时,物件在网膜上投射的形状是不断变化的。但是,我们知觉到的物体形状并没有显出很大的变化,这就是形状恒常性。图 6—14 是一扇从关闭到敞开的门,尽管这扇门在我们视网膜上的投影形状各不相同,但人们看上去都认为是长方形。

图 6—14 形状恒常性

大小恒常性是指人对物体的知觉大小不完全随网膜映像的变化而趋于保持物体实际大小的特性。例如,同一个人站在离我们不同距离的地方,他在我们视网膜上的视像随距离的不同而变化。但我们在知觉时仍能认识到他是同一个人。

明度恒常性或称亮度恒常性,它是指在照明条件改变时,一个物体的明度(亮度)仍然保持相对稳定。煤块和粉笔,无论在强光照射下,还是在暗光阴影处,人的知觉总是把煤看成黑的,把粉笔看成白的。

颜色恒常性是指尽管物体照明的颜色改变了,我们仍旧把它知觉为原先的颜色。例如,不论在黄光照射下还是蓝光照射下,我们总是把一面国旗知觉为红色的。

除视知觉外,方位知觉中也有恒常性现象。它不随身体部位的改变或视像方向变化而对知觉对象的方位保持稳定。

一般说来,实际恒常性或称知觉恒常性介于无恒常性与完全恒常性之间。我们可以用亮度恒常性实验加以说明。如图6-15所示：两个颜色混合盘A和B,用木板从三面围起来。光由W处投射到B盘,AB盘之间放一隔板S遮住光线,在A盘形成阴影。被试由O处观察,判断两个色盘的相对亮度。

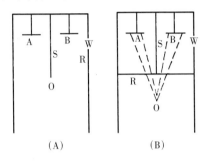

图6-15 亮度恒常性实验

两个色盘都由白和黑两部分组成。转动时混合成灰色。假定在阴影中的A盘为$320°$白$+40°$黑,主试调节B盘的黑白比例,直到被试认为两盘相等为止。如果色盘的亮度保持完全恒常性,即A盘不受阴影的影响,那么B盘所调节出的黑白比例会与A盘相同,也是$320°$白$+40°$黑。

用图6-15A方法比较两盘亮度,会得出实际的恒常性。由于被试了解到投射阴影的影响,而使色盘的亮度保持了一定的恒常性。实际恒常性一般在完全恒常性与无恒常性之间。

用图6-15B的方法,可以检查出没有恒常性时的A盘和B盘的比值。加上一个横板R,R有两孔,被试通过圆孔只能看到A盘和B盘的中央部分。此时被试看不到光源和阴影,失去了周围环境的参考依据,因而恒常性消失,B盘可能只需要$40°$白便与A盘相同。实验结果如表。

表6-2 亮度恒常性的实验结果

亮度恒常性	A 盘 (在阴影中)	B 盘 (在照射中)
完全恒常性	320°白	320°白
实际恒常性 (实验条件:a)	320°白	152°白
无恒常性 (实验条件:b)	320°白	40°白

为了定量说明知觉的恒常性,心理学家用数学方式来计算。下面就是布伦斯韦克和邵勒斯分别提出的计算公式。

$$BR=\frac{(R-S)}{(C-S)} \quad (1) \qquad TR=\frac{(\lg R-\lg S)}{(\lg C-\lg S)} \quad (2)$$

式中R=物体知觉大小,C=物体实际大小;

S=按视角计算的网膜像大小。

BR=0表明没有恒常性,BR=1表明完全恒常性。从0到1之间的各种数值表明各种不同程度的恒常性。

知觉的恒常性是相对的、有条件的,通常客体是在熟悉的环境中被知觉的,有熟悉的事物做参照。一旦知觉不熟悉的客体,又缺乏知识经验,周围又没有适当的参照物,这时,我们的知觉就难以保持恒常性。

知觉的恒常性使人能全面、真实、稳定地反映客观事物,从而保证了人对不断变化的外界环境的适应。

第四节 观 察

一、什么是观察

观察是有目的、有计划、有步骤、比较持久的知觉过程。人对客观世界的感知过程,实质上就是观察过程。例如,要认识某一事物,首先就必须引导学生对此进行观察。

观察不同于一般的知觉过程。为了充分认识事物发展的客观规律,观察者总是带着一定的目的,并根据这种目的,制定出观察的计划、感知的步骤。从而对知觉对象进行仔细、反复的观看、倾听和考察,不是一两次知觉就能完成的。因而,观察是一种特殊形式的知觉。

观察和思维有着比较密切的关系。观察者在观察时,不仅在注视着对象,而且还在搜寻着、比较着、分析着对象的每一个细节,以期从中寻求出某种规律性或找到某种答案。思维的深度和广度往往决定着观察的成效。因此,观察亦被称为"思维的知觉"。

观察是人们认识世界的最初的然而却是最重要的活动。我们要认识事物就必须通过观察,同时,也只有在观察的基础上,才能对事物进行判断和推理。观察事物,才能把握事物。著名电话发明家贝尔(A. G. Bell,1847~1922)说:"任何真正的教育的首要因素便是观察。观察!记忆!比较!这便是使约翰伯勒斯成为大生物学家,使摩根成为大金融学家,使拿破仑成为杰出军事家的基本因素。这是一切教育的基础。"[①]巴甫洛夫谆谆告诫他的学生"不学会观察,你就永远不能成为科学家"。

二、观察的个别差异

观察的个别差异主要表现在观察的类型与观察的品质两个方面。它们的有机结合就表现在一个人观察力的高低上。

(一)观察的类型差异

一般说来,我们可以从观察者对观察对象的知觉内容上,将观察分为描写型和解释型两种。前者多注重观察对象的生动事实和具体细节,而后者则多注意观察对象的意义、发生原因探讨。现实生活中,大多数人介于描写型和解释型之间。他们在观察过程中,既注重客观事实及其细节的生动描述,又善于透过现象,给观察对

---

① 《他走出自己的一条路》,载《环球杂志》,1987(7)。

象以客观的解释和总结。

有人从主动性角度,将观察分为主观型和客观型两类。前者在观察外界事物时,往往受自己的主观态度和切身体验所左右,甚至服从于自己的主观估计或某种成见。这种类型的人倾向于加进自己的臆测和虚构,尤其是自己的亲身体验。后者在观察外界事物时,总是力求使自己的主观感知与客观事实相吻合,把主观体验与客观事实等严格区分开来,一是一、二是二地反映客观事物。

(二)观察的品质差异

观察的品质差异主要有目的性、条理性、理解性、敏锐性、复杂性、精确性等六个方面。

目的性是指观察目的的明确性程度。条理性是指观察进程或步骤的系统性程度。理解性是指观察过程中思维参与的程度。敏锐性是指观察思想的敏锐程度和观察过程发生的速度而言。复杂性是指观察过程的细致程度。精确性是指观察过程的全面性程度。以上各种品质的充分良好的发展,就会形成一个人良好的观察力品质。

(三)观察力及其发展

观察力就是观察的能力,它是一个人认识能力的有机组成部分,也是智力因素中的一个重要方面。作为稳定的个性品质之一的观察力,主要是指在知觉过程中善于全面、深入、正确地认识事物特征的能力。

凡是在事业上有所建树的人,都有平常人所不及的观察力。这种良好的观察力主要表现在能够随时随地地迅速而又锐利地注意到有关事物的各种细节和重要特征的能力。例如,牛顿能够从常见的苹果熟了落地的现象中发现万有引力定律,瓦特发明蒸汽机等,莫不都得力于他们超凡的观察力。

心理学的实验研究发现,青少年观察力发展的一般趋势是:由无意性、情绪性向有意性、目的性方向发展;再由有意性、目的性向自觉性、稳定性、精确性和概括性发展,并逐步形成全面深刻系统而细致的良好观察力。因此,教师应了解学生观察力发展的状况,有意识地培养和锻炼学生的良好的观察力。

观察力是智力素质的重要构成部分。因此,有关观察力的测量都是包含在智力因素测量中。单纯的观察力测验,往往从观察速度和观察内容的正确性两方面来衡量一个人的。

三、良好观察的条件

要想取得预期的观察效果,培养良好的敏锐的观察技能,就必须了解良好观察所依赖的条件。综合心理学家的研究,良好观察的条件主要有以下几点。这也是培养观察力的有效途径。

(一)明确观察的目的任务,保持积极观察态度

这是进行观察的基本条件。观察的效果取决于观察目的任务明确到何种程度。目的任务愈明确,观察者对知觉对象的反映就越完整准确。反之,没有明确的观察任务,观察者就会东一榔头西一棒槌,抓不住要领,观察的效果就差。例如,我们每个人都多次观察过天安门或它的图片,但如果要你说出天安门城楼上的正面有多少根大柱,则许多人都说不上来。这是因为没有这方面的观察任务之缘故。因此,教师必须预先向学生提出明确的观察目的任务,要根据学生的年龄特点尽量使目的任务具体些。

处处依赖于教师的指导,学生的良好观察力是很难培养的。因此,教师还应当注意培养学生积极的观察态度。只有观察者自己有一个积极主动的观察要求,才能长时间地集中注意去审视或倾听,动员各种感官参与观察活动,从而取得良好的观察效果。所以,有的学者认为,养成积极的观察习惯,比拥有大量的学术知识更为重要。

(二)掌握有关的知识,促进观察的顺利进行

观察的成功与否,主要依赖观察者的知识经验。观察前,有关知识准备得越充分,观察就越易进行,观察的效益就越高;相反,观

察进行的就很困难,也不会取得应有的结果。一个学识渊博的林学家,在树干的年轮上,可以观察的内容非常之多,而一个门外汉,则什么也观察不到。俗语说:"谁知道的最多,谁就看到的最多",这是有一定道理的。

因此,我们应加强自己的知识学习,力争掌握大量的科学知识,促进观察力的发展。

(三)进行观察训练,掌握观察技能

敏锐的观察力不是天生的,而是在生活与实践活动中逐渐培养获得的。因此组织学生进行观察的实践活动,从中使他们学习和掌握一定的观察技能和方法,对他们观察力的培养是大有益处的。教师可以通过郊游、参观访问等多种途径,对学生提出不同的观察要求,以培养其观察力。

观察是一种特殊的知觉,它有严密的计划性和顺序性,只有按照一定的顺序和方法去观察,才不致遗漏、片面。一般可按照先整体、后部分、再整体的顺序进行。从空间特性来讲,可以像电视扫描式的从上到下,从左到右,从前至后依次进行;从动态特征来说,可按时间的进程来观察;由多个因素构成的事物,可按因素分几次观察。在进行细节观察时,我们可确定一个较常见的事物做为参照物,着重观察对象与参照物之间的区别。

在观察时,我们还必须特别留心意外现象。在科学观察中,由于机遇而导致新发现的事实,屡见不鲜。法国一位叫米勒德特的人,为了防止葡萄的被偷窃,在葡萄架上喷洒了石灰和硫酸铁的混合剂。结果意外地发现葡萄长得特别茂盛。经过仔细观察,他发现,喷洒过混合剂的葡萄藤不长霉了。后来,这便成了果树的灭菌剂。

(四)巩固观察效果,做好观察记录

事物总是运动变化的。为了巩固观察的效果,教师必须引导学生学会记录并整理观察结果,留心捕捉那些最重要的现象。一来可以在此基础上进行分析研究,同时也有助于日后的观察。

观察记录一定要原始、可靠,做到尽可能地详尽、具体。随着现代科技的发展,现代化的录音、录像及计算机系统,都可以成为我们巩固观察效果的重要手段。

(五)积极开动脑筋,分析观察成果

观察是思维的知觉。因此,不仅在分析观察成果时要运用思维,就是在观察过程中也不能忽视思维的作用。它能使我们在观察时,不放过任何一个细节,而客观事物的有些细节,可能就是该事物的重要特征或解决问题的关键。许多事实都证明:忽略细节,观察往往是失败的。所谓差之毫厘,谬之千里。相反,许多科学发现以及重大案件的侦破,往往都源于细节的观察与思考。

英国某医学院的一位教师,上课时端出糖尿病人的尿,自己用手指去蘸,用舌头去品尝。然后,他要求学生照着做。男女同学个个愁眉苦脸,一一照做。这时,教师笑着问:"我这样要求你们是为什么?"学生齐答:"让我们知道糖尿病人的尿是甜的。"教师严肃地说:"不对,我这样要求你们是为了教育你们懂得观察细节的重要性,如果你们看得仔细,将会发现,我伸进尿里的是中指,而放到嘴里的却是食指。"这样他的学生上了一次当却弄了个明白,真正懂得了观察的真谛。

第七章　表象与想像

第一节　表　象

一、表象的概述

(一)表象的概念

表象是在头脑中出现的感知过的事物的形象。即当事物不在面前时，人们在头脑中出现的过去经历过的事物的形象。如，说起"北京天安门"，"黄山迎客松"，你的头脑中出现的"北京天安门"，"黄山迎客松"的映像，就是表象。

表象不同于感觉后像。后像是作用于人的感官的刺激停止后，头脑中所保留的相关事物的映像；它是由刺激直接影响的后效应引起的，时间短暂，且受意识支配，在人的生活实践中不起重要作用。而表象则是事物不在面前时，通过间接方式出现的头脑中的事物映像；表象可以随意控制，时间较长久，在人的认识活动中具有重要作用。另外，后像有正后像与负后像，并常受注视的背景影响，而表象没有正负之分，往往与注视的背景无关。

表象是在知觉基础上产生的，它是由人脑中刺激痕迹的再现所引起的，以知觉提供的材料为基础。因此，如果没有知觉，表象就不会产生。例如：先天失明的盲人不可能有色彩的表象，而先天失聪的聋者也没有声音的表象。但表象又不只是知觉的翻版和重复，而是对原有知觉映像进行加工概括的结果。表象作为知识表征的一种形式，不仅可以贮存，还可以被加工和编码，那种认为表象只不过是知觉的一种形式，是知觉痕迹的再作用，与知觉相比仅仅是强度低一些而已的观点是不正确的。

表象作为一种心理活动,其产生方式与其他心理现象一样,都是反射活动。它由一定的刺激引起,这一刺激既可以是具体事物,也可以是语词。同时表象还会引起一定的效应动作。正是由于表象的产生不需要客观事物的直接作用,可以不受时空的限制,所以它不仅对人的记忆具有重要作用,而且对人类的思维、想像等高级心理活动具有十分重要的意义。

(二)表象的特征

表象具有两个显著的特征:形象性和概括性。表象和知觉都是以形象的形式反映客观事物,都具有直观性、形象性的特征。例如:头脑中出现的火车的表象,不仅有火车头、车厢、乘客及火车开动等形象,而且有火车的汽笛声和轰鸣声,好像在头脑中看到了、听到了一样。

但表象的形象性与知觉的形象性是不同的,其区别主要有三点:

第一,知觉的形象较具体、鲜明、生动,而表象则比较暗淡、模糊;

第二,知觉的形象较稳定,表象则不稳定,易变幻;

第三,知觉的形象完整,表象则不完整,仅仅反映客观事物的某些主要的突出的特征,并且时而出现这一部分,时而出现另一部分,甚至有些部分被丢失。

表象虽然是感知过的事物所留下的形象,但它所反映的,并不是某一次感知到的事物的个别特征,而是同一类事物或同类事物在不同条件下所经常表现出来的一般的、共同的特征。它通常是综合了多次知觉的结果,是与事物的多次印象的概括相联系的。因此,表象是一种概括化了的形象,这就是表象的概括性。如关于客机的表象,既不是某架麦道客机,也不是某架波音客机,而是一个一般化的客机的形象。它是以往所见过的各式各样的客机的共同特征概括后的产物。

表象的概括性只是对事物形象的概括,其中混杂着事物的本质属性和非本质属性,因此,表象的概括性又不同于思维的概括性。思维作为人类高级的认识活动,其概括的是某一类事物的共同的、本质的特征及事物间的规律性的内在联系。

二、表象的种类

(一)记忆表象与想像表象

根据表象的创造性程度,可以将其分为记忆表象和想像表象。

记忆表象是过去感知过的事物形象的简单重现;想像表象是旧表象经过加工改造、重新组合创造出来的新形象。在人们的表象中,想像表象往往与记忆表象相互交织在一起,很难绝对地加以分开。亚里士多德说过:"记忆和想像属于心灵的同一部分,一切可想像的东西本质上就是记忆的东西。"只有从记忆表象中提取素材,想像才能得以进行。同时,记忆表象在某种程度上为想像表象所补充,与想像形象相结合。

(二)单一表象与复合表象

根据表象的构成,可以将表象分为单一表象与复合表象。

单一表象是指由一种主要的知觉痕迹构成的表象。例如,我们脑海中出现的亲人的面庞就是单一的表象。其中,根据单一表象产生的感知通道不同,又可将单一表象分为视觉表象,听觉表象、动觉表象、嗅觉表象、味觉表象、触觉表象等。如脑海中出现亲人的面庞就是视觉表象,《孙子》中记载韩娥歌唱之后,她的歌声"余音绕梁,三日不绝",这是对歌声的听觉表象。由于人们所从事的社会实践活动不同,各种表象形式所起的作用也有所不同。一般而言,画家具有较发达的视觉表象;音乐家的听觉表象较发达;而运动员的动觉表象较为丰富。当然,在任何人身上,各种表象形式往往是综合发挥作用,如钢琴演奏家既需要听觉表象,又需要动觉表象;体操运动员完成体操动作,既需要动作表象,又需要听觉和视觉表象。

复合表象是指由多种知觉痕迹构成的表象。例如,我们回忆起一个熟人时,不仅他的体态容貌,而且他的欢声笑语,都是同时浮现在脑海中,这就是视、听复合表象。

(三)个别表象和一般表象

根据表象的概括性程度,可将表象分为个别表象和一般表象。

个别表象是指反映某一事物独有特性的表象,即关于某一具体事物的表象。例如,脑海中出现的"黄山迎客松"的表象就是个别表象。一般表象是指反映一类事物共同特性的表象。如关于"树"的表象就是一般表象。个别表象与一般表象有着密切的联系,个别表象是一般表象的基础和核心,而一般表象具有更高的概括性。

(四)遗觉像

在刺激停止作用后,头脑中继续保持着异常清晰、鲜明的表象,称为遗觉像。遗觉像是记忆表象的一种特殊形式,它几乎与感知觉形象一样鲜明和生动,似乎是介于知觉与幻觉之间的状态。遗觉像在成人身上很少出现,一般在儿童身上表现较多,为儿童所独有。随着年龄的增长会逐渐消退。据研究,儿童中有40%～70%的人有遗觉像,在11～12岁表现最为明显,有些儿童的遗觉像能保持半分钟。他们背诵课文时就像看着课文朗读一样,准确无误。通常较为常见的遗觉像是视觉表象,但一些研究也发现了听觉、嗅觉、味觉等的遗觉像。

三、表象的作用

表象,是认识过程中的一个重要环节,在人们日常生活和各种社会实践活动中,具有重要的作用。

(一)表象是人们积累感性经验的一种形式

人类的大脑借助于表象可以把以往感知过的结果——客观事物的形象,保留在头脑中并随时予以再现,以更好地适应环境和改造环境。我们能回首往事,能再认再现现实中的事物,主要依赖于表象。没有表象的作用,感性材料无从积累,一切心理活动都无法进行。

(二)表象是介于知觉与思维的中介环节

如前所述,表象具有直观形象性,与知觉相似;又具有概括性,同思维又很接近。因此,表象是介于知觉与思维之间的中介环节,是由知觉过渡到思维的桥梁,是从感性认识到理性认识的过渡阶段。表象打破了人的认识受当前事物直接作用的局限,使认识更趋概括化。

(三)表象是思维想像活动的前提和基础

据有关专家推测,在人的记忆中,语言的信息量与形象的信息量的比例为1:1000,这不但使得人们可以积累和利用感性经验,而且可以在表象的基础上,进行高一级的认识活动——思维和想像,即对已有的表象进行分析和综合,通过比较、抽象和概括,认识到一类事物的共同的本质的特征以及事物间的内在联系;同时通过对已有表象的加工改造,创造出新的形象来。表象是进行思维想像的素材,没有表象,无论是思维还是想像,都是难以进行的。观察表明,表象贫乏,对于儿童的想像和思想的发展,都会产生不利的影响。即便是成人有时解决问题也离不开表象,运用表象可使问题获得顺利而有效的解决。

另外,在有的表象活动中,常伴随着一定的运动反应。因此,表象不仅在想像和思维中起作用,而且也能够调节身体运动,它在人们采取行动中是不可缺少的。即使是一个简单动作的学习,在采取行动之前,也要有表象的参与。在某些特殊的实践活动中,表象具有更大的作用。例如,画家、音乐家、电脑程序设计员、工程设计师等,都必须有鲜明、稳定、完整的表象。

总之,记忆表象是使人们的生活、学习、劳动和工作获得成效的必要条件。它在认识过程中的重要地位,决定了它必将对人的实践活动产生重要的影响。

第二节 想 象

一、想像概述

(一)想像的概念

想像是人脑对已有表象进行加工改造而创造新形象的过程。

所谓新形象,是指主体从未接触过的事物的形象。这种新形象可能是现实中已经存在,但个人尚未接触过的事物形象。例如,我们读唐代张继的《枫桥夜泊》一诗:"月落乌啼霜满天,江枫渔火对愁眠。姑苏城外寒山寺,夜半钟声到客船"时,尽管我们没有到过苏州,头脑中也会出现一幅深秋夜晚旅客寄宿城外舟上的图景,会出现一幅幅"月落"、"乌啼"、"江枫"、"渔火"、"寺庙"、"钟声"、"客船"等形象。新形象也可能是现实中尚未有过,还有待创造的事物的形象。如作家、作曲家、工程设计师、发明家在创造某种新作品、新产品之前,他们所要塑造的新人物,所要谱写的新曲调,所要发明的新产品,就已经形象地出现在他们的头脑中。同样,新形象也可能是现实生活中根本不可能有的事物的形象。例如,人们头脑中所产生的关于神、鬼、孙悟空、猪八戒、美人鱼、变形金刚等形象,在现实中今天不可能有,未来也不会出现。

(二)想像与客观现实

想像所创造出来的虽然是主体从未接触过的事物的形象,有些想像的内容又往往出现在现实之前,这是否意味着想像能"超脱现实"?我们可以肯定地说,世界上不存在超脱现实的想像,想像同人的其他心理现象一样,都是客观现实在人脑中的反映。

首先,从想像的内容看,通过想像创造出来的形象无论多么新奇,但是,构成这些新形象的"原料"却是在现实中取得的。例如,来自现实的猴头、人身的表象组成了孙悟空的形象;猪头、人身的表象构成了猪八戒的形象。显然,这些形象的产生,绝不是所有表象原封不动的重新出现,而是经过作者大脑对原有表象的分析综合加工改造，重新创作出来的。神、鬼、安琪儿、美人鱼及其他一些自古未有、将来也不会有的事物的形象，同样是取材于感知所得来的表象，并经加工创造而产生的。每个国家的神像与本国人的相貌差不多，便是一个最好的例证，人们都是参照自己感知过的人的形象来想像神的。

其次，任何想像都是由一定的原因所引起的，而引起想像的原因又都是存在于现实之中。例如，人们由于对封建统治制度的愤懑和反抗，才创作出了诸如《西游记》、《天仙配》、《牛郎织女》、《宝莲灯》、《白蛇传》等美丽的神话故事。又如，当代人对太空奥秘探索的愿望，引发出人们对未来世界、其他星球智能的无限想像，才会有"变形金刚"、"地球卫士"等形象的出现。

另外，如果没有足够的感性材料，就不能完满地进行想像，甚至不能想像。鲁迅先生曾经记录过一位盲诗人的谈话："在缅甸，遍地是音乐，房里、草里、树上都有昆虫的吟叫，各种声音成为合奏，很神奇，其间时时夹着蛇鸣'嘶嘶'。"由于诗人天生失明，没有对颜色的表象。所以，在他的谈话中不会有以颜色作为材料的想像内容。由此可见，生而盲的人，即使掌握了文字，仍然无法想像"落霞与孤鹜齐飞，秋水共长天一色"、"孤帆远影碧空尽，唯见长江天际流"的景观；同样，生而聋的人，也无法体味"大弦嘈嘈如急雨，小弦切切如私语；嘈嘈切切错杂弹，大珠小珠落玉盘"的音响。

总之，尽管乍看起来，想像好像是脱离现实的，可是仔细分析，任何想像又都不是凭空产生、无中生有的。无论是想像的内容，还是想像的原因，都来自于生活实际，正如鲁迅先生所说："天才们无论怎样说大话，归根结蒂，还是不能凭空创造。描神画鬼，毫无对证，本可以专靠神思，所谓'天马行空'似的挥写了，然而他们写出来的，也不过是三只眼，长颈子，就是在常见的人体上增加了眼睛一只，增长了颈子二、三尺而已。"可见，同其他心理活动一样，想像的源泉和内容依然是客观现实。

(三)想像的特点

想像属于人的高级认识活动,它具有间接性与概括性的基本特征。就想像而言,它不是直接地反映客观世界。在时间上它可以跨越过去、现在和将来,在空间上它可以无限扩展和深入。因而具有间接性的特点;同样想像也具有概括性的特征。我们在头脑中改组和重建事物的新形象的时候,这些形象就已舍弃了个别特点而具有该事物的共同特征或典型意义。另外,想像也能认识事物的本质和规律,并且具有对客观世界的能动作用。想像最突出的特点则是用形象进行思考。想像实际上是一种特殊形式的思维,可以认为,想像是一种形象思维。一般来说,当问题的原始材料是已知的,问题的方向基本明确时,解决问题的进程主要服从于思维的规律;如果在问题的情境具有很大的不确定性,信息又不充分的情况下,解决问题的进程主要依赖于想像。因为想像可以借助形象"跳过"某些思维阶段,构成事物的新形象,并在此基础上寻找解决问题的途径。这在创造性思维活动中表现得尤为明显,创造性思维活动首先是从形象思维开始,这是一个想像的过程。人们在进行创造时,头脑中要不断涌现各种事物的形象,形象思维比较成熟之后,才用概念加以概括。例如,飞机的发明、制造,就是在人们想像能像鸟一样飞翔的基础上进行创造设计的。实际上,成人的想像总有思维活动的参与,成人的思维也离不开想像活动,它们始终是两种信号系统的协调活动。

(四)想像的方法

想像作为对大脑已有表象进行加工、改造的过程,其方法主要有粘合、夸张、缩小、拟人化和典型化等几种。

粘合就是把不同事物的某些方面和特征在头脑中结合在一起而形成新形象的过程。许多童话、神话中的形象就是通过这种方法形成的,如孙悟空、猪八戒、美人鱼等。在科学技术产品、艺术创造中也常利用粘合。如手风琴是钢琴和风琴的结合,水陆两栖坦克是坦克和船的结合。

夸张就是改变客观事物的正常特点,对某些特点或它与其他事物的关系加以夸大和强调,从而建立起新奇的形象。如千手观音、九头鸟等的形象,还有如"顺风耳"、"千里眼"等均是夸张而创造的形象。

缩小就是把事物具有的某一特征加以缩小,从而建立起一种新的形象。如《小人国》里的小人就是这一方法运用而创造出的形象。在科学创造中,这一方法也得到了广泛的应用,如手表就是缩小的钟的形象,"随身听"就是缩小了的收录机。

拟人化就是把人类的特点加在某些事物身上,创造出一种新的形象的方法。如海里有龙王,天上有玉皇大帝、王母娘娘,月亮上有嫦娥、吴刚等。这些形象就是用拟人化的方法想像出来的。

典型化就是把某类事物共同的、最具有代表性的特征集中在某一具体的事物上,从而形成新的形象。典型化是文学、艺术创作的重要方式。鲁迅在谈文学创作时说过,人物模特没有专门用过一个人,往往嘴在浙江、脸在北京、衣服在山西,是一个拼凑起来的角色。典型化使作家和艺术家创造出来的形象更逼真、更感人。如鲁迅笔下的阿 Q,就是把当时我国农村纯朴、善良、愚昧、落后的劳动人民形象加以典型化而创作出来的。

(五)想像与实践

想像与实践有密切的关系。想像在实践中产生和发展,同时也是人类实践活动的必要条件。人为了满足自身的需要,必须从事改变客观现实的活动。这就要求人们预先看到自己行动的后果以及在实践活动中可能遇到的各种困难,从而使人的行动具有预见性,指向于一定的目标,并按照想像的前景去行动。否则,人们就不可能达到预期的结果。例如,人们在缝制衣服之前,必须根据身材、肤色、性别、年龄、职业、爱好等想像出衣服制料的质量、颜色和服装式样,经过反复多次的估量,才能做出合身、得体、美观的衣服。正如马克思所说的,劳动过程结束时得到的结果,在这个过程开始时就已经在劳动者的表象中存在着,即已经观念地存在着。人在劳动前对劳动结果作出预见,产生"做什么"和"怎么做"的表象;在劳动过程中,想像对人的实践活动起着调节作用。

想像可以引起和导致人的实践活动。人们想像出的形象,在一般情况下,都力求通过实践活动而变成实际的事物。想像在实践活动中,能够获得客观的和物质的表现。例如,作家和艺术家把作品创作出来,发明家把新产品制造出来等。

想像必须接受实践的检验。科学家要以实验室或实际生活中得到的事实材料来检验自己的假设;设计师要利用试验来证明自己的设计;作家要通过读者的评价来考查自己的作品。只有在实践中进行检验,才能摒弃和修正不符合现实的虚构的成分,才能使想像的形象逐渐达到丰富和精确的程度。

想像的内容和水平受社会历史条件的制约。不同的社会历史发展阶段,人的实践活动不同,人的想像也有所不同。原始社会关于雷公、风婆、电母、龙王、土地神等的种种想像,是受当时低下的社会生产力和落后的科技水平而产生的,是人们在大自然面前无能为力的表现。《西游记》、《水浒传》等作品中人物形象和故事情节的想像,是当时人民对不合理的封建社会制度不满和反抗的表现。同样,现代人对未来星际旅行、外星探秘等的想像,是建立在当代科学技术快速发展基础上而产生的。

(六)想像的生理机制

想像是大脑皮层上新的暂时神经联系形成的过程。想像同人的其他心理活动一样,是人脑的机能。由于想像是在记忆表象的基础上产生的,因而想像与记忆的机制有关。人们感知客观事物的过程中,在大脑皮层上留下许多痕迹及痕迹之间暂时神经联系。大脑皮层上的暂时神经联系不是固定不变的,它在经常不断地变化、补充和改组。想像是对大脑皮层上原有暂时神经联系的重新组合而形成新联系的过程。

想像是两种信号系统协调活动的结果。虽然想像所创造的形象往往以表象的形式出现于人的大脑中,从形式上看属于第一信号系统,但很多想像的形象,特别是创造性想像的形象具有概括性。它们是在大脑皮层言语机能区域上通过语词的作用而形成的。人在清醒状态下,语词对暂时神经联系的重新配合,起着重要的调节和支配作用。在语词的作用下,人的想像不仅有更广阔的内容,而且更具有目的性和计划性。

下丘脑边缘系统与大脑皮层共同参与想像的形成过程。在人脑中,下丘脑边缘系统负责拟定行动计划,编制行动程序,预见行动后果。而想像的重要作用,也正在于形成行动的计划和程序。科学实验表明,如果人的下丘脑边缘系统受到损伤,人就可能产生特殊的心理错乱,他的行为不再受一定程序支配,而是变为一组单独的、孤立的动作;不能拟定简单的行动计划,不能预见行动的后果。如按照指示去商店购物后,出现盲目徘徊,不知怎么办等情况。另外,研究表明,人的大脑皮层颞叶的听觉区、枕叶的视觉区以及顶叶、额叶等整个皮层部位,都参与了想像活动,在想像中发挥着重要作用。

二、想像的作用

想像在人们认识世界和改造世界的活动中起着十分重要的作用。人的创造性劳动,无一不是想像的结晶。想像的作用主要表现在以下三个方面。

(一)对认识活动的补充作用

在现实生活中,由于时间和空间的限制,许多事物是人们不能直接接触或直接感知的,这就需要借助想像的补充去认识、理解它,弥补人类认识的局限性,扩大人们的视野。例如,原始人类的生活、未来世界的情景、宇宙间的星际运动等都会由于时间的久远或地理位置的遥远使人直接感知有困难,甚至无法或不可能亲自接触,而借助想像的补充却可以认识它们。当然,想像的这种补充作用可能是正确的,也可能是不正确的。

(二)满足需要的替代作用

人们有各种各样的需要,有的需要能在现实生活中得到满足,有的需要却不可能在现实生活中得到满足,这种在现实中得不到满足的需要可以在人们的想像中得到满足。例如,儿童在游戏活动中,可以通过想像满足他想当一名汽车司机或一名解放军战士的愿望。在成人的日常生活中也常常从想像中得到某种寄托,这对维护人的心理健康、保持心理平衡具有一定的益处。

(三)对人的心理活动的丰富和深化作用

人的任何心理活动,不论是简单的还是复杂的都离不开想像,想像与其他心理活动都密切地联系着,想像是促使人的心理活动丰富和深化的重要因素。

想像力的发展是智力发展的一个极其重要的方面。再造想像的发展对于学习科学文化知识起着重要作用,创造想像则是创造性活动的必要条件。想像力贫乏的人,思维是机械而褊狭的,不可能有很高的分析问题和解决问题的能力。爱因斯坦对想像的重要性曾做过评价:想像力比知识更重要,因为知识是有限的,而想像力概括着世界上的一切,推动着进步,并且是知识进化的源泉。严格地说,想像力是科学研究中的实在因素。

想像与其他心理过程存在着有机的联系。它与人的思维、情感、意志活动甚至人的个性都有着深刻的联系。想像与记忆活动交织在一起,记忆表象是想像的素材,同时在一定程度上被想像补充着,与想像结合着。想像参与思维过程,任何一种思维尤其是形象思维都离不开想像的参与。想像在人的情感生活中也有重要意义,想像过程总是伴随着一定的情感体验,情感体验也是想像的内容之一。想像不仅可以是一种短暂的情绪状态,也可能成为深刻而牢固的情感产生的源泉。同时,想像,尤其是向往未来的想像,是人的意志行动和社会实践的内部推动力。

总之,想像不仅在人的认识和实践中具有重要作用,而且在人的整个精神生活体系中,在创造活动中,在反映客观世界的一切形式中都具有十分重要的意义。同样,想像对人的个性发展、个性特点的形成与生活道路的选择也有着重要的作用。

三、想像的种类

根据不同的标准,我们可以对想像进行不同的分类。最常见的一种分类是根据人的想像的目的性、自觉性和计划性程度,将想像分为无意想像和有意想像两大类。

(一)无意想像

无意想像又称不随意想像。是指没有预定的目的,在某种刺激物的作用下不由自主地进行的想像。看到天空中浮动的云彩,自然而然地想像为人面、奇峰、异兽等;听到别人朗读诗词,不自觉地想像着诗词中描述的景观,都是无意想像。另外,当人们长久地进行枯燥、机械的活动时,如冗长的会议,长久地躺着休息,注意力不集中,某种想像就可能不经意地浮现在眼前,这都是一种无意想像。某些疾病、药物也能引起无意想像。例如,精神病患者的病态幻想,认为有人追踪他、迫害他等;服用某种药物如大麻、海洛因等,会使人的意识发生混乱,产生一些离奇的幻觉。

无意想像是最简单最初级形式的想像。但由于无意想像不需要意志努力,出现也很突然,有时对思维会具有启发作用。梦作为无意想像的一种特殊的形式,我们将在后面第四节中作进一步阐述。

(二)有意想像

有意想像也叫随意想像。人们在多数情况下进行的想像活动,都是有意想像。它是根据一定的目的、自觉努力地进行想像。这种想像活动具有一定的预见性、方向性,人在想像过程中根据一定的目的一直控制着想像的方向和内容。

根据有意想像的新颖性、独立性和创造性水平的不同，又可以将其分为再造想像、创造想像和幻想。这些想像活动是意识活动的形式。

第三节 再造想像、创造想像与幻想

一、再造想像

（一）再造想像的概念

再造想像是根据语言文字的描述或图样、模型、符号的示意，在头脑中形成与之相适应的新形象的过程。例如，看《红楼梦》小说时，头脑中便会随着书内情节产生小说中描述的贾宝玉、林黛玉、王熙凤等人物的形象及故事。又如根据建筑师草图想像出建筑物的形象，根据图纸想像出机器的主体形象以及运转时的形象等，都是再造想像。

再造想像必须以别人的描述和提示为前提，在头脑中再造出别人创造过的事物，因此，再造想像的基本特点是"再造性"。但是，值得注意的是，再造想像不是别人想像的简单重现，而是依据个人以往的经验再造出来的，由于个体间的知识经验、兴趣爱好、个性的差异，每个人再造出来的形象是各不相同的。例如，同样一段描述："忆昔过去，丝丝婆婆。自归郎手，青少黄多，受尽了许多磨折，历尽了无数风浪，莫提起，提起了珠泪满江河。"有的人会在大脑中产生一个身世凄苦的童养媳的形象，有的人则在头脑中想像出了竹篙的形象和它的经历。为什么同是一段文字，却在不同人的大脑中引起不同的想像呢？这是因为任何人的再造想像都是通过自己的大脑，运用个人已有的知识经验，按照各自的习惯方式去再造事物形象的。因而再造想像也有创造性的成分，只是创造性的程度较低而已。

（二）形成再造想像的条件

再造想像所产生的形象不仅应该是清晰的、生动的，而且应该

是正确的和真实的,符合于描述的。为了做到这一点,必须具备以下两个条件:

1.正确理解与掌握语言及实物标志的意义。既然再造想像是由一定的语言和实物的标志所引起的,那么就必须正确地理解和掌握它们的意义。语言是人所特有的信号,不理解语言也就无法想像出由语言所表达的各种对象的形象。实物的标志代表一定的事物或现象,不理解标志的意义也就不能想像出由标志所表示的事物形象。对语言与实物标志的错误理解,必然造成错误的再造想像。在学校中,首先,教师要正确运用语言,形象而生动地描述事物或现象,力求教育教学内容在学生中形成鲜明而准确的形象。对于难以描述的抽象材料,如"帝国主义的本质",可用"帝国主义是外强中干的纸老虎"加以比喻说明。其次,都是要有意识地进行各种符号的教学。凡是对于掌握的知识和工作、生活所必需的符号都应使学生逐渐掌握住。

2.旧有表象的数量与质量。表象是再造想像的基本材料。旧有表象数量越多,再造想像的内容越丰富;旧有表象质量越高,再造想像的内容越正确。为使学生获得充分的、正确的表象材料,要经常有计划地组织有关的参观、访问、调查和实验操作等,还要尽量多地使用现代教育教学技术。

(三)再造想像的意义

再造想像在人的认识活动中具有重要意义。首先,它使得人有可能超越个人狭隘的经验范围和时间、空间的限制,获得更多的知识。人不能事事都直接经验,我们不能列游外域,亲自观察远在万里之外的事物;无法超越历史,直接认识若干年后将出现的现象;无法倒转历史,亲身经历若干年前已经发生的事情。但是,借助于再造想像,我们可以根据有关的描述,在头脑里产生生动的形象,仿佛看到、听到这一切,从而无限地扩大自己的知识范围,丰富认识内容。其次,借助于再造想像所产生的形象,人可以更好地理解抽象的知识,使它们变得具体和生动,易于掌握。如果不通过再造想像,很多东西如万有引力、光速、无限等概念都是很难理解的。因此,再造想像又是学生掌握和理解知识不可缺少的条件。同时,再造想像还是人们进行文艺欣赏、交流经验、相互了解的不可缺少的心理活动。

再造想像对人格的塑造也有重要作用。再造想像是言行内化过程的一种形式。儿童听了故事或看了电影或连环画后,往往沉浸在故事情节中,想像自己亲手亲身体验这些行为。这种想像甚至能指导他们的行为。如影片《少林寺》放映后,街上出现了一些模仿影视人物的小"十三棍僧"。所以,在政治思想教育和品德教育中,都是要用各种方式唤起学生正确的再造想像,使学生潜移默化地形成良好的品德和行为。

再造想像在一切实践活动中都具有重要的作用。例如,在教学过程中,学生要正常地学习和工作,就必须能根据书本上的描述想像出一些我们所不能亲身经历的事情,理解一些概念,否则就无法正确、顺利地进行教学活动。

二、创造想像

(一)创造想像的概念

创造想像是指根据创造目的,不依据现成的描述,在头脑中独立地创造新形象的过程。例如,工人、农民、技术人员在发明与改进生产工具时的想像,作家在构思故事情节时的想像,艺术家在塑造艺术形象时的想像,发明家在预见发明成果时的想像等等,都属于创造想像。

创造想像具有首创性、独立性和新颖性。例如,作家所创造的艺术形象,虽源于生活,却又高于生活;工程师发明的新机器,就是既综合了许多机器的特性,却又是开创性的。创造想像比再造想像更复杂,更具独立性与创造性,因而它的进行也更困难。例如,读者根据鲁迅先生的描述,可在头脑中再造出"祥林嫂"、"孔乙己"

等形象,而对鲁迅先生本人来说,这些形象的创作却是艰巨的、创造性的构思过程。他需要搜集大量素材,在已有感性材料的基础上,经过深入的分析、综合等思维的加工改造,才能塑造出这些跃然纸上、栩栩如生的形象。

创造想像与再造想像的关系是,二者既有异同,又有联系。它们的关系可列表如下(表7—1)。

表7—1 再造想像与创造想像的异同与联系

	再造想像	创造想像
不同点	1.具有再造性,构造出的形象与原物相符合。 2.再造的形象是世上现成的。 3.在一般性活动中的作用较大。	1.具有创造性,构造出的形象是崭新的。 2.创造的事物是前所未有的。 3.在创造性活动中的作用较大。
共同点	1.二者都是根据已有表象构造出新形象。 2.想像中的事物都是以前没有直接感知过的。	
联系	1.再造想像是创造想像的基础,创造想像是再造想像的发展。 2.创造想像中有再造性的成分,再造想像中有创造性的成分。	

(二)发展创造想像的条件

1.实践的要求和个人创造的需要。社会上不断地向人们提出创造新事物的要求,当这种要求反映到人脑中与人的信念、世界观相结合时,人便产生了创造新事物或解决新问题的兴趣和动机,并在其推动下进行创造性活动。文艺创作中强烈的创作动机是很重要的。如长篇小说《红日》的作者吴强说过:"许许多多英雄人物的崇高形象激动着我的心,感到他们在向我叫喊,在我的脑子里活动翻腾,我要表现他们的欲望是为时已久了。孟良崮战役后,我的这种情绪就更加迫切、强烈,而且也深深地感到这是一项不可推卸的责任。"文艺创作是如此,其他一切创造活动也都是如此。只有当社会实践要求成为个人创造需要时,才能产生创造想像的动机。

2.表象的积累和储备。创造想像是对旧表象的加工改造,表象是创造想像的原始材料。托尔斯泰为了写作战争与和平,首先搜集了大量的素材,他说:"在我的脑子里构成了一个完整的图书馆。"高尔基也曾经说过:"一个作家要成功地塑造文学中的典型人物形象,就必须积累印象,观察社会生活,洞察人的内心世界。强调直接印象在创作中的重要作用。"他说:"主人公的性格是由他的社会集团的各种不同的人们的许多个别的小特征所构成的,为了能近乎真实地描写一个工人、牧师和小老板的肖像,就必须很好地去观察上百个工人、牧师和小老板。"成功的创造想像需要以丰富的表象材料作为奠基,这就储备和积累了大量的表象。

3. 原型启发。通过创造想像所形成的新形象,并非凭空产生的。创造想像在最初开始时,总是要受到一种类似事物的启发,并在这一基础上想像出新的形象来,这就是原型启发。所谓启发,是指从其他事物中看出创造新形象的途径。而起到启发作用的事物,则被称为原型。任何事物或现象都可能有启发作用,自然现象、日常用品、机器、设计图、示意图、文字描述、口头提问等等,都可以作为原型。原型启发的事例在人类创造发明史中是屡见不鲜的。例如,教堂屋顶下摆动着的吊灯,成了意大利科学家伽利略发明脉搏计的原型。鸟体的解剖构造和鸟的飞行,成了莫扎伊斯基发明第一架飞机的原型。200多年前,法国医生拉哀奈克领着自己的小女儿在公园里玩跷跷板时,偶然发现将其耳朵贴近跷跷板的一端时,就能清晰地听到别人用手轻轻地敲击跷跷板的另一端所发出的声音,在此启发之下,他就利用木料做成了一个喇叭形的东西,将小的一头贴近耳朵,大的一头贴在别人胸部,就能清楚地听到胸腔里的声音,世界上第一个听诊器就是这样诞生的。原型之所以具有启发作用,主要是由于原型与创造的新事物具有某些共同点或相似之处,因而它可以成为创造新事物的起点。但是,某一事物或现象能否起到原型启发的作用,不单纯取决于这一事物或现象本身的特点,同时还受到创造者当时思维活动的状态的影响。消极的思维状态或者过于紧张以致抑制其思路时,就不利于原型启发发生作用。所以,在一段时间的紧张工作之后的适当休息或转换活动内容,会使思路开阔,有利于创造想像。

4. 积极的思维活动。创造想像是严格的构思过程,它受到思维活动的控制、调节和支配。因为任何文艺创作、艺术形象的塑造、技术革新和科学发明的过程,都是以创造新形象为特点的。这种创造新形象的过程,实际上是不断提出新问题,并通过思维活动不断解决问题的过程。例如文艺创作,就包含着复杂的抽象、概括等思维过程。鲁迅先生在谈到他自己的创作体会时说:"所写的事迹,大抵有点见过或听过的缘由,但决不会全用这事实,只是采取一端,加以改造或发生开去,到足以几乎完全发表我的意见为止。人物的模特也一样。没有专用过一个人,往往嘴在浙江,脸在北京,衣服在山西,是一个拼凑起来的角色。"所以,尽管艺术创作的产物是形象的东西,但作为创作过程来说,却是分析、综合、抽象、概括的思维过程密切联系在一起的。没有思维活动的积极参与,就不可能创造出独特、新颖、符合社会需要的新产品。

5. 灵感。灵感是指创造活动接近突破时出现的心理状态。灵感首先表现为人的注意力高度集中在创造对象上。这时,意识处于十分清晰和敏锐的状态,思维极为活跃。因此,在产生灵感时人有极高的工作效率,灵感出现使久思不解的问题迎刃而解,常常伴随着无法形容的喜悦。例如,古希腊哲学家阿基米德在验证王冠是否由纯金制成的问题时,一次入浴中忽然有悟,起来在街上狂呼"我发现了!"简直达到了狂喜的程度。

唯心论者将灵感看做是神灵的感应。其实,灵感不是天上掉下来的,也不是人脑所固有的,而是经过艰巨劳动的长期酝酿促成的。它是一朵长期积累后偶尔触发的思想火花,"灵感是对艰苦劳动的奖赏"。

灵感的产生需要一定的客观条件,创造者长期形成的创造习惯有利于灵感的出现。另外,灵感的突然产生而又瞬间即逝,若不注意捕捉就会失之交臂。

(三)创造想像的意义

在任何创造活动中,创造想像都起着重要作用。创造想像是一切创造活动的必要条件。

创造想像在科学的发明和发现上,起着重大作用。发明家在他新发明的东西制成之前,要先在头脑中把他所要发明的东西的形象创造出来。科学家在提出新的假设、定律时,也要充分地运用创作想像,正如巴甫洛夫所说:"化学家在为了彻底了解分子的活动而进行分析和综合时,一定要想像到眼睛所看不到的结构。"

创造想像在文学艺术的创作上,同样具有重大意义。文学家、画家、作曲家等,在创作之前,都要先在头脑中把所要创作的东西形象化地呈现出来。苏轼所说的"画竹必先得成竹于胸中"正说明了这一点。

在实践活动之前,人必须能够预见到自己的活动的结果。而这一点,乃是人类劳动与动物活动的根本区别。正如马克思所指出:"蜘蛛的活动与织工的活动相似,蜜蜂建筑蜂房的本领使人间的许多建筑师感到惭愧。但是,最蹩脚的建筑师从一开始就比最灵巧的蜜蜂高明的地方,是他在用蜂蜡建筑蜂房以前,已经在自己的头脑中把它建成了。劳动过程结束时得到的结果,在这个过程开始时就已经在劳动者的表象中存在着,即已经观念地存在着。"

三、幻想

(一)幻想的概念

幻想是一种与生活愿望相结合并指向于未来的想像,它所创造的是人所期望的未来的事物形象。例如,科学家想像着将来科技发展的状况,师范院校的学生想像着未来的教师生活的情况等等,都属于幻想。

幻想同一般的创造想像一样,也是一种在头脑中独立地创造新事物形象的过程,但它与一般的创造想像又有区别。幻想是创造想像的一种特殊形式。

(二)幻想的特征

1. 幻想体现了个人的愿望,是向往的形象。幻想中的形象总是与个人的愿望相联系,体现了个人的向往和祈求,而创造想像所形成的形象则并不一定是个人所向往的形象。例如,作家创造的人物形象有的是他所喜欢的和同情的,有的则可能是他所厌恶或鞭挞的,后一种形象就不是作者所向往的。

2. 幻想常是创造性活动的准备阶段。幻想虽然是有目的的,但不像一般的创造想像那样需要付出艰苦的精神劳动,幻想不指向于当前物质产品和精神产品的创造,而是指向未来、个体的愿望,所以又常常是创造性活动的准备阶段。

幻想与一般创造想像的异同与联系可用下表来表示(表7-2)。

表7-2 幻想与创造想像的异同和联系

	幻想	创造想像
不同点	1. 与个人的愿望相联系。 2. 指向于遥远的未来,不可能立即予以实现。	1. 不一定与个人的愿望相联系。 2. 指向于未来的,能够较快予以实现。
共同点	1. 都必须有一定的表象材料作为依据。 2. 都富有创造性和新奇性。	
联系	1. 创造想像是幻想的基础,幻想是创造想像的特殊形式。 2. 创造想像中有一定的幻想成分,幻想中有一定的创造想像成分。	

(三)幻想的种类

幻想有积极的幻想和消极的幻想两种。

积极的幻想是指健康的、具有社会意义的幻想,是人创造性活动的一种动力。虽然这种幻想暂时可能不符合事物发展的自然进程,但对自己和社会都有益无害。理想是在正确世界观指导下产生的符合现实生活发展规律,并且可能实现的积极的幻想,它是促使人们进行创造活动的前奏和准备阶段,鼓舞人们不断向上,克服困难,为美好的未来而奋斗。早在千百年前,人们就有了飞毯、风火轮、嫦娥奔月、龙宫探宝等幻想,正是这些幻想,推动着人们去从事各种科学创造活动。经过努力,这些幻想今天大都实现了——发明了飞机、火箭、宇宙飞船、潜水艇等等。理想能激励人的斗志,鼓舞人们努力工作。

消极的幻想是空想。它完全脱离现实生活的发展规律,并且毫无实现的可能,它是以意愿代替实际行动的消极空想。空想是有害的,它使人脱离现实,丧失斗志,消耗精力,浪费生命。

我们应该对青少年一代进行革命理想教育,培养他们积极幻想,大胆幻想,善于幻想,引导青少年在辛勤的实践中逐步树立共产主义的远大理想。

第四节 睡眠与梦

梦是在睡眠状态下出现的一种想像活动。睡眠与梦是古往今来人们十分感兴趣的宇宙奥秘之一。生理心理学家为了探究梦的奥秘,采用记录脑电、眼动的仪器测量睡眠的深度,描述睡眠状态与梦的联系。

一、睡眠

(一)睡眠的概念

睡眠是与觉醒周期性交替出现的生理状态,是最重要和最突出的生物节律之一。睡眠状态时,大脑皮层产生一种弥散性抑制,使人的感知能力、运动能力、意识等逐渐减退或处于休止,但这种抑制往往是不平衡的,有些神经细胞还处于兴奋状态并导致梦境的出现。

(二)睡眠的阶段

对人类的睡眠的科学心理学研究,最早开始于德国神经生理学家柏格对脑电波的研究。柏格为研究大脑皮质部各区位的电位变化,发明了一种仪器,可以记录大脑电位变化而形成的波动,称为脑波仪。脑波仪所记录下来的脑波活动曲线图称为脑电波图。实际使用时,将微弱的电极固定在受试者头皮的不同部位。头皮下大脑皮质相关部位神经细胞的电位变化,即可形成电极上的电流活动,这种微弱电流活动,经过仪器扩大,并经特制的描针绘制在定速的纸带上,或经过电脑,将它呈现在荧光屏上,就成为图7-1所示的脑电波图。

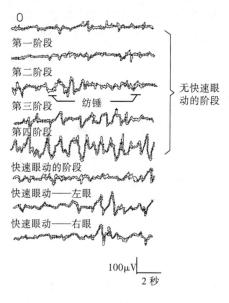

图7-1 脑电波图

0为觉醒期:脑电波以α波为主,第一阶段为入睡期:α波减少,频率变化不规则,振幅降低;第二阶段为浅睡期:脑电呈13～16次/秒短节律反应,有纺锤波形出现;第三阶段为中度睡眠期:脑电出现K-复合波和少量δ波;第四阶段为深度睡眠:脑电全为高振幅的δ波。快速眼动睡眠(有梦睡眠)发生在第四阶段里,无快速眼动睡眠则是第一到第三阶段的共同特征。

快速眼动睡眠和无快速眼动睡眠是交替出现的。入睡时先出现无快速眼动睡眠,大约过了90分钟左右快速眼动睡眠才开始出现,维持几分钟后又进入无快速眼动睡眠状态,如此交替往复直至觉醒。从入睡到觉醒,两种时相的睡眠通常交替出现3～5次,只是在睡眠后期,快速眼动睡眠的持续时间相应延长了(图7-2)。就一夜睡眠7～8小时的整段时间来看,属于深度睡眠期的第四阶段,主要出现在前半夜的一段时间(睡后两个半小时内),快速眼动睡眠主要出现在中夜及以后,大约每隔90分钟出现一次,一夜之间出现4～5次左右。根据心理学家的实验观察研究,一般大学生的睡眠期间,第二阶段约占全时间的50%,第四阶段约占15%,快速眼动睡眠则约占25%。新生儿的睡眠中,快速眼动睡眠占时间最多,约占睡眠时间的一半。据此推论,婴儿的梦远比成人要多,老年人的睡眠做梦较少,一夜出现快速眼动睡眠的时间约在18%左右。

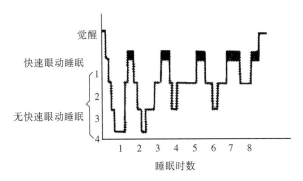

图7-2 每夜睡眠的几个阶段

除快速眼动睡眠和无快速眼动睡眠两种时相交替出现外,无快速眼动睡眠与觉醒状态也可相互交替,只是快速眼动睡眠与觉醒状态不能双向交替,由快速眼动睡眠可进入觉醒状态,而由觉醒状态不能直接进入快速眼动睡眠(见图7-3)。

图 7-3 两种睡眠

(三)睡眠的特征

人的睡眠一般有以下三个特征:

1. 人的一生都需要睡眠,只是每天睡眠时间的长短会随着年龄的增加而逐渐减少。根据心理学家的观察研究,新生儿每天睡眠为 16 小时;6 个月后,减为 13 小时;儿童期的睡眠时间约为 10~12 小时之间;青年期的睡眠时间约为 9~10 小时;中年人的睡眠时间一般在 7~8 小时之间;老年人的睡眠时间一般在 5~7 小时之间。

2. 人的睡眠的个别差异较其他动物要小。一般成人睡眠大致在每天 5~9 小时之间,而以 7.5 小时为平均数。

3. 人的睡眠多在一定的地点,而且成为人的隐私行为的一部分。

(四)睡眠的作用

睡眠对于维护正常的生理活动和心理活动都是十分重要的。在睡眠状态中,虽然大脑皮层的活动处于相对抑制状态,但植物神经系统却在紧张地调节着各种代谢活动。这对于消除疲劳、补充体能、排除体内毒素和代谢物是十分必要的。剥夺睡眠的人睡眠时间会相应延长;剥夺睡眠暂时不会对人体各项生理指标产生明显影响,但对注意力的集中、情绪的稳定以及学习与记忆会产生明显的影响。

二、梦

(一)梦的概念

梦是无意想像的一种极端形式,是人在睡眠状态下,一种漫无目的的、不由自主的奇异想像。梦境是过去经过的奇特组合。按照巴甫洛夫的解释,梦是人在睡眠时,大脑皮层产生的一种弥散性抑制。由于抑制发展的不平衡,皮层的某些部位出现兴奋状态,暂时神经联系以料想不到的方式重新结合而产生各种形象,就产生了梦。因此,梦是在意识不清楚的状态下,暂时神经联系的活跃和改组。

梦是在睡眠中发生的,但不是整个睡眠过程都是在梦中度过的。梦境多半在快速眼动睡眠时相中出现,内容生动离奇,但一些概念较强的、与现实联系密切的梦也在无快速眼动睡眠时相中出现。

(二)梦的特点

1. 离奇性。在梦中会出现自己在现实生活中无论如何也不会经历的事情。例如有时会梦见自己变成了会飞的动物,这主要是由于做梦时,高级中枢处于抑制状态,缺乏意识的严密调节和控制,使激活的表象形成了离奇的组合。

2. 逼真性。在梦中出现的情境都是可见的,自觉身临其境。例如梦中遇到危险时,就像真的一样,十分恐惧,呼喊救命、拼命奔跑等,以致醒来时心脏仍然会剧烈地跳动。

(三)梦的内容

不同的人,梦中的内容各不相同。

从感觉道的角度来说,属于视觉的梦最多,其次分别是听觉的梦、运动的梦、触觉的梦,最少的是味觉的梦。

不同年龄的人,不同职业的人,梦中的内容也各不相同,例如,小女孩常梦见自己心爱的玩具,学生常梦见考试,教师常梦见上课等。

(四)梦的意义

做梦是人脑正常功能的表现。研究认为,它不仅无损于身体健康,而且对维持脑的正常功能还是有益的。如果连续几天剥夺人的快波睡眠,人会紧张、焦虑、注意力分散、易激怒,甚至出现幻觉等反常现象。有人认为,从半睡眠状态到做梦这个阶段,对于脑细胞进行积累、整理、储存来自外界和机体的信息是极为重要的。

第八章 思 维

第一节 思维的概述

人凭借感知觉便可以获得大量的感性经验——事物的外部特征、属性或事物形象,这些经验是人心理发展所必需的原始素材。但感性知识还不能使人达到对事物的内在把握——事物的内在特征及事物间的复杂关系。只有对这些感性知识进行组织或有效的加工,人才能揭示事物的内部特征和规律,而这种加工则是思维。

一、思维的概念

思维是人脑对客观现实间接的和概括的反映,是借助语言、表象、动作实现的,是人认识的高级阶段,即理性认识阶段,它揭示事物的内在联系和本质特征。

(一)间接性

思维活动不反映直接作用于人感官的事物,而是借助于语言、表象、动作这些媒介,在一定的知识经验基础上对客观事物进行间接的反映,这就是思维的间接性。如,我们不能直接感知一个人的内心世界,但是通过这个人的言谈举止,则基本上可以做出判断;我们无法直接感知另一国度人的生活情景,但经由报道或叙述,就可以做到了解;根据社会发展规律,就可以预见社会未来的发展景象等等。由此可见,正是由于思维的间接性,人类才可能超越感知觉提供的信息,认识那些没有直接作用于感官的事物及其属性,揭示事物的本质规律,预见事物的发展变化。

(二)概括性

思维的概括性包含两层含义:

其一,思维在大量感性经验的基础上,将一类事物的共同特征抽取出来并加以概括,形成对事物的本质认识。如在儿童认识了各种各样的人及其诸多属性之后,经由分析,舍弃了人的一些非本质属性(肤色、民族等等),抽象出人的本质属性并加以概括,就形成了对人的本质认识,即使用语言,并会使用和制造工具。

其二,思维不仅能揭示一类事物的本质特征,而且还可以揭示事物的本质联系即规律。如借助思维,人就可以认识植被破坏与水土流失、保护环境与发展经济间的关系;也可以认识控制情绪与身心健康之间的关系等等。思维的概括性在思维活动中有着重要的作用,它使人类的认识活动摆脱了具体事物的局限性和对具体事物的依赖性,这不仅大大拓宽了人的认识范围,而且也加深了人对事物的理解。

正是思维具有间接性和概括性的特点,人类的认识才能由有限的空间走向无限的空间,一切的发展、发明和创造才得以实现。正因为如此,恩格斯曾形象地称思维是"地球上最美的花朵"。

二、思维和语言

思维与语言的关系是国内外学术界长期争论的一个问题。迄今为止,在国外主要有三种意见:一是主张语言决定思维,思维离不开语言,没有语言就没有思维;二是主张思维和语言各自独立,否认两者有必然联系;三是主张思维和语言是一回事,否认两者有任何区别。在国内也有三种意见:其一,思维和语言的发生是非同步的,两者有先有后;其二,思维和语言的发生是同步的;其三,思维和语言的发生是同步不同时的。不同意见的争论有助于正确理解思维和语言的辩证关系。一般说来,思维和语言的关系是比较复杂的,两者既有联系又有区别。

(一)思维和语言的联系

从思维的特点看,思维和语言有着密切的联系。思维是人对客观对象间接的概括的反映。思维之所以能对客观事物和现象进行间接的、概括的反映,其主要原因是由于语言本身具有概括性、间接性和社会性等功能。如果语言不具备这些功能,人的思维,特别是抽象思维就难以进行。因此语言是人们交流思想的手段、思维的工具。但是语言不是思维的惟一工具,也不是交流思想的惟一手段。人们还可以利用其他符号系统和表象来思考,用手势、表情来表达思想。幼儿在掌握语言以前,可以用形状、颜色、声音来思维。聋哑人丧失了语言,可以借助于手势、表象等进行非语言的思维。

从思维的内容和结果看,思维和语言也有密切联系。思维以语言作为客观刺激物,特别当具体刺激物不在眼前时,语言就成为思维活动的有效刺激物。思维借助于语言、词来实现。但语言也离不开思维,语言要依靠思维的内容和结果予以充实、发展。如果语言不被人们所运用,语言也就成为纯粹的物质外壳。只有当语言的那些物质形式被思维内容和结果丰富起来时,语言才能成为一定对象的符号和具有一定意义的标志。

从思维的种系发生来看,思维和语言是在劳动创造人的过程中同步产生的。即"已经形成的"人的思维和"已经形成的"人的语言是同步发生的,并且互为存在标志,否则,便不是人的社会性思维,也不是人的真正语言。

从思维的个体发展历史来看,思维和语言也是密切联系的。儿童思维的发展表明,儿童掌握语言的过程,也是抽象思维发展的过程。抽象思维是借助语言实现的。5个月的儿童,能根据颜色和形状区别物体,能对事物进行较低级的概括,但这仍然属于动作思维和具体形象思维。只有在儿童2岁左右掌握语言之后,抽象思维才逐渐发展起来。

(二)思维和语言的区别

思维和语言虽然有密切联系,但是思维不是语言,语言也不是思维,它们是两种相对立的现象。两者的区别主要表现在:

从本质特征来看。思维是人脑对客观现实的间接的、概括的反映,是一种包含物质内容的心理现象。而语言则是由一定的物质形式与概括的内容所构成的信息符号系统,是一种包含精神内容的物质现象,是思维的物质外壳或思想的直接现实。这是思维和语言的根本区别。

从生理机制来看。虽然思维活动和语言活动都体现着大脑和感官的整合效应,但思维器官主要是大脑,语言器官则主要是眼、耳、喉、口腔等的感觉器官或效应器官。语言器官的损伤或先天发育不良会使人丧失语言能力,但不一定或不会使人丧失思维能力。例如,1947年史密斯(S. M. Smith)等人进行一项实验:史密斯本人接受箭毒注射,使全身的骨骼肌麻痹(包括整个语言发音器官在内),靠人工呼吸装置及其他医疗设备来维持生命。在麻痹消失,功能恢复正常以后,史密斯报告说,在他全身麻痹期间,意识没有受到干扰,思维活动仍能照常进行,他能理解向他提出的问题,这些问题事后还能回忆出来。这个实验有力地表明,思维与语言是不能等同的,甚至语言也不是思维的必要因素。

从思维和语言与客观事物的关系来看。语言同客观事物的关系是标志和被标志的关系,其间没有直接的、必然的联系;思维同客观事物的关系是反映和被反映的关系,其间有必然的内在联系。

从思维和语言的构成因素来看。语言的基本因素是词,思维的基本因素是概念。但是同一个词可以表达不同的意思,而同一思想也可用不同的词表达。

从思维和语言规律的性质来看。语言的语法规则与人类的思维规律不同。语法规则因民族而异,具有民族性。而思维规律则不然,不论任何民族其思维规律都是由感性认识能动地发展到理性认识,又从理性认识能动地指导实践,以达到改造主观世界和客观世界的目的。

三、思维的种类

(一)直观动作思维、具体形象思维、语词逻辑思维

这是依据思维在解决问题时的媒介物不同做出的划分。

1. 直观动作思维是指通过实际操作解决直观而具体问题的过程,思维在动作中展开,动作停止,关于对象的思维活动也随之停止。3岁前的儿童的思维基本上属于直观动作思维,他们只能在动作中思考并解决问题。如皮球滚到床底下,用手拿不到,怎么办?他会很快爬进去将球拿出来,而不会想一想,然后用一根长竿或别的什么东西将球挑出来,这就是婴儿直观动作思维。其实,直观动作思维也体现在成人的各种活动中,如维修人员修理电器时,动作就是他们解决问题的重要方式。

2. 具体形象思维是指人们运用头脑中的各种形象来解决问题的过程。学龄前儿童由于还没有系统和正式地学习语言,他们的思维方式主要是具体形象思维。在日常生活以及游戏过程中,幼儿已积累了大量的表象经验,这些经验就是幼儿思考、解决问题时的重要的思维支柱。如,在没有实物的情况下,幼儿在回答"大象和熊谁大?""梅花鹿和长颈鹿谁高?""1只苹果加1只苹果等于几只苹果?"等问题时靠的就是已经掌握的事物形象。较前一阶段而言,儿童运用形象或表象操作来解决问题是儿童的外显动作操作发展到对对象的内隐表象操作。但是,具体形象思维主要依靠形象来思考,思维活动易受具体情景的影响。

具体形象思维也是成人的思维方式之一,如建筑师、设计师、艺术家等,但成人的形象思维较儿童的形象思维有着本质的差别,语词在成人的形象思维中起着监督、支配的作用。

3. 语词逻辑思维指人们运用抽象的概念进行判断、推理的过程,其中,语词是工具,逻辑是方法。如科学命题的提出、理论的论证、科学规律的发现、人格的分析等等。语词逻辑思维是词的思维,这是人类思维同动物思维的根本区别,也是人的思维具有高度抽象概括能力,能超越现实并预见事物发展的根本原因。

语词逻辑思维是成人主要的思维方式,但它也离不开形象的支持,在成人解决各种复杂的问题时,鲜明而生动的形象无疑有利于问题的顺利解决。

上述三种思维的划分是相对的。从个体发展角度看,动作思维、形象思维较词的思维发展得要早,但对成人而言,这三种思维方式是相互联系的,不存在发展水平高低之分,只是在解决一定问题时,以一种思维为主辅之以其他形式,各种思维共同发挥作用。

(二)常规思维和创造思维

这是按思维的创新程度不同来划分的。

1.常规思维指人们运用已获得的知识经验,按现成的方法和程序解决问题。如学生掌握了一个公式或一种解题方法之后,就会套用这个公式或方法解决一些类似的问题。常规思维只是对已有知识经验的直接运用,缺乏深层次的组织加工,思维的创新程度低。

2.创造思维是人们重新组织已有的知识经验,用新的方法和程序去解决问题,并创造出新颖的思维成果。在人类历史中,一切的发明创造都是创造思维的结果。心理学研究认为,创造思维是多种思维的综合表现。

(三)聚合思维和发散思维

这是按思维的方向不同来划分的。

聚合思维是指根据已有的知识和熟悉的规则来解决问题,是一种有方向、有条理,按一定规则进行的思维。如学生在考试时,对试题的思考和回答常用此种思维。

发散思维是指人们重新组织已有的经验,从不同的方向探寻问题多个答案的过程。这种思维不拘泥于事物的原有意义或解释,能根据已有的信息产生出大量而新颖的新信息。如列举笔的用途,就可以有:书写、绘画、尺子、装饰、防身等等。

（四）直觉思维和分析思维

这是按思维逻辑性不同来划分的。

直觉思维是指当人们面临新情况、新问题时，迅速理解并做出判断的思维活动。这种思维缺乏明晰的逻辑步骤，但对新情景反应迅速，是一种直接领悟性的思维。如两军对垒，高明的指战员总能根据对方的一些蛛丝马迹，迅速做出判断并果断决策；生活中与人交谈时，根据某人的表情举止，直觉会告诉你，他是否撒了谎，或是否真诚等等。

分析思维是指按照严密的逻辑规则，逐步推导，最后得出合乎逻辑结论的过程。如，学生在求证一个定理、推导一个公式，或运用公式、定理按一定程式解决复杂数学题时，都是典型的分析思维。

四、思维的过程

思维的过程或称思维操作，是对复杂的信息加工过程，它以人们已有的知识经验为基础，对输入的信息进行分析、综合、抽象、概括、比较、系统化和具体化等。分析和综合是思维的基本过程。

（一）分析与综合

分析是指在思想上将事物整体分解为各个部分、各个方面，把事物包含的各种属性、特征从整体中分离出来的过程。分析是一切认识的基础。儿童喜欢拆卸玩具，其实那就是在分析，他想知道玩具的构造。综合是同分析相反的思维过程，指在思想上将事物的各部分、各方面、各特征结合起来形成对事物整体认识的过程。综合以分析为基础，同时又是分析的前提，分析不能脱离对事物的整体认识，而综合则要通过整体来实现，因此，分析与综合是关于事物同一认识过程中的不可分割的两个方面。

（二）比较

比较是指在思想上将各事物加以对比分析，确定它们的相同点、不同点及其相互关系的过程。如学生在识记、理解知识时，通过分析知识点之间的相同点、相似点、相异点以及各自的显著特征,就能记得牢,理解深刻;缺乏比较的学习,易导致较多的记忆错误以及似是而非的现象。比较以分析综合为基础,是一重要的思维过程,同时,也是重要的思维方法。有比较才有鉴别,通过比较,我们才能认识世界的真善美,人的假恶丑,生活中,通过比较我们才能选择满意的产品和服务。

(三)抽象和概括

抽象指在思想上将各事物、各现象的共同、本质特征抽取出来而舍弃各自的非本质特征的过程。客观事物和现象有诸多特征,其中有些特征是外部的、非本质的、非共同的,如钟、表的形状、大小、颜色、质地、结构等,而另一些特征则是内在的、本质的、共同的特征,如钟、表的共同本质特征则是"能计时"。事物的非本质特征往往是事物表现于外的,因而能被人直接感知,而本质特征则必须经由思维的抽象方可认识。

概括是指将抽象出的事物间的共同本质特征综合起来,形成一个完整的认识,并将这种认识推广到对同类事物的认识中去。如"铁能导电、铜能导电、锌能导电……"我们就可概括出"凡金属都能导电"这一规律,并将这一规律运用于对其他金属的认识中。

概括有不同的层次和水平,初级的概括可以在感知觉、表象基础上进行,概括的是事物表面或外部特征。如,儿童把会飞的都称为"鸟"。高级概括是对事物本质特征的综合,所有的科学概念和规律都是高级概括的产物。

(四)具体化

具体化是指在思想上将抽象概括出来的知识应用于具体事物或具体情境的过程。

五、思维的品质

思维品质,又称思维的智力品质,是个体思维活动智力特征的表现。思维发生和发展中表现出来的个体差异主要反映在思维的智力品质的差异上,包括四个方面,即思维的深刻性、灵活性、敏捷性和独创性[1]。

(一)思维的深刻性

思维的深刻性指善于透过事物的表面现象,抓住事物的本质特征和规律,预见事物发展趋势的能力。深刻性是建立在对事物全面分析基础上的,缺乏周密的分析,就易被事物的假相所迷惑。如,抗日战争初期,日军凭其强大的军事力量长驱直入,一时间,国内人心惶惶,甚至有人散布中国"要亡国、灭种"的谬论,此时,毛泽东在仔细分析了中国革命战争特点以及中日力量对比变化的情况下,及时指出,抗日战争将是持久的,但胜利一定属于我们,这一论断给了国人以极大的信心和勇气。同思维深刻性相反的是肤浅,表现为认识易受现象或事物的表面特征的影响,不能正确分析和把握事物的本质特征和规律,或不考虑事物的具体情况,简单搬用现成的知识或结论。

思维的深刻性是一切思维品质的基础,并且可以经过学习训练而加以发展。在教育过程中,让儿童充分理解所学的知识,适时运用知识,教给儿童正确的认识事物和分析问题的方法,培养儿童积极向上、勤奋好学的精神等皆有利于儿童思维深刻性的发展。

(二)思维的灵活性

思维的灵活性指解决问题时思维的灵活程度。问题有简单与复杂之分,越是复杂的问题,对思维灵活性的要求就越高。复杂的问题较之简单的问题而言,思考问题的方向具有多端性、解决问题的方法具有多样性、问题解决的过程具有易变性等特点,这就要求人们在思考并解决某些问题时,应从多角度去分析,运用不同的方法去解决,并根据变化了的情况,及时采取有效的措施。

思维的灵活性受人们的知识经验水平、运用知识的能力以及

---

[1] 王耘、叶忠根、林崇德:《小学生心理学》,180页,杭州,浙江教育出版社,1993。

思维习惯等因素的影响。对某些个体来说,由于掌握的知识有限,解决问题所需的知识不够,因而思维的灵活性会受到很大影响。经验,我们常将其视为人生的财富,但在情况变化了的时候,正是经验在僵化着人们的思维。一个有趣而简单的问题是:一瓶用软木塞塞紧的美酒,倘若你想喝,可又偏偏找不到塞起子,在不许将瓶子打破,也不许在塞子上开孔的情况下,你能喝到这瓶美酒吗?

思维的灵活性是在思维的深刻性基础上派生出的思维品质,缺乏对特定问题情景的深刻分析和把握,就没有灵活性可言。教条主义者机械地因袭各种原则和规律,就是思维缺乏灵活性的典型表现。

(三)思维的敏捷性

思维的敏捷性指思维过程的速度。在处理问题时,思维的敏捷性表现在很多方面,如对问题做出快速反应、很快思考并快速做出判断、迅速做出结论等。然而,衡量个体思维是否具备敏捷的品质,"快"或"迅速"并不是惟一的标准,快而不准,不是思维敏捷的表现。

思维的敏捷性受多种因素的影响,个体知识水平、认识能力、解决问题时的紧张程度、思维定势、问题情景的复杂性以及个体对问题的熟悉程度等是其主要因素。

(四)思维的独创性

思维的独创性指个体通过独立思考并创造出新颖而有社会价值的思维成果,这是思维智力品质的最高表现。思维的独创性是一切创造活动所必需的条件,同时在人类的一切领域或活动中,也有着极其重要的作用。一般说来,每个人的思维都有其独创的一面,在生活、工作和学习过程中时有体现,不过就其社会价值而言,不同的创造则有着水平高低之别。另外,每个人体现自身创造力的时间也有早晚差异。

思维的独创性有四个主要特点:一是认知的深刻性,能准确无误地提示客观事物的本质特征和规律性联系;二是独特性,它具有个性的特点,自觉而独立运用条件,找出解决问题的关系、层次和结论,不落俗套,不人云亦云;三是发散性,它从某一给定的信息中,产生各种各样为数众多的信息,即找出两个或两个以上的可能的答案、结论、方案或假设等;四是新颖性,它的结果,不论是概念、理解、假设、方案或是结论,都包含着新的因素。新颖程度是思维独创性的最重要的指标,这种新颖性基于客观现实,又高于客观现实,具有一定的社会价值[①]。

第二节 概 念

一、概念的性质

概念是思维的重要形式之一,同时又是人认识结构中的基本内容。作为一种思维形式,它是人加工信息的过程,而作为知识内容,它是关于客观事物本质属性的规定,是思维最为基本的元素,有人则形象地称之为"思维之砖"[②]。

概念是人脑反映客观事物的本质特征的思维形式。客观事物有着诸多特征、属性及其相互关系,有些属性、特征是外在的或感性的,如形状、颜色、大小等;有些属性则是内在的或抽象的,如美丑、善恶等;有些属性是共同的、一般的;而有些属性则是本质的。人们在认识客观事物中,通过分析事物的各种特征,抽象概括出事物的本质特征,并以词来标志时,便形成了概念。因此,概念是以词标志的关于客观事物本质特征的符号,它是抽象逻辑思维的基本单位,也是构成判断、推理的基本要素。

每个概念都有内涵和外延。内涵是概念的质,反映概念所涉

---

① 王耘、叶忠根、林崇德:《小学生心理学》,188 页,杭州,浙江教育出版社,1993。
② 董奇主编,辛自强、陈英和著:《思维——开发无限的潜能》,3 页,北京师范大学出版社,2001。

及的事物的本质特征。外延是概念的范围。概念的内涵和外延之间成反比关系,即内涵越大、外延越小;内涵越小,外延越大。

各个概念由于抽象概括程度不同,所以就有了不同的概念层次,各概念层次间相互联系,便形成概念系统或概念网络。如普通心理学一般将个体心理划分为以下几个部分,各部分相互联系,便构成了概念系统。如下图:

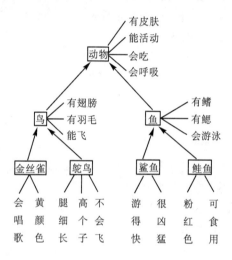

图8-1 概念系统举例

如果说,概念是思维的基本元素,是"思维之砖",那么形成概念系统就是用概念构筑"思维大厦"。因此,形成和发展概念系统是人类学习尤其是学生学习的重要内容之一。

概念和词密不可分,概念是用词来标志的,但词和概念之间不是一一对应的关系。同一概念可用不同的词来表示,同一个词也可表达不同的概念。

二、概念的形成

概念是在人类历史发展过程中形成的,并且随着人类实践活动的发展而不断丰富和发展。为了考察概念的历史生成,了解概念形成所需的条件及形成的规律,心理学工作者曾用人工概念的方法进行研究。概念形成的早期研究始于美国心理学家赫尔(C. L. Hull)的实验,他采用配对学习法,用汉字的偏旁部首作概念,用无意义音节给它们命名,研究的目的就是让被试在特定汉字部首和与之相配的无意义音节之间建立固定的联系,一旦这种联系建立起来便说明被试形成了一个概念。如被试把所有带有"亻"偏旁的汉字都叫"XL",说明被试抓住了这些汉字的共同因素,同时排除了无关的因素,概念"亻"与XL建立一种联系,说明概念已经形成。

随后,在概念形成的研究中,人工概念的研究占了多数,其中,由布锡莱特 L. Bouthilet 首创的假设－检验理论影响较大。这种理论认为:在概念的形成过程中,概念的学习者作为一个问题的积极解决者出现。学习者不断地产生和检验假设,这些假设都是关于确定概念属性的规则和方式,每一个成功的假设都通过运用它把事物分为可以作为概念的例证或不可作为概念的例证两类而得到检验。无论何时,一个不能成功分类的假设就会被抛弃,而一个新的假设就会产生,直到正确的假设被发现为止[①]。下述实验将揭示概念形成的过程:实验材料为18张卡片,每张卡片有一个几何图形,图形有三种,方形、圆形、三角形。每种图形又有位置、大小之分。位置共分左、中、右三种,有大、小两种,18张卡片共有3种维度8个属性。实验目的是从3维度8属性中形成一概念。实验之前,主试预先想好一个概念,如"小的圆"。实验开始时,主试对被试说:"我已想好一个概念,看看你能否猜出我想的这个概念是什么?"主试先抽取一张卡片(如卡片4)让被试看,然后要被试回答,此卡片是否为概念的例子,如被试回答"是",主试就予以肯定,说:"对,这是我所想的那个概念的例子。"如果回答"不是",主

---

① 母小勇、张莉华:《一个科学概念形成过程的初步实验研究》,《心理科学》,2000(5)。

试要予以否定,说:"不对,这是我想的那个概念的例子。"然后,随机抽取另一张卡片,按同样的方法,让被试回答,主试要及时给以评定,直到被试发现所有的正例卡片4、卡片10、卡片16,剩余全部为反例为止,说明被试已发现主试所想到的概念。

从以上概念形成的过程中,可以看出:概念形成的心理过程主要是假设、检验的过程,概念所包含的属性越多、越复杂,假设、检验的次数就越多,探索的过程就越长。

由此,也可以看出,概念形成主要受两方面条件的影响,其一,学习者对概念正反例证的辨别,并提出假设;其二,学习者必须从外界获得反馈信息,以检验假设,二者缺一不可。另外,在概念形成过程中,学习者采用的策略也很重要,一种是保守性集中,另一种是冒险性集中。前一种策略是先抓住一个肯定的例证,然后试探性地选择另一个相似的例证,这一例证只是在某一个属性上与已发现的肯定例证不同,用这种方法,学习者可以有效地发现概念的所有的有关维量,而排除无关维量。有时,学习者想一举成功,在发现了概念的一个肯定例证后,同时对两个或两个以上的属性进行试探性发现,如果冒险成功,可以很快习得概念,倘若出现错误,则要花费更多的时间。

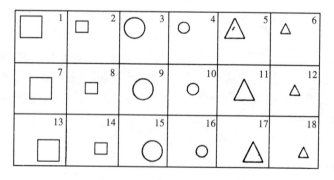

图8-2 人工概念实验材料

人工概念的研究对人们认识概念形成的规律有一定意义,但人工概念有极大的人为性质,正如有些研究者所指出的那样,它不能说明社会历史经验对个体形成某个概念的影响,也不能说明某个概念在人类历史上产生和发展的情况[1]。

三、概念的掌握和运用

(一)概念掌握的水平和层次

在个体发展过程中,人对概念的掌握不同于概念的形成。人类现有的概念是历史生成的结果,是人类在发展过程中积累起来的经验。儿童学习过程就是形成和掌握概念的过程,这一过程主要是成人运用语言工具,将知识经验传递给儿童;儿童通过掌握事物的本质特征及本质关系,达到对事物正确认识的过程。儿童掌握概念的过程包括如下四级水平:

1. 直观情景概括。概念究竟在儿童的什么时候出现?过去一直认为,语言的发生和发展是概念发生的先决条件,即概念发生于语言习得之后。但现代心理学研究则表明,个体概念的早期发生可提前到婴儿期。许多研究都表明婴儿已有相当的知觉辨认能力,这是概念发展的重要基础,因为辨认能力是分类能力发展的重要前提,而分类能力又是概念掌握的必要条件[2]。

既然概念的发生可提前到婴儿期,那么婴儿对概念掌握的状况又会如何呢?观察和研究都表明婴儿对概念的掌握是直观的,极易受情景制约,这是个体概念掌握最初级的水平。如小孩在一起玩耍时,经常会发生如下情况:两位母亲带着各自的孩子在一起玩,一个孩子在喊"妈妈",这时候,如果另一个孩子也喊"妈妈",前一个就会很不高兴地说:"妈妈是我叫的,不是你叫的,你怎么也叫

---

[1] 彭聃龄:《普通心理学》,267页,北京师范大学出版社,1991。
[2] 林崇德、沈德立主编,陈英和著:《认知发展心理学》,185页,杭州,浙江人民出版社,1996。

妈妈,你不能叫。"这说明,孩子对"妈妈"这个概念还没有真正掌握,他的理解是直观的,是受特定情景制约的。

2. 具体特征概括。随着年龄的增长,儿童认识的事物越来越多,认识范围越来越广,这使得儿童在意识上有可能对对象做出更大的归类。次一级的水平就是按事物的具体特征进行归类。如儿童把能吃的水果都叫"果实",把会飞的都叫"鸟"等等。

具体特征的概括水平与儿童的形象思维直接相关,这时儿童还缺乏概括事物抽象特征的能力,概括的是事物的感性特征,形成并掌握的多半是具体概念、日常概念。

3. 一般特征的概括。事物之间有着一般的共同的特征,有些一般的特征代表并反映着事物的本质,有些则不是。如"笔是书写的工具","计算机是由电子元件组成的",前者是笔的一般属性,也是本质属性,而后者则不是。由具体特征概括上升到一般特征概括,是概念掌握的第三级水平,在儿童学习过程中,此级水平概括是大量存在的。原因主要有三个方面:其一,受儿童自身思维水平的局限,尤其是抽象逻辑思维还不是很发达;其二,受自身经验的影响;其三,概念的例证概括不全面。

4. 本质特征的概括。对事物进行本质特征的概括是儿童掌握概念的根本任务,也是概念掌握的最高层次,这往往要通过有效的教学来实现。儿童通过系统地学习科学概念,不仅促进了自身思维能力的发展,而且已经掌握了的知识(科学概念)也会大大加速儿童的认识进程。只要教学得法,在儿童摆脱了自身经验和对象的局限性之后,儿童就可实现对事物的本质认识。

(二)概念掌握的方式

一般认为,成人对客观事物进行概念性表征的方法大致有以下四种:其一,以样例为基础的表征——以列举例证来说明对象;其二,可能性的表征——依据事物间可能的关系来说明对象;其三,定义特征的表征——用下定义来说明对象;其四,以理论为基础的表征——依据已有知识对对象作意义性说明。

过去,人们常认为,儿童对概念的掌握是通过对事物的定义特征的认识而实现的。其实,儿童掌握概念的方式远不止这一种。由于概念有简单与复杂之分,儿童在掌握不同概念时,方法就会有所不同,不同年龄段儿童在掌握概念时,方式也会有所差异。

上述四种对象概念的表征方式也可用来解释儿童关于概念掌握的方式。

1. 样例表征方式。儿童刚开始学习概念时,往往都是通过掌握个别例证来学习概念。如,儿童所说的球,是指自己拥有的那个花皮球,狗是指自家养的那条小花狗,等等。随着年龄增长,知识积累越来越丰富,儿童才能理解球、狗等概念的一般特征,并进而归纳出它们的本质特征。

2. 可能性表征方式。当儿童能够对事物的各种特征做比较、分析的时候,可能性表征就成了儿童掌握概念的另一种方式。如,将不同的形状、颜色和大小的飞机、汽车、香蕉、苹果玩具放在一起让儿童分类,4岁儿童将其分为4类,每一类代表了一个概念,分别是:飞机、汽车、香蕉、苹果。这说明儿童在分类过程中可以摆脱对象具体特征的影响,并按可能性的关系形成了"类概念",但这种类概念只是基本的类概念,而不是一个更大的类概念。一个7岁儿童可以形成更大的类概念,如将飞机、汽车归为一类(交通工具),将香蕉、苹果归为另一类(水果)。

3. 定义表征的方式。对概念进行定义表征,要求儿童能理解定义所包含的事物的本质特征,这就需要儿童具备相应的知识经验水平和思维水平。儿童入学之后知识量急增,有效的教学也使得儿童的思维能力得到了较快发展,这就使儿童对事物进行定义表征有了可能。如在掌握了对边、平行、相等、四边形的知识后,儿童就可以学习平行四边形的概念(两对边平行且相等的四边形)。定义表征的方式是儿童在校学习期间掌握概念的主要方式。

4.理论性表征的方式。所谓理论性表征指儿童根据已有的知识,力图对对象做出意义性说明,包括对对象进行分析、推理并得出某种结论的过程。这一过程的关键是儿童积极寻求建立起关于事物各特征间的因果关系和等级关系,以获得对事物意义的认识。经由理论性表征方式所掌握的概念,可以使儿童克服事物感性特征的局限,进一步深化儿童对事物内在本质的认识。如,儿童在掌握"大象"这个概念时,理论性表征方式不仅要让儿童知道"大象是什么",更重要的是让儿童准确把握大象更多的内在的本质特征。"成年大象为什么只站着睡觉,并且睡眠时间很短?"回答这一问题,儿童就要运用所了解的有关大象的知识,如,个子高、很重、能量消耗大,所以要不停地进食等等。通过分析大象的各种特征,并进行合理推论,儿童就可准确回答这一问题。这样,也就加深了儿童对"大象"这一概念的认识。

(三)概念掌握应注意的问题

掌握概念不是一个简单的传递过程,也不是原封不动地从成人那里把知识传给儿童。儿童掌握概念是一个积极能动的过程。为了使儿童更好地掌握概念,应注意以下几方面问题。

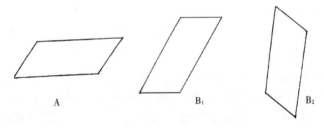

图 8—3 平行四边形及其变式示例

1.准确理解定义,形成概念体系。概念的定义揭示了事物的本质特征,因而准确理解定义,对获得关于事物的正确认识非常重要。为了准确理解定义,学习者要紧扣定义中能反映概念本质意义的关键成分,同时还要通过比较弄清楚与此相同、相似、相对立概念间的关系,形成概念体系。客观事物之间存在着广泛的联系,因而概念之间在相互区别的同时,也必然存在着某种联系,正确把握概念之间的联系,形成概念体系,就能使知识系统化。就一门学科而言,概念是其基本结构内容,概念呈现的方式总是以一定的逻辑顺序或逻辑关系进行的,掌握概念时,要把握这种关系,在头脑中形成清晰的"概念树",惟有这样才能构建有效的知识结构。

2. 全面利用概念的变式。每个概念都是对一类事物的共同本质特征的概括,在概念所概括的事物中,有的很"典型",明显地体现出概念的意义;有的则比较"特殊"。概念变式指的就是概念中的特殊形式。变式对概念掌握有显著影响。如平行四边形的典型图式指的是两较长平行对边呈水平状态时的图形,而变式指的是以此图形为基础,旋转任何一个角度所得的图形。显然,如果学习者只熟悉平行四边形的典型图示,而不熟悉其他各种变式,那么,在解几何题时将会面临较大困难。

3. 提供感性材料的支持。大多数概念都是在感性材料基础上产生的,离开了感性材料,概念就是空洞的。如"手枪"总与各式各样玩具手枪联系在一起,"漂亮"指那些好看的人、衣服、建筑物等等。感性材料是儿童理解概念的基础,感性材料越丰富、越直观,对儿童理解概念就越有利。离开感性认识的支持,儿童理解概念就会发生困难,概念掌握就不牢靠。因此教学过程中,教师要运用多种手段、多方面为儿童理解概念提供感性材料的支持,将有利于儿童学习并掌握概念。

4. 注意已有经验的影响。儿童已有的经验(在生活中形成的日常概念)无疑会影响儿童对概念(科学概念)的掌握,其实这正体现了学习的迁移作用。但迁移有正、负之分。儿童已有的经验对儿童掌握概念既可能起正迁移作用,也可能起负迁移作用,当二者保持一致时,已有的经验就有利于概念的掌握;反之则不利。因此,在掌握概念时,要尽量将日常概念与科学概念区别开来,防止用日常概念替代科学概念。

5.在实践中运用概念。掌握概念不仅仅是记概念,关键是要在实践中运用概念解决问题。许多学习者不重视这方面,他们单纯用记忆的方法去学概念,有的甚至采用机械记忆的方式,其结果自然是既理解不好,又记不牢。在实践中运用概念的途径很广,做作业、做练习、做实验都是不错的运用途径,它们既可以用来练习概念的应用,又可以用来检查学习者本人对概念的理解和掌握程度。另外,在日常生活中,学习者也应积极地将所掌握的概念运用于各种问题的解决当中,进一步加深对概念的理解和体会。

第三节　问题解决

一、问题与问题类型

生活中,人们会经常面临各种各样问题。何谓问题？简单地说,问题是指人们尚待探索的未知情景。正因为这种情况是未知的,是需要人们通过探索去解决的,所以才叫问题;倘若某种情景是已知的,答案是明了的,那就够不成问题。问题包括三个要素:其一,情景条件,它包括在情景当中,或已知,或内隐,但经分析可以提取;其二,情景目标,指经由探索达到明了时的那种状态;其三,情景转换过程,指达到目标必须采用的方法、手段和步骤。

问题尽管千变万化,我们仍然可以按照某种标准对其进行划分。一般的划分方法是根据问题有没有一个固定答案,将问题划分为两大类:一类是有一个固定答案的问题,另一类是没有固定答案的问题。前类问题有充分的情景条件、解决问题的策略及惟一正确的答案或结论,如数学问题。而后一类问题则缺乏一致而完整的情景结构、情景条件,达到目标的手段模糊不清。此类问题答案或结论不一,或根本就没有,或仍在探索之中。如"幸福是什么?"的问题就是如此。

二、问题解决的思维过程

有了问题就得解决,但解决问题是一种十分复杂的过程,涉及各种主客观因素。下面从逻辑分析和实验研究的角度简要分析这一问题。

(一)逻辑分析

从逻辑角度看,问题解决包含一系列相互联系的阶段,它们是提出问题、分析问题、提出假设、检验假设。

1. 提出问题是解决问题的起始环节,它包含两层意义:其一,问题是自己主动提出的,并经过自己的思考,有强烈的解决问题的需要和动机,问题解决的过程是愉悦的;其二,问题是自己被动应对的,它是一种现实存在,由个体所生活的环境向个体提出,个体在解决此类问题时,常体验到压力。一般而言,提出问题是一个主动的过程,是否善于提出问题依赖于主体某些积极的品质。从个体发展来看,善于提出问题,是个体智慧水平的重要标志。

2. 分析问题。问题提出之后,就要进行分析。分析问题就是分析问题中的条件与要求之间的关系,把握它们之间的内在联系。分析问题还包括确定达到要求的步骤、运用什么样的方法、遵循哪些规则等,只有这样才能形成明确的解决问题的方向。

3. 提出假设。在对所要解决问题的条件、要求、方法、步骤进行了仔细分析,并大致确定了问题解决方向之后,就可提出问题解决可能的方案。有的时候,提出的方案可能不止一个,有几个,到底哪个可行,哪个更好,就要经过检验来确定。

4. 检验假设就是对已提出的假设进行证实或证伪。有两种方式:其一,实际操作(包括实验活动);其二,逻辑论证(逻辑推理)。提出假设并检验假设是问题解决的两个重要阶段,实际上很多问题就是在提出假设、检验假设的不断往复过程中得到解决的。请看下例。

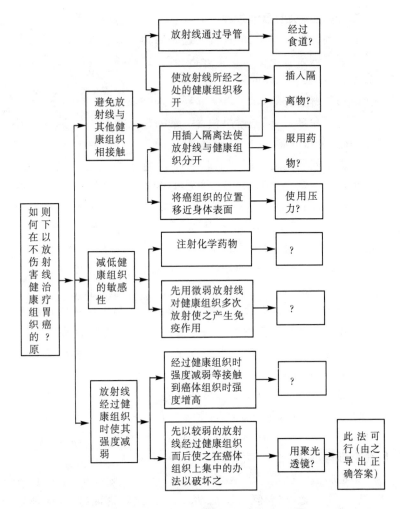

图 8-4　K. Duncker(杜克)关于问题解决示例

(二) 实验研究

曾有不少心理学家用实验方法研究了动物和人解决问题的思维过程。最早用实验方法研究该问题的是美国心理学家桑代克

(E. L. Thorndike,1874～1949),其中一个实验如下:实验对象是一只饥饿的猫,所用的实验材料是食物,一只特制的实验笼(笼内设置一开关,触动开关就可打开笼门,参见图8-5)。实验时,将一只饿猫关进笼内,刚开始时,猫为了吃到笼外的食物,在笼内乱抓乱撞。在经过多次无效动作之后,偶尔触到开关,打开笼门,吃到了笼外食物。然后,再次把猫关入笼内,猫在经过一番乱抓乱碰之后,再一次偶尔触动开关,打开笼门,吃到了食物。这样的实验连续多次之后,桑代克发现,猫的行为有两方面变化:其一,从笼内到笼外获得食物的时间越来越短;其二,猫的错误行为逐渐减少,而正确行为逐渐增加。这说明猫通过多次尝试错误之后,似乎找到了问题的答案。根据这个实验,桑代克认为动物解决问题的过程是不断尝试错误的渐进过程。

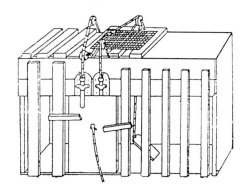

图8-5 桑代克用来研究问题解决的迷笼

心理学家苛勒(W. Kohler,1887～1967)于第一次世界大战期间也用实验方法研究了这一问题。他的实验对象是黑猩猩,实验情景是:一串香蕉吊在房间的天花板上,黑猩猩站着够不到,房间四周散放着几只箱子。开始时,黑猩猩试图跳起来够香蕉,但够不着,于是它就蹲在地上沉思或在房子里来回走动,当走到箱子边的时候,它突然不动了,过一会儿,它将一只箱子搬到香蕉下面,站上去发现还是够不着,于是它又搬来一只叠在前一只之上,爬上去终于摘下了香蕉。苛勒发现,黑猩猩并不是通过试误的方式去解决问题的,而是通过"顿悟"的方式,即突然领悟到手段和目的之间的关系,使问题得到了解决。见图8—6。

图8—6 黑猩猩顿悟实验

动物解决问题的过程到底是"试误"还是"顿悟"？这不能一概而论。首先,问题的性质及其复杂程度会影响到问题解决的方式和方法;其次,不同发展水平的动物解决问题的方式也会有所差异。人是万物之灵,是最富有智慧的动物,自然不能与猫、黑猩猩等动物相提并论。20世纪60年代以来,认知心理学对问题解决进行了大量研究,认为解决问题是人通过一系列操作达到目标的过程。问题有三种状态:初始状态——问题包含的条件;中间状态——达到目标的具体操作序列；目标状态——问题所要达到的目标。问题解决过程就是通过一系列的中间操作，缩小初始状态和目标状态之间差距的过程。下面以"河内塔"问题来说明。此问题的初始状态是 A,B,C 三根柱子,A 柱上有三个大小不一按顺序叠在一起的圆盘,就像一个"塔",目标状态就是按一定规则(每次只能移一个,大的不能压在小的上)把 A 柱上的三个圆盘移到 C 柱上。解决这一问题就要找到由初始状态达到目标状态的中间状态,即寻找有效的操作序列。

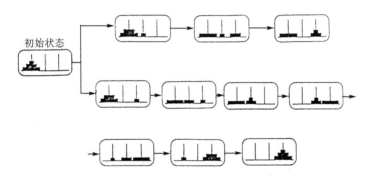

图 8-7 "河内塔"问题解决示例

(资料来源：彭聃龄《普通心理学》,北京师范大学出版社,1996)

三、问题解决的一般策略

问题解决在一定程度上依赖所采取的策略的有效性。尽管不同问题的解决需要不同的策略,但解决不同问题的策略在某种程度上又有着共性。

(一)问题表征策略

当儿童面临一问题情景时,儿童首先要通过观察分析问题中的各种信息,识别哪些信息是与解题有关的关键性信息,哪些信息是不重要的信息,这些关键性信息与问题目标状态之间有着何种联系。在解决问题之初,对问题做如此分析,便于儿童构建一个恰当的关于问题的表征系统,也即形成问题的心理表征,这一表征是否正确对顺利解决问题有重要影响。在一项实验中,主试让4～11岁的儿童和大学生观察一辆装有一个小球、正在运动着的小电动车,然后要求被试预测当小球从小车底部的一个洞落下时,小球将呈何种运动轨迹。结果发现,70%以上的4～11岁儿童和相当一部分大学生都认为:小球的运动轨迹是一条垂直向下的直线。在被试提出自己的预测之后,实验改为让被试观察小球下落时的实际情形并修改原先的假设。通过比较被试原先的和修改后的假设可以发现,由于被试在开始时未能注意问题的关键性信息,并及时将其分辨出来,故直接影响了被试对问题的判断和推理。

(二)搜索策略

搜索是指在解决问题过程中,分析问题初始状态向问题目标状态转换的步骤和有效方法。

1. 正向搜索与逆向搜索。正向搜索指由已知到目标的推理策略,它从问题的条件出发,合理组织已知信息,逐步推导,直到问题解决;而逆向搜索则是由目标到已知再回到目标的推理策略,它是将问题整体目标分解成许多子目标,然后寻找满足子目标的条件,且把每一子目标完成的情况,同整体目标相对照,如果有利于整体目标,则继续另一子目标,这样通过逐个子目标的解决,最终达到解决整体目标。以下是逆向探索的一个例子:甲骑车从某点出发以每秒2米的加速度前进,乙从同一点出发以每秒8米的平均速度超过他,问甲用多长时间才能赶上乙?此问题求的是时间(t),首先学习者要回忆有关公式,查看哪些公式可以使用,$S=vt$中,含有t,v已知,但s未知,而$S=at^2/2$公式中,也含有t,a已知,但s也是未知的,不过没关系,这两个公式可以等换成$vt=at^2/2$,这样未知数就只有一个t,求得t=8。至此,上述问题得到解决。

2. 单一搜索策略与整体搜索策略。单一搜索也叫逐条搜索或穷尽搜索,这种方法需要尝试解决问题所有的可能性,它能确保问题得到解决。单一搜索策略尽管能使问题最终得到解决,但却很耗费时间,有时当解决某一问题的方法很多时,单一搜索策略就显得无能为力。

整体搜索策略也叫启发式策略,指在对问题的条件和目标进行分析,形成了有效的问题空间之后,再试探着选取某一方法,通过有限的步骤去达到目标。同单一搜索策略相比,整体搜索策略无需尝试所有的可能性,只需选取有限的方法和步骤就可以了。但这种策略在较大程度上依靠个人的知识水平和经验状况。只有拥有同解决某一问题相关的丰富知识,个体才能快速从问题中分辨并提取有效信息,并通过合理组织信息去解决问题。个体解决问题的经验也影响这一策略的应用,解决同类问题或类似问题的经验越丰富,迁移的速度就越快,解决问题的能力就越强。

(三)组块策略

组块指解决问题时的功能单位,具体指思维操作单元。组块越大包含的思维操作单元越多,各相关的小的思维操作单元之间的联系就越紧密,越连贯,甚至达到自动化水平。有人通过实验比较了专家和新手解决同一问题时组块水平的差异,发现专家用大的功能单元和顺向策略来解决问题,而新手则用小的功能单元和逆向策略来解决问题。这说明知识水平和有效的工作经验是决定组块水平的重要因素。

四、影响问题解决的因素

问题能否顺利地解决受很多因素影响,主要有:

(一)问题情景

问题情景指由问题的条件和要求以及根据条件探索达成要求的方法、步骤共同构成的问题空间。问题情景越简单明了,问题就越易解决;反之,问题解决就较难。如根据图8 8两图求圆的面积时,b较a容易。因为b图所示半径易被当做是正方形的一部分,故问题容易得到解决;而在a图中,这一条件较为隐蔽,需转换后才有利于这一问题的解决。

当然问题情景的复杂性是相对的,对某个人是复杂的问题,对另一个人却不一定复杂。

(a)

(b)

图 8-8　相同信息时的不同问题情景

(二)定势

定势指心理活动的一种准备状态,是由以往经验引起的解决问题的倾向性。定势正如运动的惯性,它既可以使人的思维顺利推进,也会在情况变化了的时候,阻碍思维创新。卢钦斯(A. S. luchins)用"量水"实验说明了定势对思维的消极作用。A,B,C为三个容量不等的容器,要求被试用这三个容量不等的容器量出一定量的水。实验共有 8 道题,前 7 题做法为 d=B-A-2C,但其中后三题可以用更为简便的方法,如第 6,8 题可直接用 D=A-C 法。第 7 题可用 D=A+C 法。实验分二组,第一组从第 1 题一直做到第 8 题,第二组只做后三题。发现第一组被试由于已形成 D=B-A-2C 的定势,在做后三题时仍用较麻烦的间接法,而第二组被试则很少出现这种情况。

表 8-1　"量水"实验程序

问题	A	B	C	求 D	习惯解决	注
1	21	127	3	100	D=B-A-2C	
2	14	163	25	99	︙	
3	18	43	10	5	︙	
4	9	42	6	21	︙	
5	20	59	4	31	︙	
6	23	49	3	20	︙	D=A-C
7	15	39	3	18	︙	D=A+C
8	28	76	3	25	︙	D=A-C

(三)功能固着

每个事物都有其功能,某些功能由于使用频率高便成为通常或一般功能,而其他功能则渐渐退出人们的认识范围成为"特殊功能"。功能固着即指人们将事物的通常或一般功能赋予事物的倾向性。如,人们认为筷子是吃饭的、盒子是装东西的、牙刷是刷牙的、笔是写字的等等。在解决问题过程中,能否根据问题需要适时变通事物用途或功能,则对问题解决有重要影响。有这样一个问题:给你一盒火柴,几个图钉,两根蜡烛,你能将点燃的蜡烛固定在墙上吗? 能否正确解决这一问题的关键就在于火柴盒的用途,火柴盒可以用来装火柴,若将里面的火柴倒出,用图钉固定在墙上,也可以用来做支架。

(四)习惯思维

人在工作、学习、生活过程中逐渐积累了经验,于是就习惯于按现成经验来办事,或习惯于从已有知识、经验出发来考虑问题,这样就会渐渐形成习惯性思维。习惯性思维的认识构架比较狭窄,它主要依靠已有的经验,因而往往会阻碍问题的正确解决。请看以下"九点图"问题,要求是:连续画出相连的4条直线通过9个点,且每个点只通过一次。正确解决这一问题就要打破由9个点构成的方形框架而构建一新的框架。

图 8—9 九点图问题及解答

(五)动机强度

动机指解决问题时的内在动力。心理学研究表明,动机强度大小会影响问题解决的效率。适宜的动机强度对解决问题有利,过强和过弱的动机强度皆不利于问题解决。这说明,就解决问题而言,并不是动机强度越大越好,有的时候,动机强度越大问题反而越不易解决。如考试时越想考好,就越紧张着急,反应就越慢,记住的东西也越容易忘掉,到头来反而考不好,这就叫"欲速则不达"。反之,动机强度过弱,心理一点紧张感都没有,拿考试不当回事,也会缺乏考好的动力,同样考不出好成绩。

(六)从众

从众指在群体中,个人易于在认识和行为上同他人保持一致的倾向。从众也会影响问题的解决。美国心理学家阿希(S. Asch,1951)用实验证明了这一点。他将被试每7人分为一组,这7人中有1人是真正被试,而其余6人是假被试,事先接受过主试指示(要求6人故意做出一致的错误判断)。实验任务是:右图卡片中哪条直线与左图卡片中的标准直线等长。实验时先让6名假被试故意做出一致的错误判断(A或B,其实答案是C),然后要求第7名被试来判断。结果发现在参加实验的真被试中有37%的人放弃了自己的正确判断而听从了群体的错误判断。这说明,解决问题不仅受个人因素影响,而且也受人们之间的相互关系影响。

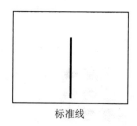
标准线

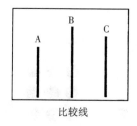
比较线

图8-10 阿希从众实验材料

第四节 创造思维

一、创造思维及其特征

(一)创造思维的含义

创造思维是指人们重新组织已有的知识经验,运用新的方法、程序创造出新颖、独特的有个人或社会价值意义的思维产品的过程。它是思维活动的高级过程,是人类一切发明、创造活动的智慧之源。

创造思维并不是发明家的专利,它为每个人所拥有。比如,儿童的小制造、小发明;成人在工作中就解决某一问题而提出的创造性见解或方法;人们为丰富日常生活而提出的新设想、新计划等等都是创造思维的体现。

(二)创造思维的特征

美国心理学家吉尔福特(J. Guilford,1897～1987),认为发散思维是创造思维的核心,是衡量个体创造力水平的标志。创造思维(发散思维)具有变通性、流畅性、独特性的特征。

变通性即变化性,指能从多个角度去认识事物或思考问题,思维不受定势、功能固着影响的特性。在一项测验中,要求被试列举白纸的用途,有些被试只列举了白纸的常见用途,如写字、绘画、做作业、包装纸等;另一些被试则列举了白纸的多种用途,如写字、包装纸、表窗纸、做折扇、擦桌子等,很明显,后者较前者有更高的思维变通性。

流畅性是指思维问题的反应速度、流畅性较好的人,智力活动少阻滞且能在短时间内产生大量的信息。有一种"续词"游戏很能说明这一问题。这种游戏是从某一词开始,一般是二字词,要求按首字或尾字续词,允许谐音,续得越快越好。如中国—国家—家园—园丁—钉子—子夜等等。

独特性指提出不同寻常的见解。例如,吉尔福特曾给被试叙述一段故事情节,然后要求他们给这段故事配上标题。故事大意是:有一对夫妇,妻子本是哑巴,经医生治疗后能正常说话,但妻子爱唠叨,时间长了,丈夫实在受不了,于是只好请医生将他变成聋子,以求家中宁静。一类被试将其命题为《丈夫与妻子》、《医学的奇迹》、《永远不满意》;另一类被试将其命题为《聋夫哑妻》、《无声的幸福》、《开刀安心》。吉尔福特认为,后一类被试的命题较前一类被试的命题具有独特性。

值得一提的是,人们经常只注重发散思维能产生众多、大量信息的一面,而忽视其他方面,似乎"量多"就是发散思维,这种对发散思维片面、不正确的认识必将危害创造思维的培养。

创造思维是创造活动过程中的一种思维,它是多种思维质的结合,发散思维只是其中之一。就创造思维的构成来说,除发散思维外,还有聚合思维、想像思维、直觉思维、分析思维等。

二、创造思维的过程

创造思维的过程是指在问题情景中,新思想由萌芽到生成的整个过程。目前关于这方面的研究,主要来自对科学家、艺术家的创造思维活动过程的分析,以及对他们的日记、传记的研究。其中,英国心理学家华莱士 Wallas 于 1926 年提出的四阶段说很有代表性。他认为无论科学创造、艺术创作,大体都经历四个阶段,即准备期、酝酿期、豁朗期和验证期。

(一)准备期

准备期是创造活动的前期准备阶段,包括积累有关知识经验、搜集相关资料、了解前人对同类问题研究的结果以及其他人在这类问题上的研究现状。显而易见,积累知识、搜集信息是这一阶段的主要任务。它不仅可以使人从中获得创造所必需的素材,而且有时还可以从中发现新问题,获得创造的灵感。对于创造活动来说,准备期的工作表现是创造活动的成果具有新颖、独特社会价值的必要保证。

(二)酝酿期

酝酿期是人们对问题和资料进行深入探索和思考的时期。问题解决的方案往往在这一时期提出,并在思想上或行动上检查各种方案的可行性和有效性。在酝酿过程中,思路常有被阻塞的现象,这时,人们便将问题暂时搁置起来。表面上看来,人的思路似乎已中断,实际上却仍在潜意识中继续进行。因此,有可能在放松的状态下或在从事其他活动的时候,因受到某种启发而使问题得到创造性的解决。

(三)豁朗期

豁朗期也称灵感期,指问题解决的方法或新思想、新形象迅速产生的时期。在经过艰苦的酝酿之后,如果问题还得不到解决,人们仍需苦苦求索。有时解决问题的方法却来得非常突然,这就是人们常说的灵感。灵感的到来使人有一种"踏破铁鞋无觅处,得来全不费工夫"的感慨,也有一种"忽如一夜春风来,千树万树梨花开"的喜悦。然而,灵感决不拜访懒惰者,它只拜访有准备的头脑。科学史上阿基米德测定皇冠含金量的故事便是生动的说明。

(四)验证期

验证期是对新思想、新观念或新方案进行验证、补充和修正,使其趋于完善的时期。我们可以采取逻辑推理的方法来论证,也可以通过实验或其他活动的方法来验证,抑或两种方法相互补充从而使创造活动取得完善的结果。

第九章 记　忆

第一节　记忆的概述

一、记忆的概念

（一）什么是记忆

记忆是人脑对过去经验的反映。从信息加工的角度讲，记忆是人脑对外界输入的信息进行编码、存储和提取的过程。

记忆与感知觉不同，感知觉是人脑对当前作用于感官的事物的反映，相当于信息的输入，离开了当前的客观事物，感知觉就不复存在，而记忆是对过去经历过的事物的反映，记忆总是指向过去，是在感知后出现的，是对信息的编码、存储和提取。记忆的内容十分丰富多样，从静态来看，可以是人们曾感知过的事物、思考过的问题、体验过的情感和做过的动作；从动态来看，也包括当时所感知的过程、思考的过程、体验的情景、动作的过程。即记忆的内容不仅包括心理活动的结果，也包括心理活动的过程。

记忆是一种积极的、能动的心理活动过程。外界输入的信息只有进行编码使其成为人脑可以接受的形式，才可能被记住。人脑具有主动加工信息的功能。其次，人们对外界信息的反映是有选择的，只有那些对人们的学习、生活具有重要意义的，受到人们注意的信息，才可能被加工，人们才可能有意识地去认识它，它才可能被记住。再者，记忆还依赖于人们已有的知识结构。当输入的信息被纳入到已有的知识结构中时，新的信息才可能在头脑中巩固下来，如我们学习一个新词汇，必须用原有的结构中相应知识去理解它，把它与原有知识结构中的相应知识联系起来，形成新的知识结构,它才能被记住。所以记忆并不是感知所留下的消极印象,而是积极的、能动的心理活动过程。

记忆是保存个体经验的形式之一,也是人脑保存个体经验的心理过程。

(二)记忆的基本过程

完整的记忆过程由三个基本环节构成:识记、保持、再认或回忆。识记是记忆的第一个环节,是记忆的开端,是主体获得知识和经验的过程;保持是记忆的第二个环节,是主体获得的知识经验在头脑中储存和巩固的过程,是对识记内容的强化;再认或回忆是记忆的第三个环节,是从头脑中提取知识和经验的过程,是对过去经验的两种不同的再现形式。再认是感知过的事物重新出现在面前,我们能认出来是以前感知过的;回忆是感知过的事物不在面前,我们在头脑中再现出来的过程。既不能回忆也不能再认的现象叫遗忘,它是保持的对立面。这三个环节相互影响,相互依存,有着密切的联系。识记是保持和回忆的前提,保持是记忆的关键,回忆是对识记和保持的检验,三者缺一不可。可见,记是忆的前提和基础,忆又是记的目的和检查的指标,也是巩固记的一种方式。

从信息加工的观点看,记忆是人脑对外界输入的信息进行编码、储存和提取的过程。为使外界输入的信息适合于存储,大脑需要对信息进行精细的加工,使不同感官通道输入的信息,成为人脑可接受的形式,这种加工方式就是编码。编码是个体在信息处理时,经由心理运作,转换成另一种抽象的形式,以便在记忆中存储并备以后提取的心理表征。编码有不同的层次和水平,而且可以不同的形式存在着,有视觉的信息编码、听觉的信息编码以及语义的信息编码等,如我们在学习文字时,通常根据字的形状、声音、意义,分别编成意识中的形码、声码、意码,以便于心理运作。其次,要把初步的编码项目进行有机地结合,即组织。经过编码和组织的信息就可以存储了。有时对初步编码的信息还要进行反复地加工,也就是再编码,直到有利于存储。可见,编码是整个记忆过程的关键阶段。存储是将信息保持在头脑中,存储的效果取决于编码和组织的形式。提取是在需要时,将存储的信息在头脑中再现出来加以应用的心理过程。提取时,将编码后储存在记忆中的信息,再经过解码过程,使之还原为编码的形式,并表现为外显行为。对信息的编码相当于识记的过程,信息的储存相当于保持的过程,信息的提取相当于再认和回忆的过程。

从记忆的生理机制来看,记忆是大脑皮层上暂时神经联系的建立、巩固和恢复的过程。外界刺激作用于我们的感官,经过感官通道传入大脑皮层,在大脑皮层上留下痕迹,也就是与大脑皮层上原有的知识结构建立联系。这一过程就是暂时神经联系在大脑皮层中建立的过程。由于反复感知或复述,或通过其他强化,暂时神经联系在大脑皮层上得以巩固和加强;在需要用时,大脑皮层相应区域内呈现兴奋状态,暂时神经联系得以恢复,记忆信息得以在头脑中再现出来。

根据以上对记忆基本过程的分析,我们也可以将记忆定义为:记忆是人脑对客观事物进行识记、保持、再认或回忆的过程;是人脑对外界输入的信息进行编码、组织、储存、提取的过程;是大脑皮层上暂时神经联系的建立、巩固和恢复的过程。

二、记忆的作用

记忆作为一种基本的心理过程,是和其他心理活动密切联系着的,它使个体的心理活动得以持续连贯地进行。人通过感知从外界获得的信息,如果不能将某一部分保留下来,就不会有知识、经验,就不能形成概念,进行判断和推理,也就无法适应复杂多变的环境。记忆将人的心理活动的过去、现在和未来连成一个整体,使心理发展、知识积累和个性的形成得以实现。没有记忆,一切心理的发展,一切智慧活动,都是不可能的。记忆作为基本的心理过程对保证人的正常生活也起着极其重要的作用。

记忆是学习的必要条件,所有的学习都包含着记忆。学习的目的就是通过记忆积累经验,增长知识和才干。因此,在教学过程中,教师如何根据记忆规律去组织教学,学生如何根据记忆规律去识记和保持,克服干扰,获得系统的知识,是非常必要的。

三、记忆的种类

(一)形象记忆、情景记忆、语义记忆、情绪记忆和运动记忆

这是根据记忆的内容不同划分的。

形象记忆是以感知过的事物形象为内容的记忆。它保持的是事物的感性特征,具有鲜明的直观性,是以表象形式储存着,所以也叫表象记忆。根据各感觉道形成形象的特点,形象记忆又可以区分为视觉记忆、听觉记忆、触觉记忆、嗅觉记忆和味觉记忆等。其中,视觉记忆和听觉记忆起主要作用。形象记忆与人的形象思维有密切联系。

情景记忆是以亲身经历的、发生在一定时间和地点的事件(情景)为内容的记忆。情景记忆接受和储存的信息和个人生活中的特定事件与特定的时间和地点有关,并以个人的经历为参照。

语义记忆是以各种有组织的知识为内容的记忆,又称语词逻辑记忆。它具有概括性、理解性和逻辑性等特点。如对数学的公式、定理、法则等内容的记忆。这种记忆以抽象逻辑思维为基础,随着抽象思维的发展而发展。语词逻辑记忆是个体保存经验最简便、最经济的形式,它的内容无论在数量上和质量上都超过形象记忆。语词逻辑记忆在我们掌握知识中起主导作用,它是人类所特有的记忆形式。

情绪记忆是以个体体验过的某种情绪或情感为内容的记忆。如我们对第一天上大学时的愉快心情的记忆,就是情绪记忆。人们在回忆起愉快的事件时,会重新愉快起来;在回忆起难为情的事情时,会再次难为情;我们通常说"一朝被蛇咬,十年怕井绳"就是以前体验过的恐惧所形成的情绪记忆。情绪记忆往往是一次形成

而经久不忘的,对人的行为有较大的影响作用,推动人们从事某些活动或制止某些行为。

运动记忆是以人们操作过的动作为内容的记忆。如做操、游泳时一个动作接一个动作的记。运动记忆一经形成,则易保持、恢复而不易遗忘。这类记忆对于人们动作的连贯性、精确性等具有重要意义,是动作技能形成的基础。在个体发展中,运动记忆比其他各种记忆发展得早些,一般儿童在出生后的第一个月就表现出运动记忆。

(二)瞬时记忆、短时记忆和长时记忆

这是根据记忆内容保持时间长短来划分的。

1. 瞬时记忆。当客观刺激停止作用后,感觉信息在一个极短的时间内保存下来,这种记忆叫瞬时记忆,又叫感觉记忆或感觉登记。它具有以下特点:一是具有鲜明的形象性。瞬时记忆的加工方式是以物体的物理特性进行编码的,因此,它的信息贮存方式具有鲜明的形象性。二是保持时间很短,一般在 0.25 秒~2 秒。当人们在观看电影的时候,虽然呈现在屏幕上的是一幅幅静止的图像,但是我们都可以将这些图像看成是在运动的,这就是由于感觉记忆存在的结果。三是记忆容量很大且受感受器官的解剖生理特点所决定。几乎所有进入感官的信息都被登记,但只有受到我们注意的信息才能进入短时记忆,得到进一步加工,大多数信息没有受到注意而消失。瞬时记忆是记忆系统的开始阶段。

美国心理学家斯伯林(G. Sperling, 1960)在一项图形记忆研究中证实视感觉记忆的存在。斯伯林在开始研究感觉记忆时,采用整体报告法,同时呈现 3,4,6,9 等若干个数字,呈现时间是 50ms,数字呈现后,立即要求被试尽量多地把数字再现出来。实验结果是,当呈现的数字低于 4 个时,被试可以全部正确地报告出来;当数字增加到 5 个以上时,被试的报告开始出现错误,其正确率平均为 4.5。斯伯林设想,在感觉记忆中所保持的信息可能比报告的多些,只是由于方法的限制未能检查出来,于是他设计了局部报告法。他按 4 个一排,共三排的方式向被试呈现随机排列的 12 个辅音字母,呈现时间仍为 50ms,其中每排字母都和一种声音相联系,如上排用高音、中排用中音、下排用低音。要求被试在字母呈现后,根据声音信号,对相应一排的字母做出报告。由于三种声音的出现是随机安排的,因此被试在声音信号出现之前不可能预见要报告的是哪一行。这样,研究者就可以根据被试在对某一行的回忆成绩来推断他对全部项目的记忆情况。实验结果表明,当视觉刺激消失后,立即给予声音信号,被试能够正确报告任何一行的 76%,由此推算,在被试脑中保持的总的字母数量应该是 12×76%=9.12 个字母,这比采用整体报告法几乎增加了一倍。据此,斯伯林用局部报告法证明了视感觉记忆的存在。

听觉登记又称为声像记忆,指听觉系统对刺激信息的瞬间保持。1965 年,美国学者莫瑞(Moray)等人模仿斯伯林的局部报告法实验,设计了一个称为"四耳人实验"。实验中,让被试同时听到来自 4 个不同信息源的声音,要求区分来自哪个信息源。被试在实验中每次可听到 2 个、3 个或 4 个声源的信息,每个信息包括 1~4 个字母,声音刺激停止后,用灯光作指示信号,被试则立即再现从那个声源中听到的字母。实验结果表明,立即再现时被试可以正确报告字母的平均数与斯伯林的图像记忆实验结果相同,说明听觉信息被短暂地保留在声像记忆中。

2. 短时记忆。短时记忆是指信息保持时间在 1 分钟以内的记忆。短时记忆又称短时储存阶段。当我们从电话簿上查到一个电话号码后,立刻就能根据记忆拨出这个号码,但打过电话就不记得了,所以有时我们也把短时记忆称为电话号码记忆。我们上课时边听课边记笔记所依靠的就是短时记忆。

短时记忆有以下几个特点:一是短时记忆的容量有限。1956 年,米勒(G. Miller)发表一篇著名的论文《神秘的七加减二》,提出短时记忆的广度是 7±2 个"创克"(Chunk)。记忆广度是指材料呈现一次后被试所能记住的最大量,"创克"是组块的意思,是记忆的单位。短时记忆广度的大小不决定其项目数,而决定其组块的大小。我们说短时记忆广度大体是 7 个"创克"左右,它可以是 7 个字母,也可以是 7 个单词,或者是 7 个短语,很显然,7 个单词的容量比 7 个字母的容量大。米勒曾做过一个形象的比喻,一个钱包可以装 7 块硬币,可以是 7 块金币,也可以是 7 块铜币,很显然 7 块金币的价值远远大于 7 块铜币的价值。组块的容量越大,短时记忆的容量就越大。但是组块的容量增加了,有可能短时记忆容量中组块的数目会减少。1974 年西蒙(H. A. Simen)以自己作被试,他能立刻正确再现单音节词、双音节词和三音节词 6～7 个,或者是 4 个由两个单词组成的词组,或者是 3 个更长的短语,这一实验说明如果增加块的容量,短时记忆容量中块的数目就会减少。因此,西蒙认为,把短时记忆广度定为 7 个,只能说大体上是对的。

短时记忆的第二个特点是,它以言语的听觉形式编码为主,也存在视觉和语义的编码。康拉德(Conrad)的实验中选用两组容易混淆的字母 BCPTV 和 FMNSX 为材料发现记忆混淆经常发生在声音特性有关方面,发生在声音相似的项目间(如 S 和 X)。现代科学表明:在短时记忆中存在一个一秒钟左右的视觉码子,这个码子保持视觉的细节,但视觉码子在短时间内渐渐消失,只剩下听觉码子,在特殊情况下,还必须贮存非语言材料。如描述困难的图画视觉码子就变得更重要。

第三个特征是短时记忆的痕迹具有随时间的延长而自动消退的特征,但如果受到继续注意或复述,信息就可以进入长时记忆。

第四个特征是短时记忆代表心理上的现在,具有明确的意识性。比如我提问,你回答,我提的问题就构成了你的短时记忆内容,而你的回答则是你从长时记忆中检索出来的。如果我提的问题你没有听清,你就会询问。所以我们通常把短时记忆又叫做工作记忆。

3. 长时记忆。长时记忆是指信息经过充分的和一定深度的加工后在头脑中长时间保留下来的记忆。它的特点一是保持时间长，一分钟以上乃至终身的记忆；二是容量非常大，可随时提取，人的记忆容量是惊人的。据前苏联库兹涅佐夫估计：一个人的大脑至少可以学会六种外国语言，同时学两个大学的全部课程，并记住大百科全书的十万个条目。联合国教科文组织，在一份报告中指出：人的大脑还有很大一部分未曾加以利用，这种未曾加以利用的大脑潜力竟达90%。当我们需要解决当前问题时，我们就会从长时记忆中提取有关知识暂放在短时记忆中，问题解决后，它又回到长时记忆中。长时记忆中的信息是可以随时被提取使用的。三是长时记忆的信息是以意义编码为主。进入短时记忆中的信息，借助复习和理解意义，最后被输入到记忆系统的最深一层，并以"意义编码"的形式保存下来。如呈现一个词单：狗—桌子—狼—楼房—椅子—茅舍—房子—猫。当回忆词汇表时，被试往往打乱原来的顺序，把狗—狼—猫；桌子—椅子；房子—楼房—茅舍分别联在一起，即按意义加以整理、归类、贮存与提取。长时记忆中的信息是个有组织的知识系统。研究表明，材料组织程度越高，越容易提取，高度组织起来的材料记忆得最好。从信息的来源来说，长时记忆的信息是对短时记忆加工重复的结果，但也有些长时记忆是由于印象深刻一次形成的。

瞬时记忆、短时记忆、长时记忆三者之间是相互联系、相互影响的。任何信息都必须经过瞬时记忆和短时记忆可能进入长时记忆。从信息加工角度看，记忆是一个结构性的信息加工系统，瞬时记忆、短时记忆、长时记忆是信息加工的三个阶段。三者构成一个记忆系统模式（如图9-1）。信息首先进入瞬时记忆，那些引起个体注意的感觉信息才会进入短时记忆，在短时记忆中存储的信息经过加工复述后进入长时记忆，而保存在长时记忆中的信息在需要时又会被提取到短时记忆中。

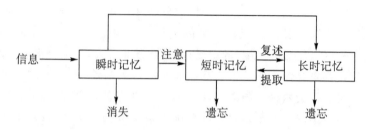

图 9-1 记忆系统模式图

(三)内隐记忆与外显记忆

内隐记忆是近十几年来形成的一个较新的记忆研究领域。内隐记忆是指在个体无法意识的情况下,过去经验对当前作业产生的无意识的影响。其特点是人们没有意识到自己有这种记忆,也没有有意识地提取它,但它却在特定的作业中表现出来。由于这种记忆对行为的影响是自动发生的,个体无法意识到,因此又称为自动的、无意识的记忆。外显记忆是指在意识控制下,过去经验对当前作业产生的有意识影响。它对行为的影响是个体能够意识到的,又叫受意识控制的记忆。将内隐记忆从外显记忆中分离出来,是当代记忆心理学研究的一个重要的突破。

内隐记忆在许多方面与外显记忆不同。和外显记忆相比,内隐记忆不受加工深度、时间间隔、记忆负荷量和干扰等因素影响。

格瑞夫(Graf)等人(1984)在一项研究中发现,对刺激项目的加工深度并不影响被试的内隐记忆效果,而对外显记忆有非常明显的影响。图尔文等人(1982)在一项研究中,利用再认作业和词干补笔作业对外显记忆和内隐记忆的保持特点进行对比研究,结果发现被试在一周后的再认成绩出现显著下降,而词干补笔的作业成绩没有显著变化,这表明内隐记忆能够保持较长的时间。其他研究也证实,外显记忆的回忆量会随学习和测验之间的时间间隔的延长而逐渐减少,而内隐记忆随时间延长而发生的消退要比外显记忆慢得多。在外显记忆研究中,记忆的项目越多,越不容易记住,而内隐记忆没有明显变化。罗德格等人(1993)研究了记忆负荷量对内隐记忆和外显记忆的不同影响,结果发现,用再认作业测量的外显记忆成绩随着所学词汇数目的增加而逐渐下降,而用知觉辨认测量的内隐记忆成绩并没有受到词汇数目增加的影响。马正平和杨治良(1991)的研究也得出相似的结论。此外,外显记忆很容易受到其他无关信息的干扰,如前摄抑制和倒摄抑制,而内隐记忆则很少受干扰。陈世平和杨治良(1991)利用汉字设计一项实验研究。在实验中先让被试进行词对联想学习,同时利用干扰词对该词对进行干扰。之后分别利用线索回忆作业来测量外显记忆的成绩,而用词对补全作业来测量内隐记忆的成绩,结果发现,干扰词对外显记忆的成绩影响较大,而很少影响内隐记忆的成绩。

第二节 记忆的理论和生理机制

一、关于记忆的理论

关于记忆理论的探讨,最早可追溯到古希腊哲学家关于记忆的论述,而对记忆心理学影响比较大的则是17~18世纪的经验主义。经验主义哲学家认为所有的知识都来源于经验,记忆的内容是由学习得来的。19世纪实验心理学产生以后,一些心理学家开始用实验研究记忆。20世纪以后,心理学派林立,各派心理学家都对记忆问题进行了大量的研究,提出许多记忆理论。

(一)艾宾浩斯对记忆的研究

艾宾浩斯(H. Ebbinghaus,1850~1909)是德国心理学家,1885年发表了他的研究成果《论记忆》,使他成为第一位对记忆这种高级心理过程进行科学定量研究的心理学家。艾宾浩斯从严格控制原因来观察结果,对记忆过程进行定量分析,从而开辟了记忆研究的新途径。首先,艾宾浩斯为了排除旧经验对识记的影响,使识记材料处于同等难易的程度,创造了无意义音节作为识记材料。这种材料是中间一个元音,两边各一个辅音构成音节,如 Xag、

Zat、gub 等。其次他以自己为被试,采用机械重复的记忆方法对词表进行系列学习,当达到刚刚能一次成诵的程度时便停止。然后间隔一段时间后再测量自己还能记得多少。再次,在记忆保持量的测量方面,艾宾浩斯采用了节省法,即学习材料到恰能成诵时,间隔一段时间再重新学习到同样能背诵的程度,看学习的次数和时间比前一次节省了多少,其所节省的次数和时间,即为保持量。如,学习 30 个无意义音节,第一次学习所用时间为 5 分钟,第二次重新学习所用时间为 3 分钟,这样第二次学习所用的时间比第一次节省了 2 分钟,节省的百分数可以用下列公式计算:

$$节省的百分数 = (初学所用的时间 - 重学时间)/初学所用时间 \times 100\%$$
$$= (5-3)/5 \times 100\% = 40\%$$

艾宾浩斯采用实验法研究记忆是对心理学发展的历史性的贡献,但也有不足:一是艾宾浩斯对记忆过程的发展用了定量分析,但对记忆内容性质上的变化没有进行质的分析;二是他所用的无意义音节是人工编制的,脱离实际的,有很大局限性,且得出的遗忘速度很快;三是他把记忆当做机械重复的结果,没有考虑到记忆是个复杂的主动的过程。

(二)记忆的刺激——反应理论

行为主义者认为,学习的实质是刺激(S)和反应(R)之间的联结。刺激与反应之间的联结构成记忆的基础。美国心理学克拉克赫尔(Clark Hull,1884—1952)在他的《行为的原理》一书中就提出,记忆是刺激与反应之间联系的形成、巩固和恢复的过程。赫尔认为,学习进行的基本条件是在强化条件下,刺激与反应的联结,赫尔的这种观点与巴甫洛夫的条件反射理论相似。

(三)记忆的格式塔理论

格式塔心理学发端于德国,主要创始人有韦特海默,(Wertheimery,1880—1943)、苛勒(Kohler 1887—1967)和考夫卡(Koffka 1886—1991),格式塔心理学重视对知觉的研究,强调知觉的组织原则,提出"顿悟"说。格式塔心理学把记忆看成是知觉的后续,认为人们在知觉物体后在头脑中会留下痕迹,这就是记忆痕迹。如一个人注视一个物体,当目光移开后,视觉印象作为一种原始的经验的直接复制品,会在头脑中继续保留。记忆痕迹就是知觉经验的复制品,它与知觉具有同样形态,在时间组织和空间组织上,两者基本上是相同的。

(四)记忆的信息加工理论

信息加工论者把人脑看成一台类似于计算机的信息加工装置,把记忆系统看成是一个有复杂结构的系统,它积极地选择将要被加工的材料,把它变成有意义的信息,并贮存有许多信息供以后使用。一般认为,记忆信息加工模式由三个结构成分组成:感觉记忆、短时记忆、长时记忆(如图9-1),这三个成分有时被称为三种贮存。与此相应,将记忆的信息加工过程分成三个阶段:注意刺激、信息编码、信息的贮存与提取。

信息加工论者认为,人的信息加工能量是有限的。心理学家布罗德本特(Broadbent,1958)强调人对信息加工存在两种机制:单通道机制和过滤机制。认为一个人在每一时刻只能加工数量有限的信息;或者只有通过过滤器的信息,才允许进入能量有限的通道。而记忆的保持和记忆量的多少取决于信息的编码。编码是一个涉及觉察信息、从信息中抽取一种或多种分类特征,并对此形成相应的记忆痕迹的过程。信息的编码方式往往取决于学习任务的性质,涉及组块的大小、信息的积极转换。如将听觉信息转换为语义代码,抽象信息转换为形象信息等,通过编码可以扩大记忆容量,延长保持时间。但对贮存的信息进行适当编码,仅仅是问题的一半,如果没有适当的提取信息的线索,信息难以被提取,所以信息的提取取决于提取的线索,提取线索在决定记忆方面是一个强有力的辅助工具。

二、记忆的生理机制

（一）巴甫洛夫条件反射学说

根据巴甫洛夫条件反射理论，记忆被认为是在大脑皮层上暂时神经联系的接通、巩固和恢复。暂时神经联系的接通就是识记。暂时神经联系一经形成便会在大脑皮层中留下痕迹，这些痕迹因受到强化而得到巩固，因不强化而消退，这就是保持和遗忘。再认和回忆则是暂时神经联系的痕迹在有关刺激影响下重新活动。目前关于暂时神经联系接通机制的研究，主要集中在神经元水平上和分子水平上的探讨。

（二）记忆的神经元回路说

通过脑电现象和神经结构的研究，有人认为反响回路是记忆的生理基础。反响回路是指神经系统中皮层和皮层下组织之间存在的某种闭合的神经环路。当外界刺激作用环路的某一部分时，回路便产生神经冲动。刺激停止后，这种冲动并不立即停止，而是继续在回路中往返传递并持续一短暂时间。人们认为反响回路是短时记忆的生理基础。心理学家通过实验来证明这种看法。

［白鼠跳台实验］贾维克(Jarvik)和艾思曼(Essman)将一控制组的白鼠放在一个窄小的平台上，使它总想往下跳。当它跳下台后便受到栅极地板的电击，为避免电击，白鼠很快又跳回平台，形成回避反应。但高窄的平台使它又想往下跳。随着训练，白鼠在平台上呆的时间明显延长，说明它"记住"了下面有电，形成了长时记忆。如果这时给予白鼠以电休克，破坏它的记忆，待恢复后再将它放回平台，它还是不往下跳，这说明电休克没有破坏它的长时记忆。他们将实验组的白鼠在形成回避反应后，立即给予电休克，也就是在短时记忆时用电休克破坏它的电回路。待白鼠恢复正常后再把它放在跳台上，发现它立即往下跳，这说明电休克可能破坏了回避反应的电回路，引起"遗忘"。据此认为反响回路可能是短时

记忆的生理基础[1]。

(三)记忆的脑定位说

早期提出脑机能定位理论者是法国医生布洛卡(Broca,1860),认为脑的机能都是由大脑的一些特定区域负责的。研究发现,记忆和大脑的一些特定区域有关。潘菲尔德(Penfield,1952,1963)在医治癫痫病人时,用电极刺激右侧颞叶,引起患者对往事的鲜明回忆。鲁利亚(Luria,1972)发现皮层下组织与记忆有密切关系。

[实验研究]科恩(Cohen,1968)等人在一项研究中,给抑郁病患者脑的不同部位电击痉挛。被试分三组:一组只电击右脑,另一组只电击左脑,第三组电击两侧。在电击前所有患者都有言语记忆和形象记忆。电击治疗后几小时,测验他们记忆保持情况。结果电击左脑损害言语记忆,但不损害形象记忆,电击右脑损害形象记忆,但不损害言语记忆,电击脑的两侧,形象记忆和语言记忆都受到损害。据此可以推论,言语记忆储存在脑的左半球,形象记忆可能储存在脑的右半球[2]。

(四)记忆机能整体说

脑整合论者认为记忆是整个大脑皮层活动的结果,它和脑的各个部分都有关系,而不是皮层上某个特殊部位的机能。近年来,一些研究者(Tulving,1995;Squire,1990)提出SPI理论来理解多重记忆系统之间的关系。SPI是串行、并行和独立三个英文单词的首字母。SPI理论认为,记忆系统是由多个执行特定功能的记忆模块构成的。这些记忆模块的关系表现为两个方面:信息以串行的加工方式进入记忆系统,在一个记忆模块中编码依赖于某些其他功能模块中信息加工是否成功,信息以并行的方式存贮在各

---

[1] 彭聃龄主编:《普通心理学》,208页,北京师范大学出版社,2001。
[2] 黄希庭:《心理学导论》,353页,北京,人民教育出版社,1991。

个特定的记忆模块中,这样提取一个子系统的信息就不会牵连其他子系统,各个子系统之间是相对独立的。

(五)记忆分子说。

近年来,随着分子生物学的兴起,特别是发现了遗传信息的传递机制——脱氧核糖核酸(DNA)借助另一种核酸分子核糖核酸(RNA)来传递遗传密码,使得科学家相信,记忆是由神经元内部的核糖核酸的分子结构来承担的。核糖核酸被看做是记忆分子。

[实验]瑞典神经生物化学家海登(Hyden)训练小白鼠走钢丝,发现鼠脑中有关神经细胞的 RNA 含量增加,其组成成分也有变化。据此,海登等人把大分子看做信息的"储存所",并认为 RNA 和 DNA 是记忆的化学分子载体。

还有研究者发现,给学习过迷津的白鼠注射漂呤霉素和抗菌素可以消除其有关记忆,其机制是注射的药物阻碍了神经元内部蛋白质的合成。

第三节 记忆过程及规律

一、识记——信息的编码

(一)什么是识记

识记是指通过对事物的特征进行区分、辨别、认识并在头脑中留下一定印象的过程。或者说,识记是对信息进行编码的过程。它包括对外界信息进行反复地感知、思考、体验和操作等。识记作为记忆过程的第一个环节,对记忆效果的好坏有重要影响,会直接影响着保持的持久性和再认、回忆的准确性。因此,了解、掌握识记规律,有助于提高记忆的质量和效率。

(二)识记的种类

1.有意识记和无意识记。识记根据有无预定目的可分为有意识记和无意识记。

无意识记是事先没有预定的目的,也不用任何有助于识记的方法的识记。如,我们看过某部生动的电影,读过某部有趣的小说,参加某次有意义的活动,虽然在当时并没有想去记忆它,但我们却记住了,这就是无意识记。

无意识记具有很大的选择性。一般来说,生活中具有重大意义的事物,适合人的兴趣、需要、活动的目的的事物,能激起人的情绪活动的事物,曾经做过的和思考过的对人影响较深的事物,都容易被记住。这种选择性除决定于客观事物的特点外,还决定于一个人与客观现实的关系,及其当前的意识倾向性和心理状态。无意识记是一种被动识记。这种识记的内容往往不完整、不全面、不系统,不能保证系统的科学知识的获得。学生学习的知识大都是系统、严密和科学文化知识,且不完全是学生感兴趣的,所以学生的学习不能单靠无意识记,主要靠有意识记。

有意识记是有明确的识记目的,并运用一定方法,有时还需要一定意志努力的识记。例如学生学习公式、定理,背诵外语单词等,不但有明确的目的,还需运用一定的方法,需要一定的意志努力才能记得快、记得牢。运用一定识记的方法,可使记忆的内容更全面、更完整、更持久。

2. 意义识记和机械识记。根据识记材料有无意义以及我们对材料是否理解,可把识记分为意义识记和机械识记。

机械识记是指记忆的材料无意义,或者虽有意义但学生不理解,仅依靠机械重复的方法进行的识记。如一些无意义材料:历史年代、电话号码等,一首古诗虽本身有意义,但学习者不理解其含义,识记时只能靠反复背诵,都是属机械识记。机械识记的特点是根据材料的外部联系,采用多次重复的方式进行。

意义识记是根据材料的内部联系,通过对材料意义的理解而进行的识记。意义识记的特点在于对识记材料的领会、理解。在意义识记时,人们主要运用已有的知识经验,积极地进行思考,从而弄清材料的意义和内在联系,然后把它记住。例如,对于一篇课文,我们理解各段落之间的联系而将其记住;对于一个单词,我们理解其构词规则、词义、词性而将其记住。这些都属于意义识记。

(三)识记的规律

1. 有意识记的效果优于无意识记。心理学研究证明,有意识记的效果优于无意识记。赞科夫对两组成人被试进行实验,要求甲组尽可能完全地记住课文,而对乙组则不提出任何要求,结果甲组被试平均记住了课文的 125 个句子,而乙组只记住了 87 个句子。彼得逊(L. R. Peterson)曾对两组被试进行有无目的要求情况下学习 16 个词语的对比实验。结果有目的识记之后,当时能回忆 14 个词语,两天后回忆 9 个词语;无目的识记,当时能回忆 10 个词语,两天后能回忆 6 个词语。两者之间差距是显著的。

同时,无意识记因其具有随意性、片面性、偶然性的特点,其识记的内容往往不如有意识记完整、全面、系统。

[实验:无意识记局限性]在联邦德国哥廷根举行的国际心理学会议正在进行。突然一个人仓皇地冲进会场,后面有一个黑人手持短枪紧追进来。一声枪响,两人先后逃出会场。从进到出,共 20 秒钟。这是会议主持者事先安排的,进出过程都录了像。但与会的心理学家事前并不知道。

会议主席当即请与会的心理学家写出自己所见该事件的经过。把心理学家们的 40 份报告与录像相核对,没有 1 份报告是完全正确的。其中,有 13 份报告的错误在 50% 以上;有 12 份错误在 40%~50% 之间;有 14 份的错误在 20%~40% 之间;只有 1 份报告的错误少于 20%。如黑人明明是光头,只有 4 份报告说对了,其余的,有人说戴一顶便帽,有人说戴的是高帽子。黑人明明穿的是黑衬衫,有人说他穿的是咖啡色的,有人说是红色的,有人说是条纹的。由此可见,无意识记不能准确地记忆所经历的事情[1]。

---

[1] 韩永昌:《心理学》,130 页,上海,华东师范大学出版社,1990。

以上实验结果说明,在其他条件相同情况下,有意识记的效果比无意识记的效果好。学生掌握系统的知识主要靠有意识记。教师在教学中,对学生识记的目的任务必须提出明确的要求,要求越具体,识记效果越好。

2.意义识记优于机械识记。大量实验证明,意义识记优于机械识记。心理学家艾宾浩斯的实验结果如下:

表9-1 机械识记与意义识记效果的比较

识记内容	平均复习所需次数
12个无意义音节	16.5
36个无意义音节	55
480个章节的六节诗	4

肯斯雷(Kingsley)也作过对比实验。他让348位被试学习三组不同材料,每次向被试呈现一个单词或音节,时间为2秒钟,练习一遍,然后要求被式默写出结果。如下:

表9-2 材料的理解对记忆的影响

材料性质	默出平均数
15个无意义音节	4.47
15个由三个字母组成的孤立英语单词	9.95
15个彼此意义相关联的英语单词	13.55

意义识记的效果优于机械识记,是因为意义识记经过对材料意义的理解,可以使识记材料和学习者已有的知识经验体系建立联系,从而被纳入学习者已有的知识系统中去。因此,在学习中若能采用一定办法将无意义的、没有内在联系的材料赋予人为的意义,利用人工联想的方法进行识记,就能够大大提高识记效果。如,bass(球)、bell(铃)、boll(圆夹)、bill(账单)、bull(公牛),这几

个英文单词之间本无联系,如果采用词形比较的方法,发现这几个单词在词形上的辅音相同,元音不同,就好记多了。又如,日本富士山的高度是 12365 英尺,我们记成一年 12 个月 365 天;$\sqrt{6}=2.449489$,记成"粮食是酒是白酒"就容易了。

我们强调意义识记的良好效果,但也不能排斥机械识记的作用。有些材料本身没有意义,或有意义但不理解,就必须用机械识记的方法。另外,在意义识记基础上进行机械识记可以保证识记的精确性。

3. 识记的效果受许多因素影响,其中识记的目的、学习者的态度、材料的数量和性质、对材料的理解程度以及学习方法等对识记的效果影响较大。

有无识记目的或识记目的是否明确会影响识记的效果。另外,目的不同,学习者在识记材料时的组织会有所不同,从而影响识记效果。

学习者抱着积极的态度,积极参与识记活动,识记材料就会被清晰地感知,并与自己的知识经验相联系,从而提高识记效果。

从材料的性质来看,一般地说,具体形象材料(实物、模型、图片等)比抽象的言语材料(语言、文字、数字、音节)容易识记;有意义的材料比无意义的材料易于识记;描述性的材料比论证性的材料易于识记;有音韵的材料比无音韵的材料易于识记。

从材料的数量来看,一般来说,要达到同样的识记水平,材料的数量越多,识记所用的平均时间或次数也越多。但是,材料的数量增加的比例同识记所用的平均时间或次数增加的比例并不是一致的。

理解是识记的条件。因为理解了的材料与主体已掌握的知识、过去经验发生了内在联系,经过自己的加工,用自己的语言加以表述,使材料获得明确的、有条理的逻辑关系,因而比较容易识记和保持。

识记一般有三种方法:整体识记法、部分识记法和综合识记法。整体识记法是把所要识记的材料作为一个单元进行识记的方法,即把整个材料反复阅读至成诵为止。部分识记法是将识记材料分成若干个部分进行识记的方法。综合识记法是将整体和部分材料想结合,即先整体后部分再整体地识记,直至成诵为止。一般地说,综合识记法识记效果最好,部分识记法效果最差。但三种识记方法的优劣不是对所有材料都一样的。材料较短且具有意义联系的可采用整体识记法;缺乏意义的、数量较多的材料宜采用部分识记法;识记既长又难的有意义材料时,宜采用综合识记法。

二、保持——信息的贮存

(一)保持

1.什么是保持。保持是过去经历过的事物映象在头脑中得到巩固的过程。从信息论的角度看,保持是信息的贮存过程。

保持是记忆过程的中心一环和记忆的重要标志,它以识记为前提,其效果在回忆和再认中得到体现。

2.保持的特征。经验在头脑中的巩固和贮存不是机械的,而是对识记的材料进一步加工的过程。材料在头脑中不是不变的,而是变化的。这种变化既有数量上的变化又有性质上的变化。

在数量上的变化,一般随时间的进展呈减少的趋势。我们可以用重现、再认和重读时节省朗诵的时间或次数三种记忆指标去测量识记材料的保持情况。识记过的材料,能重现的保持效果最好;不能重现但能再认的,保持效果次之;既不能重现,又不能再认的,用重读时节省的时间和次数来测量保持的水平,节省的次数或时间越多,说明保持的效果越好。

在数量上的变化,有时也体现在随时间的推迟,保持量增加的情况。我们把延迟回忆的数量超过立即回忆的数量这种现象叫记忆的恢复现象。记忆恢复现象是在学习不充分的情况下出现的。一般儿童比成人学习较难的材料比学习容易的材料更易出现。

贮存在记忆中的内容在质上也会发生变化。有人用识记图形做实验，把回忆图形与识记的图形相对照，发现回忆的图形比识记的图形更概括了、简略了；有的更完整、更合理了；有的更详细、更具体了；有的某些部分更突出了。

[实验] 英国心理学家巴特莱特（F.C.Bartlett）做了一个实验。他拿一幅画（左边的标准刺激）给第1个人看后，要他凭回忆画出来，然后把第1个人画的给第2个人看，看后再画出来给第3个人看，这样下去，直至第18个人凭回忆画出来。结果标准刺激图猫头鹰变成了一幅猫图。（图9—2是第1、第2、第3、第8、第9、第10、第15、第18个被试画出的图）

图9—2 记忆过程中图形的变化
(F.C.Bartlett)

巴特莱特认为，记忆包括重视与创造性的重新构造两个方面。记忆不是被动地把过去经验简单地保持的过程，而是一个积极的创造性的过程。记忆表象在某种程度上被想像形象所补充，同想像形象相结合。

(二)遗忘

1.遗忘的概念。遗忘是指识记过的材料不能回忆或再认,或者发生错误的回忆或再认的现象。根据信息加工的观点,遗忘过程在记忆的不同阶段都存在。

遗忘是一种正常的心理现象。一方面,感知过的事物没有必要全部记住,另一方面,它也是人心理健康和正常生活所必需的。

2.遗忘的种类。遗忘可分为永久性遗忘和暂时性遗忘。永久性遗忘是指不经过重新学习记忆便不能恢复的遗忘;暂时性遗忘是指暂时不能回忆或再认,经过一段时间在适宜条件下,又能恢复的遗忘。根据遗忘的内容可分为部分遗忘和全部遗忘。

3.遗忘的原因。遗忘既有生理方面,也有心理方面原因。

消退说。这种理论认为,遗忘是由于记忆痕迹得不到强化而逐渐衰退以至最后消失所致。记忆痕迹一旦消失,不经重新学习,记忆就不能再恢复,这是真正的遗忘。在感觉记忆和短时记忆的情况下,未经注意或重述的学习材料,可能是由于痕迹衰退而遗忘,消退说容易解释永久性遗忘,难以解释暂时性遗忘。

干扰说。干扰说认为,遗忘是因为学习和回忆之间受到内外因素的干扰,使记忆痕迹产生抑制的结果。一旦干扰解除,记忆就能恢复,而记忆痕迹并未发生任何变化,干扰说可用前摄抑制和倒摄抑制来说明。

前摄抑制是指先学习的材料对后学习的材料产生干扰作用的现象。前摄抑制的实验设计模式是:

实验组:学习材料 B→学习材料 A→回忆材料 A
控制组:　　　　　　学习材料 A→回忆材料 A

实验组控制组都学习和回忆材料 A,但实验组在这之前,学习了材料 B,而控制组休息。结果控制组对材料 A 记得比实验组多,说明实验组受到材料 B 的干扰,即产生前摄抑制。安德伍德(Underwood,1949)在实验中要求两组被试学习字表:第一组被试在学习前进了大量的类似学习和练习;第二组被试没有进行这种练习。结果第一组被试记住字表的 25%,第二组被试记住字表的 70%。实验还表明,前摄抑制随先前学习材料的数量增加而增加,也随保持时间增加而增加,在无意义材料和较难材料学习中,前摄抑制更明显。

倒摄抑制是指后学习的材料对先前学习材料产生干扰的现象。倒摄抑制的实验设计模式是:

实验组:学习材料 A→学习材料 B→回忆材料 A
控制组:学习材料 A→　休　息　→回忆材料 A

实验组和控制组都学习和回忆材料 A,但实验组又进行了材料 B 的内插学习。实验表明,实验组比控制组回忆少,这说明产生了倒摄抑制。缪勒和皮尔扎克(M. ler & G. Pilzecker,1900)让被试识记无意义音节后,休息五分钟,再进行回忆,结果回忆率为 56%,如果被试在识记和回忆间从事其他活动,回忆率只有 26%。

压抑说。压抑说认为,遗忘是由于情绪或动机的压抑作用引起的,如果这种压抑被解除,记忆就能恢复。这一理论是弗洛伊德在临床实验中发现的,他认为那些给人带来不愉快、痛苦、忧愁和体验常常会发生动机性遗忘。这种理论能有效地解释与情绪有关的暂时性遗忘。

4. 遗忘规律。遗忘进程的规律。艾宾浩斯以自己为被试,用无意义音节作为识记的材料,用节省法计算保持和遗忘的量。结果见表 9-3,用表内数字制成一条曲线,称为艾宾浩斯遗忘曲线(图 9-3)。

表9—3 不同时间间隔后的保持成绩

时间间隔	重学时节省诵读时间的百分数
20分钟	58.2
1小时	44.2
8—9小时	35.8
1日	33.7
2日	27.8
6日	25.4
31日	21.1

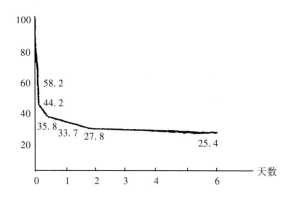

图9—3 艾宾浩斯遗忘曲线

艾宾浩斯遗忘曲线表明,遗忘的进程是不均衡的,在识记后的最新时间遗忘很快,后来逐渐缓慢,到了相当时间,几乎不再遗忘。即遗忘的进程是"先快后慢"。

影响遗忘进程的因素。

(1)材料的意义与作用。识记材料符合主体需要动机,能激起主体强烈情绪,在主体的学习、工作中具有重要意义,一般不易遗忘。反之,遗忘得快。

(2)材料的性质。一般来说,熟练的动作遗忘最慢,形象材料次之,言语材料遗忘较快,无意义的材料遗忘的更快。

(3) 材料的数量。一般地说,要达到同样的识记水平,材料越多,平均花用的时间或朗诵次数越多。

(4) 学习程度。学习一种材料,被试一次完全正确地背诵,学习程度定为100%。学习程度超过100%后继续学习,叫过度学习。学习一种材料1小时,学习程度达到100%,如果再学习半小时,学习程度为150%;如果再学习时间为1小时,学习程度就200%。一般地说,学习程度在150%时,记忆效果最好。超过150%,效果并不随之显著提高。

(5) 材料的序列位置。一般来说,材料的首尾容易记住,不易遗忘,而中间部分容易遗忘。这是因为首尾材料只受到倒摄抑制或前摄抑制,而中间的材料既受到前摄抑制又受到倒摄抑制的影响。许多研究表明,记忆效果最差的不在正中,而在中间稍偏后。

三、再认和回忆——信息的提取

(一) 再认

再认是指过去经历的事物重新出现时,能够被识别和确认的心理过程。

影响再认的因素有:

(1) 原有经验的巩固程度。如果过去经验保持得很清晰,当他们再次出现时,一般能准确、迅速地确认。反之,容易发生错误。

(2) 原有事物与重新出现时的相似程度。相似程度越高,再认就越迅速、准确,反之则困难、缓慢。

(3) 个性特征。个性特征不同,心理活动和行为反应的快慢也不同。心理学实验证实,独立性强和依赖性强的人的再认有明显差异。

(二) 回忆

回忆是指过去经验过的事物不在面前,在头脑中再现该事物的过程。

根据回忆是否有预定目的,可把回忆分为有意回忆和无意回忆。有意回忆是指有预定目的,并常常需要意志努力的回忆。如考试中提取有关知识。无意回忆是指没有预定的目的,不需要意志努力的回忆。如"触景生情"、"睹物思人"等。

根据回忆时是否需要中介性联想可将回忆划分为直接回忆和间接回忆。直接回忆是指回忆时不需要中介性联想的参与,其条件是对回忆的事物非常熟悉。间接回忆是指在中介性联想参与下的回忆。间接回忆有时需要很大意志努力和积极的思维活动才能实现,这种回忆称"追忆"。回忆发生困难的主要原因是受到情绪干扰或旧经验的干扰。因此,排除各种干扰是提高回忆效果的重要手段。

(三)再认和回忆的关系

再认和回忆是提取信息、经验恢复的两种形式,两者不能截然分开,在信息提取过程中,也没有本质不同,但在巩固的程度、再现的速度和提取的效果上存在差异。一般来说,能回忆就能再认,而能再认的未必能回忆。再认一般比回忆要容易些、快些,学生在考试时,常常既要再认也要回忆。对于是非题和选择题往往靠再认可解答,对于简答题和填空题要通过回忆来解答。

第四节 提高记忆力的有效策略

一、记忆力

记忆力是个体有效识记、保持和提取信息的能力。记忆力是智力的重要组成部分,评价一个人记忆力的好坏,可从以下四个方面进行,这四个方面称记忆的品质。

1. 记忆的敏捷性。记忆的敏捷性是指识记速度方面的特征。一般是以在一定时间内能记住材料的数量多少来衡量。

2. 记忆的持久性。记忆的持久性指识记内容保持时间长短方面的特征。记忆的持久性并非与记忆敏捷性完全正相关。

3. 记忆的准确性。记忆的准确性是指对记忆内容的识记、保持和提取时是否准确的特征。

4. 记忆的准备性。记忆的准备性是指对记忆内容的提取、应用时所反映出来的特征。

上述四种记忆品质在每个人身上有不同的组合。有的人记得快,忘得也快;有的人记得慢,忘得也慢。只有当一个人四方面都得到很好地发展,即记得快、牢、准、活,才可以说这个人有良好的记忆力。

二、提高记忆力的有效策略

（一）有效识记的策略

科学地识记,不仅有助于提高记忆效果,而且能发展人的记忆能力。

1. 增强识记的目的性。明确的识记目的和任务能激发人的识记动机,增强识记自觉性、主动性,使人们对材料的识记更加清晰、准确、全面。

2. 提高对识记材料的理解水平。实验表明,以理解为基础的意义识记效果优于机械识记。因此,在识记过程中,要加强对材料内涵的理解。对于有意义的材料,要设法弄懂、弄透;对于无意义材料,要设法建立"人为"的意义性联系,增强识记效果。另一方面,要对识记材料进行深加工,人们对所学内容的识记有赖于对材料的再加工和重新组织。博布罗和鲍尔在1969年的实验中,把被试分为两组,第一组被试要求记住一些具有"主谓宾"结构的简单句子,第二组被试试用句子中的主语和宾语另造句子,然后进行记忆。检查时只给两组被试提示主语,要求他们回忆宾语。结果第一组的回忆率为29%,第二组的回忆率为58%。可见,按照自己的知识结构对识记内容进行重新加工、组织,可以提高识记效果。

3. 多种分析器协同活动。多种分析器协同活动可以提高记忆效果。因为,多种分析器协同活动不仅能提高大脑皮层的兴奋水平,而且能在大脑皮层上的多个神经中枢建立暂时性神经联系统,从而有助于保持。心理学研究表明,单纯依靠听觉识记,可记住材料的15%；单纯依靠视觉识记，可记住材料的25%；视听结合，可记住材料的65%；如果动手操作使识记材料成为活动的对象，可记住材料的90%。

(二) 有效复习的策略

识记材料能否得到有效保持和提取，取决于复习的策略，有效地复习是提高记忆效果的关键。

1. 及时复习。根据艾宾浩斯遗忘曲线，遗忘的进程是先快后慢。因此对新学习的材料的复习必须及时，即在大规模遗忘之前就进行复习。一般认为，在学习后的6小时、一天、三天、一周、一月各复习一次效果较好。

2. 集中复习与分散复习相结合。连续进行的复习叫集中复习。复习之间间隔一段时间的复习叫分散复习。一般来说，分散复习的效果优于集中复习，但也不完全是这样，要看具体情况。一般来说，比较容易的、感兴趣、有强烈动机的材料，集中学习效果好些；反之，较难的、无意义的、枯燥的材料，分散复习效果好些。分散复习的时间间隔一般开始时间短些，以后随着巩固程度的提高，间隔逐渐加长，即先密后疏。

3. 尝试回忆与反复阅读相结合。在复习过程中，采取尝试回忆和反复阅读相结合可提高复习效果。尝试回忆能提高学习者的积极性、进取心和探索精神，能使学习者了解重现中的问题和错误，有利于及时纠正。

盖茨(A. I. Gates)的实验证明，在识记无意义音节和传记文章时，各用9分钟，其中一部分时间用于试图回忆，阅读和尝试回忆的时间分配的比例不同，记忆效果有显著差异。其结果见表9—4所示。盖茨认为，时间分配的最好比例是80%的时间用于尝试回忆，20%的时间用于阅读[①]。

---

① 韩永昌：《心理学》，140页，上海，华东师范大学出版社，1990。

表 9—4 诵读与尝试回忆的效果

时间分配	16个无意义音节回忆的百分数		5段传记文章回忆百分数	
	立即	4小时后	立即	4小时后
全部时间诵读	35	15	35	16
20%时间用于尝试回忆	50	26	37	19
40%时间用于尝试回忆	54	28	41	25
60%时间用于尝试回忆	57	37	42	26
80%时间用于尝试回忆	74	48	42	26

4.复述。复述是记忆的有效策略。复述是人们对学习内容按照自己的经验和语言特点进行重新组织表达的过程。它是对学习材料的再现,是对学习内容的强化。复述有两种水平:一是单纯重复,即按照材料原样复述;二是加工后的复述,即在保持原材料意义的前提下,运用自己的语言对材料进行表达。一般说来,经过加工后的材料,更易于保持和提取。

5.采用多样化复习形式。复习形式单调,容易产生消极情绪和疲劳,不利于学习者把学习材料很好地纳入已有的知识结构中。采用多样化的复习形式,如编写提纲、列表、同学间相互提问等,都可以提高复习效果。

(三)有效提取的策略

1.运用联想。由一事物想到另一事物的心理活动叫联想,联想有接近联想、相似联想、对比联想、因果联想。运用联想,在回忆某一事物时,就会连带地回忆起其他有关事物。

2.双重提取法。回忆过程中,借助表象和词语双重线索,可以提高回忆的完整性和准确性。因此我们在记忆外语单词时,一边读出音来,一边想像其形象,就会有助于提取。

3.利用线索。在回忆比较复杂的材料时,呈现与回忆内容有关的上下文线索,将有助于材料的迅速恢复。线索可以看成是提取过程的启动器,促进提取过程的展开。线索可以是外部的,如某种视觉刺激或某人的谈话;也可以是内部的,如饥饿感使人想起还没有吃早饭。出现在提取开始的线索可以被加工,产生进一步的线索,线索直接影响提取的速度和效果。

4. 克服干扰。在回忆过程中,经常会发生提取信息的困难,这可能是由于干扰所引起的。如考试中,明明背过的答案想不起来,这主要是由于干扰造成,克服这种干扰的简便办法就是暂时停止回忆,经过一段时间后,要回忆的内容便可油然而生。

第十章 需要与情感

第一节 需 要

人们在认识和改造客观世界和主观世界的同时,一定会显露出某种态度,产生着这样或那样的感受和体验,如喜怒悲惧等情绪、情感的起伏变化。可以说,人的一切活动无不打上情绪和情感的印记。而情绪、情感的产生、变化,又总是与人的需要密切相关。需要是人脑对客观需求的主观反映,是人的一切活动的动力源泉,是情绪、情感产生的前提。需要得到满足,则产生愉快的、积极的情绪、情感;需要得不到满足,则产生不愉快的、消极性的情绪、情感。愉快的情绪、情感使人安于原来的需要并产生新的需要;不愉快的情绪、情感,会使人的需要有所改变。这就是说,需要同情绪、情感有激发和反馈的关系,存在着相互的影响。我们把需要与情感作为一章来研讨,正是基于它们之间的这种密切关系。

一、需要的内涵及特征

需要(need)是人对生理的和社会的客观需求在头脑中的反映。它是有机体内部的某种缺乏或不平衡状态,表现出其生存和发展对客观条件的依赖性。需要是由有机体内部生理上、心理上的某种缺乏或不平衡状态引起的。如血液中水分的缺乏,会产生喝水的需要;血液中血糖成分的下降,会产生饥饿求食的需要;遇到打击、失败,会产生被关注、被爱的需要;孤独寂寞时会产生结交朋友的需要。在需要得到满足后,这种缺乏或不平衡状态暂时得到消除;当有机体内部生理上或心理上出现新的缺乏或不平衡状态时,新的需要又会产生。

1.需要具有客观现实性。人是自然实体,也是社会实体。为了个体的和社会的生存与发展,人们必然会产生种种客观需要。在任何情况下,个人的有意活动总是从"自己"的需要出发的。没有需要,就不会产生任何行动。可以说,人类的一切实践活动都源于需要,都是为了满足人的需要而进行的,没有需要,人类就无法生存和发展,正如马克思所言:"任何人如果不同时为了自己的某种需要和为了这种需要的器官而做事,他就什么也不能做……""他们的需要即他们的本性。"①人的需要是在一定的自然条件或社会条件下产生的,它会随着客观条件的变化而变化、发展而发展。我们很难想像,孔夫子在他那个时代,会有要一台冰箱的需要;中国普通老百姓有搭乘航天飞船遨游太空的需要。当然,客观条件对人的需要的制约还必须通过主体内部因素,才能发挥影响和作用。

需要是客观现实的,人更多的是社会的人。所以人的一切需要都带有社会性。与动物的需要有着本质的区别。人的需要的性质、内容与满足的手段都与动物不同。人的需要还受到意识的调节与控制。即使是生理性需要,其追求的目标、实现的方式和发展的进程也都要受社会历史条件的制约。单就吃的需要来说,人的吃的需要从需要的实物内容到满足需要的方式,即吃什么怎样吃,都是依从于人的社会生活条件,依从于对社会经验的掌握。正是从这个意义上,马克思说:"饥饿总是饥饿,但是用刀叉吃熟肉来解除的饥饿不同于用手、指甲和牙齿啃生肉来解除的饥饿。"②

2.需要具有主观差异性。需要是有机体自身或外部生活条件的要求在脑中的反映。尽管人们有时把社会本身发展的客观要求称之为社会需要,但严格地讲,需要仅仅指个体反映机体内部或外

---

① 《马克思恩格斯全集》第3卷,286页、514页,北京,人民出版社,1960。
② 《马克思恩格斯选集》第2卷,95页,北京,人民出版社,1972。

界生活的要求而产生的,并为自己感受或体验到的一种内部缺乏或不平衡状态。所以,需要又总是主观的,它以意向、愿望、动机、抱负、兴趣、信念等形式表现出来。需要表现出有机体的生存和发展对于客观条件的依赖性。需要总是指向能满足某种需要的客观或事件,即追求某种客体,并从客体得到满足。如,渴了就有解渴的需要,其对象就是水或饮料,冻了就有取暖的需要,其对象就是火;寂寞了就有交往的需要,其对象就是志趣相同的人。

正是因为需要是主观的,而需要的广度依赖于人的自身状况及其生活的物质条件,所以人的需要又表现为丰富多样性和个别差异性。如人有饮食、休息、婚配、育幼的需要,有劳动、学习、交往的需要,有审美、旅游、求知和创造的需要。由于主、客观因素,这些需要表现在不同个体身上,又是千差万别的。主要表现在需要量的差异与需要质的差异。需要量的差异主要是指需要的种类和满足需要的方式方法多少不一。有的人需要种类多,而且满足需要的方式方法也多;有的人需要种类多,但满足需要的方式方法很少;有的人需要种类少,但满足需要的方式方法多;较差的一种是,有的人需要种类少,且满足需要的方式方法亦少。需要质的差异是指同一种需要有水平高低之别和满足需要的方式方法不同。有的人需要的水平较高,满足这种需要的方式方法的水平也很高;有的人需要的水平高,满足这种需要方式方法的水平不高;有的人需要的水平低,满足这种需要的方法方式的水平较高;较差的是,有的人需要的水平低且满足这种需要的方式方法的水平也低。

3. 需要具有动力发展性。需要是个体活动的基本动力,是个体行为动力的重要源泉。从饮食男女,到从事物质资料的生产、文学艺术作品的创作、科学技术的发明与创造,人的各种活动或行为,无不是在需要推动下进行的。需要一旦出现,就会使个体内部感到某种缺乏或不平衡,这就成为一种支配行为去寻求满足的力量,推动人去从事各种活动。需要激发个体去行动,使个体朝着一定的方向,追求一定的对象,以行为求得满足。需要越强烈、越迫切,由它所引起的活动动机就越强烈、越有力。同时,个体的需要也是在活动中不断产生和发展的。随着可以满足需要的对象范围的不断扩大,以及随之而来的需要满足方式的不断改进,需要也不断发展变化着。这样,需要推动着人去从事某种活动,在活动中需要不断地得到满足又不断地产生新的需要,从而使人的活动不断地向前发展。

人的需要是一个不断发展变化的动态结构,永远不会只停留在某一种水平上。人们常说,知足者常乐,这是相对而言的。就总体而言,人是永远不知足的。人类也正是基于这种"不知足"的动力而不断发展着。从内容方面来看,需要的发展性,主要表现在两方面,即横向发展和纵向发展。前者是指需要的种类增多或减少。增多是基本的、一般的趋势,减少是特殊的、个别的现象。如,有的研究生毕业后先想分到一个好单位,满足这一需要后,要求加工资、分房子、照顾子女工作等需要的种类会越来越多。后者是指需要的水平层次提高或降低。提高是基本的、一般的趋势,降低是特殊的、个别的现象。如有人发表论文,先是要求发表在省级刊物上,后来发展到要发表在国家级、国家重点级、国际上有影响的专业刊物上等,需要的水平与层次越来越高。从需要实现的手段上看,需要的发展性还表现在实现或满足需要的方式手段,越来越多,水平越来越高。小孩子想获得别人的玩具,极大的可能就是哭或抢;而大孩子则会通过"欲擒故纵"、"花言巧语"、互换东西等手段来达到目的。可见,需要的动力发展性是需要的根本特征。

4.需要具有整体关联性。人的需要结构中的诸要素是相互联系、相互作用的整体。这种整体关联性表现为各种需要互为条件,又互为补充。一方面,精神需要的存在与发展以物质需要存在发展为基础;物质需要的存在与发展又以精神需要存在与发展为条件。满足精神需要一般来说应靠物质需要作保障,满足物质需要必须要以精神需要作指导。如果一味强调奉献精神而不落实经济待遇,会使人的心理产生极度不平衡,人的情绪就不稳定。另一方面,各种需要又是互为补充的。需要是人的活动的源泉,是不是说某一种需要得不到满足,人们的某种行为就不会产生呢?事实并非如此。因为某一种需要得不到满足,但可以通过另一种需要的满足来保持个体相对的心理平衡。引发个体行动的那种需要,我们称之为优势需要。一旦这种优势需要在现实条件下暂时得不到满足,仍然可以通过将其他需要转成优势需要,并通过它的满足来达到心理平衡。需要的这种整体关联性是普遍存在的,对人的心理发展具有极为重要的意义。如某人在单位的物质待遇不佳,但人际关系和谐,深得领导器重,那么他(她)的情绪就会稳定,心态较好。许多单位所提的"待遇留人,情意留人,事业留人"的稳定人才政策,也许是考虑到了人的需要整体关联性。再如,某人在家里属"妻管严"型的丈夫,尊重的需要得不到满足,他也许会通过在单位积极工作,勤奋学习,取得较好的成绩,从而获得领导的赏识与同事的赞许,即获得了尊重的需要和自我实现的需要。这说明,需要的整体关联性对保持个体的相对心理平衡是有积极作用的。

二、需要的种类

人的需要是多种多样的,可以根据不同的标准来进行分类。

(一)根据需要的起源,可把需要分为自然性需要和社会性需要

1. 自然性需要是指维持生命有机体生存和种族延续所必需的条件,是本能的需要,又称生物性需要、生理性需要或生理需要。如对空气、食物、饮水、运动、睡眠、排泄和性的需要等。这类需要是人和动物都必需的。恩格斯说:"人们首先必须吃、喝、住、穿,然后才能从事政治、科学、艺术、宗教等等。"[①]自然性需要尽管是人与动物所共有的,但人的自然性需要具体内容和满足方式是受社

[①] 《马克思恩格斯选集》第3卷,574页,北京,人民出版社,1972。

会生活条件制约的。人生活在社会中,人的自然性需要不仅可以通过自然界的物体得到满足,而且可以通过使用社会的产品得到满足,如自制新鲜空气。人的自然性需要还会受到社会生活条件的制约。例如,饮食与性的需要本来是无条件的自然需要,然而人们的饮食有一定的习俗和礼节;性的需要从恋爱、结婚到生儿育女,都要受到法律、文化传统、道德和风俗等因素制约。所以,人的自然性需要也具有社会性一面。

2.社会性需要是指与人的社会生活相联系的,在社会生活过程中逐步习得的那些需要。这是人类所特有的需要,是人类后天习得的。如劳动的需要、交往的需要、成就的需要、社会赞许的需要、求知的需要等。社会性需要通常是从社会要求转化而来的。当个人认识到接受社会要求对自己的必要性时,社会的要求就可能转化为个人的需要。社会性需要对维系人类社会生活、推动社会进步有重要作用。

人类的自然性需要与社会性需要是辩证统一的关系。总的来说,自然性需要是社会性需要的基础,社会性需要是自然性需要的提升。没有自然性需要,就没有社会性需要;没有社会性需要,人就不成其为人。

(二)根据需要指向的对象,可把需要分为物质需要与精神需要

1.物质需要是指那些指向社会的各种物质产品,并以占有这些产品而获得满足的需要。它既包括对自然界产物的需要,也包括对社会文化产品的需要。因此,在物质需要中,有自然性需要,也有社会性需要。如对日常生活必需品的需要,对工作和劳动条件的需要,对住房和交通条件的需要等。物质需要是人类最基本最重要的需要,它是个体存在与发展的基础,也是人类社会存在与发展的基础。正如马克思所言,物质需要是"一切人类生存的第一

前提","一切历史的第一前提"①。

2. 精神需要是指那些指向社会的各种精神产品,并以占有这些产品而获得满足的需要。这种需要是人所特有的。如求知的需要,友谊和爱的需要,道德的需要,审美的需要和创造的需要。精神需要是人们生存和发展必不可少的一个重要方面。人类最早形成的精神需要是对于劳动和交际的需要。随着社会生产力的发展,人类新的需要也不断产生,并日益丰富多样。

物质需要与精神需要有着密切的关系。人们在追求物质需要的同时,同样表现出某种精神方面的需要;而精神需要的满足又离不开一定的物质需要。如出国看足球赛(满足精神需要)不能没有足够的出国旅行的费用(即一定的物质需要)。

(三)马斯洛的需要层次理论

美国人本主义心理学的创始人之一,心理学第三势力的领导人亚伯拉罕·马斯洛(Abraham H. Maslow,1908~1970)从人本主义心理学的基本观点出发,提出了心理学研究应遵循以健康人为研究对象的原则、整体动力学原则、以问题为研究中心的原则的研究方向②,他对健康人的行为动机进行客观和实事求是的研究。他的最著名的论文《人类动机理论》最早发表于1943年的《心理学评论》杂志,1954年被收入他的第一部专著《动机与人格》中。他的动机理论是以他对人类需要的理解为依据的,并从总体上把人的需要根据对人直接生存意义及生活意义的大小,按次序排列。我们为了直观理解,以阶梯状图形显示出来(见图10-1)。所以,我们把这种理论称为需要的层次理论(need hierarchy theory)。1954年,马斯洛把人的需要划为五个,即生理的需要、安全的需

---

① 《马克思恩格斯选集》第1卷,32页,北京,人民出版社,1972。
② 叶浩生主编:《西方心理学的历史与体系》,544~546页,北京,人民教育出版社,1998。

要、爱与归属的需要、尊重的需要、自我实现的需要。1970年,在他去世前完成的《动机与人格》修订版中,他又增加了两个需要,即认知的需要和审美的需要。并且,他把人的需要分为两大类:一类是基本需要,它与人的本能相关,主要包括生理的需要、安全的需要、爱与归属的需要、尊重的需要;另一类是成长性需要,它不受人的直接欲望所左右,主要包括认知的需要、审美的需要和自我实现的需要①。

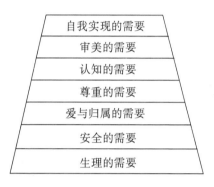

图 10−1　马斯洛的需要层次图

1. 生理的需要(physiological need),如人对食物、水分、空气、睡眠、性、排泄等的需要。这类需要在人的所有需要中是最基层的需要,也是最重要、最有动力作用的需要。如果所有需要都得不到满足,那么,有机体就会被生理需要所支配,其他需要可能会全然消失,或者退居幕后。

2. 安全的需要(safety need),如人对于躲避危险、稳定安全、排除不安定因素、有秩序和预见等方面的需要。若生理需要得到相对充分的满足之后,安全需要就会出现。当安全需要不能得到

---

① 叶浩生主编:《西方心理学的历史与体系》,547页,北京,人民教育出版社,1998。

相应满足时，就会对个体的行为起支配作用，使行为的目标统统指向安全，处在这种状态的人，可能仅仅为安全而活着。

3. 爱与归属的需要(love and belongingness need)，是指一个人想与他人建立感情的需要，如需要朋友、爱人或孩子，渴望在团体中得到别人承认和获得某种的地位等。当生理需要和安全需要得到基本满足时，对爱与归属的需要就开始出现。如果这一需要得不到满足，就会强烈地感到寂寞、孤独，感到在遭受抛弃，内心会产生极其痛苦的体验。

4. 尊重的需要(esteem need)，它包括两个方面：一是要求得到别人的重视和尊敬，具体包括对名誉或威信、地位、声望、赏识等的期待；另一是自尊，具体包括对有实力、能胜任、有成就以及要求独立和自由等的渴望。在上述三种需要都得到基本满足后，尊重的需要开始产生；这些需要一旦受挫，就会使人产生自卑感、软弱感、无能感。

5. 认知的需要(cognition need)，它表现为人们理解周围环境的欲望，搞清楚环境中的疑难问题及探索事物发展规律的欲望，如知道、了解及探究事物等方面的需要，它有助于人们选择活动目标，指导活动的方向，设计人的合理行为等。如果这种需要得不到满足，人在精神上就会产生很大的压力，甚至产生心理变态。

6. 审美的需要(aesthetic need)，如追求事物对称、秩序及美等方面的需要，它对个体成长具有重要意义，属高层次需要。马斯洛认为，这类需要并不是人人都具有。有强烈的审美需要的人，都希望有一个令人愉悦、美观、舒适、和谐的环境；反之，当这种需要得不到满足时，就会产生严重的心理障碍。

7. 自我实现的需要(self-actualization need)，这是促使自己的潜能得到最大限度实现的需要。马斯洛把自我实现需要描述成为一种想要变得越来越像人的本来样子，实现人的全部潜能需要。而人们自我实现的形式或途径是不一样的，科学家与办事员，他们都有机会去完善自己的能力满足自我实现的需要。

马斯洛认为,人的基本需要是分层次的,从低级到高级逐步上升的,较高级需要是在较低级需要的基本得到满足之后实现的。同时,马斯洛又指出,这只是一种一般的情况,实际上它并不完全像台阶式排列那样刻板,一直有许多例外。他列举了七种例外。如有些人把自尊看得比爱更重要,这种人自高自大,想突出自己;有些具有天赋创造性的人,其自我实现的需要不是在满足基本需要之后出现的;有些人的抱负水平可能永远压抑或低下;病态人格的人永远丧失爱的需要,这些人在其生命的早年,就已经缺乏爱,所以永远丧失了给予和接受感情的愿望和能力;还有些人有理想、有崇高的社会准则,他们为了追求真理,实现理想,可能牺牲自己的一切,等等[1]。

马斯洛认为,一种需要满足后,会出现新的需要,这种满足仅是相对的。他曾多次强调,并不厌其烦地举例说明他的基本思想。他认为:事实上,对于我们社会中大多数正常的人来说,其全部基本需要部分地得到满足,同时又都在某种程度上未得到满足,要想更加真实地描述这些层次序列,就应该在这个优势层次序列中逐级减小满足的百分比。另外,新的需要,也不是突然出现的,而是缓慢地,从无逐渐到有[2]。

关于低级需要与高级需要的关系,马斯洛认为,需要的层次越低,它的力量越强,潜力越大;只有在低级需要基本得到满足以后,高级需要才有可能出现。无论从人类发展还是从个体发展来看,高级需要的出现均较晚。高级需要比低级需要复杂。因此,满足

---

[1] 叶浩生主编,《西方心理学的历史与体系》,550 页,北京,人民教育出版社,1998。

[2] 叶浩生主编,《西方心理学的历史与体系》,550~551 页,北京,人民教育出版社,1998。

高级需要应具备较好的诸如社会、经济、政治等外部条件。当然高级需要与低级需要也是有区别的。越是高级需要,就越为人类所特有;需要层次越高,其变异性、可塑性亦越大。

马斯洛的需要层次理论对管理心理学、行为科学、教育科学等都产生了重要的影响。但是,马斯洛的需要理论也还存在一些问题,如他陷入了唯心主义的循环圈:一方面,人的潜能只有在良好条件下才有可能实现;另一方面,良好社会又要这种人来创造。又如他又过分强调了生物学因素在人的发展中的决定作用:认为人类的基本需要是由体质或遗传决定的,是与生俱来的,从而陷入了生物决定论的泥潭。

第二节 情绪情感的概述

一、情绪、情感的内涵

人类在认识和改造客观世界的过程中,总会产生一定的需要而这些又不可能都得到满足。因而,人们有时感到兴奋和快乐,有时感到悲哀与沮丧,有时感到骄傲与自豪,等等。这些不同的主观感受或体验就是情绪(emotion)与情感(feeling)的不同表现形式。

情绪和情感是客观事物是否符合人的需要与愿望、观点而产生的体验,是人对客观事物与人的需要之间关系的反映,是人对客观事物反映的另一种形式。

情绪和情感不同于认知。认知活动是对客观事物本身存在的反映,而情绪与情感反映的是客观事物与个体主观之间的某种关系。因而,同样的客观事物,会因个体主观方面的因素不同,而导致在不同人身上表现出不同的情绪与情感,甚至会引发同一个人身上不同状况下的迥然不同的情绪与情感。如同样是一碗饭,对一个十分饥饿的人来说,能引起他(她)强烈的兴奋感;而对于一个讲究色香味俱全的"食客"来说,只会让他(她)流露出不屑之容。可见,情绪、情感是一个极其复杂的心理现象,最能表达人的内心状态,是人的心理活动中动力机制的重要组成部分,也是个性形成的重要方面。

对于情绪、情感的重要性,人们并不是一下子认识清楚的。在相当长的时期内,不少人只把情绪、情感视为实践活动过程中出现的伴随现象或副现象。到20世纪,心理学家们在这方面取得了不少突破性进展。精神分析学派的鼻祖、奥地利精神病学家弗洛伊德(Sigmund Freud)十分重视人的潜意识,把人的非理性本质地位提到了前所未有的高度,对情绪、情感等心理现象作出了独具特色的理论分析。到20世纪60年代,认知学派对情绪方面的研究提出了不少真知灼见。如美国心理学家阿诺德(M. B. Arnold)认为,来自外界环境的影响要经过人的大脑皮质的评价和估量才产生情绪。这不仅把情绪和情感看作是有机体、生理上的唤醒和个体生理欲望的满足,而且重视客观情境的刺激对人的意义与作用的认识评价。到20世纪80年代,信息加工学派进一步拓展了认知学派的观点,美国心理学家加德纳(H. Gardner)在其《智能的结构》一书中把情感作为一种能力,提出了内省智能、人际智能的概念,揭示了情绪与情感体验过程中的信息加工机制,表明情绪、情感也是人格的重要组成部分。与此同时,人本主义心理学家强调人的尊严、价值与潜能,对人的情绪与情感也作了深入研究。由于自我潜能得不到实现,就会产生各种情绪反应,甚至导致死亡。马斯洛的高峰体验理论尤其谈到情绪与情感与自我实现的密切关系与重要意义。因为"高峰体验是一种身心融合的、发自内心深处的感受,在这种时刻,人会产生一种返朴归真或与自然合一的欢乐情绪"。到20世纪90年代,情绪智力理论经由梅耶和塞拉维(J. D. Mayer & P. Salvoes)首创,其后,不少学者对此理论都进行了深入的研究,人们对情绪智力以及情绪的功能都有了全新而全面的认识[1]。

二、情绪、情感的结构

经过多年的研究,情绪心理学家基本一致认为,情绪和情感的结构由三种成分组成,即主观体验、生理唤醒和外部表现。

情绪与情感的主观体验是个体对不同情绪和情感状态的自我感受,是心理活动的一种带有独特色调的知觉或意识。每种情绪都有不同的主观体验,它们代表了人们不同的感受,构成了情绪和情感的心理内容。首先,情绪与情感的主观体验与外部表现存在着固定的关系,每种情绪的外显形式与内在体验形式是共生的。如激动时手舞足蹈,惊恐时目瞪口呆。情绪与情感的主观体验与外部表现之间的这种对应联系是先天的,是在种族进化过程中形成的固定模式。正是主体体验与外部表现的一致性,保证了外部表现能正确地反映主观体验的性质,并传递其适应意义。当然,情绪与情感的主观体验与外部表现也存在着不一致性,这主要是因为随着人的社会化和各种能力的发展,加上个体认知因素的介入,经过后天习得的情绪与情感经验的影响,主观体验与外部表现的固定联系变得复杂起来。其次,具体的某种情绪与情感的主观体验具有不变性,它没有个体、民族差异,也没有性别、年龄差异,这是使情绪、情感能在人际间进行交流和产生情感共鸣的前提,如移情的形成。

情绪与情感的生理唤醒,是指情绪与情感所产生的生理变化。任何情绪和情感都有其生理基础,并总是发生在一定的生理激起水平上。情绪与情感的生理唤醒,涉及广泛的神经系统,如中枢神经系统的脑干、中央灰质、丘脑、杏仁核、下丘脑、松果体以及外周

---

[1] 王晓钧:《情绪智商(EQ)——当前我国情绪和情感研究中的谬误》,《中国社会科学》2000(3)。

神经系统和内、外分泌腺等。不同的情绪、情感的生理反应模式是不同的,这些生理变化不仅支持和维持着情绪与情感,而且影响着情绪和情感的强度和持续时间。如兴奋时,血管收缩、血压升高、心跳加快、消化器官运动减弱、血糖分泌增加、肾上腺素分泌增加、汗腺分泌增加等变化。另外,生理变化的差异还预示着各种具体情绪、情感之间的性质差异。通过测试一个人的生理变化了解其情绪状况,也就成为一种重要的测量情绪的客观手段。测谎机的设计原理就是"说谎——紧张——生理反应"。通过测试被试皮肤电、脑电波、呼吸、脉搏、血压等在其回答主试所提的中性、重要、控制三类问题时的反应与变化,并比较分析生理变化所蕴含的意义。需要说明的是,测谎机的记录,只能用作参考,不能作为法庭上判决之依据。现在还可以用声音紧张分析器来测量人所不能觉察的语音变化,从而真实了解人的情绪状况,增加鉴定结果的可靠性。目前,国外还发明了一种更为先进的测量仪器,是通过在询问被试相关问题的情绪中,测试被试眼球底部的充血状况来加以评定,其设计原理依然是"说谎——紧张——生理反应"这种情绪与情感的生理唤醒过程的规律。

情绪与情感的外部表现,是指在情绪和情感发生时身体各部分的外部表现形式,通常称为表情。根据表现的部位不同,表情分为面部表情、姿态表情和语调表情。面部表情是额眉、鼻颊、口唇等全部颜面肌肉的变化所组成的模式。如快乐时额眉平展面颊上提、嘴角上翘;悲伤时额眉紧锁、下眼睑趋于闭合、嘴角下拉。面部表情模式能精细地表达不同性质的情绪和情感,所以是鉴别情绪与情感的主要标志。姿态表情是除颜面以外身体其他部分的表情动作,包括手势、身体姿势等,有时也称为身段表情。如高兴时手舞足蹈,害羞时低首弄指,惊恐时呆若木鸡等。其中,手势能协同或补充表达言语内容的情绪与情感信息,是后天习得的,具有文化差异。语调表情是通过言语的声调、节奏和速度等方面的变化来表达的,也是表达情绪与情感的一种重要形式,有时也称为言语表情。如喜悦时语调高昂,语速较快;痛苦时语调低沉,语速较慢。上述三种表情形式中,面部表情在情绪与情感交流中起主导作用,姿态表情和声调表情则是表情的辅助形式。

三、情绪和情感的关系

在日常生活中,情绪和情感是两个常被混用的概念。其实,情绪与情感既有区别,又有联系。

情绪与情感同属于心理活动的范畴,曾统称为感情(affection),是同一过程的两个方面。二者有着密切的联系,这主要表现在:首先,情绪是情感的基础,情感离不开情绪。一般来说,情感是在与此相关的情绪稳固基础上发展建立起来的,情感又通过与此相关的各种情绪形式表达出来。其次,情绪离不开情感,情绪是情感的具体表现形式,在情绪发生过程中往往深含着情感因素。因此,不少心理学家对情绪与情感并不加以区分,而是在同等意义上使用这两个概念。

人们的感情是非常复杂的,既包括感情发生的过程,也包括由此产生的种种体验。所以,同属感情范畴的情绪与情感又是两个不同的概念,表达了感情的不同方面,二者是有区别的。

情绪是指与人的需要(包括生理性需要和社会性需要)相联系的,具有特定主观体验、生理唤醒和外部表现的心理活动的整体过程。无论在动物或人类,情绪反映的发生都是脑的活动过程,或个体需要的特定反映模式的发生过程。从这个意义上说,情绪可用于人类,也可用于动物。情绪具有较大的情景性、冲动性和暂时性,往往随着情景的改变和需要的满足而减弱或消失,情绪代表了感情的种系发展的原始方面。回顾情绪一词的演变历史,它来自拉丁文 e(外)和 movere(动),意指从一个地方向外移到另一个地方,是用来描述一种"动"的过程。它最初是在物理学和社会学范畴上用来描述一种运动过程,现在已被限定用在精神活动范畴中,以表示那种不同于认识、意志的心理活动的过程。

情感经常被用来描述具有稳定而深刻社会涵义的高级感情，它是指感情这一过程中的主观体验和感受，具有较大的稳定性、深刻性和持久性。情感这一概念，既包含一个"感"字，有感觉、感受之意；又包含一个"情"字，有同情、体验之意。所以，它既有别于作为一种独立的心理过程的情绪，也有别于那种代表认识的初级形式的感觉，其基本内涵是感情反映的"觉知"方面，集中表达主观感受与主观体验。心理学主要研究情感的发生、发展的过程和规律，因此较多地使用情绪这一概念。

第三节 情绪情感的类别

一、情绪的维度与两极性

(一)情绪维度与两极性内涵

情绪的维度是情绪在其所固有的某些特征上，存在着一个可变化的度量，主要包括情绪的动力性、激动性、强度和紧张度等方面。而这些特征的变化幅度又具有两极性，即每个特征都存在两种对立的状态。

情绪的动力性表现为积极的增力与消极的减力两极，一般来说，人在需要得到满足时产生肯定情绪是积极的、增力的，可以提高人的活动能力；人在需要得不到满足时产生的否定情绪是消极的、减力的，就会降低人的活动能力。

情绪的激动性表现为激动与平静两极。激动是一种强烈的、外显的情绪状态，如狂喜、激怒、极度恐惧等。一般地讲，它是由一些重要的事件引起的。平静是指一种安静而平稳的情绪状态，如心平气和。它是人们正常生活、学习和工作时的基本情绪状态，也是基本的工作条件。

情绪的强度有强与弱两极。在情绪的强弱之间还有各种不同的强度，如怒由弱到强表现有：微愠、恼怒、愤怒、大怒、暴怒和狂怒。

情绪的紧张度也有紧张与轻松两极。人们情绪的紧张度决定于所面对情境的紧迫性、个性心理的准备状态以及应变能力。如果情境比较复杂又紧急,个体心理准备充足且应变能力也较强,人们此时就不会紧张,而会轻松自如。

情绪的维度与两极性是情绪的一种固有属性,在情绪测量中应把这作为一个变量来加以考虑。

(二)情绪维度理论

关于情绪维度的研究,存在着不同的观点,提出了许多理论。比较著名的有以下几种,现作简要介绍。

1. 冯特的三维理论。冯特(W. Wundt)于1896年首次提出了情绪的三维理论。他从愉快—不愉快、激动—平静、紧张—松弛这三个维度上来识别情绪。每一种具体情绪都处于这三个维度的两极之间的不同位置上。冯特的三维理论虽然以主观描述为基本方式,但却比较符合实际情况,其理论为后来的情绪维度理论发展奠定了基础。

2. 施洛伯格的三维理论。美国心理学家施洛伯格(H. Schloberg)于20世纪50年代提出了情绪的三维量表。他从愉快—不愉快、注意—拒绝和激活水平这三个维度来划分情绪的,并建立了一个三维模式图(图10-2)。椭圆切面的长轴为快乐维度,短轴为注意维度,垂直于椭圆面的轴则是激活水平的强度维度。由这三个维度水平的不同组合可得到各种情绪。

3. 普拉切克的情绪三维结构。美国心理学家普拉切克(R. Plutchik)于20世纪60年代末提出了情绪三维结构理论。他认为情绪具有强度、相似性和两极性三个维度,并用一个倒置的锥体来说明这三个维度(图10-3)。锥体的每块截面代表一种原始情绪,截面划分为8种原始情绪,相邻的情绪是相似的,对角位置的情绪是对立的,锥体自下而上显示情绪由弱到强的变化。

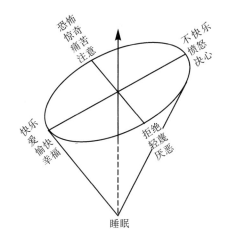

图 10-2　施洛伯格情绪三维模式图

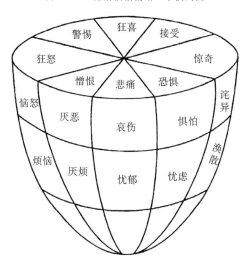

图 10-3　普拉切克的情绪三维模式

4. 伊扎德的四维理论。美国著名心理学家伊扎德（C. E. Izard）于 1977 年提出了情绪的四维理论。他认为情绪有愉快度、紧张度、激动度和确信度等四个维度。其中愉快度表示主观体验的享乐色调；紧张度表示个体对情绪情境的突然出现缺乏预料和缺少准备的程度，激动度表示兴奋的程度，这两个维度都表示情绪的神经生理激活水平；确信度表示个体胜任、承受感情的程度。在认知水平上，个体能报告出对情绪的理解程度，在行为水平上，能报告出自身动作对情境适宜的程度。

二、情绪状态的分类

关于情绪的分类，我国古代就有"七情""六欲"说；国外学者对情绪的分类进行了深入的研究，获得了较多的研究成果，如把人类的情绪分为基本情绪与复合情绪。前者指不学而能的、人与动物共有的情绪；后者是由基本情绪的不同组合派生出来的。这对研究情绪的分类无疑具有许多启迪。

情绪状态是指在特定时间内，情绪活动在强度、紧张水平和持续时间上的综合表现，情绪状态主要有心境、激情、应激三种。

1. 心境(mood)是一种比较微弱而持久的，使人的整个心理活动都染上某种色彩的情绪状态。如人逢喜事精神爽，就是心境的真实写照。引起某种心境的原因是多种多样的。生活的顺逆、工作的成败、家庭的境遇、人际关系、个人的健康状况、对往事的回忆、对未来的遐想，甚至自然环境的变化等，都是引起某种心境的原因。

心境具有感染性和弥散性。所谓感染性是指当个体处于某种心境之中时，他的言行举止、心理活动都会蒙上一层相应的情绪色彩。如"喜者见之则喜，忧者见之则忧"；"感时花溅泪，恨别鸟惊心"，等等，都反映了心境的这种感染性。所谓弥散性是指心境不是关于某一事物的特定体验，而是以同样的态度体验对待一切事物。如某人得知自己考取了研究生，此时，他(她)心理美滋滋的，在这种情况下，他(她)对人特有礼貌，与人交谈兴致勃勃，就连走路都迈着"轻快"的步伐，甚至嘴里还不时地哼着小调，世界对于他

(她)来说,变得是那样的美好。

当然,心境的感染性与弥散性,必然决定了心境的积极和消极之分。积极心境使人精神振奋、乐观向上,有利于提高人的活动效率和增进人的身心健康。消极心境使人悲观消沉、丧失信心,会降低认知活动效率,有损于人的身心健康。

2. 激情(intensive emotion)是一种强烈的、爆发性的、短暂的情绪状态。如欣喜若狂、惊恐万状、悲痛欲绝等都是激情的不同表现。激情通常是由对个人重大意义的事件引起的。如莫大的羞辱、巨大的成功等。

激情具有爆发性和冲动性的特点。所谓爆发性是指整个激情的发生过程十分迅猛,大量的心理能量在极短时间内倾泻而出。所谓冲动性是指个体在激情状态下,往往失去意志控制。激情状态下人往往出现"意识狭窄"现象,即认识活动的范围缩小,理智分析能力受到抑制,自我控制能力大大减弱,进而使人的行为失去控制。

激情也有积极与消极之分。积极的激情,可以使人的情绪完全卷入当前的活动,成为激励人上进的强大动力。如在危急情况下的见义勇为、在战斗中的冲锋陷阵、体育比赛中的拼搏心态。消极的激情,使人完全失去理智,行为表现为极大的破坏性冲动。所以,要善于控制自己的激情,做自己情绪的主人。

3. 应激(stress)是指在出乎意料的紧迫情况下产生的急速而高度紧张的情绪状态。如突然遇到歹徒、碰到猛兽、司机的紧急刹车等,都有可能使人处于应激状态之中。在应激状态下,人会产生一系列的生理反应变化、情绪体验和心理反应,其生理反应大致如下:当人脑接受外部紧张刺激时,下丘脑便会发生兴奋,肾上腺髓质释放肾上腺素和去甲状腺素,这样就大大增加了通向脑、心脏、骨骼肌等的血流量,提高机体对紧张刺激的警戒能力和感受能力,增强体能,做出适应性反应。现代科学研究表明,人长期处于应激状态下会导致一系列个体适应性疾病。

应激具有超荷性与超压性。应激的超压性是指个体处在应激状态下,往往会产生超乎寻常的压力。应激的超荷性是指个体在应激状态下,生理上承受巨大的负荷,以充分调动体内的全部力量以应付突发事件。应激过程伴随着有机体全身性的能量消耗。

应激也有积极和消极两种情况。积极的应激反应表现为急中生智,超水平发挥,顺利应付突发事件;消极的应激反应表现为手足无措、意识狭窄。

三、情感的分类

情感是同人的社会性需要相联系的主观体验,是人类所特有的心理现象之一。从体验的层次上看,情感有不同的层次,哲学上有情欲(desire)、情绪和情感之分;心理学上有人将其划分为哲理层面、心理层面和社会层面的情感;也有人将之划分为机体情感、知觉情感和社会情感。如果从情感体验的内容上看,我们可以把它分为道德情感、理智感和美感,这些情感是高级社会性情感。

1. 道德感(moral feeling)是个体根据一定的社会道德行为标准,在评价自己或他人的行为、举止、思想、言论和意图时所产生的一种主观体验。道德属于社会历史范畴,道德准则具有社会性、历史性和阶级性。不同时代、不同民族、不同阶级有着不同的道德评价标准。个体产生道德感的首要条件是已形成的道德准则。如一个爱国者对有损国格的行为会产生反感、鄙视、憎恨等主观体验。

2. 理智感(rational feeling)是个体在智力活动中,在认识和评价事物时所产生的情感体验。如人们在探索事件时所表现的求知欲望、认识兴趣和好奇心等。理智感是人们学习科学知识、认识和掌握事物发展规律的一种重要动力,其作用发挥得如何与个体已有的知识水平和经验有关,也与个体的世界观、理想等有关。

3. 美感(aesthetic feeling)是个体根据自己的审美标准对客观

事件、人的行为以及艺术作品予以评价时所产生的情感体验。由于人的审美标准与事物的客观属性、个人的思想观点和价值观念有关,因此,审美标准具有历史性、民族性和阶级性,这也是形成美感差异性的重要原因之一。需要说明的是,尽管审美情感并不直接等同于道德情感,但美感与道德感的关系是十分密切的。如人们在对舞台上英雄人物的欣赏过程中,既会产生对英雄行为的由衷敬佩(道德情感),也会产生对英雄形象一种由衷的喜爱及对艺术形象之美的赞叹(审美情感)[①]。

四、情绪与情感的功能

(一)适应功能

有机体在生存与发展的过程中,发展了多种适应方式,其中情绪和情感就是有机体适应生存和发展的一种重要方式。情绪与情感的适应功能从根本上说是服务于改善和完善人的生存和生活条件的,如通过高兴表示情况良好;通过痛苦表示处境不佳;用微笑表示友好;通过移情维护人际关系等等。也就是说,有机体通过各种情绪与情感,了解自身或他人的境况,适应环境和社会,求得更好的生存与发展。

(二)动机功能

情绪与情感是动机的源泉之一,是动机系统的基本成分。它对人的活动具有直接的动力作用,从而提高人的活动效率。如适度的紧张与焦虑能促使人积极地思想和解决问题。同时,生理内驱力是激活有机体行为的动力,但情绪却能够放大内驱力的信号,从而成为驱使人们行为的强大动力。另外,情绪与情感的动机功能还体现在对认识活动的驱动与引导上。

(三)调节功能

随着现代心理学家越来越多地关注情感与认知的相互关系,

---

① 檀传宝:《道德情感、审美情感与道德教育》,《中国教育学刊》,1997(1)。

人们已把目光投向情绪和情感对人的认知过程所具有的积极组织效能方面。这种情绪与情感的调节功能表现为积极情绪的协调作用和消极情绪的破坏、瓦解作用。情绪与情感的调节作用主要来自于它的感染性。中等强度的愉快情绪,有利于提高认知活动的效果。它对记忆、个体行为都影响较大。

(四)信号功能

情绪和情感的信号功能是指一个人的情绪、情感能通过表情外显而具有信息传递的效能。这种功能是通过情绪的外部表现,即表情来实现的。心理学家阿尔维特(Albert)研究了使用英语的人们的交往现象后,惊奇地发现,在日常生活中,55%的信息是靠非言语表情传递的,38%的信息是靠言语表情传递的,只有7%的信息是靠言语传递的。可见,非言语表情是言语交流的重要补充。情绪的适应功能也是通过信号交流作用来完成的。

第四节 情绪理论与情绪调节

一、情绪的理论

由于情绪问题的复杂性以及研究者的研究取向不同,所以关于情绪的理论也较多,这里仅作简略的回顾与介绍。

(一)詹姆斯—兰格的情绪理论

美国心理学家威廉·詹姆斯(Willian James)和丹麦生理学家卡尔·兰格(Carl Lange)分别于1884年和1885年提出了观点基本相同的一种情绪理论。该理论认为,情绪就是对机体变化的知觉强调情绪的产生是植物性神经系统活动的产物。按一般常识的说法:人哭是因为伤心,人笑是因为快乐;人战栗是因为恐惧。而按照詹姆斯的观点则是:人快乐是因为笑;人伤心是因为哭,人恐惧是因为战栗[①]。他的理论的核心内容是:由环境激起的内脏活

---

① 张春兴:《现代心理学》,545页,上海人民出版社,1994。

动实际上导致了我们所认为的情绪。兰格认为,情绪是内脏活动的结果,他特别强调情绪与血管变化之间的关系。在他看来,情绪就是对机体状态变化的意识。詹姆斯与兰格认为,情绪刺激引起身体的生理反应,而生理反应过程导致情绪体验的产生。这种理论有合理的一面,也引起了许多争议。

(二)坎农—巴德的情绪理论

美国生理学家坎农(W. Cannon)于1927年提出了对詹姆斯—兰格情绪理论的质疑,即:(1)在各种情绪状态下,机体上的生理变化并无多大的差异,所以根据生理变化难以区分各种不同的情绪;(2)受植物性神经系统支配的生理变化较缓慢,难以解释瞬息变化的事实;(3)引起机体生理变化的药物(如肾上腺素),可以激活生理状态,但不能产生真正的情绪。坎农认为,当外界刺激引起的感觉信息传到皮层时,释放了经常处于抑制状态的丘脑中心,唤醒丘脑过程,从而产生特定模式的情绪。丘脑同时向大脑皮层和身体的其他部位输送神经冲动,产生情绪的主观体验,向下传至交感神经,引起机体的生理变化。因此,生理变化与情绪体验是同时发生的,它们都受丘脑的控制。

(三)阿诺德的情绪理论

美国心理学家阿诺德(M. B. Arnold)于20世纪50年代提出了情绪的评定—兴奋学说。阿诺德认为,刺激情景并不直接决定情绪的性质。情绪的来源是对情境的评估,其产生的基本过程是:刺激情景—评估—情绪。同一种情景,由于主观的认知与估价不同。就会产生不同的情绪体验。在森林里看到熊会产生恐惧,而在动物园里看到关在笼子里的熊却不产生恐惧。这说明,情绪的产生取决于人对情境的认知估价,通过评估来确定刺激情景对人的意义。阿诺德认为,情绪是这样产生的:作为引起情绪的外界刺激作用于感受器,产生神经冲动,上传至丘脑,交换神经元后再传到大脑皮层,在大脑皮层上产生对刺激情境的评估,形成一种特殊的态度。此时,皮层兴奋即下行激活丘脑系统,将兴奋发送到血管或内脏。这样外周变化的反馈信息又通过丘脑传到大脑皮层,并与皮层最初的估价相结合,最后,纯粹的认识经验即转化为情绪体验。后来,拉扎勒斯(R. S. Lazarus)强调认知因素在情绪中的重要性,他并考虑到生物和文化方面的因素对情绪的影响,把阿诺德的评价扩展为初评价、次评价和再评价的过程,进一步发展了阿诺德的情绪理论[1]。

(四)沙赫特的情绪理论

美国心理学家沙赫特(S. Schachter)对詹姆斯—兰格理论与坎农—巴德理论采取折中的观点,提出了情绪二因素理论。他认为,情绪既来自生理反应的反馈,也来自对导致这些反映情境的认知评价。也就是说,生理唤醒与认知评价之间的密切关系和相互作用决定着情绪。1962年,他与辛格(J. Singer)设计了一项实验。把自愿当被试的若干大学生分成三组,给他们注射同一种药物,并告诉被试注射的是一种维生素,目的是想验证这种维生素对视觉可能发生的作用。但实际上注射的是肾上腺素,一种对情绪具有广泛影响的激素。然后,主试提供给第一组关于药物效应的正确资料,并告诉他们将会产生心悸、手颤、脸发热等现象;提供给第二组关于药物效应的错误资料,并告诉被试注射后身上有些发痒,手脚有点发麻,此外无别的反应;对第三组被试不作任何说明。接着把三组被试各分一半,让他们分别进入预先设计好的两种实验环境中休息:一种情境是惹人发笑的愉快环境,另一种情境是惹人发怒的情境。结果发现第二组与第三组被试大多数人感到或表现出更加愉快或愤怒,而第一组被试由于已经预先知晓药物的效应,则没有愉快或愤怒的表现和体验。实验证明,人对生理反应的认知和了解决定了最后的情绪稳定。这个结论并不否定生理变化和环

---

[1] 彭聃龄主编:《普通心理学》,379~380页,北京师范大学出版社,2001。

境因素对情绪产生的作用。事实上,情绪状态是由认知过程(期望)、生理状态和环境因素在大脑皮层中整合的结果。

(五)伊扎德的情绪理论

美国心理学家伊扎德于 1972 年提出了情绪的动机—分化理论。该理论是以情绪为核心,以人格结构为基础,论述情绪的性质与功能。伊扎德认为,情绪是人格系统的组成部分,是核心动力。而人格是由体内平衡系统、内驱力系统、情绪系统、知觉系统、认知系统和动作系统等六个子系统组成。情绪本身又包含神经生理、神经肌肉的表情行为、情感体验等三个子系统,它们相互作用、整合联结,并与认知、行为等人格系统建立联系,实现情绪与其他系统的相互作用与影响。伊扎德还认为,大脑新皮质体积的增长和功能的分化同面部骨骼肌肉系统的分化以及情绪的分化是平行的、同步的。多种情绪的分化是进化过程的产物。因此,情绪适应功能的灵活多样,使得情绪在有机体的适应和生存方面起着核心作用。关于情绪的激活,伊扎德认为,生理遗传—神经内分泌系统不仅可以直接激活情感体验,而且可以影响感觉反馈激活过程、情感激活过程和认知激活过程。

二、情绪的调节

(一)情绪调节的内涵

情绪作为社会属性的产物,它是人们交际手段和活动动机,要受到社会规范的制约。情绪作为自然属性的产物,它又受脑的低级中枢的支配,在某种程度上具有不可控性。再加上刺激情境及其对人的意义的复杂性,以及情绪在种类和维度上的多样交织,致使情绪发生时的变异性较大,其产生的频率与强度均有不同。如果某些负性情绪发生过多过强或过少过弱时,或在不同情绪之间以及情绪与认知、情绪与固有的人格特性之间发生冲突时,就引起个体能否经受得住情绪变化以及要进行适当的情绪调节问题。

所谓情绪调节,是个体通过适当的策略与机制来控制、管理和改变自己或他人情绪的过程,目的是使情绪在生理活动、主观体验、表情行为等方面发生一定的变化。在情绪调节过程中,有生理调节模式、体验调节模式、行为调节模式、认知调节模式和人际调节模式。情绪调节一旦发展为一种能力,这就是情绪智力(emotional intelligence)[1]。情绪调节对促进人的身心健康发展具有极为重要的意义,也是近十年来理论界和现实中备受关注的课题。

(二)情绪调节的分类

1.根据情绪调节的内容不同,可以把情绪调节分为以下三个方面,即:具体情绪的调节、情绪唤醒水平的调节、情绪成分的调节。具体情绪的调节,包括所有具体的正性和负性情绪的调节,如愤怒时要学会克制;取得成就时也别过于沾沾自喜。唤醒水平的调节,包括调节过高和过低的情绪唤醒水平,如抑制暴怒,保持理智。情绪成分的调节,包括调节情绪的生理反应、主观体验和表情行为、格调、动力性等方面,如紧张或焦虑时,控制血压和脉搏;体验痛苦时,转换环境;过分高兴时掩饰和控制自己的表情动作;保持乐观,积极进取等。

2.从情绪调节过程的来源来分,可以把情绪调节分为内部调节和外部调节。内部调节主要指个体的生理、心理和行为等方面的调节,如老师对学生的不当行为进行批评,必引起学生的不满情绪,要让学生理解、认识到教师的教育是对他(她)的关心和爱护,这种不满的负性情绪是可以克服和消除的。外部调节主要包括社会的、文化的、人际的环境以及自然环境等方面的调节。如一个长期牢骚满腹的人可以通过落实相关政策、改善生活和工作条件、建立和谐人际关系等途径加以调节。

3.根据情绪调节的侧重点来分,可以分为原因调节和反应调节。原因调节是针对引起某种情绪的原因来进行调节,包括对造

---

[1] 彭聃龄主编:《普通心理学》,385~386页,北京师范大学出版社,2001。

成某种情绪的情境的选择、修改,注意调整以及认识策略的改变等。反应调节是指通过对情绪反应的增加、减少、延长或缩短等策略来调节情绪,一般发生在情绪激活或诱发之后。

4.根据情绪的不同特点,可分为修正调节、维持调节和增强调节。修正调节主要指对负性情绪所进行的调节和修正,如进行放松训练,消除考试怯场。维持调节主要指人们主动地维持有益身心发展的正情绪,如乐观、豁达。增强调节主要指积极干预某种情绪状态,如对抑郁进行增强调节,使其调整到积极的情绪状态。

(三)情绪调节与身心健康

情绪调节得当可以促进人的身心健康;反之,人的身心健康就会受到威胁。为此,在情绪调节时,应遵循以下策略[①]:

1.紧张释放策略。过度紧张和压抑是两种最有害的情绪状态。过度紧张会使大脑神经的兴奋与抑制过程严重失调,出现不平衡,干扰认知活动,降低活动的效率,并引起心跳加速,血压升高等生理反应,不利于身心健康。为此,应消除紧张,保持快乐。快乐对紧张有重要的调节作用,愉快状态使人从紧张中得到间歇,是使人轻松自然的调节剂。释放紧张,可以采取弱化自我意识、进行放松训练、转换注意焦点等,而保持生活愉快是促进身心健康的基本策略。

2.兴趣保持策略。兴趣是一种基本的情绪状态,它支配有机体指向新异性事物,由兴趣引起的脑兴奋状态是构成人类活动最普遍存在的动机条件。在兴趣状态中,人被所面对的对象和所从事的活动所吸引,处于完全被卷入状态,为认知和创造提供最佳的情绪背景,有利于进行认知加工与激活创造性思维。兴趣是一种具有良好适应作用的情绪状态。一个对生活、对世界充满好奇而又兴趣盎然的人,必是一个有志向、有追求的人,也是一个幸福和

---

① 孟昭兰主编:《普通心理学》,430~432页,北京大学出版社,1994。

快乐的人。建立和维持盎然的兴趣将有益于身心健康。

3. 自我定位策略。自我是存在于主体意识之内的,是在主体所处的社会环境、在主体同他人的不断交往中逐渐形成和发展起来的。要正确地建立自我,坦诚地认识自我和适当地给自我定位,亦即勇敢地了解和面对自己的优势和不足,既不要目中无人,妄自尊大;也不要过分与人攀比而顿生自卑之感。这样,就能缓解自我的内心冲突,能进行自我调整和主动适应。要坚信"天生我才必有用"。这对消除不良情绪的困扰和情绪异常具有重要作用。

4. 人际沟通策略。人是社会的人。人的社会沟通与交流是获取信息、资源,发展能力,塑造个性的不可缺少的途径。凡是长期与世隔绝而孤立的人,其心理方面必然存在许多问题,甚至不具备正常人的心理。情绪的适应性功能之一——情绪的信号功能表明,情绪在人际间具有传递信息、沟通思想的功能,情绪的适应性功能正是通过信号交流作用来实现的。这样,通过人际沟通,人的情绪就会得到释放与缓解。另外,情绪还有相互感染性,人际间的移情和同情是缓解人心痛苦的主要渠道。人世间的相互理解与宽容,彼此的爱护与扶持,这正是人类所祈盼的美好境界,也是人们保持乐观向上、幸福健康心理的重要途径。

第十一章　意志与动机

第一节　意志的概述

一、什么是意志

意志是指一个人自觉地确定目的,并根据目的来支配、调节自己的行动,克服各种困难,从而实现目的的心理过程。人对客观世界的反映并非是消极被动的,而是积极的能动的。人在反映客观世界的过程中,不仅接受内外刺激的作用,产生认识和情绪情感,而且要采取行动,反作用于客观世界。人根据对客观事物的认识,先在头脑中确定行动的目的,然后根据这个目的来支配自己的行动,并力求实现此目的,这种心理活动就是意志。由意志支配的行动称为意志行动。

二、意志行动的特征

（一）意志行动是有自觉目的性的行动

意志行动是人类所特有的。它是在人类认识世界和改造世界的中产生的,也是随着人类不断深入地认识世界和更有效地改造世界的过程发展的。所以,意志是人的主观能动性的最突出的表现,也是人和动物在本质上相区别的特点之一。恩格斯说:"我们并不想否认,动物是具有从事有计划的、经过思考的行动的能力的……但是一切动物的一切有计划的行动,都不能在自然界上打下它们的意志的印记。这一点只有人才能做到。"句话,动物仅仅利用外部自然界,单纯以自己的存在来使自然界改变,而人则通过他所做出的改变来使自然界为自己的目的服务,来支配自然界。这便是人同其他动物的最后的本质的区别,而造成这一区别的还是劳动。"可见,动物作为自然界的一部分,以自身的活动适应周围环境,动物的活动虽然也改变环境,但它在自然界并没有留下意志的痕迹。人类则是通过自觉的活动来改变自然,在同自然界进行物质和能量的交换中,支配自然界为人类服务。在改造自然界的活动中,人类也发生着各种社会关系,并不断地改变着这种关系。人类的历史正是改造自然和改造社会的历史,而历史的每一步都留下了人的意志的痕迹。只有人类才能预先确定一定的目的,有组织地去逐渐实现这一目的,也就是说,人类通过意志,通过内部的意识事实向外部动作的转化,达到认识世界、改造世界的目的。

(二)意志行动与克服困难相联系

在人的活动中有许多行动是具有目的的。但是有些行动,诸如饭后散步、闲时聊天、观鱼赏花等并没有明显困难而言,故一般不认为它们是意志行动。只有那些与克服困难相联系而产生的行动,才是意志行动。例如,身体欠佳时坚持工作、为按时完成某项重要任务而奋斗拼搏等。一个人意志坚强的水平往往以困难的性质和克服困难的努力程度加以衡量。

意志行动中所遇到的困难有两种:内部困难和外部困难。内部困难是指内存于人脑中的某些不利因素。例如,消极的情绪、信心不足、态度犹豫、知识经验不足、性格上的胆怯等等。外部困难是指由于客观条件而造成的某些不利因素。例如,环境条件恶劣、缺乏必要的工作条件、周围人的冷嘲热讽以及政治经济方面的落后等。一个人在实现自觉确立的目的过程中,都有可能遇到内部困难和外部困难,正是在克服各种困难的过程中才表现出一个人的意志力量。因此,教育家们都主张意志锻炼要从小做起,教师和家长要有意识地创造条件,帮助青少年在克服各种困难的过程中,培养坚强的意志力。

(三)意志对行动的调节作用

意志是意识调节功能的表现。意志对行为的调节作用保证了人的行为的方向性,调节的最终结果表现为预定目的的实现。

意志对行动的调节作用表现在对人的行动的发动和抑制两个方面。发动表现为推动人去从事为达到预定目的的行动。抑制表现为制止和预定目的相矛盾的愿望和行动。例如,约束自己以战胜外界的诱惑和干扰,不做与目的相违背的事情。意志对行动的发动和抑制作用,在人的实践活动中是互相联系的和统一的。为了达到预定目的,意志通过发动和抑制这两个方面,克制与预定目的相矛盾的行动,发动与预定目的的实现有关的行动,从而实现对人的行动的调节和支配。意志不仅调节人的外部动作,还可以调节人的心理状态。当运动员在重大比赛中向自己提出"不要恐慌、稳定发挥"的要求时,实际上是意志促使其镇定,表现意志对情绪状态的调节。

三、意志与认识、情感的关系

(一)意志与认识的关系

首先,意志的产生是以认识过程为前提的,离开了认识过程,意志便不可能产生。自觉的目的性是意志的特征之一;人的任何目的都不是凭空产生的,都是在认识活动的基础上产生的。目的虽然是主观的,但它却是来源于人对客观现实的认识的结果。人在选择确定目的和采取方法和步骤的过程中,审时度势,分析主客观条件,回忆过去的经验,设想未来的结果,拟定方案和制定计划,对这一切所进行的反复权衡和斟酌等等,都必须通过感知、记忆、思维、想像等认识过程才能实现。可见,人们只有在认识了客观规律和人类需要之间的关系,才可能提出切合实际的目的,才能以一定的方式和方法去实现目的。

其次,意志对认识过程也有很大的影响。没有意志努力,就不可能有认识过程,更不可能使认识过程深入和持久。因为在认识活动中,人总会遇到这样或那样的困难,要克服一些困难,就需要做出意志努力。例如,观察的组织、有意注意的维持、追忆的进行、解决问题时思维活动的展开以及想像的形象化进程等,都离不开人的意志的参与。可见,没有意志行动,不会有认识活动,更不可能进行有效的社会实践活动。

(二)意志与情绪的关系

首先,情绪既可以成为意志行动的动力,也可以成为意志行动的阻力。当某种情绪、情感对人的活动起推动或支持作用时,这种情绪、情感就会成为意志行动的动力。例如,在工作、学习中,积极的心境、对祖国的热爱和社会责任感会推动人们努力学习、辛勤劳动。当某种情绪、情感对人的活动起阻碍或消极作用时,该情绪、情感就会成为意志行动的阻力。例如,消极的心境、高度的应激状态和害怕困难的情绪、情感,都会妨碍意志行动的执行,动摇以致削弱人的意志。消极的情绪对意志行动的干扰作用,取决于一个人的意志力水平,意志坚强者可以克服消极情绪,使意志行动自始至终贯彻到底;意志薄弱者则可能被消极情绪所压垮,使意志行动半途而废或一无所获。

其次,意志能够控制情绪,使情绪服从理智。人们在工作或学习中面对困难而产生的消极情绪,可以通过意志力加以调节和控制,从而使自己的意志行动服从于理智的要求。例如,人既能够调节和控制由于失败或挫折带来的痛苦或愤怒的情绪,也能控制和调节由于胜利带来的狂喜和激动,当然这取决于一个人的意志力水平的高低。

认识过程、情绪情感过程和意志过程是密切联系的。认识过程、情绪情感过程中包含着意志的成分;同样,意志过程中也包含着认识过程和情绪情感成分,只是为了研究的需要,才对统一的心理过程从不同侧面进行分析。当在对人的统一的心理活动进行分析时,必须注意它们之间存在的密切联系。

第二节 动机和意志行动

一、动机的概述

(一)什么是动机

在日常生活中,人的各种活动都是受动机支配的,人们常常使用"动机"一词来指行为的原因。在心理学上,动机指发动、指引和维持躯体和心理活动的内部过程。在具有特定目标的活动中,动机涉及这种活动的全部内在机制,包括能量的激活、使活动指向一定的目标以及维持有组织的反应模式,直到活动的完成。

"动机"这一概念是由伍德沃斯(R. Woodworth)于1918年率先引入心理学的,他把动机视为决定行为的内在动力。伍德沃斯认为,在指向特定目标的活动中,最初的刺激激发有机体释放一种能量,这就是驱力;这种能量是未分化的,不具方向性,活动的目标由其他心理机制(如知觉、学习过程)来决定。许多心理学家认为,动机既发动行为,又确定行为方向;他们认为,学习作为一种行为,是由机体内部追求享乐的力量所发动和维持的,没有动机的机体是消极被动的,不会去行动,不会去探索环境,因而也不会有学习行为的结果。

动机是活动的一种动力或心理倾向,它促使人产生某种活动,按照某种方式行事。动机是激发和维持个体进行个性活动,并导致活动朝向某一目标的心理倾向或动力。动机是为实现一定目的而行动的原因。人从事任何活动都有一定的原因,这个原因就是指人的行为动机。动机作为一种解释性的概念,用来说明个体为什么有这样或那样的行为。

动机和需要是紧密相联系的。需要在主观上常以意向和愿望的形式被体验着。模糊意识到的、未分化的需要叫意向。明确意识到的并想实现的需要叫愿望。只有当愿望或需要激起人进行活动并维持这种活动时,需要才成为活动的动机。动机是在需要的基础上产生的。人的各种需要是个体行为积极性的源泉和实质，人的行为动机就是这种源泉和实质的具体表现。需要是引起动机的内在条件。

日常经验告诉我们，有机体不仅仅由于内部力量的驱使而行动，外部刺激(总称为诱因)在唤起行为中也起着重要的作用。所谓诱因，是指能激起有机体的定向行为，并能满足某种需要的外部条件或刺激物。正诱因使人产生积极的行为，即趋向或接近某一目标；而负诱因使人产生消极的行为，即离开或回避某一目标。例如，对一般人来说，食物是正诱因，电击是负诱因。诱因强度依存于目标与有机体之间的距离。一般而言，时间和空间的距离越近，引起趋向目标的力量就越大。即是说，随着目标的接近，诱因强度增大倾向。美国心理学家赫尔(C. L. Hull,1943)把这种现象称为目标梯度。

总之，内驱力存在于有机体内部，诱因存在于有机体外部。内驱力是一种激活力，它释放的能量是无指向性的，可服务于任何具体的行为。动机行为具有明确的指向性，是由内驱力和诱因相互作用所决定的。

(二)动机的功能

1.激发功能。人类的各种各样的活动总是由一定的动机所引发的。动机能激发起机体产生某种活动。对某些刺激，特别是当这些刺激和当前的动机有关时，其反应更易受激发。例如，饥饿者对食物有关的刺激、干渴者对水有关的刺激反应特别敏感，易激起寻觅活动。动机是活动的原动力，它对活动起着推动作用。

2.指向功能。动机使机体的活动针对一定的目标或对象。例如，在为国家多作贡献的动机支配下，农民向国家平价出售粮食而不到市场上卖高价；在成就动机的支配下，知识分子放弃舒适的生活条件而到艰苦的地方去工作。动机不同，活动的方向和它所追求的目标也不同。动机就像指南针一样指引着活动的方向，它使活动具有一定的方向,朝着预定的目标前进。

3.维持和调节功能。当活动产生以后,动机维持着这种活动并调节着活动的强度和持续时间。如果活动达到了目标,动机促使有机体终止这种活动;如果活动尚未达到目标,动机将驱使有机体维持(或加强)这种活动,或转换活动方向以达到某种目标。

在具体的活动中,动机的上述功能的表现是很复杂的。

(三)动机的分类

动机可以从不同的角度和侧面进行分类。对动机进行分类,目的是研究动机的性质、机制和它在活动中的作用。

1.生物性动机和社会性动机。根据动机的起源,可把动机区分为生物性动机(也称为生理性动机或原发性动机)和社会性动机(也称为心理性动机或习得性动机)。前者与人的生理需要相联系。例如,饥饿、干渴、性、睡眠、解除痛苦等动机。人类的生理性动机也受社会生活条件所制约,并且打上社会的烙印。在生理性动机中研究得最多的是饥饿动机和干渴动机。社会性动机又称心理性动机。它与人的社会性需要相联系。例如,成就、交往、威信、归属和赞誉等动机。社会性动机具有持久性的特点,是后天习得的。人与人之间的社会性动机有很大的个别差异。张春兴教授认为心理性动机中包括两个层次,一个层次包括较为原始的三种驱力,即好奇、探索与操弄;另一个层次包括人类所特有的成就动机和亲和动机。

成就动机指个体在完成某种任务时力图取得成功的动机。成就动机和一个人的抱负水平密切联系着。抱负水平指一个人从事活动前,估计自己所能达到的目标的高低。成功的经验会提高个人的抱负水平,失败的经验会降低个人的抱负水平。

交往动机又称亲合动机或亲和动机,指个体愿意与他人接近、合作、互惠,并发展友谊的动机。人类的交往动机反映了社会生活和劳动的要求。

2.高尚动机和低级动机。根据动机内容的性质及其社会价值,可把动机区分为高尚的和卑劣的。这是从社会道德规范的内容上来看的。前者是符合社会道德规范的;后者是违背社会道德规范的。从人民的、民族的、国家的利益出发的动机是高尚的,而损人利己、损公肥私的动机是卑劣的。高尚动机能持久地调动人的积极性,促使其为社会发展做出重大贡献。低级动机违背社会发展规律与人民利益,不利于社会发展。

3.长远的、概括的动机和短暂的、具体的动机。根据动机的影响范围和持续作用时间,可把动机区分为长远的、概括的动机和短暂的、具体的动机。前者来自对活动意义的深刻认识,持续作用时间久,比较稳定,影响的范围也广;后者常由活动本身的兴趣所引起,持续时间短,易受个人的情绪影响,不够稳定,只对个别具体行动起作用。例如,一位师范生想成为一名优秀的教师,为培养祖国的下一代多做贡献。这个动机促使他努力学习科学知识,积极锻炼身体,参加学校的各项政治活动,这种动机是长远的、概括的动机。如果仅仅为了考试得高分数或应付老师的提问而努力学习,这种动机是短暂的、具体的。

4.主导动机和辅助动机。根据动机对活动作用的大小,动机可分为主导动机和辅助动机。在人的复杂的活动(如学习、工作、求职等)中并不只是受一种动机的推动,而是受多种多样的整个动机系统的推动。这些形形色色的动机交织在一起,互相补充,处于一定的相互关系之中。它们对活动的驱动作用却不是同等的,其中有的起主导作用,这种动机称为主导动机;另一些是次要的,称为次要动机。在人的成长过程中,活动的主导动机也是不断变化和发展的。例如,同是学习活动,刚入学的小学生,其主导动机可能是学生的地位("当个小学生"),以后其学习的主导动机可能是在班级中了取得应有的地位(如"争当三好生")。

5.意识动机和潜意识动机。动机可能是意识到的,也可能是意识不到的。根据动机的意识性,动机可分为意识动机与潜意识动机。实际上在活动的瞬间,动机通常是意识不到的。定势可以被视作是未被意识到的一种动机。例如,连续 10～15 次用两个大小不同的球放在被试手中,让其抚摸并判断哪只手的球"大些"、"小些"。然后让被试摸同样大小的两个球,这时被试会觉得这两个球大小不一样的。这是由于已经准备好了的、以一定方式进行比较的需要所产生的行为反应。

6. 内部动机和外部动机。根据引起动机的原因,可分为外在动机和内在动机。外在动机是指活动动机是由外在因素引起的、是追求活动本身目的之外的某种目标的动机。例如,有的学生的学习动机是由学习者以外的父母或教师提出的,或学习只是为了获得一枚奖章,这种动机就是外在动机。内在动机是指活动动机出自于活动者本人并且活动本身就能使活动者的需要得到满足。例如,有的学生的学习是学习者本人自行产生的,学习活动本身就是学习者追求的目的,这种动机就是内在动机。外在动机是可以转化为内在动机的。例如,课堂教学中最初运用的是外在动机,教师和父母的表扬或批评、肯定或否定态度激起学生的学习活动;逐渐地,学生为了得到社会的承认和赞赏也能够专心致志地学习,并把学习看成一种乐趣。

上述各种分类具有相对的意义,而不是绝对的。此外,根据研究的需要还可以用别的标准对动机进行分类。

(四)动机理论

早期的动机理论,实质上都是人性论的引申。自 17 世纪法国学者笛卡尔(R. Descartes)以来,对动机理论的探讨十分频繁。在西方哲学史上,长期以来把自由意志看做动机。笛卡尔虽然用机械观解释动物的行为,但对人的动机解释,仍然继承了意志自由的主张。当前动机理论的发展趋势是从强调生理性需要转向强调社会性需要。研究有从内在决定到外在决定的趋势,并且重视动机的认知方面。

1. 享乐主义理论。这种理论认为,人类的行为动机是求得最大限度的快乐和最低限度的痛苦。人是理性的人,他们根据可能得到的快乐或痛苦的结果来决定自己的行动。英国哲学家边沁(J. Bentham)从功利主义立场出发,批判了禁欲主义,认为痛苦和快乐决定人类行为的动机,人无不以快乐作为生活的目的。他认为快乐和痛苦是没有质的区别,只有量的不同。他编制了一个"快乐和痛苦的等级表"来测定人的苦乐。边沁指出,人们应该追求最持久、最确实、最迫切,而且又是最广泛和最纯粹的快乐,幸福也就是趋乐避苦求得最大的快乐。边沁的动机理论过于简单了,人类的动机不一定都是为了快乐。

2. 本能理论。按照本能的观点,有机体生来具有特定的、预先程序化的行为倾向,这种行为倾向对其生存至关重要,并以适当的途径确定行为方向,为行为提供能量。我国古代儒家的"良知"、"良能"和孟子所称道的仁、义、礼、智四端(端即起点)与一般本能相似,是与生俱来的,也属于动机。在西方自从达尔文的进化论揭示了从低等动物到人类种系发展上的延续性,从而打破人是理性动物的传统看法后,许多心理学家也从本能的角度来解释人类的行为。

美国心理学家詹姆斯提出除了与动物共有生物本能以外,人类还具有许多社会本能,例如,同情、诚实、社交、爱等等。美国心理学家麦独孤(W. Mcdougall)则系统的阐述了他的本能说。他认为,本能是天生的倾向性,对某些客体特别敏感,并伴随着特定的情绪体验。我们的思想和行动是由本能引起的,本能是激发行为的根源。个人与民族的性格与意志也均由本能的逐渐发展而形成的。

弗洛伊德也将人类行为的根本原因归结为先天力量,并对本能持有独到的观点。他认为对人的行为主要可以用性和攻击两种动机来解释。这些本能虽然是潜意识的,却有强大的动机力量。

3. 驱力和诱因理论。20世纪20年代,心理学家倾向于用驱力解释动机,把个体内部状况(如饥、渴等)所产生的驱力或需要看作行为的动力。美国心理学家赫尔是驱力理论的主要代表。他认为,机体的需要产生内驱力,内驱力激起有机体的行为。内驱力是一种中间变量,其力量的大小可以根据剥夺时间的长短或引起行为的强度或能量消耗,从经验上加以确定。赫尔的动机理论主要有两点:

(1)有机体的活动在于降低或消除内驱力。

(2)内驱力降低的同时,活动受到强化,因而是促使提高学习概率的基本条件。赫尔的动机理论也称为内驱力降低理论。

20世纪50年代,许多心理学家认为,不能仅仅用内驱力降低的动机理论来解释所有的行为。诱因在唤起行为时也起重要作用。他们认为,应该用刺激和有机体的特定的生理状态之间的相互作用来解释动机。这种理论强调了外部刺激引起动机的重要作用,诱因有唤起有机体行动和指导行动方向两种功能。

4. 认知、期望和归因论。当今许多心理学家从认知的角度来说明人类个体行为和社会行为的动机,他们的主要观点在于,人类动机并非来自客观现实,而是来自人们对它的解释。

美国心理学家费斯廷格(L. Festinger)首先提出了"认知失调"论。他把认知失调作为一种动机。所谓认知失调是指一个人具有两个彼此互相矛盾的认知,从而产生不愉快的体验。这种不愉快的体验驱使个体设法减轻或消除失调状态,使有关的态度和行为的认知变得协调起来,因而具有动机作用。费斯廷格认为,几种认知元素不和谐就会产生紧张状态,产生推动人去解决这种不和谐状态的倾向。例如,一人自认为优等生的人,考试不及格。这样就产生两种认知元素:

(1)对自己的高评价;

(2)不相称的成绩。这两种元素不和谐,出现紧张状态,必须加以解决。

罗特(J. Rotter)的社会学习理论指出了期望(expectation)对于驱动行为的重要性。罗特认为,人们做出某种行为的可能性取决于他对该行为所能实现的目标以及该目标对他的个人价值的期望,而对未来事件的期望则主要基于人体的过去经验和过去经验中建立的控向轨迹。控向轨迹是个体对行为结果进行归因的一般倾向。内控型的人倾向于把行为结果归因自身行为,外控型的人倾向于把行为结果归因为不受个体控制的外部事件。

对于行为结果的归因,海德(F. Heider)提出了一个相似的概念,认为人们对于行为结果可归因自身素质或情境因素。例如,得到坏成绩的考试结果可归因于缺乏努力或智力偏低,或归因于测验不公或教师判分有误,而归因的结果会影响到今后的行为动机。

5. 唤醒或激活理论。赫布(Hebb)和伯林(Berline)通过大量的观察研究,提出了最佳唤醒理论。他们认为,每一个人在内外刺激的关系上都有一个适宜的唤醒水平,当出现偏离这个水平的内外刺激时,就促使有机体活动,以恢复这种水平。一般说来,个体偏好中等刺激水平,它导致最佳唤醒;而过高或过低的刺激水平都不为个体所喜好。神经生理学研究表明,中枢神经系统经常需要由脑干网状结构的激活来保持一定的兴奋水平,如果超过或低于这个水平就会产生行动的需要。例如,兴奋水平过高则会产生逃避刺激的倾向,反之则会产生寻求刺激的倾向。对于活动的选择上的偏好的差异,人们一般将之解释为兴趣爱好的不同,实质上它与个体之间最佳唤醒水平的差异有关。每个个体都有各自的最佳唤醒水平,低于这个水平时,个体寻找刺激;高于这个水平时,个体避免刺激。

总之,人类的动机是很复杂的。心理学家对动机的探讨也是多侧面的。各种动机理论都有一定的合理性,但又不能解释所有的动机现象,而都有局限性。现代动机的理论更侧重于探索各种活动领域中的动机作用规律,根据观察实验材料,建立各种小型的动机理论。

二、意志行动与动机

（一）意志行动的表现

意志行动是通过一系列随意运动来实现的。它是在目的的指引下,通过一系列随意动作来实现的。随意运动是由感受和效应过程所组成的复杂的机能系统,语词是随意运动的高级调节者,它在人的意志行动中起着主导作用。意志行为是人的有目的的行动,表现为人类能动地反映世界和能动地改造世界的能力和作用。人类意志行动主要表现在以下几个方面：

第一,人类意志行为的目的性和计划性。人们在反映客观世界时,总是根据实践的需要带有一定的主观倾向和要求,并且抱有一定的目的和动机,表现出人们意志的目的性和计划性。

第二,人类意志行动的主动性和创造性。人对客观世界的反映是主动的,即是主动地根据需要去反映世界。人不仅能够反映事物的外部属性和现象,而且能够由感性认识上升到理性认识,反映事物的本质和规律。同时,人们不仅能从实践中形成正确的思想,更重要的是能以正确的思想和理论为指导,通过实践把观念的东西变成现实,在自然界打上人类"意志的印记"。正如列宁所说的,世界不会满足人,人决心以自己的行动来改造世界,人的意识不仅反映客观世界,并且改造客观世界。

第三,人类意志行动的前进性。人们的意志行动是不断发展、不断前进的,永远不会只停留在某一个水平上。人的意志是随着实践的发展而发展,在不断追求真理中丰富和提高,不断摆脱对客观及其规律的知之不多和知之不全的状态,摆脱旧思想、旧观念的束缚,使自身的意志行动提高一个新的阶段,并在实践中发挥前所未有的作用。

第四,意志行为必须符合客观规律。人的意志表现为以自觉的目的来支配和调节行动。然而,有了预定的目的,通过行动就一定能够实现目的吗？这就不一定取决于人的意志了。人的预定目的能否实现,关键要看人的认识是否符合客观规律。如果人正确认识了客观规律,并根据客观规律确定行动目的、计划和方法,通过实践,这个目的就能实现。否则,即使意志再努力也不会成功。

客观世界是按照其固有的规律发展着的,规律是客观事物本身所具有的,不是人们给它外加的,因而它是客观的,是不依人的主观意志为转移的。不管人们是否认识到客观规律,也不管人们是否喜欢它,它都一样客观存在,并有条不紊地发挥作用。意志行动正是担当了人在认识客观规律,在实践活动中利用客观规律去征服自然、改造社会,驾驭客观规律的这一心理角色。

人们一旦认识了自然和社会规律以后,就能够摆脱盲目性而获得自由,就能自由地发挥主能动性,自觉地改造客观世界。为此就引申出关于人的意志是不是自由的问题? 在这个问题上,心理学史中有过两种极端的看法。19世纪德国哲学家、唯意志论者叔本华(A. Schopenhauer)和尼采(F. Nietzsche)认为人的意志、行动是不受任何东西约束的,可以绝对自由的,为所欲为,人的自由意志主宰一切。行为主义者,美国心理学家华生则否认人的意识,否认意志自由,认为人的行为完全是由外界刺激所决定的。

辩证唯物主义认为,人的意志是人脑对客观现实的反映;意志不能离开客观现实而独立存在,它受客观现实及其规律的制约。首先,意志受人的目的指引,被人的动机推动;而目的和动机则是人的需要的反映,来源于客观现实。其次,目的的实现又取决于人对客观现实和客观规律的认识,以及在行动中如何克服、利用这些规律。人的意志是自由的,但又是不自由的。说它是自由的,是因为在一定的条件下,人可以按照自己的意愿自主地选择和确定目的,发动或制止某种行动,采取相应的行动方式或步骤。说它是不自由的,是因为人的一切愿望、行动都必须符合客观规律,否则就会碰壁。因此,意志的自由是相对的,有条件的。正如恩格斯在《反杜林论》中所指出的:"自由不在于幻想中摆脱自然规律而独立,而在于认识这些规律,从而能够有计划地使自然规律为一定的目的服务。……因此,意志自由只是借助于对事物的认识来做出决定的那种能力。"一个人掌握的自然科学和社会科学的知识越多,越善于利用客观规律,那么,他对客观世界的改造也就越主动、越自由。同时,知识和能力的获得又依赖于人的意志努力,依赖于自身的勤奋、刻苦以及克服各种困难和障碍的意志力。

(二)意志与动机的关系

一般说来,只有当产生了动机,同时实现动机的行为遇到困难时,才体现出意志一词所指的含义。动机行为可能遇到的困难有两种,一种是内部困难,例如,当具有多重需要却无法同时满足,或者当具有两种对立的动机需要时,选择和确定行为的目的并坚持下去就需要意志的努力;另一种困难是外部困难,指客观条件的障碍,如工作或生活环境比较艰苦、存在外在的干扰和破坏等。人的意志既表现在对内部困难的斗争中,也表现在战胜外部困难的努力中。

人的意志是由一定的动机引起的。动机是激起人们去行动或抑制这个行动的愿望和意图,是引起人的行动的内部原因和推动力量。人的任何意志都存在着动机激活水平和行为效率之间的关系。动机激活水平而产生的心理压力对行为效率有一定的促进作用,同时也会产生阻碍作用。动机激活水平、行为效率和任务难度之间的关系,可用叶克斯—多德逊定律(Yerkes-Dodson law)表示(图11-1)。

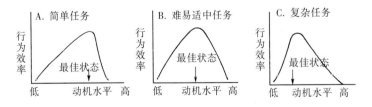

图11-1 叶克斯—多德逊定律图示

从图示中可知,在简单易为的任务情境中,较高的动机水平会产生较佳的行为效率;在复杂困难的任务情境中,较低的动机水平反而会提高行为效率,一般认为这是因为动机激活水平过强会使情绪扰乱认知活动所致。

第三节 意志过程及其结构

一、意志过程

意志行动,有其发生、发展和完成的历程。这一过程大致可以分为两个阶段:采取决定阶段和执行决定阶段。前者是意志行动的开始阶段,它决定意志行动的方向,是意志行动的动因;后者是意志行动的完成阶段,它使内心世界的期望、计划付诸实施,以达到某种目的。

(一)采取决定阶段

采取决定阶段一般包含确定目的或目标、制订计划、心理冲突、作出决策等许多环节。目的是人的行动所期望的结果。在行动中,人期望要得到的结果,有时是明确的,有时则不一定是明确的。有时行动想要达到的结果只有一个,无选择之余地,这时确定目的不会产生内心冲突;有时则好几个可供选择的目的,确定目的会产生心理冲突,需要做出意志努力。目的确定之后,进一步就要选择达到目的的行动方式和方法,拟定出行动计划。对于行动的方式、方法的选择,也有各种不同情况。有时只要一提出目的、行动的方式、方法便可以确定,这毋需意志的努力。在通常的情况下,达到目的的方式、方法也要进行选择,比较各种方式、方法的优缺点及可能导致的结果。这时也可能产生内心犹豫不决;时而想采取这种方式、方法,时而想采取那种方式、方法,难以下决心拟订出行动计划。因而在确定行动计划作出决策时也会产生心理冲突,也需要作出意志努力。

人的意志行动是由一定的动机引起的,但由动机过渡到行动的过程是不同的。在简单的意志行动中,动机是单一的、明确的,通过习惯的行为方式就能直接过渡到行动,因此,一般不存在明显的动机的斗争。在较复杂的意志行动中,行动虽然是由多种动机所引起的,但如果它们之间不矛盾,就不会发生动机斗争。例如,一位学生努力学习,既可能是对学习本身有兴趣,也可能是为了个人的荣誉或集体的荣誉;既可能是为升学做准备,也可能是为了将来的就业打好基础。虽然这些动机对学习活动及相应的行动有不同的推动力量,但没有根本对立的冲突,是协调地结合在一起发生作用的。但是这种相互统一是相对的、有条件的。

意志行动中的动机斗争是指动机之间相互矛盾时,对各种动机权衡轻重,评定其社会价值的过程以及解除意志的内部障碍的过程。就动机斗争的内容来说,它分为原则性动机斗争和非原则性斗争。凡是涉及个人愿望与社会道德准则相矛盾的动机斗争属于原则性动机斗争。例如,当涉及国家、集体、个人三者利益的矛盾时,如何摆正自己的位置,解决这类原则性动机斗争,就要经过激烈的思想斗争,因此也最能体现出一个人的意志品质。一个意志坚强的人善于有原则地权衡和分析不同的动机,及时地选择正确的动机,并确定与之相应的目的。意志薄弱者则会长久地处于犹豫不决的矛盾状态,甚至确定目的以后,也不能坚持,并且还会受到其他动机的影响而改变。凡是不与社会准则相矛盾仅属个人爱好、兴趣、习惯等方面的动机斗争属于非原则性的动机斗争。例如,休闲时间是看电影或看小说还是复习功课时,先做数学题还是先念外语单词等等并不涉及原则,也不会有激烈的思想斗争。当然,在对两种活动孰先孰后的选择在某种程度上表现一个人的意志力水平,即是否能根据当时的需要毅然决定取舍。

就动机斗争的形式来说,可以分为以下四种:

(1)双趋冲突指一个人以同样强度追求同时并存的两个目的,但又不能兼得时产生的内心冲突。孟子曰:"鱼,吾所欲也;熊掌,亦吾所欲也;二者不可得兼,舍鱼而取熊掌也。生,吾所欲也;义,亦吾所欲也;二者不可得兼,舍生取义也。"对这种"鱼和熊掌难以兼得"的动机冲突,解决的方法是放弃一个目标,或者同时放弃这两个目标而追求另一折中目标。

(2)双避冲突指一个人同时遇到两个威胁性的事件,但又必须接受其一始能避免其二时的内心冲突。此时,由于选择的困难而使人困扰不安、左右为难。例如,孩子得了龋齿感到痛苦,但又不肯就医,因为害怕治疗带来的难受。此时,牙痛和治疗都想回避,在他看来两者都是一种威胁,都想逃避,但他又必须选择其一,才能躲避其二。

(3)趋避冲突指一个人对同一目的同时产生两种对立的动机,一方面好而趋之,另一方面恶而避之的矛盾的内心冲突。例如,想做好事,又怕别人讥笑;想参加竞争,又怕失败。一般情况下,越是接近目标,想要达到这一目标的愿望越强烈。同时,回避目标的愿望也相应增长,而且回避目标的强烈意愿程度的增长比接近的要增长得更快。研究表明,趋避冲突在心理上引起的矛盾冲突的后果最严重,因为它会使人在较长时间内一直处于对立意向的冲突中,从而导致行动的不断失误。

(4)多重趋避冲突指一个人面对两个或两个以上的目的,每种目的都具有吸引和排斥作用,而不能简单地选择一种目标,回避另一种目标,必须进行多重的选择而引起的内心冲突。例如,一个人想调换到一个新的工作单位,因为该单位有较高的经济收入和其他优厚的福利条件,可是工作性质和人际关系不易适应。但如果留在原单位工作,有习惯了的工作条件及环境,以及较好的人际关系,可是经济收入和福利待遇较差些。这种对各种利弊得失的考虑,就会产生多重趋避冲突。一般来说,如果几种目标的吸引力和排斥力相距较大的话,解决这种内心冲突比较容易;如果几种目标的吸引力和排斥力比较接近的话,那么,解决这种内心冲突就比较困难,并需要用较长的时间考虑得失和权衡利弊了。

确定目的在意志行动中非常重要,目的在意志行动中起着极重要的作用。目的越深刻(即社会意义越大)、越具体,则由这个目的所引起的的毅力也越大,就越表现出一个人的意志力量。相反,一个没有明确目的而盲目行动的人,往往会患得患失,斤斤计较,因此便无成就可言。但是,目的的确立并不是件容易的事情。通常,一个人在行动之前往往会有几个彼此不同,甚至相互抵触的目的,因此需要对其进行权衡比较,根据目的的意义、价值、客观条件和自身特点而最终确定一个目的。一般来说,有一定的难度、需要花费一定的意志努力之后才可以达到的目的,往往是比较适宜的目的。

是否能通过动机斗争而正确地树立行动的目的,表现了一个人的意志力量。动机间的矛盾越大,斗争越激烈,确定目的时所需要的意志上的努力也越大。意志的力量表现在正确地处理动机斗争,选择正确的动机,确定正确的目的。

在几个目的中,选择确定一个目的的过程,实质上是一个决策过程。决策是意志行动中的重要成分。在整个决策过程中,人的心理过程和个性特征都起着一定的作用。在决策实行之初,必须探讨目的实现的意义、价值及其各种方案,同时搜集各种情报,从中选出一种最可行和最有前途的方案。在决策的执行阶段,必须建立一套信息反馈系统,以便有效地修正行动,使目的顺利地达到。

选择行动方法和策略是在目的确定之后由实现目的愿望所推动的。它是一个人适当地设计自己行动的过程。这一过程既能反映一个人的经验、认知水平和智力,又能反映出一个人的意志力水平。例如,简单的意志行动,行动目的一经确定,方式方法很快地可拟定。复杂的意志行动,如果有较长远的目的,就要选择行动方法和策略,期间会遇到各种阻力和困难,如能选择出合理的优化行动模式,就能促使目的顺利实现,如选择不当就可能导致意志行动的失败。在这些过程中都表现出了人的意志。

方法的选择、策略的确定和计划的拟定,要满足两个方面的要求。其一,为实现预定目的的行为设计是合理的;其二,这种方式方法符合客观事物的规律和社会准则及要求,是合法的。只有把这两个方面有机地结合起来,才能使预定目的顺利实现。

(二)执行决定阶段

执行决定是意志行动的最重要环节。因为即使在做出决定时有决心、有信心,如果不见之于行动,这种决心和信心依然是空的,意志行动也就不能完成。意志行动只有经过执行阶段,才能达到预定的目的;不执行决定,就没有意志行动可言。因此,执行决定阶段是意志行动的中心环节。执行有两种形式:一种采取积极举动来达到的外部行动形式;一是制止那些不利于达到目的的外部行动的形式。例如,学生上课时,一方面要积极组织自己的视听活动,进行各种作业操作;另一方面还要抑制各种分心现象和干扰课堂教学正常进行的举动。执行的两种形式体现了意志在实际行动中的调节作用。

从做出决定过渡到执行决定,在时间上往往因具体情况的不同而有所不同。有时在做出决定之后就立即过渡到执行决定阶段。这通常在下列情况下发生:行动的目的和实现行动的方式、方法比较明确具体,完成行动的主客观条件已经具备,而行动又要求不失时机地完成。例如,在战斗中,做出军事行动的决定,就必须立即执行。有时,决定是比较长期的任务或是未来行动的纲领。这样的决定并不立即付诸行动,而仅是将来行动的企图。例如,我们准备在暑假内完成一篇论文,目的、计划都明确了,决心也下了,但并不立刻行动,因为条件还不完全具备,只是一种打算。

在实现所作的决定时最突出的特点是在行动中会遇到许多困难,而克服困难就需要积极的意志努力,意志就表现在克服内心冲突、干扰及外部的各种障碍上。意志努力在这一环节上常常会表现为:第一,在实现所作决定中必须承受的巨大体力和智力上的负荷;第二,必须克服原有知识经验及内心冲突对执行决定所产生的干扰;第三,在意志行动中一旦出现新情况、新问题与预定目的、计划、方法等发生矛盾时必须努力做出果断决断;第四,在意志行动中遇到来自外部的预料不到的情况时能够咬牙坚持;第五,个性品质或情绪影响与执行决定相冲突时,能够控制和克制,从而顺利执行所作的决定;第六,在克服困难,实现所作出的决定的过程中,还要根据意志行动中反馈的新情况来修正原先的行动方案,放弃不符合实际情况的决定,以更好地达到目标。

在执行决定的过程中,已经确立起来的决心和信心也可能会发生动摇。这通常发生在下列情况下:

(1)执行决定时遇到的困难,要付出大的努力而与个体已形成的消极的个体品质(如懒惰、骄傲、保守、坏习惯等)或兴趣爱好发生矛盾,从而使决心和信心发生动摇。

(2)在做出决定时虽然选择了一种目的,其他目的仅受到暂时的压抑,但仍然很有吸引力。在执行决定的过程中,暂时受到压抑的期望又可能重新抬头,产生了新的心理冲突。

(3)在执行决定的过程中,还可能产生新的期望、新意图和方法,它们也会同预定的目的发生矛盾,令人踌躇,干扰行动的进程。

(4)有时在做出决定时没有考虑到各种主客观条件,没有预见到事物的发展变化,在执行决定时遇到新情况、出现新问题,而人又缺乏应付新情况、解决新问题的知识和技能,也可能使人犹豫不决。这些矛盾都是妨碍意志行动贯彻到底。只有解决了这些矛盾才能将意志行动贯彻到底,达到预定的目的。

当意志行动达到预定目的时,又会增强克服困难的毅力,提高克服困难的勇气。优良的意志品质,正是在克服困难的实际斗争中锻炼和培养起来的。

二、意志的心理结构

意志的心理结构是很复杂的,这里主要讨论意志结构中的几种主要心理成分:期望、抱负水平、选择和决策。

(一)意志行动中的期望

期望是主观上希望发生某一事件的心理状态;是一种与将来有关的动机。期望的结果就是意志行动所欲达到的目的。一个人在现实生活中会有各种期望,同时行为的实际结果和期望之间也会发生矛盾。这样,人在行动中就要选择目标,或对奋斗目标做出安排——制定出符合自己的近斯目标、中期目标和长远目标。目标(或目的)的确定和选择是意志行动的一个基本特征。目标的确定和选择与一个人的抱负水平密切相关。

(二)意志行动的抱负水平

所谓抱负是指个人在做某件实际工作之前估计自己所能达的成就目标。例如,一个人在打靶前估计自己能打中5环,但实际上只打中4环,这时就会产生失败感;如果继续打靶击中6环,这时就会产生成功感。所以成败感实际上是个人的抱负水平与实际成就之间所产生的"负差"(成就高于抱负)与"正差"(成就低于抱负)时的主观体验。抱负水平制约着对行动目标的追求。个人的抱负水平是后天形成的。

抱负水平制约着一个人的意志行动。因为要获得成功和进一步成功的期望会增强人对工作的吸引力;而失败和对失败的预期会减低对工作的吸引力。因此,抱负水平高的人一般来说对待工作自觉、有信心、有毅力,能努力地去克服困难;而抱负水平低的人一般来说对工作缺乏自觉性、缺乏信心和毅力。但是个人的抱负水平也不能太高,不能严重地脱离自己的实际情况。如果是这样,就被人视为自我吹嘘。在工作中长期备受失败感折磨,会引起严重的情绪冲突,有碍心理健康。对于这样的学生,教师就应该帮助他实事求是地分析估量自己,把过高的抱负分解为一个个远近不同的具体目标,由远及近,逐步实现。对于抱负水平过低的学生,教师则应帮助他提高其抱负水平,以锻炼其意志,充分发展其才能。

(三)意志行动中的选择与决策

冯特曾根据动机的特点把意志的基本形式分为三类:

(1)冲动动作,是一种动机引起的行动。例如,儿童看见糖果后直接就去抓,没有什么思虑和反省。

(2)有意动作,这时意识中有两种动机,但其中之一清晰有力,另一种在意识中逐渐消退,有意行动是由清晰有力的动机而引起的。

(3)选择动作,这时存在着相互对立的动机,但哪种动机都很难占优势,通过"动机斗争",其中之一被选定,并由它引起动作。冯特认为,选择动作最能体现出意志的特色。选择是意志的一个基本特征。无论是目的的确定、计划的制订,或是执行决定,意志都表现出选择的特征。

要选择,就涉及决策问题。广义地讲,如果一个人看到至少有两种行动的可能,并且根据某种标准选择其中之一,力求设法加以实现,那么我们说这个人在做出一项决策;只有一种可能性的行动或者多种选择之间无需仔细思考的行动,都谈不上决策。决策,因问题而引起,可以看成问题解决的过程。寻找一条从不能令人满意的初始状态通往符合个人意愿的目标状态的道路,也就是决策。决策过程由下列一些相互连接的阶段组成:

(1)确定问题(现状和目标分析);
(2)寻找各种可供选择的方法;
(3)对各种可供选择的方法进行评价;
(4)作决定(在各种方案中选出一个);
(5)贯彻执行;
(6)监督(各个阶段的连接)。

决策阶段的意志力表现在人对目标状态的追求、选择和作出决定时的信心和勇气,执行和监督时的毅力等。

第四节 意志的品质

一、意志的自觉性

自觉性是指一个人在行动中具有明确的目的,能认识行动的社会意义,并使自己的行动服从于社会的要求的意志品质。有自觉性的人有坚定的立场和信仰,相信自己的目的是正确的,能够把自己的热情和力量投入行动中,千方百计克服困难,充分发挥自己的主观能动性。同时,在行动中既不轻易接受外界的影响而改变自己的目的、计划和方法,也不拒绝一切有益的意见和建议,在思想和行动上表现出既有原则性又有灵活性。

与自觉性品质相反的是受暗示性和独断性。受暗示性是指容易接受别人的影响,不加分析地接受别人的思想和行为,轻易改变或放弃自己的决定,表现为盲目行动。独断性是指对自己的决定坚信不疑,一概拒绝他人的意见或建议。独断性的人表面上看来似乎是独立地采取决定、执行决定,但实际上是缺乏自觉性的表现。这种人坚持己见,以自己的意愿替代客观事物发展的规律,当客观环境发生变化,也不肯更改自己的目的和计划,经常毫无理由地拒绝他人的意见。受暗示性和独断性的品质都是意志薄弱的表现。

加强目的性教育,注意培养道德情感是培养意志自觉性的重要内容。首先就是要树立正确而高尚的行动目的。只有具有高尚的目的、远大的理想,才会在行动中克服内部和外部的各种困难险阻。另外,要把远近目的有机地结合起来,既要看到近期的目的是为了实现远大目的的一个具体步骤,也要看到具体行动的深远的社会意义。由于行动的自觉性的提高,就会在远大目标的指引下胜不骄、败不馁,再接再励,以求达到最后的目的。

其次,要注意培养人的崇高的道德情感。道德情感在实现目的的意志行动中起促进作用,即情感在意志的支配下,可成为行动的动力,促使人去克服困难和坚持实现目的。

二、意志的果断性

果断性是指一种善于明辨是非、抓住时机、迅速而合理地采取决定,并实现所做决定的意志品质。具有果断性品质的人能全面而深刻地考虑行动的目的以及达到目的的计划和方法,虽然也有复杂的、剧烈的内心冲突,但在动机斗争时,没有多余的疑虑,在需要行动时能当机立断,在不需要立即行动或者是在情况有所变化时,又能立即停止或改变已经执行的决定。

意志的果断性品质是以自觉性品质为前提,并与智慧的批判性和敏捷性相联系的。由于目的明确,是非明辨,才能毫不踌躇地采取坚决的行动。但是处在复杂情境中的所表现出来的高水平的果断性并不是每个人都会具有的。果断性品质必须以正确的认识为前提,以大胆无畏和深思熟虑为条件。

与果断性品质相反的是优柔寡断和草率决定。优柔寡断是指在做决定时顾虑重重、犹豫不决,一直处于动机斗争状态而迟迟做不出决定。其主要特征是思想分散,情感矛盾,在各种动机、目的、方法之间摇摆不定,时常怀疑自己已作决定的正确性。当要其必须作出抉择时,又会任意选择而无信心去完成。草率决定是指对任何事情总是不加思考,既不考虑主、客观条件,也不考虑行动后果,选择的目的只是想尽快摆脱由此带来的不愉快的心理状态。草率决定的主要特征是懒于思考而轻举妄动。优柔寡断和草率决定都是意志薄弱的表现。

三、意志的坚韧性

坚韧性是指对行动目的的坚持性,并能在行动中保持充沛的精力和毅力的意志品质。具有坚韧性意志品质的人,一方面善于克服和抵制不符合行动目的的主客观诱因的干扰,做到目标专一,始终不渝,直到实现目的;另一方面能在行动中做到锲而不舍,百折不挠,勇于克服各种困难。坚韧性是人的重要的意志品质,一切有成就的人都具有不屈不挠地向既定目的前进的坚韧的意志品质。

与坚韧性品质相反的是动摇和顽固。动摇是指立志无常、见异思迁,尽管有行动目的,但虎头蛇尾,遇到困难即放弃对预定目的的追求。顽固是指只承认自己的意见或论据,当实践证明其行动是错误时仍固执己见,一意孤行,因而往往受到客观规律的惩罚。动摇性和顽固性虽然表现形式不同,其实质都是不能正确对待行动中的困难,都属于消极的意志品质。一个人在实现所作决定的过程中,总会遇到来自内部或外部的困难,这是对意志品质的实际考验。因此,为了培养一个人的优良的意志品质,就要组织好各项实践活动,使他(她)能在活动中实现意志行动,在实际活动中克服困难,并在其过程中取得直接的经验。

在组织实践活动中,要善于把具体活动与远大目标有机联系起来。其次,设立的每一项具体目标要恰当,目的超出人的能力或客观条件的许可,会挫伤意志,丧失信心;目的过于容易,不经意志努力就能达到,也起不到锻炼意志的作用。只有那些经过自己的意志努力才能克服困难并实现目的的项目或任务,对意志锻炼最大。最后,在完成活动并实现了预定目的以后,要及时进行总结,分析自己在实践活动中的意志品质的实际表现,以取得直接的经验,它对意志品质的提高也起着重要作用。

四、意志的自制力

自制力是指意志行动中能够自觉地控制自己的情绪,约束自己的动作和言语的品质。自制力反映着意志对行动的抑制职能。具有自制力意志品质的人,一方面善于控制自己去执行所采取的决定,具有较强的组织性和纪律性;另一方面又善于控制自己的情绪和冲动,表现出较强的忍耐性。其主要特征是情绪稳定、注意力高度集中、记忆力强和思维敏捷。

与自制力品质相反的是冲动性。冲动性是指不能控制自己的情绪,对自己动作和言语约束较差的品质。其主要表现为思想容易开小差,并易受外界的引诱和干扰而不能律己,有时甚至会产生违反纪律的行为。冲动性是意志薄弱的表现。

由于自觉性、果断性、坚韧性和自制力四种意志品质之间是相互联系的,因此缺少其中任何一种品质,都会在人的性格上带来某种缺憾。要在实践活动中不断地加强意志的自我锻炼,才能形成优良的意志品质。

第十二章 人　格

第一节　人格的概述

一、什么是人格

人格又称个性,是指一个人的整个精神面貌,即具有一定倾向性的心理特征的总和①。

人格(Personality)一词,来源于拉丁文 Persona,最初是指演员所戴的面具,其后是指演员本身和他所扮演的角色。心理学家引申其含义,把人在人生舞台上扮演的角色的种种外在行为表现和内在心理特征都看做是人格。人格是决定一个人适应环境的独特的行为模式和思维方式(E. R. 希尔加德,1987)。它给人的行为以特色,并使一个人与别人的行为有稳定的差异,成为独特的个体。所谓个性或个体性,实际上就是指人格的这一特性。从这个意义上,人格又可称个性(individuality);人格差异即个性差异,是指人们之间的稳定的心理特点上的差异。在心理学中,人格是探讨完整个体与个体差异的领域。到目前为止,由于心理学家各自的研究取向不同,因而对人格的看法有很大差异。

最广义的人格概念的外延比个性概念的外延大。例如,阿尔波特(G. W. Allpot)把人格定义为个体内部的身心系统的动力组织,人格包括心理和身体两方面的特质。吉尔福特(J. P. Guilford)所提出的主要人格特质中,不仅包括心理方面的特质(需要、兴趣、态度、气质和能力倾向),而且包括身体方面的特质(形态和生理)。

---

① 朱智贤主编:《心理学大词典》,225 页,北京师范大学出版社,1989。

广义的人格和个性同义,二者均指个人的心理面貌。狭义的人格,指个性心理结构中除智力和能力以外的部分。国外的一些心理学教科书,通常是把智力列为一章,把人格列为另一章。在人格一章中阐述气质和性格方面的内容。我国心理学一般认为,人格心理结构包括与一定个性倾向性相联系的性格和气质。

二、人格因素及其结构

人格因素,即非智力人格因素。美国心理学家亚历山大(W. P. Alexander)反对当时流行的斯皮尔曼的智力二因素论与瑟斯顿的群因素论,他通过大量的测试和实验,发现在大量的智力测验中整个相互关系的各种变量有很大部分被忽视,但它们对测验数据却起着相当重要的作用。他把这些变量暂名为 X 和 Z 因素,即指被试者对作业的兴趣、克服困难的坚持性以及企图成功的愿望等等。他把这些因素总称为人格因素(Personality factors)。1935年,在其论文《智力:具体与抽象》中,提出了"非智力因素"(Nonintellective factors)这一概念。韦克斯勒(D. Wechsler)在他的启迪下,提出"一般智力中的非智力因素",强调内驱力、情绪稳定性和坚持性等非智力的人格品质在智慧行为中的作用(吴福元,1986)。推孟(M. L. Terman)则把非智力因素概括为完成任务的坚毅精神、进取心、谨慎以及好胜心等四种人格品质。

燕国材教授于1983年发表《应当重视非智力因素的培养》一文,在我国首先提出非智力因素这一概念。他认为,广义的非智力因素是指除智力以外的全部心理因素。智力因素由观察力、记忆力、想像力、思维力和注意力五种因素组成;狭义的非智力因素主要由动机、兴趣、情感、意志、性格五种因素组成。具体的非智力因素包括:成就动机、求知欲望、学习热情;自尊心、自信心、进取心,责任感、义务感、荣誉感;自制性、坚持性、独立性。

我国超常儿童研究协作组认为,非智力心理因素,是指对儿童、特别是对超常儿童的智力发展起直接制约作用的个性心理因素(特征),主要包括求知动机、理想和抱负、意志的坚持性、兴趣、情绪的稳定性、独立性、好胜心和自我意识等八个方面。

我们认为,人格因素,或称非智力人格(个性)因素,是指个性心理结构中除智力和能力之外,而影响学生学习质量和智能发展的那些具有动力作用的个性心理因素(特征)。它主要包括与一定个性倾向性相联系的性格和气质。

人格因素结构,是一个具有多层次、多侧面的心理动力系统。根据我国性格结构理论,我们提出人格因素结构模型,如图12-1所示。

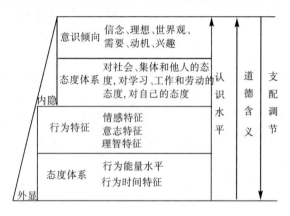

图12-1 人格因素结构模式图

人格因素结构的最上层是个性意识倾向性,核心是世界观,它反映一个人的生活原则,是人格的主导因素。个性倾向性,是人进行活动的基本动力,是决定人对事物态度和行为的内部动力系统。它主要包括需要、动机、兴趣,信念、理想和世界观。

中层是态度体系。态度也称社会态度,是指主体对特定社会事物(人、事、团体及观念)所持有的评价系统和行为倾向。态度是具有复杂的、稳定的、内在结构的心理活动体系,它由认识、情感和行为倾向三个因素构成。认知因素,是指对事、对物、对人的认知和理解,并产生评价意义的部分;情感因素,是指对态度对象的喜爱或厌恶、尊敬或蔑视、同情或冷淡的情绪体验;行为倾向是指态度与行为相联系的部分,态度的行为倾向是行为的准备状态,即准备对一定对象作出反应的意向。在这里,认知因素是基础,情感因素在态度中起着调节作用,而意向是意识的倾向,即对一定事物以注意、兴趣、期望等方式表现出来的心理定向活动。它制约着人们对某一事物的行为方向。对待现实态度的人格特征,多数属于思想品德范围,受制约于生活原则,但制约着一个人的行为特征。

下层行为特征,是个体心理活动和外显行为的情感特征、意志特征和理智特征,它是直接影响学习和智力活动的人格因素。表现在人对现实的态度和行为特征中比较稳定的心理特征的总和,我国心理学界通称为性格。

人格结构的底层是气质。气质是人的心理活动的动力特征,是性格形成的自然基础。它仿佛是使一个人的整个心理活动和行为表现都涂上独特色彩。气质不决定人的社会价值,也不直接具有社会道德评价含义。

三、人格结构的动力特征

各种人格因素在每个具体人身上总是相互依存、相互制约,具有系统性、完整性、多样性和可塑性的动态特征。

人格结构的系统性,是指人格特征有主次之分,构成一个统一的组织系统,在人格结构图中,层次越高越具综合性、概括性,越受认识水平制约,越具道德价值的含义,变异性很大。较低层次是较高层次的基础,较高层次对较低层次起支配调节作用。上层的生活原则投射到中层态度体系上,并从下层的行为特征中折射出来,赋予性格行为特征以道德含义,同时,也对人的气质特征产生深刻影响,如产生气质掩蔽现象。

人格的完整性,是指一个人的各种特征具有内在一致性,它们不是孤立存在的,而是一个相互联系的整体。例如,一个学习认真、工作负责的学生,对同学的态度一般是热情、诚恳的,其意志特征大多富于坚持性和自制力,在理智特征方面有更多主动观察和详细分析的特点。由于各种人格特征之间有着一定的内在联系,所以,有时可以根据一个学生的某种人格特征而判断他的另一些相关的人格特征,对其行为进行预测和调控。

人格的复杂性,是指几种人格特征表现在活动中的具体结合方式因人而异;同一人格特征在不同场合下也有不同的表现方式。一个学生在不同场合,有时可以显露其性格的某一侧面,有时以不同侧面表现出来,这正是一个人的完整性人格的丰富性和真实性的反映。人格的复杂多样性还表现在人的各种性格特征之间有时也有相互矛盾的表现;人的行为方式与他对事物的态度也并不总是一致的。有的人待人态度生硬,可能其动机却是与人为善的;有的人表面待人彬彬有礼,但骨子里却是自私虚伪的。当然,只要细心观察,仍可在人格的矛盾表现中发现其稳定的本质的人格特征。

人格具有相对稳定性,又具有高度的可塑性。人格本身是人在特定的社会生活条件下,适应环境的产物,当一个人来到新环境,其人格特征会随着环境的变化而在某种程度上发生相应的变化,这就是人格的可塑性。人格在主客观的相互作用中形成,又在主客观的相互作用中变化。正是人格具有可塑性,人们才能塑造人格、改造人格。

第二节 气质和性格

一、气质

(一)什么是气质

气质是个人典型的稳定的心理活动的动力特征。

首先,气质是心理活动的动力特征。所谓心理活动的动力特征,主要包括心理活动的速度、强度、稳定性、灵活性,以及心理活动的指向性特点。心理活动发生的速度,指知觉的速度、思维的敏捷性、情绪发生的快慢等心理过程的速度。心理活动的强度,指情绪的强度、意志努力的程度等心理过程的强度。心理活动的稳定性，指情绪的稳定性、注意的集中性等。心理活动的灵活性，指思维的灵活性、注意转移的灵活性等。心理活动的指向性，指心理活动是倾向于外部世界，经常从外界获得新印象，还是倾向于内心世界，经常体验自己的情绪，分析自己的思想和印象。例如，有的人脾气暴躁，容易发火；有的人遇事沉着，不动声色；有的人活泼好动，能说会道；有的人则多愁善感，胆小怕事。这些都是心理活动的动力特征即气质的表现。气质只决定人的心理活动的方式，而不决定人的精神生活内容。它与人的动机、兴趣、理想、信念、价值观没有多大联系。

其次，气质是一种典型的、稳定的个性心理特征。气质的这些动力方面的特点是比较稳定的，它不以活动的动机、目的、内容为转移，贯穿于人的一切心理活动和行为方式之中，这就是说，一个具有某种气质特征的人，常常在内容很不相同的活动中都显示出同样性质的动力特征。例如，一个具有情绪易于激动这种气质特征的学生，在受到老师表扬时，往往兴高采烈、喜形于色；在文娱表演或体育比赛前常常坐立不安；在考试时容易心慌意乱；与同学讨论问题时，也显得言词激烈、情绪激昂。一个人的气质具有极大典型性和稳定性，它仿佛使一个人的整个心理活动都染上了个人的独特色彩。正如巴甫洛夫指出的：气质是每一个个别人的最一般的特征，是他们神经系统的最基本的特征。而这种特征在每一个人的一切活动上都打上了一定的烙印。

再次，气质是一种天赋的个性心理特征。气质是人的高级神经活动特征的心理表现，在很大程度上受制于先天的生物遗传因素。在人出生的最初阶段就可以观察一个人的气质特点。例如，有的婴儿比较活泼好动，哭声响亮，对外界刺激反应迅速；有的则比较安详宁静，声微胆小，对外界刺激反应比较缓慢。这就是气质最早、最真实的流露。研究表明，年龄越小，气质的表现越明显；遗传关系越接近,气质的表现也越相似。又如,对具有相同遗传特质的同卵双生儿的研究证明,把两个同卵双生儿分别放在两个不同的生活和教育环境下培养,他们的气质比遗传特征不完全相同的异卵双生儿相似得多,而且长时间内没有发现有显著差异。可见,气质具有天赋的性质,这些与生俱来的气质特征构成了每个人的心理活动的独特风格,它为个体能力、性格的形成和发展提供最初的心理基础。

(二)气质的生理基础

自古希腊著名医生希波克拉底(Hippocrates)把人的气质分为胆汁质、多血质、粘液质和抑郁质四种类型以来,许多心理学家从不同角度对气质的形成及分类提出不同见解,但未能科学地回答气质的生理机制问题。俄国生理学家巴甫洛夫对高级神经活动过程进行探讨,提出了气质类型的神经系统机能解释,这是目前比较科学的解释。巴甫洛夫认为,高级神经活动的基本类型是气质的生理基础;气质是高级神经活动基本类型的外显行为表现。

巴甫洛夫用条件反射方法研究动物高级神经活动时发现,大脑皮层神经活动的兴奋和抑制过程具有三个基本特征:第一,神经过程的强度,即神经细胞和神经系统的兴奋与抑制的工作能力和耐力;第二,神经过程的平衡性,即兴奋与抑制在强度方面的相对均势或优势;第三,神经过程的灵活性,即兴奋与抑制过程相互转化的速度。巴甫洛夫根据神经系统的这三个基本特性相互组合的特点,把高级神经系统活动划分为四种基本类型:

(1)强而不平衡的类型。这种类型的特点是,兴奋过程强于抑制过程,阳性条件反射比阴性条件反射容易形成。它是一种易兴奋、易怒而难以控制的类型。所以也叫做不可遏制型或兴奋型。

(2)强、平衡而灵活的类型。这种类型的特点是反应灵敏,外表活泼,能很快适应迅速变化的环境,所以也叫做活泼型。

(3)强、平衡而不灵活的类型。较易形成条件反射,但不易改造。这是一种坚韧而行动迟缓的类型,又叫安静型。

(4)弱型。这种类型的特点是,兴奋过程和抑制过程都很弱,灵活性也低,阳性条件反射和阴性条件反射的形成都很慢,接受不了强刺激,但有较高的感受性,是一种胆小而神经质的类型,又称抑制型。

巴甫洛夫认为,上述四种神经系统的基本类型是动物和人共有的,因此称之为一般类型。神经系统的一般类型就是气质的生理学基础,气质是神经系统一般类型的心理表现。兴奋型相当于胆汁质,活泼型相当于多血质,安静型相当于粘液质,而弱型相当于抑郁质,见表12-1。

表12-1 高级神经活动类型与气质类型对照表

神经过程的基本特性			高级神经活动类型	气质类型
强度	平衡性	灵活性		
强	不平衡		兴奋型 (不可遏止型)	胆汁质
强	平衡	灵活	活泼型 (灵活型)	多血质
强	平衡	不灵活	安静型 (不灵活型)	粘液质
弱	不平衡		弱型 (抑郁型)	抑郁质

以上四种类型只是大致的分类,实际上它们之间还有许多中间过渡类型。现代生理学研究表明,除巴甫洛夫发现的神经过程的三种特性以外,还有神经过程的动力性和易变性;除巴甫洛夫提出的神经系统的四种类型外,还发现了弱而不平衡等新的类型。

高级神经活动类型主要来自先天遗传因素,因此,一个人的气质特点与其他心理特征相比是较为稳定的。但高级神经活动类型在后天环境和训练条件下是可以改变的。遗传对气质的影响有随年龄增长而减弱的趋势,而环境对气质的影响有随年龄增长而增大的趋势。例如,少年期由于兴奋过程强,抑制过程弱,往往表现为好动、敏捷、热情、难以自制;中年期,兴奋与抑制过程趋于平衡,行为表现也变得深沉、稳定、坚毅;老年期,兴奋性弱,抑制相对加强,表现为更沉着安静、迟缓多虑、稳健自信。

（三）四种气质类型的心理特征

气质类型是表现在一类人身上共有的或相似的气质特征的典型结合。根据前苏联心理学家的研究,四种典型气质类型的心理特征如表 12-2。

表 12-2 四种基本气质类型的心理特征

气质类型	感受性	耐受性	敏捷性	可塑性	情绪兴奋性	倾向性	速度	不随意反应
胆汁质	低	较高	灵活	小	高	外向	快	强
多血质	低	较高	灵活	大	高	外向	快	强
粘液质	低	高	不灵活	稳定	低	内向	慢	弱
抑郁质	高	低	不灵活	刻板	体验深刻	内向	慢	弱

胆汁质的人属于兴奋型。他们感受性低而耐受性高;不随意的反应高,反应的不随意性占优势;反应速度快但不灵活;情绪兴奋性高,抑制能力差;外倾性明显。在日常生活中,胆汁质的人常有精力旺盛、不易疲倦,但易冲动、自制力差、性情急躁、办事粗心等行为表现。

多血质的人属于活泼型。他们感受性低而耐受性较高;不随意反应强;速度快而灵活;情绪兴奋性高,外部表露明显;具有可塑性和外倾性。在日常生活中,他们常表现为动作言语敏捷迅速、活泼好动、待人热情亲切,但又显得有些粗心浮躁、注意力易转移、情绪易发生变化。

粘液质的人属于安静型。他们感受性低而耐受性高;不随意反应性和情绪兴奋性均低;反应速度慢但有稳定性;内倾性明显。在日常生活中,他们多表现为情绪稳定、心平气和、不易激动,也不外露,行动稳定迟缓、处事冷静而踏实;自制力强但易于固执拘谨。

抑郁质的人属于弱型。他们感受性高而耐受性低;不随意反应低,反应速度慢且不灵活,具有刻板性;情绪兴奋性高,内心体验深刻;内倾性明显。在日常生活中,他们表现为对事物和人际关系观察细致、敏感;情绪体验深刻,不外露;行动缓慢,不活泼;学习和工作易感疲倦,且不易恢复;孤独、胆怯。

在实际生活中,只有少数人是上述四种气质类型的典型代表,大多数人是近乎某种气质,同时又具有其他气质的某些特征,属于两种气质混合型或过渡型气质,如多血—胆汁质、多血—粘液质、胆汁—抑郁质和粘液—抑郁质等。此外,还有些人属于多种气质混合型。

你知道什么是气质吗?你知道四种典型的气质类型吗?
你看看这四幅图,相信你一定会对胆汁质、粘液质、抑郁质、多血质这四种典型的气质有更深刻的理解。

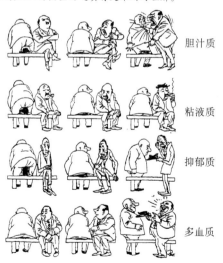

图 12-2　四种典型气质类型

(四)气质与实践活动

气质是最稳定的一种个性心理特征,它贯穿于一切心理活动和行为方式之中,从而使人的性格表现具鲜明的个人色彩,也使人的能力表现刻上显著的个人标记,影响着人的实践活动的方式、特征和效率。因此,了解人的气质特征和气质类型,对于各种实践领域,尤其是对教育管理工作,选拔培养人才以及维护人的身心健康都具有重要意义。

1. 气质与教育工作。教育工作者了解学生气质特点,并采用适合其气质特点的教育和教学方法,对于培养学生的优良个性品质,提高其学业成绩,促进学生的智力发展都具有重要的意义。

首先,必须正确认识学生的气质差异,有针对性、预见性地培养不同气质类型学生的良好的个性品质。

在评判气质类型时,不能笼统地把某种气质类型评价为好的,把另一种评价为坏的。气质不能决定个人活动的社会价值和成就的高低,历史上在任何一个领域内出现的杰出人物,都有不同气质类型的代表。例如,李白和普希金属胆汁质,郭沫若和赫尔岑属多血质,茅盾和克雷洛夫属粘液质,杜甫和果戈里属抑郁质。他们属不同气质类型,但在文艺领域中都取得杰出的成就。在学校的优秀生中,四种气质类型的人都有,他们都可以在学业上取得优良成绩。教育工作者要正确认识和对待不同气质类型的学生,不要以自己情感的好恶,亲近某种气质类型的学生或疏远另一些气质类型的学生;要相信任何一种气质类型学生都可能培养成品学兼优的学生。

任何一种气质类型都有积极的一面,也有消极的一面,都有可能形成优良的品质或不良的品质。但是,每种气质类型都存在着有利于形成某种积极的或消极的个性品质的可能性。例如,胆汁质学生容易形成勇敢、爽朗、热情、勇于进取的个性品质,也容易产生粗暴、任性、高傲的缺点;多血质学生容易形成有朝气、活泼、机敏、开朗、富于同情心等品质,但也容易形成不踏实、无恒心、情感不真挚、轻浮等不良品质;粘液质学生一般具有稳重、冷静、踏实、自制等特点,但也容易产生冷漠、固执而拖拉的缺点;抑郁质学生一般具有敏锐、细致、稳重等优良品质,但往往又表现出怯懦、多疑、孤僻。这就要求教育工作者,要帮助学生善于分析和认识自己的气质特征中的长处和短处,有意识地利用其积极方面,塑造优良的个性品质,以防止个性品质向消极方面发展。

其次,在教育过程中要充分考虑学生气质类型的差异,针对学生不同的气质特点,采取相应的教育方法。

在教育工作中,必须根据学生的气质特征区别对待。例如,对胆汁质学生进行教育时,宜用具有说服力的严格教育的方法,既要触动他们的思想,促使他们学会坚韧、自制,又不要轻易激怒他们,特别是在他们情绪爆发时,宜取"以柔克刚"方法,以防过激反应。对多血质学生不要放松要求,或使他们无事可做,应该让他们参加更多的活动,交给他们更多的任务,在活动中锻炼他们意志的坚韧性和克服困难的精神。对粘液质学生应该有耐心,在指出他们缺点时,应该给予足够的考虑问题和作出反应的时间,不要以冷对冷或操之过急,要激发他们对工作和他人的热情,多给予在集体中锻炼的机会,引导他们生动活泼,机敏地完成任务。对抑郁质学生应该更多关怀和体贴他们,避免公开的批评和指责,引导他们参加集体活动,培养他们的乐观、自信、机敏的品质。严厉的批评,对于偏胆汁质、多血质的学生,可能起到使他们遵守纪律的作用,而对偏抑郁质的学生,则可能使他们失去自信心。在教育工作中,只有采用适合学生气质特点的教育方法,才能收到良好的效果。

第三,由于气质影响智力活动的特点、效率及智力活动的方式,因此,在教学过程中应针对学生的不同气质特点,在学习途径方式和方法上进行个别指导,充分发挥各自气质类型的积极特征,控制其消极特征。例如,对胆汁质学生应充分发挥其思维敏捷、学习热情、刚强等特点,克服其粗枝大叶和急躁的缺点;对多血质学生要发挥其机智、灵敏、兴趣广泛、善于适应环境的特点,控制其急躁、不踏实的学习方式;对粘液质学生要以其刻苦、踏实、认真的学习作风,补偿其迟缓、不够灵活的缺点;而对抑郁质学生则应发挥其谨慎、细心、思维的深刻性的特点,以弥补其犹豫、迟缓、精力不足。只要这样,无论何种气质类型的学生,完全可以从不同途径,用不同的学习风格取得好成绩。

2. 气质与职业活动。大量研究表明,具有不同气质的人对不同职业有不同的适应性;同时,不同职业对人的气质的要求也不同。气质与职业活动的关系主要表现在两个方面:一方面,在人才选拔和人员配备时要考虑人的气质与职业活动的适应性。每一种职业都要求从事该职业活动的人,必须具备与该职业活动要求相应的特殊能力、性格和气质特征,才能保证职业活动任务的顺利完成。尤其是一些特殊职业对人的心理素质包括气质特征有特定的要求。例如,飞行员、宇航员、大型动力系统的调度员、运动员等等,他们的工作需要经受高度的心身紧张和具备灵敏的反应能力,所以,神经系统的兴奋过程弱、反应迟缓的人是不宜从事这类活动的。因此,在选拔和培训这类特殊职业的工作人员时,应重视气质特征的类型的鉴定,进行职业选择的淘汰。我国心理学工作者调查空军战斗机飞行员与地面参谋人员气质类型报告:战斗飞行员中,多血质占 45.31%,胆汁质占 19.80%,胆汁—多血质占 15.13%,多血—粘液质占 5.81%,胆汁—多血—粘液质占 2.32%。在全部战斗机飞行员中没有一名抑郁质气质的,而地面参谋人员中,粘液质的占 29.90%,抑郁质占 28.74%,粘液—抑郁质占 23%。可见,人才选拔与气质因素相关。一般说来,多血质和胆汁质气质的人对需要迅速、灵活反应的工作较为合适,而粘液质和抑郁质的人较适合持久而细致的工作。

在人才选拔和职业培训中,不仅要考虑人的气质特征与职业的适应性,而且在组织班组人员时,应注意群体中各种气质类型人的合理搭配。例如,一项研究指出:从我国甲级女排运动员的神经类型分布来看,安静型占 48.4%,比例比较合适;兴奋型占 44.4%,比例偏高;抑制型占 7.1%,应淘汰。我国国家女排的 12 名主力队员的神经类型都是强型,没有一个是弱型的,其中属于灵活型、稳定型的有 4 人,亚灵活型和亚稳定型的 4 人,其他类型 4 人。前苏联一些心理学家探讨了人的气质类型对群体协同活动的影响,发现在两个人的协同活动中,气质类型不同的两个人配合比气质相同的两个人配合取得的成绩更好。不同气质类型的人,由于互补作用,可能比单纯的同一气质类型的人一起工作所发挥的效率要高得多。在配备领导班子时,也应考虑到气质类型的互补原则。

另一方面,从事某类职业活动的人,应当考虑使个人的气质特征适应所从事的职业活动的客观要求。具有不同气质的人,有其职业适应性。但在实际生活中,人们往往从事与其气质不适应的职业活动。在这种情况下,我们可以通过两种途径使自己适应职业活动的客观要求。一种途径是扬长避短,使个人不适应于职业活动的气质特征从另一些特征中得到补偿。中国科学院心理研究所的研究材料表明,在一些管多台纺织机的女工中,属于粘液质的女工的注意力稳定,不分心,这对及时发现断头故障方面起积极作用,这种稳定性的特点补偿了她们注意从一台纺织机转移到另一台纺织机较为困难的缺陷;而属于多血质的纺织女工,由于注意比较容易从一台纺织机转移到另一纺织机,这就补偿了她们注意容易分散的缺陷。由于气质的各种特征之间可以起互相补偿作用,因此在一般的职业活动中,某种气质类型对工作效率的影响并不显著。另一种途径是端正工作态度,加强职业道德修养,用意志力来掩盖或改变自己的气质缺陷,以适应职业活动的客观要求。

3.气质和身心健康。气质与人的身心健康的关系问题,日益引起心理学医学界的重视。克瑞奇米尔(E. Kretschmer)在他的临床实践中发现气质对精神病患者的影响,试图从气质类型中找出精神病的根源,并针对患者的气质特点采用不同的施治方法,这对有效地治愈病人起了一定的作用。艾森克采用EPQ,考察了人格的情绪性(神经质,N维)和内外向性维度(E维)与心理障碍的关系,结果发现:"情绪不良",包括焦虑状态、强迫症、抑郁性神经症和混合型神经症等,是高度神经质和高度内倾的结合;歇斯底里是超过正常人的神经质和超过情绪不良者的外倾的结合;各种类型的精神病态人格是高度外倾和高度神经质的结合。关于各种精神障碍与神经质(N)和精神质(P)关系的研究表明,几乎所有精神病人的精神质记分都高于神经症病人,而神经症病人的神经质记分都高于精神病人。精神病人与犯罪者P极高,N也较高。精神病态人格、性偏离、酗酒、吸毒者,P亦很高。内源性抑郁症病人P亦高于正常人。神经症及人格障碍者N都很高。所有精神病人L都极高,但犯罪者则不高。所有精神病人都是内倾,犯罪者则为外倾(陈仲庚,1985)。安徽省心理学会心理测量与咨询中心采用EPQ和SCL-90考察了中小学生的气质类型与心理健康的关系,结果表明,抑郁质、粘液质和粘液—抑郁质气质学生存在较为明显的心理健康问题,而多血—胆汁质气质学生心理健康状态最好;抑郁质学生一般有抑郁、偏执、焦虑、人际敏感和敌对性症状;而多血质学生一般没有人际敏感、焦虑、抑郁和恐怖等症状。临床研究也表明,胆汁质和抑郁质气质的人,往往容易发生心理健康问题。艾森克认为,这两种气质类型的人都具有情绪不稳定的特征。胆汁质的人,可能出现进攻、好斗的行为问题;抑郁质的人,可能会出现焦虑不安的人格问题。强烈的愿望、过度的紧张与劳累等,往往会使胆汁质类型的人兴奋过程更增深,抑制过程更减弱,出现神经衰弱等心理健康问题,严重的甚至可能发展成为躁郁症;困难的任务,社会的冲突,生活中的挫折等可能会使神经过程本来脆弱的抑郁质类型的人感到无法承受,引起诸如高度焦虑、忧郁、恐惧等心理问题,严重的可能发展成为精神分裂症。因此,对于这两种神经过程不平衡的气质类型的学生,应当格外给予关心和指导。

二、性格

(一)什么是性格

性格是个人对现实稳定的态度和与之相适应的习惯化了的行为方式中所表现出来的心理特征。

性格是表现人对现实的态度和行为方式的个性特征。人在活动和交往过程中,接受社会环境、家庭和教育的影响,通过认知、情感和意志过程将自己的反映结构保存下来,得以巩固,形成独特的态度体系,并以相应的形式表现在个体的行为之中,构成每个个体所特有的行为方式。例如,一个学生学习、生活目标明确或缺乏理想和信念;在学习中踏实认真还是马虎粗心;对自己是自信还是自卑,等等,都是性格的表现。恩格斯说:"人物的性格不仅表现在他做什么,而且表现他怎样做。"①"做什么",反映了人的活动动机和目的,表明了他对现实的态度;"怎样做"则反映人的活动方式。人对现实的态度和与之相适应的行为方式的统一,就构成一个人区别于他人的独特性格。

性格是人的稳定的个性心理特征。性格是长期生活实践中塑造出来的,一经形成便比较稳固。这种比较稳固的对现实的态度和行为方式,贯穿在人的全部行为活动中,在类似的、甚至在不同的情境中都会表现出来。如一个诚实的学生,他在对班级集体、对同学的态度上表现出实事求是、公正无私的品质;对学习和工作也会严肃认真;对待自己也会敢于严格解剖自己。这种现实的稳定态度和习惯化了的行为方式中所表现出来的个性特征才是性格。那种一时性和偶然性的态度和行为,不能称为性格上的特征。

动机、兴趣、信念和理想是人对现实态度的不同表现形式,是

---

① 《马克思恩格斯选集》,第4卷,344页,北京,人民出版社,1972。

性格的主要内容。动机、兴趣、信念、理想的系统构成个性倾向性,决定着人的行动方向。因此,性格是个性中具有社会评价意义的部分,在个性的诸多心理特征中占有核心的地位。

性格是个别性和典型性的统一。性格是在一定历史时代的社会生活条件下形成的。在一定的经济、政治、文化条件中,形成着性格的典型性,即共同性。除共同条件外,因每个社会成员所处的具体条件不同,又形成了性格的个别性,即独特性。性格的个别性与典型性是有机地结合在一起的。没有无典型性的个别性,也没有无个别性的典型性。典型性存在于个别性之中,个别性表现典型性。

(二)性格特征分析

根据我国性格结构理论,要了解一个人的性格特征,可以从态度体系和行为特征两个方面去分析。

性格的态度特征,是指如何对待和处理社会各方面的关系的性格特征。主要表现在:

(1)对社会、集体和他人的态度特征。如爱祖国、爱集体还是对集体漠不关心;助人为乐还是损人利己;尊敬师长、团结友爱还是粗暴无礼、欺侮弱小;对人热情、诚恳还是冷酷、虚伪;外向乐群还是内向孤僻。

(2)对待学习、工作、劳动的态度。如勤劳还是懒惰;踏实认真、刻苦钻研还是马虎粗心、不求甚解;开拓进取还是墨守成规。

(3)对待自己的态度特征。如对待自己的态度,是谦虚、自信、自尊、好胜,还是傲慢、虚荣、自卑、自弃。对待现实态度的人格特征,多数属于思想品德范畴。

性格的行为特征,是个体心理活动和行为表现特征,它主要包括个人的情感特征、意志特征和理智特征。

性格的情绪性,是指情绪强度、稳定性、持久性及主导心境等方面的特征。情绪强度特征,表现在情绪对人的行为活动的感染程度和支配程度及情绪受意志控制的程度上。有的人情绪活动一经引起,就非常强烈很难用意志加以控制,仿佛整个自我被情绪支配着;有的人情绪体验微弱,容易用意志控制情绪,显得冷静、安宁。情绪稳定性,表现在情绪的起伏、波动的程度上。有的人时而平静,时而激动,忽冷忽热,情绪很易波动;有的人则情绪不易起伏变化,即使遇到挫折,也保持冷静的情绪。情绪持久性,表现在情绪活动持续时间上。有的人情绪体验时间较长,有的人情绪活动稍现即逝。主导心境方面,有的人经常精神饱满,欢乐愉快,是个乐观主义者;有的人则经常抑郁消沉,是个多愁善感者等等。

性格的意志特征,就是指一个在自觉调节自己行为的方式和水平上表现出来的心理特征。主要包括:

(1)对行为目标明确程度的特征。如是富于自觉性还是盲目被动性;具有独立性还是易受暗示性等。

(2)对行为自觉控制水平的特征。如有自制力还是缺乏自制力,是持之以恒还是半途而废。

(3)在紧急或困难情况下表现的意志特征。如是镇定还是惊慌,是果断还是犹豫不决,是坚定不移还是知难而退。

(4)在贯彻执行决定上表现出来的特征。如是严肃认真还是轻率马虎等。自觉性、自制性、果断性和坚韧性是坚强意志的重要特征。

性格的理智特征,是指人在认知的态度和活动方式上的稳定心理特征。即表现在感知、记忆、思维和想像等认识方面的个别差异。人的认识活动可以从两个侧面构成人格结构成分:若考察人的认识水平的差异,便构成能力(智力)特征;若考察人的认识活动特点与风格,便构成性格的理智特征。性格的理智特征主要表现在:

(1)感知方面的性格特征,有被动感知型和主动观察型之分;详细分析型和综合概括型之分;快速感知和精确感知型之分;描述型和解释型之分等。

(2)记忆方面的性格特征,有直观形象型与逻辑抽象型;快速识记型与精确识记型;保持持久型与迅速遗忘型等。

(3)思维方面的性格特征,有独立型与附和型;有深刻型与肤浅型;有分析型与综合型等。

(4)想像方面的性格特征,有主动想像型与被动想像型;狭窄想像型与广阔想像型;创造想像型与再造想像型;现实幻想型与空想型等。

(三)性格的生理基础

性格同其他心理现象一样,也是人脑的机能,也有它的生理基础。巴甫洛夫指出,性格的生理基础是神经类型特征和生活环境影响的"合金"。所谓"合金",一方面是指在现实生活环境影响下建立的暂时神经联系受神经类型特征的制约,性格是在神经系统基本特征的基础上形成的;另一方面是指暂时神经联系的建立又能够在一定程度上掩盖或改变神经类型特性。正因为这种"合金"中成分组合不同,才使人对外界影响的态度和行为方式带有个人的特色或印记。神经类型是神经系统的先天素质,而性格是在生活实践中形成的心理特征。因此,只能从"合金"的意义上说神经系统类型是性格的自然基础。但对性格起决定作用的是社会规律,是人与环境的交互作用,即实践活动。暂时神经联系的建立是在生活环境长期影响下形成的,一经形成就比较稳固;但它又可随生活环境影响,特别是随教育条件的变化而变化,这就使得人对环境的适应具有相当大的灵活性。暂时神经联系系统(动力定型)的稳定性和可塑性,可能直接影响性格的稳定性和可塑性。

(四)性格形成理论

人生来时不具有某种性格。性格是在素质的基础上,在社会环境和教育的影响下形成的。影响性格形成的社会因素,包括家庭因素、学校教育和社会文化因素。关于性格形成的问题,引起许多心理学家的重视和研究,提出了各种理论。

1. 心理状态"转化"论。有心理学家认为,人的心理活动可分为心理过程、心理状态和个性心理特征三种状态。心理过程是不断变化着的、暂时的,个性心理特征是稳固的,而心理状态是介于心理过程和稳固的性格特征之间的一种中间构成物。所谓心理状态,是在一定时期内的心理活动暂时稳定的状态,例如心境与激情、聚精会神与漫不经心等都属于心理状态。心理状态是个别心理过程的结合、统一,是某种综合的心理现象,往往成为某种性格特征的表现。如漫不经心既可能是迷恋个别客体而削弱了对其他客体的注意,也可能是缺乏认真态度、责任心不强的表现。一个人特定时刻的心理状态,是当前事物引起的心理过程,过去形成的性格特征和以前的心理状态相结合的产物。由于心理状态是介于心理过程和性格特征之间的构成物。因此,从心理过程"过渡"到个性心理特征,是通过心理状态实现的。心理状态是性格形成最初所经历的阶段。如果某种心理状态经常发生,那么它就会巩固下来而成为性格特征。如一个学生勇敢性格的形成,就是多次体验果断状态,从而实现了心理过程向个性心理特征的转化[1]。

2.动机"泛化"论。有心理学家认为,动机是构成性格的"建筑材料",性格的形成是动机的泛化和定型化。也就是说,人的性格是由动机和人掌握的行为方式的融合物所组成的。但构成性格基础的不是行为方式本身,而是调节着相应行为方式的动机。这种动机,起初只出现在特定的情景中,而后由于类似的情景不断出现,人就以类似的行为方式进行重复反应。这样,这种情景性的动机便发生泛化,扩展到类似的情景中去,逐渐在个体身上巩固下来,转化为个性心理特征。性格的形成,实际上是在受情景制约的动机的基础上形成的,是由与具体情景相结合的动机,向稳定的动机体系的过渡[2]。

---

[1] H.I.列维托夫:《性格心理学问题》,94页,北京,人民教育出版社,1959。
[2] C.I.鲁宾斯坦:《心理学的原则和发展道路》,139~141页,北京,三联书店,1965。

性格形成的过程是一个复杂的过程。性格形成的不同理论揭示了这一复杂过程的不同侧面,把这些理论综合起来可以描绘出性格形成的一般轮廓。性格作为一种个体心理特征是在心理过程的基础上形成的,心理状态是由心理过程向个性心理特征转化的中介环节。如果某种心理状态经常发生,它就会在个性身上巩固下来,实现动机的泛化和概括化以及相应的行为方式的习惯化。整个性格形成的过程,是一系列矛盾运动的过程。

三、气质与性格的关系

作为个性心理特征的气质和性格,都是描述个人典型行为—心理的概念。这两个概念既有区别,又有密切的联系。

性格与气质的区别主要表现在以下五个方面。第一,气质表现的是人的心理活动和行为方式的动力特征的综合;而性格是人对现实的稳定态度体系和与之相适应的习惯化了的行为方式的统一。第二,气质是神经系统活动特征和类型的心理表现,更多地受到先天生物遗传因素的制约;而性格是在生活实践中形成的心理特征,主要受社会生活条件的制约。第三,气质是行为的外显特质,与行为内容无关,因此气质在社会意义的评价上没有好坏之分。性格主要是指行为的内容,它表现个体与社会环境的关系,因而性格有好坏善恶之分。第四,具有不同气质类型的人可以形成同样的性格特征,而相同气质类型的人又可具有带着同样动力色彩但却互不相同的性格。第五,气质具有调节作用,性格具有整合作用。

气质和性格虽有区别,但又是密切联系、相互渗透、彼此制约的。具体说来,可以从以下两个方面加以分析。

一是气质对性格的影响。气质是性格形成的自然基础,它不仅影响性格的动态表现形式,而且在某些性格特征的形成和发展中起着促进或延缓的作用。

首先,气质本身是参与人与其环境相互作用的许多变量之一,它可以影响性格塑造。性格特征直接依赖于教育和社会相互作用的性质和方法,而气质作为环境和教育的调节者,作为性格形成的一种变量在个体发生的早期阶段就表现出来。例如,有些婴儿喜欢哭或笑,有些婴儿安静,另一些婴儿很好动,这些气质特征会影响家庭环境,影响父母或其他哺育者的不同行为反应。一个人的性格就是在这种不同性质的教育和社会环境的相互作用的过程中逐渐形成的。

其次,气质可以影响性格的表现方式,使同一性格内容有不同的表现色彩。例如,不同气质类型的人都可以形成助人为乐的性格特征,胆汁质者表现为热情、豪爽、快速、有力的助人方式;多血质者能灵活机动地帮助人想出各种解决问题的方法;粘液质者不露声色、脚踏实地地给予支持;抑郁质者从细枝末节处发现对方的难处,给予细微的关怀。总之,同一性格特征由于气质赋予它以某种动力方式,而使它获得不同的表现风采。

再次,气质可以影响某些性格特征形成和发展和速度。例如,就意志自制性而言,胆汁质的人形成这种特征较缓慢和困难,需要经过很大的克制力,而粘液质的人则比较迅速和容易。

二是性格对气质的影响。性格对气质有一定的制约作用,这主要表现在性格的意志特征在一定程度上调控、掩盖或改造气质,使气质的消极因素得以抑制,积极因素得以发展。具有坚强意志性格的人,胆汁质者可以克制急躁,多血质者能尽力使自己踏实一些,粘液质者能鼓起勇气,抑郁质者能减少自己的消极情绪。性格心理学的研究表明,在良好的生活环境和教育影响下,各种气质类型的人,都可以培养出积极的性格特征,从而说明性格对气质有重要的制约作用。

气质和性格是在生活实践中统一形成和发展的。在社会因素影响下,气质特征会发生改变;同样,生物因素也影响性格特征,即通过气质的生理机制影响性格发展。人具有生物社会性,气质和性格都是生物因素和社会因素交互作用的结果。气质和性格是密切联系着的,没有离开性格的纯自然气质,也没有不带气质色彩的性格。在日常生活中,甚至在心理学文献中,都很难把性格和气质这两类心理特征严格区分开来。在界定气质特征问题上,许多心理学家主张把环境形成特质归为人格特征,而把体质特质视为气质特征,如冯特、艾宾浩斯、赫尔巴特、卡特尔等人以人的情绪性和行为指向性特征来标明气质类型特征。现代气质心理学研究表明,情绪性和内外向性在很大程度上决定于生物因素,与神经系统的强度、平衡性和灵活性相关,是重要的气质特征。为了研究工作的需要,把气质和性格适当加以区分还是必要的。

波兰气质心理学家简·斯特里劳(J. Strelan)从人与环境的相互作用考察气质,提出的著名的气质调节理论认为,气质(T)是环境和教育的调节者,它可以借助环境(E)来影响和塑造人格(P)(T→E→P);同样,人格维度(P)具有一定刺激意义(S)时,也可以间接影响气质特质(P→ST)[1]。他在《气质心理学》论著中,系统考察了气质与人格相互作用的四种类型,提出了气质与人格相互依赖性观点,反映了现代气质心理学研究的新趋势。正是由于气质与性格交互作用,因而彼此渗透、相互依赖,使得某种气质类型的人往往具有与其气质特征相应的性格。

安徽省心理学会测量与咨询中心考察了3163名中小学生气质与性格特征的关系,结果表明:中小学四种基本气质类型学生群体具有与其气质特征相应的典型性格特征[2]。如,多血质学生群体的乐群性、稳定性、恃强性、敢为性、怀疑性、独立性和纯朴性等八项性格特征的高分段特征极为显著,而在兴奋性和有恒性二项

---

[1] 简·斯特里劳著,阎军译:《气质心理学》,314~349 页,沈阳,辽宁人民出版社,1987。

[2] 张履祥、钱含芬:《气质与人格相互依赖性的测试研究》,33~41 页,《应用心理学研究》,合肥,中国科学技术大学出版社,1994。

性格特征上明显倾低分特征。这说明,多血质学生群体具有与其外向—情绪稳定气质特征相应的,乐群热情、情绪稳定、自信敢为、对外界新鲜事物敏感、富于想像力和独立性、纯朴天真、做事粗心、缺乏恒心等典型性格特征。抑郁质属于内向—情绪不稳定的气质类型,这种气质类型学生群体往往在兴奋性、有恒性和幻想性上倾高分特征,而在乐群性、恃强性、敢为性、独立性和纯朴性等性格特征上倾低分特征。中小学生四种基本气质类型学生群体具有不同的典型性格特征,而且某种气质类型学生群体所具有性格特征之间,有着一定的内在联系,明显反映出气质类型特征与性格特征之间的交互作用和相互依赖性。

气质与性格的交互作用和相互依赖性原理,对教育、管理工作有重要的指导意义。一方面,要重视性格对气质的影响,有针对性地培养不同气质类型人的优良个性品质,掩盖或改变其气质的消极特征,以符合生活实践的要求。另一方面,要重视气质对性格的影响。气质作为人格的自然倾向,它不仅影响智力和能力的性质效率和特征,而且还可以通过调节环境和教育,进而影响和塑造性格的途径,而对人的社会成就产生间接影响。我们强调"人格力量"对人成才的决定作用,就应当重视人的最典型、最稳定的个性心理特性——气质对性格和社会成就的影响。

第三节 人格的理论

一、人格特质理论

西方人格心理学家主张从人格特质和人格类型,并通过人格维度来研究人格心理结构。所谓人格特质,是指表现一个人的行动中具有一贯倾向的心理特征;不作严格区分,也可以把人格特质称为性格特征。西方心理学中的人格特质理论,属于对性格静态结构进行定量分析的一种方法①。人格的特质理论主要在美、英等国流行,其代表人物有阿尔波特(G. W. Allport)、卡特尔(R. B. Cattell)和艾森克(H. J. Eysenck)等人。

(一)阿尔波特的人格特质理论

美国心理学家阿尔波特是最早提出人格特质理论的心理学家之一。他认为,人格由许多特质组成,特质是一种神经心理结构,除了能反应刺激而产生行为外,还能主动引发行为,使许多刺激在机能上等值,在反应上步调一致,即不同的刺激能导致相似的行为。例如,具有"谦虚"这一特质的人,在访问朋友、遇见生人、同伴给予表扬等不同种类的刺激时,都能以举止文雅、克制顺从、热情迎合、不愿为人注意等相同的行为方式作出反应。阿尔波特认为,人格包括两种特质,一种是个人特质,一种是共同特质。共同特质是属于同一文化形态下人们所具有的一般人格特征。个人特质为个人所特有的独特人格特征,它代表个人的行为倾向。阿尔波特为了说明个人特质怎样影响和决定个人的行为,又把个人特质区分为三个重叠交叉的层次:首要特质、中心特质和次要特质。首要特质是一个最典型、最有概括性的特质,如爱迪生创造能力的特质,林黛玉多愁善感的特质。中心特质,由几个彼此相关联的重要特质,构成一个人的独特个性。如,林黛玉的清高、聪慧、孤僻、内向、抑郁、敏感等都属于她的中心特质。次要特质,它不是决定一个人行为倾向的主要特质,往往在特殊情况下才显示出来,是对事物的一种暂时性态度和反应。次要特质除了亲近他的人外,其他人很少知道。如一个人在外面很粗鲁、霸道,而在自己的母亲面前很顺从。这里的"顺从"就是他的次要特质②。

---

① 黄希庭:《心理学导论》,691 页,北京,人民教育出版社,1991。
② 彭聃龄主编:《普通心理学》,430 页,北京大学出版社,2001。

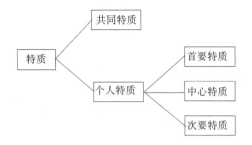

图 12-3 阿尔波特的人格特质结构图

(二)卡特尔的人格特质理论

美国心理学家卡特尔认为,人格是一种倾向,它是与个体的外显和内隐行为联系在一起的。而人格特质则是人格建筑的砖石,是人格结构的基本元素。他认为,特质是一种心理结构,它表现为相当持久和广泛的行为倾向。人格的整体结构由四个层次的特质构成(见图12-4)。

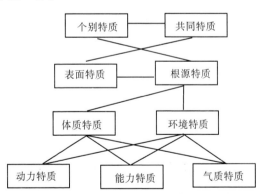

图 12-4 卡特尔的人格特质结构网络

第一层次包括:共同特质和个别特质。卡特尔赞同阿尔波特的观点,认为人类存在着所有社会成员共同具有的特质(共同特质)和个体特具的特质(个别特质)。共同特质,是指某一地区、某一集团中各成员所共有的特质（个性的共同性）。个别特质，是指每一个体所具有的特质（个性的差别性）。

第二层次分为：表面特质和根源特质。所谓表面特质，是一个人经常发生的，从外部可以直接观察的行为。而根源特质是内蕴的，是构成人格的基本特质，是制约着表面特质的潜在基础。卡特尔运用因素分析法，从众多的行为表面特质中分析出十六项根源特质。卡特尔人格因素量表所测量的十六种人格因素，见表12-3。

表12-3 卡特尔十六种人格因素

因素	低分者特征	高分者特征
A 乐群性	缄默孤独	乐群外向
B 聪慧性	迟钝，学识浅薄	聪慧，富有才识
C 稳定性	情绪激动	情绪稳定
E 恃强性	谦虚顺从	好强固执
F 兴奋性	严肃审慎	轻松兴奋
G 有恒性	权宜敷衍	有恒，负责
H 敢为性	畏缩退怯	冒险，敢为
I 敏感性	理智，着重实际	敏感，感情用事
L 怀疑性	依赖，随和	怀疑，刚愎
M 幻想性	现实，合乎成规	幻想，狂放不羁
N 世故性	坦白直率，天真	精明强干，世故
O 忧虑性	安详沉着，有自信心	忧虑抑郁，烦恼多端
Q_1 实验性	保守，服膺传统	自由，批评激进
Q_2 独立性	依赖，随群附众	自主，当机立断
Q_3 自律性	矛盾冲突，不明大体	知己知彼，自律谨严
Q_4 紧张性	心平气和	紧张困扰

第三层次包括：体质特质和环境特质。卡特尔认为，在人格根源特质中，这些特质是由遗传决定的称为体质特征。有些特质是由环境决定的称为环境特质。例如，人格因素A（乐群性）是体质特质，人格因素C（稳定性）中遗传作用占40%左右，人格因素Q_1

(实验性)是环境特质。

第四层次包括三方面的物质:能力特质、动力特质和气质特质。

卡特尔认为,能力特质表现在知觉和运动两个方面,它是决定一个人如何有效地完成某一任务的特质。能力特质是人格中的认知因素,其中最重要的是智力。卡特尔在因素分析中发生发现,斯皮尔曼提出的一般智力因素(G 因素)不是一个,而是两个。即一般智力因素包括液态智力和晶态智力。他在《能力》(1973 年)一书中充分论述了这两种智力,并认为智力中 80% 是液态智力,20% 是晶态智力。

动力特质,是使人朝着某个目标去行动的特质,它是人格的动力性因素,卡特尔又从动力特质中区分出能和外能。能,是指与生俱来的生物性内驱力,即本能。卡特尔认为,人类具有十一种本能特质:好奇心、性爱、交际、保护、自信、安全感、饥饿、愤怒、厌恶、感染力和自谦。外能,也是一种动力性的人格特质,但来自环境和外界因素,因此属于环境形成特质。外能包括情操和态度。

气质特质,是遗传而来的因素,它表现为一个人的行为风格和节奏的特点。气质特质决定一个人的行为是温和的还是暴躁的,速度是快的还是慢的,决定一个人的情绪色彩,是人格的情绪方面的特质。

(三)艾森克的人格特质理论

英国心理学家艾森克(H. J. Eysenck)致力于研究方法的科学化,把因素分析方法和实验心理学方法结果起来研究人格,确立了他的人格维度理论。他认为,内外向性、情绪性和心理变态倾向是人格的三个基本维度,人们在这三个维度上的不同表现程度,便构成不同的人格类型。《艾森克个性问卷》(EPQ),就是根据他的人格三维度理论编制的。它由四个分量表组成:内外向性量表(E 量表)、情绪稳定性量表(N 量表)、病理人格量表(P 量表)和一个效度量表(L 量表)。

艾森克从人格特质和人格维度的研究出发，在大量的相关测验中，找出内向—外向人格维度和情绪稳定—情绪不稳定人格维度的相互制约关系，提出人格的二维结构模型（图12-5）。这个人格的二维结构模型的四个象限，代表四种复杂的人格类型，并且也把四种基本气质类型相应地表现出来：不稳定外向型（胆汁质）、稳定外向型（多血质）、稳定内向型（粘液型）和不稳定内向型（抑郁质）。图12-5中小圆圈代表四种传统的气质类型、大圆圈表示按两个维度区分出的四种气质类型的特征。

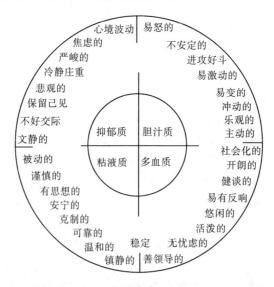

图12-5　艾森克二维人格结构模型

艾森克在内外向性维度和情绪性维度的关系中表现主要人格特质、划分人格类型，并把四种气质类型相应地表现出来，这种人格结构模型既继承了冯特实验心理学的传统，又吸收现代心理学的研究成果，因而为许多心理学家所接受，认为在人格特征和人格类型的关系上，艾森克解决得相当出色。

二、人格类型理论

人格类型,是指一类人身上所共有的或相似的人格特征的独特结合。人格类型论是20世纪30~40年代从德国发展起来的一种人格理论,主要描述一类人与另一类人的个性差异,即人格类型差异。

(一)气质类型学说

1.体液气质说。气质在心理学史上是一个古老的概念。早在公元前5世纪,古希腊医生希波克拉底(Mippocrates)就提出气质的体液说。他认为人体内有四种体液体:生于心脏的血液、生于肝的黄胆汁、生于脑的粘液和生于胃的黑胆汁,并根据哪一种体液在人体中占优势,把人分为四种气质类型。在体液混合的比例中血液占优势的人属于多血质,黄胆汁占优势的属于胆汁质,粘液占优势的属于粘液质,黑胆汁占优势的属于抑郁质。希波克拉底还认为,每一个体液都是由寒、热、湿、干四种性能中的两种性能混合而成,血液具有热—湿的性能、多血质的人湿而润,好似春天一般;黄胆汁具有热—干的性能,胆汁质的人热而躁,其气质犹如夏季;粘液具有寒—湿的性能,粘液质的人冷酷无情,似冬天一样;黑胆法具有寒—干性性,抑郁质的人冷而躁,犹如秋天一般。他认为,四种体液的混合比例决定人的机能状态,四种体液在体内调和,人就健康,不调和则生病。恢复和保持这四种体液的正常平衡是医生的职责。可见,希波克拉底所讲的气质,不单指现在心理学上的气质概念,而且是指气质在内的人的心身素质。希波克拉底的气质体液说,在500年后为罗马医生盖仑(G. C. anlen)所发展。他创造性地把体液的混合比例用拉丁语temperamentun来表示,这便是近代气质(tamperament)一词的来源。

气质体液说之生理根据虽属猜测,但这种分类反映了气质的四种基本类型,所以这四种气质类型名称曾被许多学者所采纳,并沿用至今。

2.体型气质说。德国精神病学家克奇米尔(E. Kretschmer)和美国心理学家谢尔顿(W. H. Sheldon)认为气质与体型有关,先后提出体型气质说。

克瑞奇米尔在《体格和性格》一书中,根据他对精神病患者的临床观察,提出按体型划分人的气质类型的理论。瘦长型(四肢细长、皮肤干燥、肌肉不发达的体格)的人,内向而孤僻;矮胖型(四肢粗短,矮而壮实,面阔颈短,圆胖的体格)人,外向而易动感情;强壮型(肌肉发达,颈长而粗,面孔结实的体格,又称运动员型或斗士型)的人则介于两者之间。简单地说,瘦长型类似于抑郁质,矮胖型类似于多血质,强壮型类似于胆汁质,但又不完全一样[1]。他还认为,精神病患者和正常之间只有量的差别,没有质的不同;不同体型的正常人在气质上也带有精神病患者的某些特征。瘦长型的具有精神分裂的特征,此谓分裂气质;矮胖型的具有躁郁的特征,此谓躁郁气质;强壮型的人具有癫痫病的特征,此谓粘着气质。体型与气质和行为倾向三者的关系,见表12-4[2]。

表12-4 体型、气质和行为倾向的关系(克瑞奇米尔,1955)

体型	气质	行为倾向
瘦长型	分裂气质	不善交际、沉静、孤僻、神经过敏
矮胖型	躁郁气质	善交际、活泼、乐观、感情丰富
强壮型	粘着气质	固执、认真、理解迟钝、情绪爆发性

谢尔顿在《气质的差异》一书中,提出胚叶起源的气质理论。他按照个体在胚胎发育中的三个胚叶(胚层):内胚叶、中胚叶和外胚叶,何者占优势,将人的体型分为三种主要类型:内胚叶型、中胚叶和外胚叶型。内胚叶型内脏和脂肪发达,又称内脏型,相当于矮

---

[1] 张述祖、沈德立:《基础心理学》,689页,北京,教育科学出版社,1987。
[2] 叶奕乾:《人格心理学》,21页,西宁,青海人民出版社,1990。

胖型;中胚叶型肌肉发达,又称躯体型,相当于强壮型;外胚叶型皮肤和神经系统发达,又称大脑型,相当于瘦长型。谢尔顿研究发现,内胚叶型体型与内脏紧张型气质、中胚叶型体型与身体紧张型气质、外胚叶型体型与头脑紧张型气质之间,都有高达 0.8 左右的正相关。体型、气质类型和各自的行为倾向,见表 12—5[①]。

表 12—5　身体类型和气质类型之间的相关(谢尔顿等,1942)(n=200)

	内脏紧张型	身体紧张型	头脑紧张型
内胚叶型	0.79	−0.29	−0.32
中胚叶型	−0.23	0.82	−0.58
外胚叶型	−0.41	−0.53	0.83

体型和气质有一定程度的相关,一种可能是体型和气质受同样遗传基因决定,在染色体中存在着共同基因;另一种可能是身体特征影响社会环境,而社会环境影响个体的气质和性格。例如,一个胖乎乎的儿童,周围的人都喜欢他,爱和他开玩笑,这就容易养成开朗、活泼的人格特征;一个瘦弱的儿童,不太讨人喜欢,容易养成孤僻的人格特征;体格强壮的儿童,从小就常与同伴比赛肌肉力量的大小,养成勇敢、刚强的性格。谢尔顿的体型气质说,虽然来自实际调查,但没有说明体型与气质相互关系的机制,克瑞奇米尔的体型气质说,是根据对精神病患者的临床研究材料归纳出来的,他把这些结果用于正常人身上,显然是不妥的。

3.血型气质说。一个人的血型是由与生俱来的血型物质决定的。体内有 A 型物质的,其血型为 A 型;有 B 型物质的,其血型为 B 型;既有 A 型又有 B 型物质的,其血型为 AB 型;既无 A 型物质又无 B 型物质的,其血型为 O 型。O 型物质为一种特殊物质,存

[①]　叶奕乾:《人格心理学》,24 页,西宁,青海人民出版社,1990。

在于任何一种血型中。有人认为,A 型、B 型、AB 型和 O 型四种血型,直接影响着人的天赋素质的差异,决定着一个人的体质和气质。例如,日本学者能见正比古认为,血型是所有生物体的体质类型和气质类型。日本另一个学者古川竹二根据 A 型、B 型、AB 型和 O 型四种类型,把人的气质区分为四种类型。A 型为消极保守型,其气质的特点是性情温和、老实稳重,多疑怕羞,顺从寡断,感情易冲动。B 型为积极进取,其气质特点是感觉灵敏、镇定、不怕羞、善于社交、多言、好管闲事。AB 型气质是 A 型气质和 B 型气质的混合,以 A 型为主,兼有 B 型气质特点;外表是 B 型,内在是 A 型。O 型亦为积极进取型,但比 B 型更为激进,其气质特点是意志坚强,好胜霸道,不听指挥,喜欢支配别人,有胆识,不愿吃亏。

气质的血型说在日本颇为流行。近年来出现一股血型热,有的人用血型作为配偶和交友取舍标准,甚至一些政府机关和公司,也以血型作为录用人员的选择标准。尽管如此,由于气质的血型说缺乏科学依据,仍不为多数人所接受。

4. 激素气质说。激素气质说是由英国心理学伯曼(L. Berman)提出的。这种理论认为,人的气质是由某种内分泌腺的活动所决定的。他根据人的某种内分泌腺特别发达而把人分为甲状腺型、肾上腺型、脑下垂体型、副甲状腺及性腺型。①甲状腺型。如果分泌物多,表现为精神饱满,感知灵敏,意志坚强,任性急躁;分泌物少则表现为迟钝、缓慢,可能发生痴呆症。②肾上腺型。皮肤干黑,毛发浓密,精神健旺,雄壮有力,情绪易激动,好斗。③脑垂体型。如果分泌物增多,表现为骨骼粗大,生殖器官发达,性欲强,脑力发达,有自制力;如果分泌减少,则身体矮小,肌肉萎缩。④副甲状腺型。分泌物多,表现为易激动,缺乏控制力;分泌物少,则表现为肌肉无力,精力不足,缺乏生活兴趣。⑤性腺型。分泌物多,表现为富有进攻性,行为猛烈;如果分泌物不足,则进攻行为很少,容易对文学、艺术、音乐感兴趣。

内分泌腺的机能与有机能的新陈代谢密切相关,并影响人的行为。例如,肾上腺发达的人,情绪激动比较强烈;有的女性的性腺有男性性腺成分,即她的性腺化学成分接近男性,于是就是出现女性男性化,等等。但是,内分泌腺的活动要受神经系统的调节,因而不能离开神经系统的活动而孤立地强调内分泌腺对气质的影响。

5. 活动特性气质说。美国心理学家巴斯(A. H. Buss)以反应活动的特性为指标,把人的气质划为四种类型:活动型、情绪型、社交型和冲动型。

活动型的人不知疲倦,总是抢先迎接新的任务。这种人在婴儿期时总是手脚不停地乱动;儿童期时在教室里坐不住;成年后显露出强烈的事业心。情绪型的人觉醒程度和反应强度大。在婴儿期时表现为经常哭闹;他们在儿童期时易激动、难以相处;成年时表现为喜怒无常。社交型的人渴望与他人建立密切的联系。婴儿期喜欢跟在母亲的身边,孤单时哭闹得凶;儿童期时容易接受教育的影响;成年后与周围人们关系融洽。冲动型的人缺乏自制能力。婴儿期表现为喂饭、换尿布等急不可耐;儿童期经常坐立不安,注意力易分散;成年后倾向于不假思索地行动和缺乏耐心。

以活动特性区分人的气质,与现实生活中人们的气质表现比较接近,是值得注意的气质分类的新动向,但活动特性的生理基础没有揭示。

(二)性格类型理论

1. 我国古代的性格类型学说。我国古代教育家孔子把人的性格为分狂、狷、中行三类。其特征是:"狂者进取,狷者有所不为。"(《子路》)所谓狂与狷,相当于现代心理学中所说外向型和内向型性格,而中行则是介于狂与狷之间的中间型性格。孔子曾对他的学生的性格差异做过鉴定,他说:"柴也愚(高柴愚笨),参也鲁(曾参迟钝),师也辟(子张偏激),由子喭(子路卤莽)。"(《先进》)孔子还针对学生不同的性格特点进行因材施教。

三国时期的刘劭对人的性格差异进行深入的研究。他认为人与人在性格上相差十分悬殊。他将人的性格分为十二种类型,并对其优缺点进行具体分析,见表12—6。

表12—6 刘劭划分的十二种性格类型及特点

性格类别	性格总特征	性格优缺点
强毅之人	狠刚不和	厉直刚毅,材在矫正,失在激许
柔顺之人	绥心宽断	柔顺安恕,每在宽容,失在少决
凶悍之人	气备勇决	雄悍杰健,任在胆烈,失在多忌
惧慎之人	畏患多忌	精良畏慎,善在恭谨,失在多疑
凌楷之人	秉意劲特	强楷坚劲,用在桢干,失在专固
辨博之人	论理赡给	论辨理绎,能在释结,失在流宕
弘普之人	意爱周洽	普博周洽,弘在覆裕,失在溷浊
狷介之人	砭清激浊	清正廉洁,节在俭固,失在拘扃
休动之人	志慕超越	休动磊落,业在攀跻,失在疏越
沉静之人	道思迥夏	沉静机密,精在玄微,失在迟缓
朴露之人	中疑实踖	朴露劲尽,质在中诚,失在不微
韬谲之人	原度取容	多智韬情,权在谲略,失在依违

我国古代思想家的性格类型学说是很有价值的。1937年美国把刘劭的《人物志》以《人类能力的研究》为题,编译出版,这也说明了刘劭性格类型学说的影响和价值。

2.机能类型说。机能类型说是以情绪、意志和理智三种心理机能,在性格结构中哪一种机能占优势来确定性格类型。这一学说是英国心理学家培因(A. Bain)和法国心理学家李波(T. Ribot)等提出的。

情绪型性格的人情绪占优势,内心情绪体验深刻,外部表现明显,言行举止受情绪左右,常感情用事;情绪不稳定,时而欢乐,时而抑郁,时而宁静,时而烦躁。意志型性格的人意志占优势,行动目标明确,富有主动性和自制性,勇敢、果断、坚韧。但有的人则失之于固执、任性、轻率和鲁莽。理智型的人理智占优势,通常用理智来衡量一切,并支配自己的行动。除以上三种典型性格类型外,还有中间类型,如理智—意志型,情绪—意志型等。

机能类型说,是以心理测验来确定性格类型的。如果受测者的意志和理智是中等的,而情绪明显超过意志和理智时,这个人就被确定为情绪性格。

性格的机能类型说,是以机能心理学为其理论基础的。它脱离了的心理活动内容和个性意识倾向性,把性格看做情绪、意志和理智的简单组合,这对于认识性格的本质是不利的。

3. 向性类型说。这是按照个人心理活动是倾向于内部世界,还是倾向于外部世界来确定性格类型的一种学说。

在为数众多的性格类型论中,性格的内外向性分类最为有名。内外向的概念,首先是瑞士心理学家荣格(G. G. Jung)在《心理类型学》一书中,以他的精神分析观点提出来的。他认为,来自本能的力量"里必多"的流动方向决定性格类型的。里必多向外冲的,是外向型的;里必多向内冲的,是内向型。外向型的人,重视外部世界,一般表现为自信、勇于进取,开朗、活泼、爱交际、情绪外露,不拘小节,易于适应环境。内向型的人,重视主观世界,一般表现为爱沉静、善内省、谨慎、多思,缺乏信心、易害羞、冷漠、寡言,反应缓慢,较难适应环境。外向型和内向型是性格的两大态度类型,也就是个体反映特有情绪的两种态度和行为方式。荣格认为,多数人并非典型的内向型或外向型性格,而是介于两者之间的中间型。他还认为,内向型的人常常暗中羡慕外向型的;外向型的人往往暗中羡慕内向型的。所以,在人际交往中,性格完全相反,人际吸引的力量往往反而特别大。

荣格还指出,个人的心理活动有感觉、思维、情感和直觉四种基本机能。按照外向型和内向型两种性格的态度类型与四种基本心理机能的组合,荣格把人划分为八种性格类型:外向思维型、内向思维型、外向情感型、内向情感型、外向感觉型、内向感觉型、外向直觉型和内向直觉型。

荣格的内外向型性格理论,已为许多研究所证实,并广泛地应用于教育、医学、管理和职业选择等领域。但这种类型的划分并未摆脱气质类型的模式。荣格以一种假想的本能的能量,即他称之为"里必多"的东西,作为划分性格类型的基础,这样就否定了性格的社会制约性。他所提出的八种性格,并不是从实际归纳出来的,而是用数学的组合方法凭主观演绎出来的。

4. 文化—社会价值的类型论。一些心理学家用价值观来划分性格类型,提出文化—社会价值的类型论。如斯普兰格的类型论。

德国哲学家、教育家斯普兰格(E. Spranger),认为,理论、政治、经济、审美、社会和宗教,是人类六种基本生活方式。人们对这六种生活方式中的某一种方式产生特殊兴趣,形成相应的价值观。根据这种价值观,斯普兰格把人的性格分为六种类型:理论型、政治型、经济型、审美型、社会型和宗教型。

理论型的人,总是冷静而客观地观察事物,根据自己的知识体系来评价事物的价值,力图把握事物的本质,追求各种观念和理想。这类人较容易适应现实生活,但碰到具体实际问题时往往束手无策。理论家和哲学家属于这种类型。

政治型或权力型的人,重视权力,并竭尽全力去获取权力,有强烈的支配和命令别人的欲望。凡是他所作所为总由自己决定。

经济型的人,总是以经济的观点看待一切事物,根据实际功利来评价事物的价值,以获取财产和利益为其生活目的。实业家属于这种类型。

审美型的人,不大关心实际生活,总是从美的角度来评价事物的价值。如何实现自我,如何使自我获得满足,是这类人的基本目的。艺术家属于这种类型。

社会型的人,重视爱,认为爱别人并促使其进步,是人生的最高价值。这类人对社会福利事业感兴趣。

宗教型的人,总是感到上帝的拯救和恩惠,坚信有绝对的生命,生活在信仰之中。宗教家属于这种类型。

5.性格—职业匹配理论。美国职业指导专家霍兰(J. L. Holland)提出性格—职业匹配理论。他认为,学生的性格类型、学习兴趣和将来的职业准备密切相关。人们在不断寻求能够获得技能,发展兴趣的职业。经过几十年的研究和上百次的实验,他提出了系统的职业指导理论。他把人类的性格划分为6种类型:社会型、理智型、现实型、文艺型、贸易型和传统型。每一个人可以主要划分一种性格类型,每一种性格类型的人,对相应的职业感兴趣。

霍兰认为,大多数人可以主要划分某一性格类型,每一种性格类型又都有两种相近的性格类型、两种中性关系的性格类型和一种相斥的性格类型(表12—7)。

表12—7 性格关系类型

	相 近	中 性	相 斥
社会型	文艺型、贸易型	传统型、理智型	现实型
理智型	文艺型、现实型	传统型、社会型	贸易型
现实型	理智型、传统型	文艺型、贸易型	社会型
文艺型	理智型、传统型	贸易型、现实型	传统型
贸易型	理智型、社会型	现实型、文艺型	理智型
传统型	现实型、贸易型	社会型、理智型	文艺型

各种性格类型之间的相关可用六角型模型来表述(见下页图12—6)。

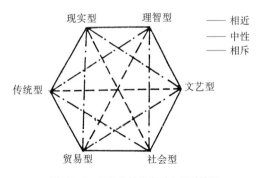

图12—6 霍兰的性格类型六角型模型

霍兰认为,如果职业类型与性格类型相重合,个人会感到兴趣和内在的满足,并最能发挥自己的聪明才智;如果职业类型与性格类型相近,个人经过努力,也能适应并做好工作;如果职业类型与性格类型相斥,个人对职业毫无兴趣,不能胜任工作。霍兰是一位职业指导专家,经过长期的研究将性格类型和职业类型进行匹配,对职业指导具有重要意义。

6. 人际关系的类型论。这种性格类型理论,既非单纯心理学,也非单纯文化—社会价值的,而是主要依据人际关系,同时也考虑其他心理品质来划分性格类型。

美国心理学家吉尔福特(J. P. Guilford)等人认为,性格与人的社会适应性、情绪稳定性和心理活动的内外向性有关,从而把人的性格划分为 A、B、C、D、E 五种类型。见表 12-8。

表 12-8 五种典型的性格类型

类型	情绪性	社会适应性	向性	一般特征
A	平衡	平衡	平衡	不引人注意的平均类型。主导性弱。在智力低下的情况下,往往表现为平凡,没有精力。
B	不稳定	不适应	外向	不稳定积极型。在人际关系方面易产生问题,在智力低的情况下特别如此。
C	稳定	适应	内向	稳定消极型。平稳、被动。如果是领导者,则缺乏对别人的吸引力。
D	稳定	适应或一般	外向	稳定积极型。人际关系方面较少产生问题,行动积极,有领导者的性格。
E	不稳定	不适应或一般	内向	不稳定消极型。退缩、消极、孤独,但不少人充满了内在的修养和高雅的兴趣。

A 型是不引人注目的平衡型。属于这类性格的人,情绪稳定,社会适应性较好,但主导性小,不善交际。智力平常,精力、体

力、毅力、能力都表现一般。如果智力低，则常为平凡和没有精神的人。

B型是不稳定的积极型。属于这类性格的人，多具有雄心壮志，但情绪不稳定，社会适应性比较差，遇事易急躁，带有外向型的特点，人际关系不甚融洽。他们的行为常引起人们的注意或议论，所以又称为行为型或注意人物型。

C型是稳定的消极型。属于这类性格的人，情绪稳定，社会适应性好，带有内向型的特点，反应慢，常处于被动状态。这类人如果担任领导工作，稳健、踏实，但主动性不够，人际吸引力较差。

D型是稳定的积极型。属于这类性格的人，情绪稳定，社会适应性好，具有外向型的特点，与周围人际关系较好，刚勇、行动积极，具有较强的组织能力，所以又称管理型。

E型是不稳定的消极型。属于这类性格的人，情绪不稳定，社会适应性差，性格内向，行为退缩，缺乏积极性，喜欢反省和深思。他们往往有独特的爱好和兴趣，善于独立思考，有钻研性，但往往有消极情绪，常要逃避现实，所以又称反常型或逃避现实型。

三、认知风格

认知风格(Cognitive Style)又称认知方式，是个体习惯性的加工信息的方式。认知方式是人们在对信息和经验进行组织和加工过程中表现出来的个别差异，它是一个人在感知、记忆和思维过程中经常采取的、受到偏爱的和习惯了的态度和风格。认知方式不仅表现在认知过程中，也反映到人的社会性活动和个性心理特征方面。常见的认知方式有：场依存—独立型、冲动—慎思型和序列—整体型。

（一）场依存—独立型

美国心理学家威特金(H. A. Witkin)等人，在研究知觉时发现，有些人很难从视野中离析出知觉单元，有些人则较易从视野中离析出知觉单元。威特金根据场的理论，将人划分为场依存性和场独立性两种类型。前者也叫顺从型,后者称作独立型。威特金认为这两种类型的人,是按照两种对立的信息加工方式进行工作的。顺从型的人,倾向于以外在参照物(客观事物)作为信息加工的依据。他们易受附加物的干扰,常不加批判地接受别人的意见,应激能力差。独立型的人,倾向于利用内在参照物(主体感觉)作为信息加工的依据。因而独立性的人不易受外来事物的干扰,他们具有坚定的信念,能独立地判断事物、发现问题、解决问题,易于发挥自己的力量。许多研究表明,大多数人处于场依存性和场独立性之间,或多或少地处于中间状态;场依存性和场独立性具有普遍性和稳定性。

场依存—独立性这一人格维度特性与学习、人际交往等方面都有着密切的关系。在学习兴趣上,依存性学生偏于文科,喜欢社会定向的学科;独立性学生更偏于理科,喜欢工程建筑、航空及从事理论研究。场独立性的人认知重构能力强,喜欢学习一般原理,而不喜欢学习具体知识;场依存性的人社会技能高,在人际交往中具有优势。在解决需要灵活思维的问题上,场独立性的人善于抓住问题的关键成分,能灵活地运用已有知识来解决新问题;而场依存性的人则难以应付,缺乏灵活性。有研究(张厚粲,1982)表明,场独立性特征与数学学习能力和数学学习成绩之间存在非常显著的正相关。在学习中凡是与个人的认知方式相符合的学科,一般成绩较好。有研究(许燕,1982)表明,在教学方式上与场依存性学生的认知方式相匹配时,能减轻这类学生在数学学习中的相对"劣势"。在学习策略和学习方法上,场依存性学生更易于接受别人的暗示,他们的努力程度依外在的奖惩条件为转移;场独立性学生在内在动机作用下学习、记忆时常会产生更好的效果。

在日常生活中,场依存性的人常常是在自己做某件事物之前对别人是怎么做的、怎么想的进行了解,并根据这些了解到的外界情况来改变或决定自己的行为;场独立性的人常常不管别人是怎么想的,只管按自己的知觉或思考去作出判断和采用行为,不因外界环境而轻易改变。

在不同的创造活动中,这两种认知风格的儿童往往表现出不同的反应(董奇,1993)。场依存性儿童的特征是:依赖于周围的感知场景;倾向于对环境做出整体的把握,易受当时情景的影响;相信权威;把周围人的脸部表情作为一种信息来源;对他人很敏感,并通过这种方式获取社会技能;对人有兴趣,与相交往的人有密切关系;喜欢参加与人打交道的活动。场独立性儿童的特征是:在感知物体时,能把物体从场景中区分出来;能解决在不同场景中出现的同一问题和稍作改变的问题;不服从权威,有自己的评判标准和价值观;完成任务过程中积极努力;待人冷漠、疏远;不合群;有较好的分析能力;喜欢从事独立性强的活动。

研究表明,场依存性和场独立性是较多地依存于个体的遗传因素和生理基础,而且个体在场独立性和场依存性连续维度上的位置是相对稳定的。在国外,关于场依存性和场独立性与内外向的关系问题存在两种不同的观点。艾温斯(F. L. Evans)等人认为,两者相关程度很高,很可能是一种特质的反映。费恩(B. L. Fine)等人认为,两者没有相关,它们是两种不同的特质。我国张厚粲教授等认为:二者之间无显著相关,可以认为是人格的两种不同特质(维度)。但是,二者之间存在着某种程度的一致性,因此,它们在人格表现中互相影响,互相制约,共同存在于人格这一统一体中[1]。也有心理学家把场依存性和场独立性看做是气质的一个维度[2]。

---

[1] 谢斯俊、张厚粲编:《认知方式——一个人格维度的实验研究》,67~73 页,北京师范大学出版社,1988。

[2] 黄希庭著:《心理学导论》,671 页,北京,人民教育出版社,1991。

评定个体的场依存性—场独立性,通常采用棒框测验和镶嵌图形测验。在棒框测验中,给被试呈现一个偏离正位的方框,框内有一条倾斜的直线,让他将这条倾斜的直线调整到垂直的方位。观测被试对框内直线的垂直方位的判断,是否受方框偏斜方向和角度的影响。有的被试测验误差较大,说明受方框的影响较大;有的被试测验误差较小,说明不受或很少受方框的影响。前者称场依存性,后者称场独立性。

镶嵌图形测验又称认知方式图形测验,是一种非文字型测验。测验中除一道例题9道练习图形外,共有复杂图形20个,简单图形10个。测验时要求被试在复杂图形中按样子找出被隐藏在其中的简单图形。这是一个速度测验,时限很短,要求严格,并且随年龄增长而异。依据测验结果可以确定被试在场依存性—场独立性这个认知方式的连续体上所处的位置。场独立性的人比场依存性的人容易从复杂图形中分离出简单图形。如在图12—7中含有几个三角形?属于场依存性的人,不容易把所有的三角形都看出来,因为有的三角形暗含在其他三角形中。而场独立性的人,能清楚地看出有几个三角形。一下子能看出来的三角形越多,就越属于场独立性;一下子能看出来的越少,就越属于场依存性。

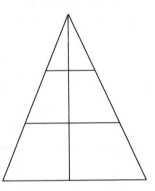

图12—7 暗含在大三角形中的若干小三角形

(二)冲动—沉思型

冲动型和沉思型是两种不同的认知风格。杰罗姆·卡根首先提出这对概念,用来描述主体对一些具有不确定性答案的问题的或快或慢的反应。冲动型的特点是,反应快,但精确性差。属于这种类型的人,总是急于给出问题的答案,他们不习惯对解决问题的各种可能性进行全面考虑,甚至有时在尚未搞清问题要求时,就开始解答问题。沉思型又称慎思型或思考型,它的特点是反应慢,但精确性高。属于这种类型的人,在解决认知任务时,总是谨慎、全面细致地分析问题的各种可能性,把问题考虑清楚以后再做反应。

卡根等(1964)设计了鉴别这一认知类型的工具《匹配熟悉图形测验》(Matching Familiar Figures Test)。这种测验是给被试显示一个标准图形,让他们从六个可供选择的图形中,选择一个与标准图形一样的图形。主试根据被试的反应时和错误率就能划分不同的认知类型。

图 12-8 匹配熟悉图形例题

奥尔特(Ault)等人根据在《匹配熟悉图形测验》中思考的时间及错误率,将被试分为四种认知类型:快—正确型、冲动型、沉思型和慢—非正确型(图 12-9)。

研究表明,儿童随年龄的增长,其思考的时间和错误率发生了相应的变化。但是,在各年龄阶段上仍表现出冲动—沉思型认知风格的稳定性。而且,在不同的任务中,也表现出一定的一致性。

		错误率	
		低	高
反应时	快	快—正确型	冲动型
	慢	沉思型	慢—非正确型

图 12-9 四种认知类型
(资料来源:陈英和,1996)

冲动型与沉思型的区别,主要体现在信息加工方式上。冲动型的人,在解决认知问题时,倾向于整体性加工方式;而沉思型的人,倾向于细节性加工方式。当认知任务强调整体性的信息加工时,冲动型学生的成绩就有所提高;而当学习任务需要对细节进行分析时,沉思型学生往往有相对好的成绩。但从总体上讲,冲动型的认知方式妨碍对问题的有效解决。当两个学生的基本认知能力无显著差异时,冲动型学生的成绩往往低于沉思型的学生。

冲动—沉思型认知方式差异的起源同教养方式有联系,这对学校教育特别有意义,因为这就意味着冲动—沉思型认知方式是可以训练的。

(三)序列—整体型

英国心理学家帕斯克(Gordon,1974)等人提出序列型与整体型这两种对立的认知方式。人们对这两种不同认知加工的选择和偏好在一定程度上是由其"左优势脑"或"右优势脑"的生理特点所决定的。美国心理学家达斯(Das,1975)根据脑功能的研究,提出"继时性"是左优势脑的个体在信息进行加工时所表现出来的特点,"同时性"是右优势脑在对信息加工时所表现出来的特点。

序列型又称继时性,是指左优势脑的个体在解决问题的时候,往往习惯将各种信息按时间顺序排成一个连续的序列,然后再对问题作出反应。解决问题的过程像链条一样,一环扣一环,直到找到问题的答案(图12-10)。言语操作和记忆都属于继时性加工。一般说来,女生擅长继时加工,这可能是女生的言语和记忆能力比男生好的原因之一。

整体型又称同时性,是指右优势脑的个体在解决问题的时候,将各种信息整合成一个具有一定空间关系的组织,然后对这个空间组织进行整体反应。其解决问题的方式是发散式的(图12-11)。许多数学操作、空间问题的操作都要依赖于这种同时性的加工方式。这也可能是男生在数学能力与空间能力方面优于女生的原因之一。

图12-10　继时性加工路径示意图

(资料来源:彭聃龄,2001)

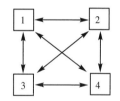

图12-11　同时性加工路径示意图

(资料来源:彭聃龄,2001)

序列型和整体型是认知方式的差异,而不是加工水平的差异。典型的序列型学习方式的学生突出地显示出"操作性学习"的特征,典型的整体型学习方式的学生突出地显示出"顿悟式学习"的特征。研究表明,这两种学习风格的学生都可以达到同样好的理解水平。但是,当学习方式与认知方式互相匹配时,不同认知方式的优势才能显示出来。帕斯克研究了教师的教学方式与学生的认知方式的关系,结果显示,当学习材料与学生的认知方式匹配时,学习效果好;反之,当学习材料与学生的认知方式不匹配时,学习成绩一般都不及格。研究者还通过同时性与继时性加工策略的训练,来帮助学习有困难的学生。结果表明,训练对学习困难的学生是很有帮助的,特别是有利于阅读水平的提高。

第四节 人格的测量

一、人格测量方法

人格测量是一类用以确定人们的人格特征和人格类型的心理测量。测量人格有许多方法,如观察法、调查法、作品分析法、个案法、自然实验法、心理测验法等。由于人格的复杂性,要准确地鉴定一个人的人格,往往需要运用上述各种方法加以综合研究和分析。西方心理学家大多采用心理测验法来测定一个人的人格特征和人格类型,其中自陈量表法和投射法是人格测验中最常用的两种方法。

(一)自陈量表法

自陈量表是一种自我评定问卷。所谓"自陈",就是让受测者提供关于自己人格特征的报告。自陈法的人格测量多采用客观测验的形式,在人格测量问卷中包括一系列陈述句或问题,每个句子或问题负荷一种行为特征,要求受测者做出是否符合自己情况的回答,然后由主试评分,对照常模对测验分数作出解释。

自陈量表法是测量人格最常用的方法。合乎科学要求的自陈法应当具备两个前提:一是自陈量表有较高的效度,即量表内容能代表所要测量的人格特征;二是要使测量可靠,应要求受试者按照自己的实际情况作答,不以社会对某种行为、观念的褒贬为转移,即不受"社会认可性"的影响。

自陈量表的编制方法有:根据人格理论编制量表。如爱德华个人偏好量表(简称 EPPS),是根据美国哈佛大学默瑞(H. A. Maray)的需要理论编制的。该量表共有 225 个项目,分成 15 个分量表,各个分量表的项目按 15 种需要的类型挑选,经过测试,形成 EPPS。这是大部分早期人格测验所采用的方法。由于它是根据某种理论或推理来选择题目,所以又称为逻辑法或推理法。

在用逻辑法编制测验时,首先确定所要测量的人格特征,然后编写一些看来能测这些人格特征的题目。此种方法的缺点是:其一,从表面上看能测量某一特征的题目,实际未必能测量这一特征,即内容效度并不真正高;其二,由于测题与所测特征联系过于明显,受试者容易做假。

用因素分析法编制量表。运用大量的题目在人数众多的被试者中测试,通过因素分析,将相关性高的题目编为同质组别,而这些题目与其他组别的题目的相关要低或无相关,属于这类方式编制的量表有:《卡特尔十六项人格因素量表》(16PF)、《艾森克人格问卷》(EPQ)等。

用经验法编制量表。用一系列题目在不同类型组如正常组和精神障碍组的被试者中进行测试,把能区分不同类型被试者的题目保留下来。亦即检验题目与外在效标有无明显联系,显著相关的题目则编入量表。在自陈量表中《明尼苏达多相人格测验》(MMPI)是这类量表的典型例子。

(二)投射法

投射法是西方用于测量人格的另一种较常用的方法。在心理学中,所谓投射,是指个人把自己的思想、态度、愿望、情绪、性格等人格特征,不自觉地反映于外界事物或他人的一种心理过程。

投射法是富兰克(L.Frank)首先创用的。这类方法是向受测者提供一些未经组织的模棱两可的多义刺激,要求被试在极短时间内对刺激做出反应。因为刺激与反应之间间隔很短,被试无法进行周密的思考,所以在回答问题时往往把个人的想像、思想、态度、愿望、情绪、性格投射在反应中,以主题统觉测验(TAT)为例,即向被试者提供一系列意义模糊的图片,并鼓励他按照图片不假思索地编述故事。以这种方法编述的故事展示了一个人的非常有意义的人格成分,而这依赖于两种普遍心理倾向:一是人们在解释一种人所处的模糊的情境时,总倾向于使这种解释与自己过去的经历和目前的愿望相一致;第二种倾向是,那些讲述故事人同样也利用了他们的经历来编故事,并以此表达他们的感情和需要,而不管他们是否意识到这种倾向。

投射法是和精神分析学说相联系的。精神分析学说强调人格结构中的无意识范畴,认为个人无法凭其意识说明自己,因而自陈量表法无法有效地了解人格结构,必须借助于某种无确定意义(非结构化)的刺激情境为引导,使个体隐藏在潜意识中的欲望、要求、动作冲突等泄露出来,或者说使被试不自觉地把自己的人格特点投射到刺激上。投射法还包括人格的刺激—反应理论和知觉理论。知觉理论认为,知觉是对人的客观环境和主体状态的感受和解释过程。人的主观心理结构(图式)影响着人对刺激信息的提取和解释的方式。

与自陈量表法相比,投射法有其特点:第一,测验材料没有明确结构和固定的意义。被试对材料的知觉和解释就能反映其人格结构。默瑞认为,当一个人解释含糊不清的社会情境时,易于表露自己内在倾向和欲望。第二,被试者可以自由地做出多种多样反应,因而能获得丰富的资料;第三是测量目标的掩蔽性,被试一般不可能知道他的反应将作何种心理学解释,因而减少被试者的心理防卫,增加测验的有效性;第四是解释的整体性,它可同时测量几个人格维度,并注重整体人格分析。投射测验除用于整体人格研究外,同时可用作考查个人智能、创造力、问题解决以及需要、态度测量的辅助工具。

根据测验情境涉及的实际心理过程的不同,投射测验可分为:

1. 联想法:通常要求被试说出来某种(如词语、墨迹)所引起的联想。如高尔顿首创的语词联想测验,瑞士精神科医生罗夏

(Rorschach)编制的罗夏墨迹测验。

2.构造法:要求被试者编造一些东西如故事、图画等。如缪瑞编制的主题统觉测验、逆境对话测验、画人测验等。

3.完成法:提供一些不完整的句子、故事,令被试者自由补充,使之完成。如语句完成法。

4.选排法:要被试者根据某一准则(如意义、美观等)来选择项目。或作各种排列,可用图画、照片等作为刺激项目。

5.表露法:使被试者利用某种媒介(如绘画、游戏、心理剧等)自由表露自己的心理状态。

二、人格特征测量

(一)卡特尔十六项人格因素量表

《卡特尔十六项人格因素量表》(16PF),是根据卡特尔的人格理论编制的。卡特尔认为,一个人的人格是由这十六种各自独立的人格特质构成的,由于这十六种人格特征在一个人身上的不同组合,就构成了一个人不同于他人的独特人格。因此根据16PF的测量结果,一方面可以对被测对象某一人格因素作清晰的了解,另一方面又可以对其人格因素作综合的认识。

卡特尔十六项人格因素测验,不但能明确地描绘十六种基本的人格特征,它也能根据测验统计结果所得的公式推算许多可以形容人格类型的次元因素,如适应性与焦虑性、内向性与外向性、感情用事与安详机警性、果断与怯懦性,还可用来预测人的行为。卡特尔认为,人的行为(B)是个体人格因素(P)和情境因素(S)的函数,$B=f(P \cdot S)$。卡特尔对预测人的行为有极大兴趣,他和他的同事,搜集了7500名从事80多种职业及5000名有各种行为问题和精神病症状的人对16PF的答案,详细分析他们的人格特征和人格类型,拟订出一些推算公式,用以预测和推断一个人的心理健康状况(Y_1)、专业成就的人格因素(Y_2)、管理能力(Y_3)和创造能力人格因素(Y_4),以及在新环境中成长的人格因素(Y_5)。可用于升学和就业指导,作为选拔人才的依据。

如,心理健康因素 Y_1 推算公式:
$$C+F+(11-O)+(11-Q_4)=$$
其含义是:情绪稳定(高 C)、轻度兴奋(高 F)、有自信心(低 O)和心平气和(低 Q_4)。心理健康标准可介于 4~40 之间,均值为 22 分。低于 12 分者仅占人数分配的 10%,情绪不稳定的程度颇为显著。

又如,事业成就人格因素 Y_2 推算公式:
$$Q_3\times2+G\times2+C\times2+3+N+Q_2+Q_1=$$
其含义是:自律严谨(高 Q_3)、有恒负责(高 G)、情绪稳定(高 C)、好强自信(高 E)、精明世故(高 N)、独立自主(高 Q_2)和自由激进(Q_1)。专业成就的总分可介于 10~100 之间,平均为 55 分。67 分以上者应有其成就。

创造能力人格因素的 Y_3 推算公式则是:
$$(11-A)\times2+B\times2+E+(11-F)\times2+H+I\times2+M+(11-N)+Q_1+Q_2\times2=$$
其含义是:缄默孤独(低 A)、聪慧富有才识(高 B)、好强固执(高 E)、严肃审慎(低 F)、冒险敢为(高 H)、敏感感情用事(高 I)、幻想狂放不羁(高 M)、坦白直率(低 N)、自由批评激进(高 Q_1)和自立当机立断(高 Q_2)。标准分 7 分以上者,属于创造力强者范围,应有其成就。

(二)十二种性格因素量表(QYL)

这个量表是我国"中小学生性格发展研究协作组"为研究我国中小学生性格发展特点与教育,根据我国的性格理论,参照 16PF、EPQ、Y-G 性格测验题目,经过筛选补充编制而成。这个量表共 104 题,其中第 1~96 题测定学生十二种性格特征,见表 12-9。

表12-9 QYL量表测量的十二种性格特征

特征	情绪特征	意志特征	理智特征
符号	Q	y	L
构成性格特征的因素	Q_1 稳定性	y_1 独立性	L_1 思维水平
	Q_2 强　度	y_2 自制力	L_2 求知欲
	Q_3 持久性	y_3 坚持性	L_3 灵活性
	Q_4 主导心境	y_4 果断性	L_4 权衡性

十二种性格因素量表(QYL),计分方法简单易行,每个性格因素8道题共96题,每题的三个答案是按发展水平从低到高排列的,计分的分数与答案的编号一致,3分为最高分。量表的问卷和答卷纸分开。问卷有指导语和例题。用于小学一、二年级时有单独的指导语。该量表有较好的信度和效度。

(三)中小学生人格特征量表

卡特尔根据他的人格理论,经过几十年的系统观察和科学实验,运用因素分析方法编制了一整套人格特征量表,除了上述适用于16岁以上青年学生和成人的《卡特尔十六项人格因素量表》外,还有适用于4~6岁的《学前儿童人格问卷》(简称 ESPQ),适用于6~8岁的《学龄初期儿童人格问卷》(简称 PSPQ)和适用于8~12岁的《儿童人格问卷》(简称 CPQ)。

安徽省心理学会心理测量与咨询中心为适应大样本研究中小学生人格特征需要,以卡特尔人格特质理论为指导,以16PF和CPQ为基础,编制了适合于小学、初中和高中的人格特征量表,称之为《中小学生人格特征量表》。该量表测量十项人格特征:乐群性(A)、稳定性(C)、恃强性(E)、兴奋性(F)、有恒性(G)、敢为性(H)、怀疑性(L)、幻想性(M)、独立性(Q_2)和纯朴性(X)。纯朴性量表是根据《艾森克人格问卷》(EPQ)中的 L 量表编制的效度量表,同时也有测量受测者的纯朴性的作用。

安徽省心理学会心理测量与咨询中心编制的《中小学生心理素质测评系统》，以图 12-12 中实线所示的学习优等生人格特征曲线，作为评估中小学生人格因素水平的统一标尺。测评的程序是：首先用《中小学生人格特征量表》测定学生十项人格特征；其次，将受测学生的十项人格特征的原始分数转换成九分段制量表分（采用常模表换算法），并绘制该生的人格特征曲线；第三，将该生人格特征曲线与学习优等生人格特征曲线相对照，着重分析好胜性因素和沉稳性因素得分高低，进行综合评估，就可以找出该生人格因素的优点和缺点；最后，写出心理测试报告，提出教育建议，作为学校和家长对学生进行人格教育的依据。

人格特征	低分者特征	量 表 分	高分者特征
A 乐群性	孤独、缄默	1 2 3 4 5 6 7 8 9	乐群、热情
C 稳定性	情绪激动	1 2 3 4 5 6 7 8 9	情绪稳定
E 恃强性	谦虚、自卑	1 2 3 4 5 6 7 8 9	好强、自信
F 兴奋性	严肃、审慎	1 2 3 4 5 6 7 8 9	轻松、兴奋
G 有恒性	权宜、敷衍	1 2 3 4 5 6 7 8 9	有恒、负责
H 敢为性	胆怯、畏缩	1 2 3 4 5 6 7 8 9	胆大、敢为
L 怀疑性	依赖、随和	1 2 3 4 5 6 7 8 9	怀疑、刚愎
M 幻想性	着重现实	1 2 3 4 5 6 7 8 9	富于幻想
Q_2 独立性	依赖、顺从	1 2 3 4 5 6 7 8 9	独立、自主
X 纯朴性	世故、谨慎	1 2 3 4 5 6 7 8 9	纯朴、天真

图 12-12 学习优等生人格特征曲线

图中"—·—·—"安徽省芜湖市某中学学习标兵沙某同学的人格特征曲线，与学习优等生人格特征曲线相对照，可以看出：该生在好胜性和沉稳性因素上都有较高水平，具有好强自信、意志坚毅、自强自立、严肃审慎、有恒负责的优良人格品质；性格内外向平衡，情绪倾稳定，属于偏多血—粘液质的混合型气质。该生智力优秀（IQ122），以优异成绩考取全国重点大学。沙某同学是典型的学习优等生。人格因素与智力因素的协调发展和优化组合,是她取得学业成功的内在原因。

图中"————————"是与沙某同班的朱某同学的人格特征曲线。从曲线上可以看出,朱某同学在人格的好胜性因素上,独立性较强,但胆怯退缩,缺乏自信心,有较强的自卑感;在沉稳性因素上,克制能力一般,有恒负责性偏低,情绪波动;内向缄默,焦虑且抑郁,属于抑郁质气质类型。该生虽有较高的智力(IQ115),且有相当优越的家庭教育条件,但由于自身人格因素的明显缺陷,影响其学业成绩的提高,在高考中未达到录取分数线。她属于比较典型的动力型成绩不良学生。根据她的气质和人格特征,有针对性地培养和锻炼其意志和情感品质,促进其人格因素与智力因素协调发展,是促成她向学习优等生转化的关键。

三、人格类型测量

(一)气质类型的测定

测定气质类型最常用的方法有:观察法、条件反射测定法和自陈量表法。

测定气质类型采用的观察法,是在日常生活中观察、记录一个人的情绪、认知和行为方面种种动力特征,对照四种基本气质类型的典型心理—行为特征,进行分析、归纳、组合,然后做出类型归属的判断。

条件反射测定法,是按照巴甫洛夫高级神经活动学说,在实验室通过条件反射实验,来测定人的高级神经活动过程的强度、平衡性和灵活性三个基本特征,然后根据三个基本特征的组合来确定人的高级神经活动类型即气质类型。北京大学陈舒永教授采用心理实验法,以反应时(RT)、敲击实验、划消实验结果探索检查气质和性格类型的客观指标。我国还试制了神经机能测量仪、动作神经过程测试仪等仪器,对人的高级神经活动类型和气质类型作准确的测定。

作业测验法是一种常用的气质测定法。所谓作业测验法就是在一定条件下让被试完成某种简单作业，从被试完成作业的质和量的方法来评定气质的一种方法。国外较多采用日本的"内田—克列别林测算表"和前苏联的"安菲莫夫表"来测定人的高级神经活动类型和气质、性格类型。前者进行数学运算，数学训练程度可能影响测量的准确性；后者圈出规定的俄文字母，对俄文字母熟悉与否势必影响速度。为了较简便、科学地测定人的高级神经活动类型，我国苏州大学体育系王文英、张卿华设计了一种非文字的"神经类型测试表"（简称"80.8 测试表"），可确定神经类型，还可评定集中注意力的能力、记忆力、智力水平和克服困难的意志品质，个体多次测试可判断机能状态。这个测试表具有一定的科学性和简便易行的实用价值。

心理量表法是测定气质类型更为简便的方法。不少心理学家认为，气质是一个心理学概念，采用心理量表法是更为合适的，因为心理量表法主要测定人的外显行为表现，而不是测量生理特性，这正符合气质概念的意义。波兰气质心理学家简·斯特里劳(J. strelan)正是在这种认识的基础上，博采众长，既吸收苏联新巴甫洛夫学派的观点，又注意西方心理学家的研究成果，设计了独具特色的《斯特里劳气质调查表(STL)》。该量表以巴甫洛夫高级神经活动类型理论为依据，选择了包括各种行为特征和多种情绪特征的 134 个问卷题目：44 个兴奋强度题目、44 个抑制强度题目和 46 个神经过程灵活性题目。采用三级记分，按每个范畴统计兴奋强度(E)、抑制强度(I)和神经过程灵活性(M)的得分，并利用抑制强度指标和兴奋强度指标的商数表示神经过程的平衡性(B)。然后，根据上述四项指标的得分，综合评定气质类型。我国山西省教科所张拓基、陈会昌编制的《气质类型调查表》和英国心理学家艾森克编制的《艾森克个性问卷 EPQ》是国内外通用的气质量表。

《气质类型调查表》共 60 个项目，每种基本气质类型各 15 题，按随机顺序排列。采用自陈法,要求被试者按指导语的要求回答问题。主试(或让被试者自己)评分:答"1"得 2 分,答"2"得 1 分,答"3"得 0 分,答"4"得 -1 分,答"5"得 -2 分;将每题得分登记在结果统计表上,并计算各列总分。分析四种气质类型的总分,便可以确定被试者的气质类型,如果某一气质类型的得分明显高于其他三种(均高出 4 分),则可定为该气质。若两种气质类型得分接近(差异低于 3 分),而又明显高于其他两种则可定两种气质的混合型,依此类推。

(二)中小学生人格类型量表

安徽省心理学会心理测量与咨询中心根据艾森克的二维人格结构理论,以龚耀先教授主持修订的《艾森克个性问卷(EPQ)》为蓝本,编制了《中小学生人格类型量表》,可用来测量中小学生内外向性格类型和气质类型。测定方法是:将内外向性量表(E 量表)和情绪稳定性量表(N 量表)的原始分数,根据公式 $T = 50 + 10(X - \bar{X})/S$,转换成标准 T 分数;然后,根据 E 量表和 N 量表的 T 分数,在 E 和 N 的关系图(图 12-13)上找到 E 和 N 的交点(EN 点),或根据内外向性格类型评定表和气质类型评定表(表 12-11),就可以鉴定受测者的内外向性、情绪性和气质类型。

表 12-10　内外向人格类型评定表

E 量表 T 分数	T<43.3	43.3<T<56.7	T>56.7
性格类型	内向型	中间型	外向型

表 12-11　气质类型评定表

N 量表 T 分数	E 量表 T 分数		
	T<43.3	43.3<T<56.7	T>56.7
T>56.7	抑郁质	胆汁—抑郁质	胆汁质
43.3<T<56.7	粘液—抑郁质	多种气质混合型	多血—胆汁质
T<43.3	粘液质	多血—粘液质	多血质

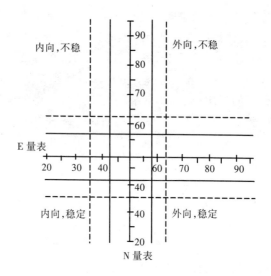

图 12-13　E 和 N 的关系图

（三）内外向性格类型量表

为了测定内外向性格,心理学家们编制了很多量表。EPQ 内外向性量表、MMPI 个性倾向量表和淡元路向性检查等,是国内较常用的内外向性格量表。淡元路向性检查,即日本淡元路治郎所编的"向性检查卡"。该量表共 50 个测题,每题作"是""否"或"不定"的回答。根据被试回答结果,可以求外向性指数,其公式为：

$$外性性指数 = \frac{外向性反应总数 + \frac{1}{2}回答"不定"的总数}{25} \times 100$$

式中,外向性反应总数,即所有作外向反应的题数。外向性指数大于 115,定为外向型；外向性指数小于 95,定为内向型；外向性指数在 95～115 之间,定为中间型。

日本心理学家田崎仁在《中学生的科学的学习方法》一书中,列表概括了内向型和外向型性格特点（表 12-12）,并介绍了他所编制的内外向性格类型量表。这个量表在我国中小学应用较广。

表 12-12 内向型和外向型的特点

	内向型		外向型	
孤独型	沉默寡言、谨慎、消极、孤独	I	爽朗、积极、能言善辩、顺应	社交型
思考型	善于思考、深入钻研、提纲挈领	II	现实的、说干就干、易变化、好动	行动型
丧失自信型	自卑感、自责、有强的罪恶感	III	瞧不起别人、过高估价自己	过于自信型
不安型	规矩、清高、小心	IV	胆量大、大方、不拘小节	乐天型
冷静型	小心谨慎、沉着、稳重	V	敏感、喜怒哀乐变化无常	感情型

第十三章 智　能

第一节　智能的概述

一、什么是智能

智能是智力和能力的总称,它是直接影响活动效率,使活动顺利地完成所必须具备的个性心理特征的综合。

首先,智能是一种直接影响活动效率的个性心理特征。个性心理特征是指一个人在活动中经常地、稳定地表现出来的心理特点。在反映客观事物的认识活动中,人们逐渐形成一系列稳定的心理能力。心理能力又称智力因素,是各种基本心理能力和各种特殊能力的有机综合,它直接参与认识过程,影响活动的效率。在改造客观世界的活动中人们逐渐形成一系列稳定的心理动力特征。心理动力又称人格因素,是指个性心理结构中除了智力和能力之外的,不直接参与认识过程,但对认识过程起着调节和控制作用,而影响活动效率和方式的个性心理因素。它主要包括个性意识倾向性、气质和性格。所谓活动的效率,是指完成活动的速度、水平以及成果的质量。敏捷的思维力、丰富的想像力、准确的记忆力等心理特征,直接影响完成活动的速度、水平和质量,属于能力范畴;而性格、气质方面的心理特征虽然与顺利完成活动任务有一定的关系,但并不直接影响活动效率,所以不能称为智能。

其次,智能是顺利完成活动的必备条件。智能总是和人完成一定的实际活动联系在一起的。一方面,只有通过活动才能考察和发展人的智能;另一方面,从事某种活动又必须以一定智能作为条件和保证。例如,色彩鉴别力、明度辨别力、形象记忆力、艺术想像力和运笔技巧,是顺利完成绘画活动的必备条件;节奏感、曲调感和音乐表象等能力,是从事音乐活动必不可少的;观察力、记忆力、想像力和思维力,则是完成一般活动所必需的基本能力。缺乏这些心理特征就会使活动不能顺利完成。而气质、性格特征并不是活动顺利完成所必不可少的条件,因而它们不属于智能范畴。

人的活动是复杂多样的,所以,要顺利完成某种活动往往需要多种智能的结合。如果一个人具有完成某种活动所必需的各种智能,并且把这些智能很好地结合起来去出色完成这种活动,那么,就可以说这个人具有从事这种活动的才能。例如,教师要成功完成教学活动,必须具备敏锐的观察力、逻辑思维能力、注意分配能力、组织能力、处理偶发事件的教育机智,这些智能的有机综合,就构成了教学才能。所谓才能,就是完成某种活动所必须具备的各种智能的完备结合。如果一个人能创造性地完成相应的复杂活动,表现出杰出的才能,这个人就被称为天才。所谓天才,就是各种智能最充分的发展和最完备的结合。天才是智能发展和表现的最高水平。

在心理学中,智力和能力的概念,至今没有一致公认的定义。前苏联心理学把智力和能力看做是从属关系,智力是一个种的概念,能力是一个属的概念。他们把能力分为一般能力和特殊能力,智力是一般能力,或一般能力中的认识能力。西方心理学则强调智力和能力是包含关系,认为智力包含各种能力。

我国古代思想家一般把智与能看做是相互独立的两个概念,二者既有区别,又有联系。《荀子·正名》中说:"所以知之在人者谓知,知有所合谓之智。所以能之在人者谓之能,能有所合谓之能。"意即人生来就具有的用来认识事物的东西叫做"知",人的这种"知"与外界事物相接触便发展成为智,这便是智力。人生来就具有的用来从事某种活动的东西叫做"能",人的这种"能"与外界事物相接触便发展成为能,这就是能力。但也有不少思想家把二者结合起来,称为"智能"。如,《吕氏春秋·审分》中说:"不知乘物而自怙恃,夺其智能。"《三国志·魏志·崔琰传》注引晋司马彪《九州春秋》云:"(孔)融在北海,自以智能优赡。"东汉王充更提出了"智能之士"的概念,其实质在于把智与能结合起来作为考察人才的标准。

我国心理学家潘菽教授在《人类的智能》一书中指出,人类的智能就是人类认识世界和改造世界(包括自己在内)的才智和本领。实践活动充分地表现了人类所特有的才智和本领,包括"智"和"能"两种成分。"智",主要是指人对事物的认识能力;"能",则主要是指人的行动能力,包括技能和习惯。人类智能的主要特点是思想,思想的核心又是思维。人类智能的主要特征是有理性的思维和具有目的性的行动。

我国心理学家林崇德教授对智力和能力的概念作了界定。他认为,智力偏于认识,它着重解决知与不知的问题,它是保证有效地认识客观事物的稳固的心理特征的综合;能力偏于活动,它着重解决会与不会的问题。它是保证顺利地进行实际活动的稳固的心理特征的综合。由于认识和活动是统一的,所以智力与能力是一个互相制约、互为前提的交叉关系。这种交叉关系,既体现了西方心理学所说的包含关系,又体现了前苏联心理学所说的从属关系。林崇德教授强调,不管是智力还是能力,其核心成分是思维。智力应由思维、感知(观察)、记忆、想像、言语和操作技能组成,其中操作技能作为能力的组成因素,又是智力的基本成分。

二、西方心理学的智力理论

在西方心理学中,有的心理学家从生物学观点出发,认为智力是适应新环境的能力。例如,最早给智力下定义的德国儿童心理学家斯特恩(W. Stern)认为:"智力是指个体有意识地以思维活动来适应新情境的一种潜能。也就是说,智力是个体对生活中新问题和新条件的心理上的一般适应能力。"又如皮亚杰(J. Piaget)把儿童最初的认识或心理机能称之为智力。他从生物学的观点出发，认为智力的本质是一种适应，这种适应是一种过程，一种动作或活动。儿童的智力最初从感知动作开始的，在活动中，在发展过程中，感知动作逐步内化而构成为表象、直觉思维、具体思维以至最后达到高级的逻辑或理性思维。也有人从理性哲学观点出发，认为智力是指抽象思维能力。例如，比内(A. Binet)认为，智力是"正确的判断，透彻的理解，适当的推理"能力。推孟(L. M. Terman)把智力说成运用抽象概念进行思维的能力。还有人从教育学的观点出发，认为智力是学习能力。学习成绩，就代表智力水平。持这种观点的心理学家以迪尔伯恩(W. F. Dearborn)为代表。有人干脆回避智力的定义，把它看成智力测验所得的分数。心理学家布朗(F. G. Brown)似乎综合了以上意见，认为智力是学习能力，保持知识、推理和应付新情境的能力。智力不是某种单一因素构成的，而是由许多不同的能力构成的综合的、整体的结构。心理学家们通过智力测验的途径，研究智力有哪些因素所组成，以及如何组成的问题，试图提出智力结构的一般模型，先后形成了许多智力结构理论。

(一)智力的因素理论

1. 智力的二因素论。英国心理学家斯皮尔曼(C. Spearman)采用因素分析法提出"二因素论"。他认为，智力有两种因素构成：一是一般因素，又叫 G(general factor)因素；一是特殊因素，又叫 S(Special factor)因素。G 因素是一种迅速理解关系并有效利用这些关系的能力，它是解决任何一种智慧问题都需要的能力；S 因素代表个人的特殊能力，是完成某一特定智慧活动有效的能力。完成任何活动都需要这两种能力。例如，完成 A 作业，需要 G＋S_1；完成 B 作业，需要 G＋S_2；完成 C 作业，需要 G＋S_3。G 因素参与所有智力活动，而 S 因素只参与不同类型性质的活动(算术推理活动、言语测验作业活动、操作作业活动等)。如果作业 A 和作业

B 的测验结果出现正相关,是由于它们之中有共同的 G 因素;但它们又不是完全的相关。亦即它们存在着差异,这是由于两种作业中包含着不同的、无联系的 S 因素。G 因素和 S 因素相互联系,其中 G 因素是能力结构的基础和关键,即一切智力活动的主体,个体智力差异决定于 G 因素量的多寡。智力测验的目的就是通过广泛的取样而求出 G 因素(图 13-1)。所有采用单一智商(IQ)分数的测验,都是依据二因素论编制的。

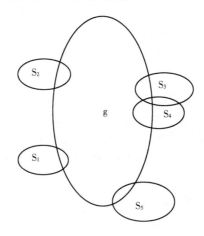

图 13-1 斯皮尔曼的二因素模型

图中 g 指一般因素;1、2、3……指各种不同的测验;
S_1、S_2、S_3……是这些测验各自的特殊因素

2.智力的群因素论。美国心理学家瑟斯顿(L. Thurstone, 1938)提出"群因素论"。他认为,各种智力活动或测验可以分成不同的组群,每个组群有一共同的基本因素,每组测验之间的相关,便是由此共同因素决定的。根据这个理论,智力是由许多彼此独立的基本心理能力或因素所组成。他从 56 种不同的测验中,用因素分析法得出计算能力(N)、言语流畅性(W)、词的理解(V)、推理(R)、记忆(M)、空间知觉(S)、知觉速度(P)七种因素,从而确定七

种基本心理能力,这就是构成智力的群因素。瑟斯顿的群因素可用图 13-2 来表示。图上的椭圆形 V_1、V_2、V_3、V_4 代表 4 种言语能力测验,椭圆形 S_1、S_2、S_3、S_4 代表 4 种空间能力测验。各种言语测验和各种空间能力测验都有相当高的相关。图上的 V 和 S 分别代表语词理解能力和空间知觉能力,但这两种能力是分立的,彼此不相关。

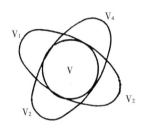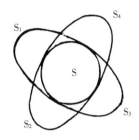

图 13-2 瑟斯顿的群因素论

瑟斯顿为每种基本心理能力都设计了单独的测验,称为瑟斯顿智力测验。测验结果同他的设想相反,各种能力之间存在着正相关。例如,计算能力与言语流畅性相关为 0.46,与言语理解的相关为 0.38,与记忆的相关为 0.18;言语理解与言语流畅性的相关为 0.51;与记忆的相关为 0.39;与推理的相关为 0.54。这说明,各种能力因素并不是绝对无关的,而是具有相关的一般因素的。瑟斯顿由此意识到,在七种基本因素外,可能有一种"二级的一般因素"的存在,即次级因素。他认为,斯皮尔曼的 G 因素可能就是这种次级因素。但他指出,在评价一个人的智力时,分析特殊能力更为有用。

智力结构的二因素论和群因素论对认识个体的智力结构都起着积极的作用。但是,他们把一般能力和特殊能力绝对地对立起来。后来,斯皮尔曼和瑟斯顿都修改了自己的看法,观点趋于接近。斯皮尔曼的二因素说现在可以称为"一般因素—群因素理论",而瑟斯顿的群因素说,现在可以称为"群因——一般因素理论"。

3.液态智力和晶态智力理论。美国心理学家卡特尔在因素分析中发现,一般智力因素(G因素)不是一个,而是两个,即液态智力和晶态智力。

液态智力(fluid intelligence),指在信息加工和解决问题过程中所表现的能力。如对关系的认识,类比、演绎推理能力,形成抽象概念的能力等。它较少地依赖于文化和知识的内容,而决定于个人的禀赋,即所谓纯智力。

晶态智力(crystallized intelligence),指获得言语、数学知识的能力,它决定于后天的学习,是过去经验的结晶,液态智力应用的结果。

液态智力和晶态智力是两个相关的智力因素,一个学生的接受能力、学习潜力有赖于其液态智力因素水平,而作为晶态智力标志的学生的文化科学素质,则是液态智力因素水平、人格因素水平和受教育程度的交互作用的结果。在个体差异上,液态智力因素水平上的差异要大于晶态智力水平的差异。从遗传上看,液态智力比晶体智力更多地来自遗传因素。测量液态智力的测验为"文化公平测验"(Cultural fair Tests),这类测验的实例是排除文化因素的特殊的判断式推理测验,以及某些知觉和操作测验,如瑞文测验;晶态智力则要靠语言测验,如斯坦福—比内量表。

(二)智力的结构理论

把智力看成具有多因素、多侧面、多层次的复杂结构,称为智力的结构理论。智力结构理论主要有:智力层次结构模型和智力三维结构模型。

1.智力的层次结构模型。阜南的层次结构模型。英国心理学家阜南(P. E. Vernon,1971)继承和发展了斯皮尔曼的二因素说,提出了能力的层次结构理论。他认为,智力的结构是按层次排列的。智力的最高层次是一般因素(G);第二层次分两大群,即言语和教育方面的因素与操作和机械方面的因素,叫大群因素;第三层为小群因素,包括言语、数量、机械、信息、空间信息、用手操作等;第四层次为特殊因素,即各种各样的特殊能力(如图13-3所示)。这一学说进一步剖析了各种因素在智力结构中所处的地位,实际是斯皮尔曼二因素论的深化,在G和S之间又增加了两个层次。

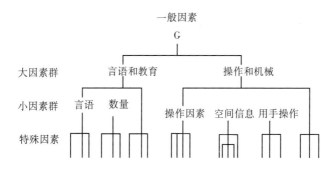

图13-3 阜南的智力层次结构模型

20世纪70年代,艾森克根据瑟斯顿的7种主要心理能力之间的相关量和每种能力与G因素的相关量,提出了一种智力层次模型(图13-4)。不过,他认为斯皮尔曼的G因素是存在的,它是一般智力,是人类一切活动中所必需的基本能力,如感觉能力、知觉能力、记忆能力、想像能力和思维能力;第二层次是特殊能力,指人在各种专业活动中所需要的能力;第三层次是与各种测验所测的内容相应的各种特殊能力的具体表现。例如,在解决数学问题时需要有理解数学符号的关系能力、概括能力和运算的敏捷性等,这些都是计算能力的具体表现。

卡洛的智力层次理论。1993年,卡洛(corroll)提出智力的层次理论。认为智力包括三个层次:上层是一般智力,类似于斯皮尔曼的G因素;中层包括由多因素组成的能力,如用新奇的方法灵活地思考和看事物的液态智力和以已有知识为基础的晶态智力,也包含学习和记忆过程,视觉、听觉,敏捷的思维和速度。下层由很多特殊能力组成。

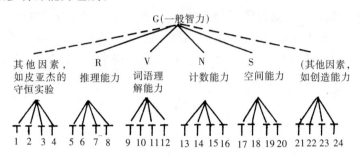

图13-4 艾森克的智力层次模型

2.智力的三维结构模型。吉尔福特的三维结构模型。吉尔福特(J.P.Guilford,1967)认为,智力可以区分为三个维度,即内容、操作和产物。

智力活动的内容(contents)包括听觉、视觉(我们所听到、看到的具体材料,例如大小、形状、位置、颜色)、符号(字母、数字及其他符号)、语义(语言的意义概念)、行为(本人及别人的行为)。它们是智力活动的对象或材料。

智力操作(Operations)指智力活动的过程,它是由上述种种对象或材料引起的。其中包括认知(理解、再认)(C)、记忆(保持)(M)、发散思维(对一个问题寻找各种答案或思想)(D)、聚合思维(对一个问题寻找最好、最适当、最普通的答案)(C)、评价(对一个人的思维品质做出某种决定)。

智力活动的产物(Products)是指运用上述智力操作所得到的结果。这些结果可以按单元计算(单元V),可以分类处理(分类C),也可以表现为关系(R)、转换(T)、系统(S)和应用(I)。由于三个维度和多种形式的存在,人的智力可以在理论上区分为$5\times5\times6=150$种(如图13-5所示)。1988年,吉尔福特将智力操作过程中的记忆分为短时记忆和长时记忆两部分,使得智力因素达到180种。这些不同的智力可以分别通过不同的测验来检验。如给被试一系列四字母组合,如 PANL、CEIV、EMOC,要求被试把它们重新组合为熟悉的单词,如 PLAN、VICE、COME 等。在这项测验中,智力活动的内容为符号,操纵为认知,产品为单元,即按重新组合的字词数量来计算成绩,根据产品的数量即可度量一个人对符号的认知能力。如果给被试 10 种图案,每种呈现 5 秒钟,然后让他们进行简要的描述。在这项测验中,作业的任务为视觉,操纵为记忆,产品为单元,它代表了对视觉记忆能力的度量。

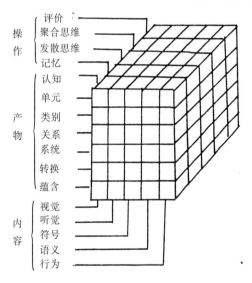

图 13-5　吉尔福特的智力三维结构模型

与传统的智力结构理论相比,吉尔福特的智力结构理论能更好地说明创造性。在"操作"维度上包容"发散思维"为全面地理解人类的智力做出了贡献;他还为测量发散思维编制了新的测验,这就为研究人类的创造性提供了工具。他的智力结构理论引导人们去探索新的智力因素。但是,吉尔福特否定智力的普遍因素存在,坚持智力因素的独立性,受到心理学家的批评。

艾森克的智力三维结构模型。艾森克(1953)提出智力包括三个维度：心理过程、测验材料和能量(图 13-6)。艾森克的"心理过程"概念与吉尔福特智力三维结构模型的"操作"概念相似；艾森克的"测验材料"与吉尔福特的"内容"相似；艾森克的"能量"包括速度和质量，表示被试的个别差异。速度，指被试在智力测验中的反应速度。质量，指改正错误的多寡与解决问题时的坚持性等。有人认为，艾森克的"能量"更能反映被试成绩的高下。

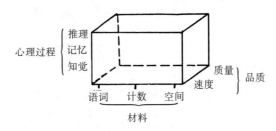

图 13-6　艾森克的智力三维结构模型

(三)智力的信息加工理论

1.智力三元结构理论。美国耶鲁大学教授斯腾伯格(R. J. Sternberg,1985)提出的智力三元结构理论，从信息加工心理学的角度出发，认为真正认识和测量智力必须从主体内部世界、现实外部世界以及联系二者的主体经验世界等三个方面来分析。这便构成了三元智力理论下辖的三个亚理论：情境亚理论、经验亚理论和成分亚理论；以及三类不同的智力：情境智力、经验智力和成分智力。

情境亚理论，表明主体所处的社会文化环境决定智力行为内涵；情境智力，是指个体在日常生活中，运用学得的知识经验以处理日常事物的能力。

经验亚理论，讨论个体对任务或情境的经验水平与他的智力行为之间的关系；经验智力，是指个体善于运用经验，形成新观念，以及处理新事物的创造性。

成分亚理论是三元智力理论中最主要的部分，它阐述的是智力活动的心理机制和内在结构。智力成分结构有三个层次:元认知、操作和知识获得成分。元成分是用于计划、控制和决策的高级执行过程,如确定问题的性质,选择解题步骤,调整解题思路,分配心理资源等;操作成分表现在任务的执行过程,是指接受刺激,将信息保持在短时记忆中,并进行比较,它负责执行成分的决策;知识获得成分是指获取和保存新信息的过程,负责接受新刺激,做出判断与反应,以及对新信息的编码与存贮。在智力成分中,元成分起着核心作用,它决定人们解决问题时所使用的策略。

1996年,斯腾伯格又提出成功智力理论。所谓成功智力,是指适应、改造和选择环境来达到个人的、社会的和文化的目标的能力。成功智力包括分析性智力、创造性智力和实践性智力三个方面。分析性智力,是对生活中可能的选择进行分析和评价的能力,涉及解决问题和判定思维成果的质量,强调比较、判断、评估等分析思维能力。创造性智力,指特定领域的能力,涉及发现、创造、想像和假设等创造思维的能力。实践性智力,指将智力应用于现实世界的能力,即应用知识解决实际问题的能力。成功智力是一个有机整体,用创造性智力找对问题,用分析性智力发现好的解决办法,用实践性智力来解决实际问题,只有这三个方面协调、平衡时才最为有效。斯腾伯格认为,成功智力是一种用以达到人生主要目标的智力,是在现实生活中真正能产生举足轻重影响的智力。因此,成功智力与传统 IQ 测验中的测量和体现的学业智力有本质的区别。他将学业智力称之为"惰性化智力"。

2. 智力的 PASS 模型。美国心理学家达斯(J. P. Das)和纳格利里(J. A. Naglieri),以认知心理学和鲁利亚的大脑三个基本机能联合区学说为理论基础,提出 PASS 智力模型。所谓 PASS 模型,是指个体智力活动由三个相互联系的认知功能系统组成,即注意—唤醒系统、同时—继时编码加工系统以及最高层次计划系统的智力模型理论,如图 13-7 所示。在图 13-7 中,Ⅰ、Ⅱ、Ⅲ分别代表鲁利亚学说中相应的一级、二级、三级功能区。

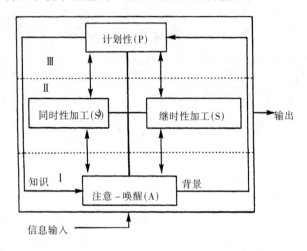

图 13-7 达斯智力 PASS 模型

注意—唤醒系统,在智力活动中起激活和唤醒作用,维持大脑适当紧张度和唤醒水平,它处于心理加工的基础地位。编码—加工系统,是智力活动的信息操作系统,负责对外界刺激信息的接受、解释、转换、再编码和贮存。它的认知功能从信息加工方式上可分为两种:同时性加工和继时性加工。计划系统,是处于最高层次的认知功能系统,负责认知过程的计划工作,与斯腾伯格的智力三元结构理论中的元成分相似。在智力活动中确定目标、制定和选择策略,并对注意—唤醒系统和编码加工。起着监督和调节作用。

他们根据 PASS 模型编制了 DN:CAS 认知评价量表来测量智力。它包括 4 个分测验,分别测定 P、A、S、S。每个分测验由三组不同题目组成,全量表由 12 组题目组成。这一量表中的许多分测验以完成任务的时间为指标。测量信息加工速度常有两个指标:反应时间(RT)和检测时间(IT)。IT 测量的不是简单的运动速度,而且包括辨别、决策速度。研究表明,IT 与认知智力显著相关,在一定程度上反映了认知智力的高低。不同加工过程的速度与智力的密切程度是不同的。编码速度、决策速度与智力相关高,知觉速度次之,运动速度再次之。从 PASS 模型来看,与编码、计划有关的速度与智力相关高些。

3. 真正智力理论。美国哈佛大学教授珀金斯(D. N. Perkins, 1995)认为,智力有三个基本方面:神经的、经验的和反省的。神经智力,是人们神经系统的功能,大部分由遗传因素决定的,不可传授。珀金斯的神经智力,类似于卡特尔的液态智力。经验智力,是从经验中学来的,它是知识的扩展和组织。珀金斯的经验智力,类似于卡特尔的晶态智力。反省智力,指记忆和问题解决的策略,这类似于元认知或元认知监控的成分。

珀金斯教授提出智力公式:智力 = 能量(Power) + 技巧(tactics) + 内容知识。式中:能量,指人的神经系统的生理功能;技巧,指策略性知识;内容知识,指陈述性知识和程序性知识。

三、智力因素及其结构

智力因素,作为与人格因素相对应的概念,是指个性心理结构中的智力和能力。用辩证唯物主义、系统论和结构主义的观点来研究智力因素的结构,应当把人的智力和能力看成是由不同成分构成的多层次、多水平的系统。

在西方心理学中,心理能力是指心理学上的特别技术(如能力测验)所测定的能力。他们把心理能力分为两类:一类是实际能力(Actual ability),指个人已经具备并表现出来的能力,又称之为成就(Achievement),它是以成就测验来测量的。另一类是潜在能力(Potentiality),又称之为性向(Aptitude),它是以性向测验即能力倾向测验所测量的。性向又可分普通性向(一般性的潜能)和特殊性向(特殊潜能)。普通性向或一般能力,也就是通常所指的智力(Intelligence,张春兴,1991)。潜在能力是实际能力的基础和前提;而实际能力是潜在能力的展现。在智力因素结构中,前者是深层结构,后者是表层结构。

(一)能力及其结构

能力是实际活动能力,是智力因素的表层结构,它是知识和技能的结晶。

能力按其活动的性质,可分为言语—数学能力、空间—操作能力、社会—交往能力,等等。

言语—数学能力,包括言语能力和数学能力,它是中小学生在学习活动中必备的基本学习能力;构成言语能力的要素大致可分三大类:言语推理能力、阅读理解能力和书面表达能力。这三个言语能力体系,构成学生的语文素质。数学能力的基本成分是:对数学材料的迅速概括能力;运算过程中思维活动迅速"简化"的能力;正运算过渡到逆运算的灵活性。

空间—操作能力,包括空间知觉能力、机械操作能力、生产劳动能力、体育运动能力,等等。它是对空间关系的知觉与想像能力,是有意识地调节自己外部动作以作用于外界环境的能力。

社会—交往能力,如人际知觉能力、信息沟通能力、组织管理能力、合作与竞争的能力,等等。这是参加群体生活,与周围人们相互交往,保持协调的能力。

能力结构,如图13-8所示。

```
       ┌ 言语—数学能力 ┬ 言语能力:语言推理、阅读理解、书面表达
       │              └ 数学能力:符号运算、简约思维、思维逆转
       │              ┌ 空间能力:空间关系、形状知觉、书写知觉
       │              │ 操作能力:机械推理、运动协调、动作灵巧
       │              │ 体育能力:身体基本活动能力、运动能力、
能力 ──┤ 空间—操作能力 ┤           自我锻炼能力、自我评价能力、适应能力
       │              │ 音乐能力:音乐感知力、音乐记忆力和想像力、
       │              │           音乐情感、音乐动作能力
       │              └ 绘画能力:形象记忆力、彩色鉴别力、视觉想像力
       │              ┌ 人际知觉能力
       └ 社会—交往能力 ┤ 信息沟通能力
                      └ 组织管理能力
```

图 13-8 能力结构

能力按其适应活动范围,可分为特殊能力和一般能力。特殊能力,是指为了顺利地完成某种专业活动所必须具备的心理能力的综合。例如,音乐能力、绘画能力、体育能力等等。各种特殊能力都有自己的结构。如,音乐能力由四种基本要素构成:

(1)音乐感知能力,包括对音高、音强、音长、曲调、节奏、音色、和声、音量的感知能力;

(2)音乐记忆和想像能力,包括音乐听觉表象能力、肌肉运动表象能力、音乐创造想像能力、音乐记忆广度;

(3)音乐情感能力,包括音乐情感产生的速度、强度及音乐表情的深度;

(4)音乐动作能力,包括音调、音强、时间、节奏、音色和音量的控制能力。这些要素的不同组合,就构成了不同的独特的风格的音乐才能。绘画能力,是形象记忆力、彩色鉴别力、视觉想像力等多种能力的综合。体育能力,包括身体基本活动能力、运动能力、自我锻炼能力、自我评价能力和适应能力。

一般能力,是指人从事一切活动所必须具备的基本能力的综合。观察力、记忆力、想像力、思维力的有机综合,通称认知智力;言语—数学能力,通称认知能力。认知智能是以逻辑思维能力为核心的,是人从事一切活动所必须具备的基本能力。数学能力和语文能力是中小学生智力和能力的基础。从事任何实际工作,都需要具备相当的认知方面的智能。一般能力和特殊能力是有机地联系在一起的,在活动中是辩证的统一,相互渗透、相互转化着。一般能力寓于特殊能力之中,通过特殊能力得到具体表现;特殊能力是在一般能力中获得充分发展的某种特殊的心理能力,一般能力是在种种特殊心理能力系统基础上发展起来的一般认识能力,即认知智能。我们平常所说的,培养能力,发展智力,实际上就是指在具体的实践领域中培养特殊能力,并通过特殊能力的培养,促进一般能力的发展,也就是认知智能的发展。

(二)智力及其结构

传统智力理论,从斯皮尔曼的二因素论、瑟斯顿的群因素论到吉尔福特的智力三维结构模型,尽管说法不一,但大体上是把智力看成是一般的认识能力。这也是我国心理学界的一般看法。我国心理学家朱智贤教授指出:"智力是一种综合的认识方面的心理特征,它主要包括:

(1)感知记忆能力,特别是观察力;

(2)抽象概括能力(包括想像力),抽象概括能力(即逻辑思维能力)是智力的核心成分;

(3)创造力,则是智力的最高表现。"[①]

20世纪80年代,针对传统智力理论的缺陷,中外心理学家提出许多新的智力结构理论,其中以美国哈佛大学教授加德纳(H. Gardner)的多维智力理论最具代表性。他认为,人类智慧至少包括七种智能:言语智能、音乐智能、逻辑—数学智能、空间智能、身体运动智能、人际智能和自知智能。加德纳的人际智能和自知智能的概念,是情感智力的雏形。加德纳的多维智力结构理论扩展了智力的概念,突破了认知的局限。实际上,加德纳已把智力区分为理性的认知智力、非理性的情感智力以及空间—运动方面的智力。

当前国际上较为流行的是智力结构的多因素论,美国心理学家桑代克(E. I. Thorndike)是这一理论的先驱。他在1926年发表的论文中,指出构成智力的因素是:抽象的智力、具体的智力与社会的智力。抽象的智力主要表现在对概念的运用,具体的智力主要表现在对实物的操作,社会的智力主要表现在对人际关系的协调。我国心理学家林传鼎在80年代初就指出:智能应该被看成为一种多维的连续统。智力作为一个整体表现在三个方面:概念运

[①] 《朱智贤全集》第3卷,168页,北京师范大学出版社,2002。

用、实物操作和人际关系的协调,这就是所谓抽象智慧、具体智慧和社会智慧。

综上所述,我们认为,智力是人的整体性的潜在能力,是智力因素的深层结构,它包括:认知智力、反应智力和情感智力。智力结构,如图13－9所示。

```
            ┌ 观察力:目的性、客观性、精细性、敏锐性
            │ 记忆力:敏捷性、持久性、准确性、准备性
     ┌认知智力┤ 想像力:新颖性、独创性、丰富性、现实性
     │      │ 思维力:深刻性、灵活性、独创性、批判性
     │      └ 创造力:流畅性、变通性、独创性、缜密性
智力 ┤
     │      ┌ 认知操作:针对性、广扩性、深入性、灵活性
     ├反应智力┤
     │      └ 动作操作:敏捷性、准确性、灵活性、协调性
     │      ┌ 情绪自我认知能力
     │      │ 管理情绪能力
     └情感智力┤
            │ 认知他人情绪能力
            └ 调整人际关系能力
```

图13－9 智力结构

卡特尔所界定的液态智力和晶态智力大体上是指学习知识的认知能力,但在智力因素结构中,前者属于潜在能力,后者属于实际能力。如果我们把潜在能力称之为智力,而把实际能力简称为能力,则液态智力是认知智力,而晶态智力则是认知能力。认知是头脑中实现的信息操作过程。认知智力和认知能力作为基本认知智能,是人认识客观事物并驾驭知识技能去顺利完成活动动所必备的个性心理特征。它集中表现在反映客观事物深刻、正确、完全的程度上,和应用知识技能解决实际问题的速度和质量上。认知能力作为个体稳固的心理特征,它的形成主要取决于知识掌握的水平,以及智力技能的概括化、系统化和自动化。而认知智力与认知能力不同,认知智力作为个体内隐的智慧潜能,与高级神经活动特性有关。

我国心理学家吴天敏认为,智力是脑神经活动的针对性、广扩

性、深入性和灵活性在任何一项神经活动和由它引起并与它相互作用的意识性的心理活动中的协调反映。所谓针对性，是指针对既定目的或目标而行动。所谓广扩性，是指任何一种心理活动都不能局限于一个固定的范围之内，都必须向有关的周围扩展。"举一反三"、"触类旁通"就是这种特性的表现。所谓深入性，是指在现实的基础上预测以后情况的发展并作出适当的安排计划。广扩性和深入性实际上都是以联想为手段的知识或经验的迁移问题。所谓灵活性，是指对心理活动中出现的各式各样的矛盾能够迅速地做出最好的解决。吴天敏教授说，这四种特性的协调表现就是智力。

美国心理学家詹森（A. R. Jenson）为代表的生物学方向的智力研究，强调神经冲动的传导速度在智力因素结构中的重要性，并提出以反应时测验取代传统智力测验，这是当前智力理论发展的新动向。从 PASS 智力模型看，检测时间（IT）反映的辨别、决策速度与智力有高相关性。我国有人（陈雪枫、张厚粲，1998）考察了反应时（RT）和正确率（AR）与《瑞文标准推理测验（SPM）》所求得的智力（IQ值）的关系。研究表明，反应时（RT）与智力（IQ）成反比。也就是说，反应时越短，智力越高。因此，反应时可以作为智力评估的一个指标。研究还发现，随着实验任务复杂性的提高，被试反应的正确率（AR）降低；并且，在复杂任务中智力越高，反应的正确率也越高。我们认为，这一结果也说明了，"速度—准确性权衡"（speed－accuracy traeoff）与智力水平有关。我们采用划消实验法和《一般能力倾向测验（GATB）》测得的动作操作的反应速度、准确性、灵活性和协调性与液态智力相关显著。艾森克等发现，RT 与液态智力的相关显著高于 RT 与晶态智力的相关。艾森克对遗体物质 DNA 与 G 因素间的中介物，如平均诱发电位（AEP）、脑电波、皮肤电反应等进行大量研究，结果发现，高智商者较低的潜伏期、脑电波速率较快、波形较复杂。这说明，大脑皮层信息加工速度以及其整合性与G因素相关。我国有人（张绪杨，1989）提出，智力是基本信息加工速度与认知策略使用主动性的有机结合，这个结合体可以作为影响各种认知操作的一般因素，也是各种能力的一般因素。这一智力理论，也得到某些实验的支持。

智能概念，不仅包括科学智能，它是认知智能与操作智能交互作用的结构；还应包括社会智能。斯腾伯格的智力三元结构理论把智力概念拓展到社会智力领域，是对传统理论所界定的IQ内涵的一大超越。情感智力（Emotional Intelligence, EI）一词，首先由巴布娜·柳纳（B. Leuner）提出。美国耶鲁大学塞拉维教授和新罕布什尔大学梅耶教授，把情感智力界定为人的社会智能的一种类型，是个体准确、有效地加工情绪信息的能力。它包括：情绪的知觉、评估和表达能力；思维过程中的情绪促进能力；对情绪的理解、感悟能力；对情绪进行成熟调节，以促进心智发展的能力等四个方面。戈尔曼（D. Goleman）继承塞拉拉维与梅耶的观点，把情感智力分为五个方面：认识自己的情绪、管理自己的情绪、激励自我、认知他人的情绪、处理人际关系。我们认为，情感智力是人的个性心理结构中智力与人格因素交互作用、相互渗透的心理结构。研究表明，情绪、情感为三种因素所制约：环境因素、生理因素和认知因素。其中，认知因素在情绪、情感的产生中起关键作用。边缘系统是重要的情绪唤醒系统，情绪从边缘系统产生，经神经传达到大脑皮层再经皮层整合、评估产生情绪，从而影响和支配着人的行为。情感智力与边缘系统特性和大脑神经活动的强度、灵活性和平衡相关。在长期的生活实践中，边缘系统与大脑皮层形成了稳固的相互影响机制，从而构成了情绪智力的神经生理机制。情绪、情感智力受一个人的科学智能的影响，但它不同于科学智能。情感智力属于社会智能范围，主要是在社会情境中生成的，来自社会知识、涉世经验的积淀，社会交往能力的内化。社会智能，包括情感智力和社会—交往能力，是智力因素的重要组成部分。

(三)智力因素结构模型

智力因素即人的心理能力素质,包括智力和能力。综上所述,我们提出智力因素结构的层次模型,如图13—10所示。

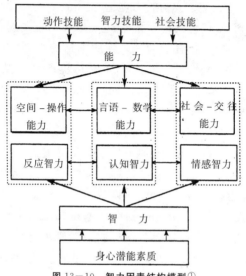

图13—10 智力因素结构模型①

学生的智力因素,是在学生身心潜能素质基础上,在环境和教育影响下,通过学生掌握知识技能而形成的稳固的个性学生特征的有机综合。它是先天的神经系统特性与后天形成的知识技能的"合金"。智力是整体性的潜在智慧,是智力因素的深层结构,它是大脑皮层三个机能系统活动的针对性、广扩性、深入性和灵活性以及皮层信息加工速度及其整合性的协同反映。智力是以逻辑思维能力为核心的认知智力、反应智力和情感智力的有机综合。能力是实际活动能力,是智力因素的表层结构,它是学生知识和技能的

---

① 张履祥、李学红等著:《学校心理素质教育》,14页,合肥,安徽大学出版社,2000。

结晶。能力是以抽象概括推理能力为核心的言语—数学能力、空间—操作能力和社会交往能力的有机综合。在学生智力因素系统中，智力与能力是相互作用、相互依存和相互渗透的，从而构成了在结构和功能上相对独立又相互作用、相互渗透的三个子系统：认知智能，它是认知智力与言语—数学能力的有机综合；操作智能，它是反应智力与空间—操作能力的有机统一；社会智能，由情感智力与社会—交往能力有机构成。社会智能，是智力因素和人格因素相互渗透的心理结构。与广义非智力因素相对应的智力因素概念，还包括知识和技能：心智技能、动作技能和社会—交往技能。知识和技能，构成人的科学文化素质，其内隐形式是人的智力和能力，并与人的人格因素水平相关。

第二节 智能的测量

智能测量，是根据一定智能结构的理论所编制的能力测量表，测定一个人所具有的实际能力和可能具有的潜在能力，并用数量化方法加以表示。智能测量包括：智力测量、创造能力测量和能力倾向测量。

一、智力测量

智力测量，是指经过专门训练的研究人员采用标准化的测验量表，对人的智力水平进行科学的客观的测定。测量人的智力同测量物体一样，必须有一个测量工具、标尺。智力量表有两种：年龄量表（如斯坦福—比内量表）和项目量表（如韦克斯勒智力量表）。测验时把量表呈现给被试者，要求被试者用动作、言语或文字解答，然后根据事先规定的评分标准，就被试者的反应评定分数，再转化所得分数为量表分，并与常模比较，以确定其智力水平和智力等级。

（一）年龄量表法：心理年龄和智商

法国心理学家比内（A. Binet）和他的助手西蒙（T. Sinmon）于

1905年编制了世界上第一个用来测量儿童智力水平的量表,即著名的比内—西蒙量表(B－C量表)。1908年比内在《儿童智力的发展》一文中,提出了修改的B－C量表。该量表包括59个测验项目,按年龄分组,从3岁到15岁,首次采用智力年龄方法来表示智力水平。吴天敏教授于1982年对B－C量表作第三次修订,称作《中国比内测验》,适用2～18岁的幼儿、儿童或成人,试题内容包括语言文字、数目、解题和技巧四类共51个项目。

智力年龄(Intelligence age,IA),是指在智力年龄量表上实际所达到的年龄,又称心理年龄(Mental age,MA)。在像B－C量表式的年龄量表中,题目分成各种年龄组。儿童在测验上的分数将以他所能正确完成的测验所代表的年龄水平来表示。在施测中,被试往往在某低年龄水平的题目上失败,却通过了更高年龄水平的题目。因此,求智力年龄,首先必须确定基础年龄。一般把正确回答了全部问题的最高年龄级作为基础年龄。基础年龄加上完成高年龄组题目所代表的年龄,这个和值就是被试的智力年龄。例如,在吴天敏修订的比内量表中,每个年龄组都有6个测题,答对每题则得智龄2个月。某被试测试结果如下:4岁组全部通过,5岁组通过5题,6岁组通过3题,7岁组通过3题,8岁组通过3题,9岁组全部没有通过。其智力年龄(IA)＝(4岁)＋5×2(月)＋3×2(月)＋3×2(月)＋3×2(月)＝4岁＋28个月＝6岁4个月。

德国心理学家斯特恩(W. Stenn)认为,用比—西量表所使用的智力年龄,只表示绝对的智力水平而不能表示比较的或相对的智力水平,因而用智龄来评价人的智力是不充分的。于是,提出用比率智商来衡量智力水平。比率智商即智力商数(Intelligence Quotient),简称智商(IQ)。1916年,美国斯坦福大学教授推孟(L. M. Terman)对B－C量表进行修订,称为斯坦福—比内量表

(S-B量表),首先应用智商表示智力高低。其公式为:

$$IQ = \frac{MA}{CA} \times 100$$

智商(IQ)是心理年龄(MA)除以生理年龄(Chronlgcal age, CA)得到的商数。CA也叫历龄,是用测验年月日减去出生年月日所得的年龄,也称实足年龄。由于智商是智龄与实际的比率,所以用智商能表示一个儿童智力发展速度或聪明的程度。如果一个儿童的智龄等于实龄,他的智商就为100。IQ100代表正常的或平均的智力,IQ>100代表智力发展迅速,IQ<100代表智力发展迟缓。智商不但有量的意义,还有质的意义。譬如,IQ为50,代表智力严重落后,而IQ为150则表示具有极优秀的智力。

(二)项目量表法:离差智商

美国医学心理学家韦克斯勒(D. Wechsler)在编制智力量表时,不采取年龄量表法,而是采取项目量表法。年龄量表测量的是一个儿童的智力相当于哪一个年龄水平;项目量表是以智力的不同侧面分组,按组记分,与同年龄的人的平均智力相比较,因此它也叫做分数量表。年龄量表中的项目是综合的,包括智力的各个方面,测量的是总的智力水平;而项目量表测量的是智力的某些侧面,可以单独进行分类,单独记分,智力的各个侧面就能够直接从各个分测验中获得。还可分别计算言语智商(VIQ)、操作智商(PIQ)和全智商(FSIQ或FIQ)。

韦克斯勒编制的系列智力量表:成人智力量表(WAIS-R)、儿童智力量表(WISC-R)和幼儿智力量表(WPPSI),都包括言语和操作两部分,各部分具体内容如下:言语部分,包括常识、理解、算术、类同、记忆、字词;操作部分,包括数字符号的拼写、图像完成、积木设计、图像排列、实物图像拼凑(拼图)。三个量表的分测验及其实施顺序,见表13-1。

表 13-1 WAIS-R、WISC-R 和 WPPSI 的分测验实施顺序

WAIA-R (16~74岁)	WISC-R (6~16岁)	WPPSI ($4\sim6\frac{1}{2}$)
1. 常识(V)	常识(V)	常识(V)
2. 填图(P)	填图(P)	动物房(P)
3. 数字广度(V)	相似性(V)	·动物房复本(P)
4. 图片排列(P)	图片排列(P)	词汇(V)
5. 词汇(V)	算术(V)	填图(P)
6. 积木图案(P)	积木图案(P)	算术(V)
7. 算术(V)	词汇(V)	迷津(P)
8. 物体拼凑(P)	物体拼凑(P)	几何图案(P)
9. 领悟(V)	领悟(V)	相似性(V)
10. 数字符号(P)	物体拼凑(P)	几何图案(P)
11. 相似性(V)	数字广度(V)	领悟(V)
	·迷津(P)	·造句

项目量表。用离差智商(Deviation，IQ_D)代替 S-B 量表的比率智商。所谓离差智商(IQ_D)，实际上就是将一个人的测验分数与同年龄组的平均分数比较所得到的标准分数。它是以标准差为单位的个人分数偏离团体平均数的相对数量。这种智商是根据离差计算出来的，故称离差智商。离差智商的优点是，同样的智商分数在任何年龄上都表现同样的相对位置，因而就可以对各年龄的受试者进行比较。现在大部分智力测验(包括斯—比测验)都采用离差智商，其计算公式为：

$$离差智商(IQ_D)=100+K\frac{X-\overline{X}}{S}$$

式中，X 为某人实得的测验分数，$\overline{X}$ 为某人所在年龄组的平均分数，S 为该年龄组分数的标准差。$\frac{X-\overline{X}}{S}$ 是标准 Z 分数，它是以标准差为单位表示一个分数在团体中所处位置的相对数量，假如原始分数按常态分布，则 Z 分数的范围大致是-3 到+3 之间。100 为指定的常态化标准分数的均数值，K 为其标准差(韦氏量表

的 K＝15，斯—比量表＝K＝16）。

（三）智力水平的等级划分

智商是一种常用的智力测验结果表示法。但在评定智力优劣的实际场合，与其原封不动地使用精细的智商来表示个人智力水平，往往不如使用稍微粗略的智商等级。表 13－2 是韦克斯勒智力量表的智商等级和理论分布。图 13－11 是智商与标准分数的关系示意图。

表 13－2　韦克斯勒力量表的 IQ 分布和智力等级

IQ 以上	类　别	百分比	
		理论常态	实际样组
130 以上	极优秀	2.2	2.3
120～129	优秀（上智）	6.7	7.4
110～119	中上（聪明）	16.1	16.5
90～109	中常	50.0	49.4
80～89	中下（迟钝）	16.1	16.2
70～79	低能边缘	6.7	6.0
70 以下	智能缺陷	2.2	2.2

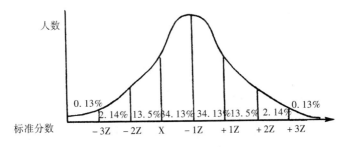
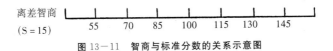

图 13－11　智商与标准分数的关系示意图

二、创造能力测量

吉尔福特认为,发散式思维能力表现于外部行为,就代表一个人的创造能力。根据他的研究,发散式思维表现一个人的外在的行为特点是:

(1)流畅性,指高创造力者,往往心智活动流利畅达,能在短时间内表达较多的概念,即反应迅速且众多。

(2)变通性,指高创造力者,思维灵活多变,往往可以举一反三,触类旁通,较少受定势的影响,能从各种角度看问题。

(3)独特性,指高创造力者,往往对事物表现出超乎寻常的见解,提出不同凡俗的观点。发散式思维的三个基本特征是相互联系的:能流畅而后才能变通,而变通也往往可视为流畅;只有同时具有流畅和变通的特征,才能产生超乎寻常的独特见解。发散式思维的三个特征构成了创造力测验的基础。发散式思维能力的测量,实质上就是创造力的测量。

创造力测验量表有:吉尔福特的智力结构测验、托兰斯创造思维测验和芝加哥大学创造力测验等等。

美国南加利福尼亚大学的吉尔福特和他的同事编制了一套发散性思维测验。测验的项目有:语词流畅性、观念流畅性、联想流畅性、表达流畅性、非常用途、解释比喻、用途测验、故事命题、事件后果的估计、职业象征、组成对象、绘画、火柴问题、装饰。前10个项目要求言语反应,后4项则用图形内容反应。

美国明尼苏达大学托兰斯(E. P. Torrance)等人编制的创造思维测验,包括词语创造思维测验、图画创造思维测验和声音词语创造思维测量等3套测验。测量被试的思维流畅性、灵活性、独特性和精密性,以及总的创造力指数。

美国芝加哥大学盖泽尔斯(J. W. Getzels)和杰克逊(P. W. Jackson)根据吉尔福特的思想设计了一套创造力测验,这项测验包括五个分测验:

(1)词汇联想测验——如让被试对"螺钉"、"口袋"之类十分普通的单词,说出尽可能多、尽可能新颖的定义。以定义的数目、类别、新颖性等进行评分。

(2)物体用途测验——如让被试对"砖"之类的普通物品,说出尽可能多的用途。根据说出用途的种类及创造性进行评分。

(3)隐蔽图形测验——给被试看一张印有各种隐蔽图形的卡片,让被试者找出这些图形。根据找图形的复杂性和隐蔽性进行评分。

(4)寓言解释测验——给被试呈现几个短寓言,但却缺少结尾,要求被试对每个寓言都做出三种不同的结尾,"有教育意义的"、"幽默的"和"悲伤的"。根据结尾的数目、恰当性和独创性进行评分。

(5)组成问题测验——给被试几节短文,让其用所给的材料尽量组成多种数学问题。根据问题的数目、恰当性、复杂性和独创性进行评分。

这套测验适用于小学高年级至高中阶段的青少年,适用于团体施测。

三、能力倾向测量

能力倾向测验,包括特殊能力和一般能力倾向测验。能力倾向测验主要用于测量被试的潜在成就或预测将来的作为水平,它可用于学术和职业咨询、职业安置等。

(一)特殊能力倾向测量

特殊能力,是指为了有效地进行某种活动所必须具备的能力。特殊能力测验可以说是测定智能的特殊因素的一种测验。它具有两种职能:一是判断一个人具有什么样的能力,即所谓诊断职能;二是测定在所从事的活动中,成功和适应的可能性,即所谓预测的职能。国际上通用的特殊能力倾向测验有:明尼苏达能力测验、明尼苏达文书测验、西肖尔音乐才能测验、梅尔艺术测验、飞行员心理选拔测验等。

为了测定从事某种专业活动的能力,就要对这种活动进行分析研究,找出它所要求的心理特征,列为测验项目,设计测验,以便进行特殊能力的测定。例如,数学才能的基本组成部分是:

(1)对数学材料迅速概括的能力。

(2)运算过程中思维活动迅速地"简化"的能力。

(3)从正运算过渡到反运算的灵活性。研究表明,学生数学才能的主要差别就在于这种"概括"、"简化"和"过渡"是很快出现,须经过多次练习以后出现,还是很难出现。

美国衣阿华大学西肖尔(C. E. Ceashore, 1939)编制的音乐能力测验,主要评估听觉辨别力的六个方面:音高感觉、音强感觉、时间感觉、和谐感觉、音调记忆和节奏感觉。该测验的听觉刺激由唱片或磁带呈现,按六个等级评分,每次测验约需 10 分钟。该测验可用于个别测验,亦可团体施测。

美术能力测验可分为美术欣赏能力测验和美术创作能力测验。梅尔(N. C. Meier)等人编制的梅尔美术测验,主要是测量被试的美术欣赏能力。该测验把许多名画用黑白色印出,有 100 对艺术图片,每对中有一张是原作,另一张是经过改动的作品,要求被试判断哪一张更好。美术创作能力测验一般要求被试对所提供的线索轮廓加以补充,使之成为图画。

张厚粲等(1988)编制的机械能力测验包括纸笔测验和操作测验。纸笔测验由机械常识、空间知觉、识图理解、工程尺寸计算和注意稳定五个分测验组成;操作测验由手指灵巧、拼板组合、间接手部动觉反馈、双臂随意调节、理解性操作、操作知觉、双手协调和复合操作八个分测验组成。

测验结果表明,一般智力同绘画能力、音乐能力、机械能力、运动能力的相关是低的,但却是正的。这说明上述这些特殊能力相对地不依赖于一般的智力。

（二）一般能力倾向测量

一般能力倾向测验，是测量一个人的多方面的特殊潜能。它强调的是对能力的不同方面的测量，测量的结果不是得到单一的IQ分数，而是产生一组不同的能力倾向分数，从而提供表示个体特有长处和短处的能力轮廓。要了解人的多种能力，当然可以分别实施单独的特殊能力测试，但这样做非常费时；更重要的是，各个测验往往是在不同的团体中标准化的，常模不同，因而很难将被试在一个测验上的分数与另一个测验上的分数进行有意义的比较。这样，就有必要实施多重能力倾向成套测验。多重能力倾向测验，主要适用于在具有某种特定能力型的人员与特定工作之间的合理匹配，以照顾他们的能力和需要。测验的结果经常是职业咨询、分类和安置决策中最有效的信息。例如，美国劳工部就业保险局编制的《一般能力倾向成套测验（GATB）》，是职业咨询和安置中最通用的一套测验。这个测验是在各种职业团体施测几十个测验后进行因素分析的基础上编制的，专供国家就业机构的职业顾问们使用，可用来为中学生的专业定向和成人谋职提供帮助。GATB不但在美国经过多次改编和修订，同时被世界上许多国家翻译、改编成不同版本。

第三节 智能发展与个别差异

一、智能发展的一般趋势

智力和能力是随年龄的增长而变化的。心理学家平特纳（R. Pintner）的研究表明，从出生到5岁，是儿童智力发展的最快时期；从5岁到10岁，发展速度虽然比不上前一时期，但减少不多；从10岁到15岁，发展速度逐渐减小，呈负加速发展曲线；大约从14~16岁起，智力发展达到成熟阶段。布卢姆（B. S. Bloom）认为，出生后头4年智力发展最快，若以17岁达到的水平为参照点（即以17岁的水平为100），则儿童从出生到4岁的智力已获得了

50%；从 4 岁到 8 岁获得了 30%；而最后的 20% 是在 8 岁至 17 岁期间获得的(见图 13-12)。皮亚杰(J. Piaget)也认为从出生到 4 岁是人的智力发展的决定性时期。根据这些研究，可以认为幼儿时期是智力发展的关键时期。这个阶段在适宜的环境和教育的影响下，儿童智力发展得特别迅速，这就有力地证明了早期教育的重大意义。

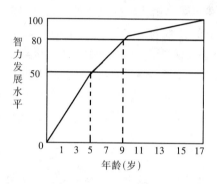

图 13-12　布卢姆的智力发展速率的理论模式

智力的发展变化不仅表现在量上，更重要的表现在质上，这首先表现在智力结构的年龄变化上。随着年龄的增长，儿童出现新的心理能力结构，造成儿童智力发展过程中的质的进步，而且智力结构中各成分的发展速度也是不同的。如，瑟斯顿考察了 7 种基本能力的发展。他发现知觉速度、空间知觉、推理能力、计算能力和记忆能力发展较早；语词理解和语词流畅发展较迟。他的研究还表明，知觉速度、推理能力、语词理解和语词流畅 4 种基本能力的发展过程，如以成人的水平为 100，那么达到成人水平 80% 的时间为：知觉速度，12 岁；推理能力，14 岁；语词理解，18 岁；语言流畅，20 岁以后(见图 13-13)。

关于智力发展的顶峰年龄问题。早期的一些研究(如比内，推孟)认为，智力发展的限度(即不再增长)是 14～16 岁。韦克斯勒

(D. Wechsler)用韦克斯勒成人智力量表对被试 2052 人进行测试,被试年龄在 16～75 岁之间。研究表明:言语方面和操作方面的智力都在 25 岁左右达到最高峰,但是言语方面的智力下降较慢,操作方面的智力下降较快。而后来的研究,有的认为,人的智力到 30 岁才达到高峰;有的则认为,人在 40 岁甚至 50 岁,智力还在增长。朱智贤教授总结儿童智力发展问题的研究成果认为:"人到 18 岁左右,智力已达到成熟时期(与成人接近)。在此以后,随着知识经验的增长,总的智力能量虽然不会显著增长,但某一方向的智力可能还是以不同的速度在增长着。"①

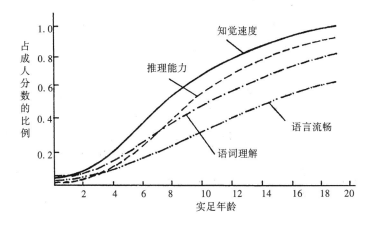

图 13-13 智力中不同因素发展曲线

(资料来源:瑟斯顿,1995)

智力水平与年龄究竟呈什么样的关系,是否有一个共同的一般发展趋势呢?卡特尔提出的液态智力和晶态智力的理论,比较圆满地回答了智力和年龄的关系。图 13-14 上两条智力发展曲线反映人的智力发展的一般规律。液态智力随生理成长曲线而变

---

① 《朱智贤全集》,第 3 卷,175～176 页,北京师范大学出版社,2002。

化,到儿童后期发展速度就慢了些,到成年期达到了顶点,以后开始缓慢下降,到老年才有明显下降。但晶态智力则直到老年仍继续增长。我国修订本韦氏成人智力量表时也发现,由 16 岁到 40 岁的智力分数无甚变化,40 岁以后才逐渐衰退[①]。

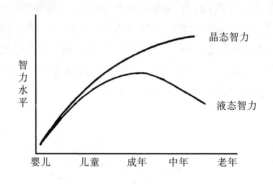

图 13—14 智力与年龄的关系

(资料来源:张述祖,沈德立,1987)

二、智能发展的个别差异

智能发展的个别差异表现在质和量两个方面。质的差异除表现在各个人可以具有不同的特殊能力外,还表现为智能类型的差异;量的差异则表现为智能发展水平的差异和智能表现早晚的差异。

(一)智能类型的差异

智能类型的差异,表现为特殊能力的类型差异和一般能力的类型差异。

特殊能力的类型差异,是指人们完成同一活动可以由能力的不同结合来保证。特殊能力是由多种能力因素构成的。同样,顺利地完成同一活动,可以由各种能力的各式各样的结合来实现,这

---

① 张述祖、沈德立:《基础心理学》,655~656 页,北京,教育科学出版社,1987。

种不同能力的组合,就形成了人们之间特殊能力的类型差异。例如,对三个音乐成绩优异的学前儿童进行观察表明,其中一个儿童的特点是具有较强烈的曲调感和很高的音乐表象能力,但节奏感较弱;另一个儿童的特点是有很好的听觉表象能力和强烈的节奏感,但曲调感较弱;第三个儿童的特点是有强烈的曲调感和音乐节奏感,而听觉表象能力较弱。由于特殊能力的组合不同,使他们表现出不同类型的音乐能力。

一般能力的类型差异,是指人们完成同一认识活动时,不同人采用不同的心理途径。主要表现在感知、记忆、言语和思维等方面。例如,有些人的言语和思维的特点是形象的,情绪的因素占优势,属于生动的言语类型和形象思维类型;有些人言语和思维富于概括性,逻辑的联系占优势,属于逻辑联系的言语类型和抽象思维类型;言语和思维的中间型,兼有前两种类型的特点。

高级神经活动类型差异,是一般能力类型差异的自然基础。巴甫洛夫依据两种信号系统之间的相互关系的特点,区分出三种人类特有的高级神经活动类型:艺术型、思维型和中间型。属艺术型的人,第一信号系统的活动占相对优势,具有知觉印象的鲜明性、记忆的形象性、高度的情感易感性、想像力丰富的特点。属于思维型的人,第二信号系统活动占相对优势,具有倾向于分析、抽象和概括,倾向于记忆的逻辑意义性和思维的抽象性的特点。多数人两种信号系统活动相对平衡,属于中间型。

(二)智能发展水平的差异

智能的量的差异,主要表现为智能发展水平的差异。各种能力都有发展水平的不同。特殊能力是一般能力在专门职业与活动中的特殊表现,它们发展水平及其特殊结合表现出个人的才能特点。一般能力发展水平的差异,主要指智力的差异。它是用智力测验来研究并用智商(IQ)值来表示的。西方各国心理学家经过大量测验研究,得到一个共同结论:智力的个别差异在一般人口中呈常态曲线式的分布,两头小、中间大。图13-15是推孟1937年修订"斯坦福—比纳量表"时,他们测量的905名5岁至10岁儿童的智商分布曲线,还确定了各种智力等级在一般人口中的占的百分比例(表13-7)。这个结果同表13-2韦克斯勒智力量表的IQ分类表的结果基本上是一致的。20世纪80年代,我国心理学者对22万名儿童的智力进行普查,发现智力超常儿童和智力落后儿童各占3%左右。

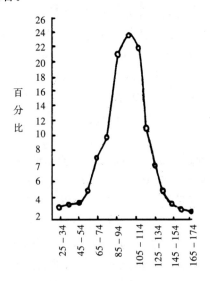

图13-15 智商分布曲线

表13-7 905名儿童的智商分布情况

智商	56~65	66~75	76~85	86~95	98~105	106~115	116~125	126~135	136~145
百分比(%)	0.33	2.3	8.6	20.1	33.9	23.1	9.0	2.3	0.55

超常儿童,是指智力发展或成就上异常突出的儿童。超常儿童表现为多种类型,一般可分为两大类:一类是智力发展的比较全

面的超常儿童,这种儿童在一般能力测验上成绩高于常人,即智商一般达到135以上。另一类是具有特殊才能的超常儿童,可称之为成就超常儿童。这类儿童既有较高的智力水平,同时又在某一领域表现出杰出的特殊才能。我国超常儿童研究协作组通过对超常儿童的追踪研究,认为超常儿童的智能明显超过同年龄的常态儿童的一般发展水平。具体地说,就是他们在智能的主要方面(如思维力),或几个方面(观察力、记忆力、想像力和思维力等),超过同龄常态儿童平均成绩两个标准差以上(IQ130或140以上)。在学习能力和学习成绩上高于(或相当于)比他们大两岁以上儿童的平均成绩或有某方面特殊才能的儿童。

我国超常儿童研究还表明,超常儿童不仅具有超常的智能,同时还具有独特的个性心理特点:认知兴趣浓厚,求知欲旺盛;思维敏捷,理解力强,有独创性;注意力集中,记忆力强;进取心强,勤奋,有坚持性。这说明,超常儿童的心理结构中不仅包含智力和创造力,同时也包含一些非智力个性心理因素(特征)。这与70年代末任朱利(J. S. Renzulli)提出的《天才儿童三圆圈概念》是一致的。任朱利认为,天才儿童是由下面三种心理成分交互作用和高度发展的结果。一是具有中等以上的能力(智力),既包括一般能力(如抽象思维、推理、空间关系等较快发展),也包括特殊能力(如艺术、数学、操作及领导能力等);二是对任务的承诺,包括强烈的动机,对某个领域的浓厚兴趣、热情、自信、坚毅顽强、艰苦努力地完成任务;三是具有较高的创造力,包括思维的流畅性、变通性、独特性、好奇、不固步自封、对新鲜事物有敏感、敢冒风险、勇于创新、深思熟虑。见图13—16。

所谓弱智儿童,一般是指智力发展和适应行为有障碍的儿童。通常人们称弱智儿童为智力落后或智力低下儿童。弱智诊断标准具体可概括为:

图 13—16 三圆圈天才儿童概念示意图

(1)应用标准化智力测验所得的智商值为 70 或 70 以下；

(2)应用标准化的适应性行为评定量表,判定其有适应行为方面的缺损；

(3)年龄在 18 岁以前发病(18 岁以后出现智力低下,称之为痴呆)。应用智力测验和适应性行为评定量表可以确定学生是否智力落后,同时还能判定弱智的严重程度。智力落后分为三个等级:轻度,IQ69～50;中度,IQ50～25;重度,IQ25 以下。不同程度的智力落后有不同适应性行为的表现。轻度智力落后者:这种儿童被称为"可教育的",他们的智力发展缓慢,但能接受一定限度的教育,经过教育训练的成人能独立生活,还可能从事竞争性的工作;中度智力落后者:这种儿童被称为"可训练的",即经过训练可以从事一些简单的活动;严重智力落后者:生活不能自理、动作、说话都有困难。

智力落后儿童在智力方面表现为:知觉速度缓慢、范围狭窄、内容笼统、贫乏;记忆不准确、缓慢、容易泛化;言语发展缓慢、词汇量小、意义含糊、缺乏连贯性;思维迟钝、缺乏概括力;注意力不易集中。从个性特点看,弱智儿童多沮丧情绪,对人有敌意;缺乏自信心、自卑感强;思想方法片面、绝对。

(三)智能表现早晚的差异

人的智能表现早晚是各不相同的。有的人在儿童时期就显露出非凡的智力和特殊能力,这叫"人才早熟"或能力的早期表现。但是,也有的人能力表现较晚,所谓"大器晚成"。一般来说,智能突出表现的年龄阶段在中年。

研究表明,科学家做出最大贡献的"最佳年龄"在中年。有人对325名诺贝尔奖金获得者作了调查,发现其中有301人在30~50岁之间取得成果,占总人数的75%。有人统计了1960年以前的1243位科学家、发明家作出的1911项重大科学发明创造,据此画出人才成功曲线图(见图13-17)。人才成功曲线图表明,做出第一项重大发明的年龄高峰在31~35岁;做出重大发明创造项数的年龄高峰在36~40岁之间。美国心理学家李曼(H.C.Lehman)认为,从事不同学科的人最佳创造年龄是不同的(见表13-8)。

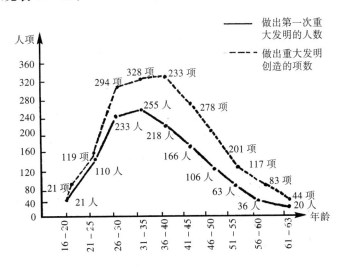

图13-17 人才成功曲线图

表 13-8 不同学科的最佳创造年龄

学 科	最佳创造的平均年龄(岁)	学 科	最佳创造的平均年龄(岁)
化学	26~36	声乐	30~34
数学	30~34	歌剧	35~39
物理	30~34	诗歌	25~29
应用发明	30~34	小说	30~34
医学	30~39	哲学	35~39
植物学	30~34	绘画	32~36
心理学	30~39	雕刻	35~39
生理学	35~39		

创造和成就的最佳年龄与能力发展的高峰年龄是一致的。迈尔斯(W. R. Miles)研究表明,18~49 岁这个年龄阶段,知觉、记忆、比较和判断、动作及反应速度等四种能力,特别是比较和判断能力处于发展的最佳水平(见表 13-9)。

表 13-9 不同能力的平均发展水平

年龄	10~17	18~29	30~49	50~69	70~89
知觉	100	95	93	76	46
记忆	95	100	92	83	55
比较和判断	72	100	100	87	69
动作及反应速度	88	100	97	92	71

注:100 为最高水平,其他数字系和最高水平的比较。

创造与成就的最佳年龄在中年,这是因为,中年人年富力强,精力充沛,既有丰富的知识经验,又有较强的抽象思维能力和记忆力,思维敏捷、灵活、较少保守,敢于开拓,勇于创造。

能力的早期表现,古今中外都有。例如,我国唐代王勃,10 岁能赋诗;明代夏淳,9 岁善诗文;奥地利作曲家莫扎特,5 岁开始作曲,8 岁试作交响乐,11 岁创作歌剧;控制论创始人维纳,在幼年时就显示出非凡的智力,18岁获博士学位。中国科技大学一批少年班大学生,具有较早显示的数学能力、物理才能,他们脱颖而出,为举世瞩目。这种能力的早期表现,在音乐、绘画等领域最为常见。

儿童能力的早期表现,对以后能力的发展和事业的成就有较大的关系。但是,也有些人其突出的才能到中年以后甚至晚年才表现出来,这种"大器晚成"的事例也不少见。例如,我国著名画家齐白石,他到40岁才表现出绘画才能;达尔文在青年时代被认为是智力低下,但他50岁时写出了《物种起源》一书;摩尔根发表基因遗传理论已60岁了。这种现象的原因是多方面的。有的是由于得不于早期教育和学习的机会;有的是由于个人特殊经历,到中年以后创造成果;有的则是儿童时期智力平常,通过长期的刻苦攻读、勤奋努力才攀登科学高峰,表现出卓越的才智。

三、影响智能发展的因素

(一)遗传因素和环境因素在智能发展中的作用

遗传因素是人的智力和能力发展的生理前提和物质基础。脑的三个机能系统,即保持清醒状态的系统,受纳、加工活动的系统和额叶运动的系统正是智力活动的生理基础,这种机能的强度、灵活度和平衡度就形成了智力品质的生理机制(林崇德,1981)。儿童智力就是在这个遗传生理的基础上开始发展的。

许多研究者对不同遗传关系的人的智商(IQ)的相关研究结果表明:遗传关系越密切,测得的智商愈相近。从图13-18中可见,父母的IQ和亲生子女的IQ的相关系数为0.50,养父母与养子女IQ的相关为0.25。同卵双生子IQ之间的相关为0.90,异卵双生子IQ之间相关为0.5。分开抚养的同卵双生子,其IQ的相关为0.75,比在一起抚养的异卵双生子IQ的相关为高。这些研究一方面说明遗传对智力的重要影响,但同时说明环境和教育对智力的重要影响。如图13-18所示,在同一家庭环境中抚养时,无论是因卵双生子还是异卵双生子,甚至无血缘关系的孩子,其 IQ 的相似性都会提高。

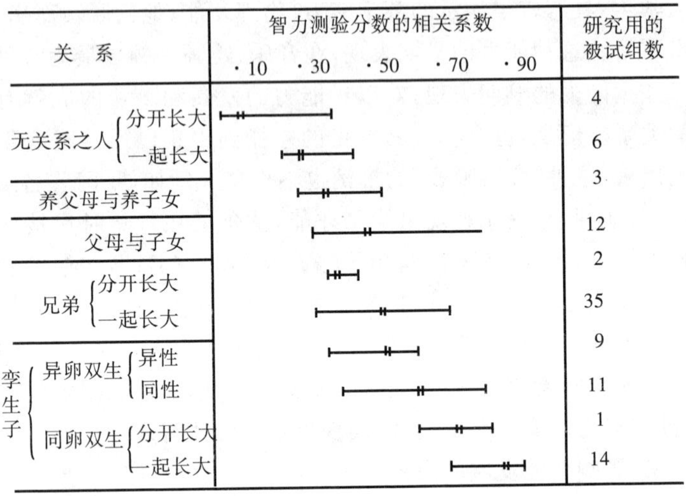

关系		智力测验分数的相关系数 .10 .30 .50 .70 .90	研究用的被试组数
无关系之人	分开长大		4
	一起长大		6
养父母与养子女			3
父母与子女			12
兄弟	分开长大		2
	一起长大		35
孪生子	异卵双生 异性		9
	异卵双生 同性		11
	同卵双生 分开长大		1
	同卵双生 一起长大		14

图 13-18 具有不同关系的人在智力测验得分上的相关

(资料来源:希尔加德,1987)

智力是心理物质,它本身是不能遗传的,遗传对智能的影响主要表现在身心潜能素质上。素质最初作为一个生理——心理学的概念,指个性与生俱来的解剖生理特点,主要是感觉器官和效应器官的特点,神经系统的特性,特别是大脑的结构和机能的特点。随着现代生物科学、脑科学的进展,人们逐渐认识到素质可能包括脑和感觉器官的微观结构、大脑细胞群的配置、神经细胞层的结构、神经系统特性和类型等。个性脑的结构和机能的特点,不仅是能力形成和发展的天赋条件,而且与人的气质和性格密切相关。个人的这些天赋特性,主要是由遗传物质决定的,脱氧核糖核酸(DNA)是主要的遗传物质,它存在于染色体中,染色体是遗传物质的主要载体。每个脱氧核糖核酸分子上有许多基因,每个基因又由数目不同、顺序不同的四种核苷酸所组成,基因中储存着不同的遗传信息,通过控制蛋白质的合成来决定有机体的结构和机能特性。

　　素质除包含遗传性外,还包括胎儿期由于母体内环境的各种变异的影响所造成的个体某些属于先天但非遗传的特性,例如,有些儿童的智力落后是属于"先天愚型",这是由于染色体的畸变引起的,一般是第 21 对染色体为三体,比正常人多一个染色体。这种儿童智力水平很低,生活都很难以自理。对于大多数病例来说,这种情况的出现是由于减数分裂时两个 21 号染色体未能在生殖细胞的形成过程中分裂出来,因而这种缺陷是先天性的,而不是遗传的。可见,先天素质不等于遗传素质。

　　人的潜能素质不仅指人的解剖生理特点,更重要的是心理生理特点,特别是儿童早期显示出来的那些个体行为特点。具有良好的心理潜能素质的儿童,其分析器对各种性质的刺激具有高的感受性,在儿童期就显示某些方面的优异能力。儿童能力的早期表现,说明人的身心潜能素质对能力的形成和发展起着一定的作用,但这种天赋只为能力发展提供了可能性,只有在适当教育和环境影响下,这种可能性才转化为现实。我们可以设想:一个人的遗传基因对其智力发展提供了一个最高的和最低的限度,即建立一个智力发展变化的范围,环境和教育则决定了这个人的 IQ 将落在这个范围中的什么地方。这个观点可以用图 13－19 来说明。从图中可见,生活在不同环境和教育条件下的具有不同遗传素质的人,其 IQ 有不同的发展范围。良好的环境和教育条件,可以提高人的 IQ 分数,而不良的环境和教育可以阻碍人的智力发展,降低其 IQ 分数。在正常的或中等环境和教育条件下,具有中常或优越智力遗传素质的人(如图中曲线 C 和 D),比智力较差或智力缺陷的人(图中曲线 A 和 B)有更大的智力发展变化范围。智力遗传素质优越的人(D)最有能力利用优越的环境和教育条件,充分发挥其智力潜能,但在不良环境和教育条件下,他们的 IQ 值下降得也最为明显。

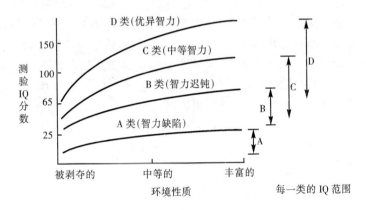

图 13—19 不同环境对 IQ 的效应

(二)心理素质结构是影响身心发展的"能动结构"

关于影响人的身心发展的因素,我国教育、心理学界大多采用三因素的观点:生物遗传因素是儿童身心发展的物质前提,规定了发展的潜在可能性;环境和教育可使可能性转化为现实性,决定了儿童身心发展方向和现实水平;教育是社会环境的一部分,它在儿童身心发展中起主导作用。朱作仁教授在其主编的《小学教育学》中提出:"能动结构"是影响人的身心发展的第四种因素。所谓人的身心发展的能动结构,是指人的内部能动性和外部能动性的统一。它主要包括两大部分:一是认知性能动结构,诸如知识、技能、技巧(熟练)、智能、方法、策略、创造性等;第二是非认知性能动结构,诸如需要、动机、兴趣、爱好、态度、习惯、信念、理想等等。显而易见,"能动结构"与"心理素质结构"的内涵基本一致。学生已形成的心理素质结构作为影响人的身心发展的"能动结构",对于学生心理素质的进一步提高和学生整体素质的发展,都起着重要的作用。

辩证唯物主义告诉我们,任何发展都是自我运动的过程,是"自己的发展";外因是发展的条件,内因是发展的根据。朱作仁教授提出,先天素质与能动结构是人身心发展的根据,环境和教育是人身心发展的条件。根据和条件共同决定着人的身心发展的进程和水平,共同决定论体现了辩证的相互作用观。而把根据作用和条件作用统一起来,真正实现人的身心发展的中介环节是人的活动。在学校教育中,通过各种有组织、有计划的活动,一方面,学生的先天素质和已形成的能动结构得到充分的展现;另一方面,环境的影响和教育的作用有了最直接的凭借。传授知识、发展智能、陶冶情操、塑造个性,这些都是在活动中进行的。在活动中实现了人的身心发展从可能性向现实性的转化;同时,活动方式是表征身心发展中最重要变化的标志。朱作仁教授提出的"能动结构"是影响人的身心发展的第四种因素的观点,可以帮助我们理解心理素质及其结构优化对于促进人的素质整体发展的重大意义。

人的心理素质,一旦形成便具有相对稳定性。它是个体先天生理素质与后天社会环境和教育交互作用的结晶和沉淀,它是一种内在的、相对稳定的身心结构和能量。学生已形成的心理素质结构,既是环境影响和教育作用的结果,同时,又是教育的出发点。学生原有智力因素和人格因素水平及其结构,又决定了学生接受教育和环境影响的程度。

第四节 智能与知识和人格

一、智能与知识、学业成绩

(一)智能与知识、技能的关系

智能教育包括掌握知识技能和发展智能这两个重要方面。完整的知识概念,既包括人类知识又包括个体知识。人类知识,是人类认识客观世界和对自身经验的总结。个体知识,是个体对客观事物的主观表征。学生对知识的掌握,就是把人类认识或成果变成自己的认识,在头脑中建立相应的知识结构,从而辨认相应的事物,解决有关的问题。学生头脑中的知识内容和组织,称为认知结构。现代认知心理学根据知识的不同表征和作用,把知识分为两类:陈述性知识和程序性知识。陈述性知识,是个人有意识提取线索,因而能直接陈述的知识,又被称为记忆性知识,或言语信息。它主要说明事物是什么、为什么、怎么样,用于区别、辨别事物。这种知识与人们日常使用的知识概念内涵基本一致。程序性知识即操作性知识,是指做什么、怎样做的知识,是关于解决问题的思维操作过程的知识,它与人们使用的技能概念相吻合。由于程序性知识与实践操作密切联系,因而具有动态的性质。策略性知识,也是一种程序性知识,它是关于如何学习和如何思维的知识,是关于如何使用知识(陈述性知识)和技能(程序性知识)去学习、记忆、解决问题的一般方法和技巧。认知策略,属于信息加工的控制过程,它是通过概括化过程而发展起来的,更为特殊的习得的智慧技能。学生的智力和能力,是在掌握知识和技能的过程中发展起来的。知识、技能和智能是密切联系的,但它们之间又是有区别的。

首先,智能与知识、技能有着不同的概念内涵。智能是个体顺利地完成某种活动所必需的个性心理特征,它是个体经常、稳固地表现出的概括化的东西。个体知识,是人类知识的个体获得,它是以思想内容的形式为人所掌握的,关于世界的知识体系;智能不是这些知识体系本身,而是这些思想材料进行加工的活动过程的概括化。例如,解答一道数学题,解题中所应用的公理、定理、定义、公式,以及解题的步骤,属于数学知识;而在解题过程中所表现出来的思维活动的逻辑严密性、简练性和灵活性则属于数学能力。如果一个学生在解答这道数学题过程中负载推导过程的思维分析是严密的、简约的、迅速的,而且这种简捷的思维操作的程序和方式达到高度概括化,经常迁移到不同的运算场合,这时我们可以说他具有数学运算所需要的思维敏捷性的能力。技能包括动作技能和智力技能。动作技能,是在练习的基础上,由一系列实际动作以合理、完善的程序构成的操作活动方式。智力技能又称智慧技能或心智技能,则是借助于内部语言在头脑中进行的智力活动方式。技能是在特定目标指引下,通过练习而逐渐熟练掌握的对已有知识经验加以运用的操作活动方式或智力活动方式。这些活动方式虽然具有概括性,但它对某种技能来说,仍是比较具体的。而智能不是这种行动方式本身,它是调节这些行动的心理活动的概括化。例如,在学打字时,熟练掌握操作打字机键盘的一套动作方式是技能,而支配此动作方式的心理过程的稳定特点则属于能力。如果一个学生不仅在学习打字时表现出动作敏捷,而且在掌握其他技能时也经常表现出这一特点,这时我们可以说他具有动作敏捷的能力。

其次,智能的发展和知识技能的掌握不是同步的,表现为知识和技能发展较快,而智能的发展则相对较慢;智能并不永远随着知识的增多而成正比的发展。人在一生中,知识随着学习的进程而不断增多,随着年龄的增长而日益丰富,知识的发展是一条不断上升的曲线;而智能有一个发展、停滞和衰退的过程,人的智力和能力的发展是一条抛物形的曲线。

智能与知识、技能密切地联系着,它们之间的相互依存、相互制约体现在:一方面,智能是掌握知识技能的内在条件和可能性。掌握知识技能以一定的智能为前提。能力和智力主要表现在学生掌握知识技能时的广度、深度、速度、灵活性、逻辑性上,而不是表现在知识技能的机械重复上。另一方面,知识、技能是智能发展的基础。一般说来,知识技能的掌握会导致智能的提高,智能是掌握知识技能的结果。一个学生的知识越丰富,掌握的技能越多,他就越能学习新知识和解决新问题;反过来,智力和能力越发展,掌握知识技能的过程就会越顺利。智能与知识技能之间是相互促进的。学生掌握知识技能和发展智能的过程,是一个螺旋式上升的动态过程。

学生智力和能力的发展,是在知识应用过程中,通过已掌握的知识和技能的广泛迁移而实现的。现代认知结构迁移理论认为,良好认知结构的形成是产生广泛迁移的根本。奥苏贝尔(P. Ausubler)提出良好的认知结构有三个特征:可利用性、稳定性和可辨别性。但是,学生的各种知识是不能直接转化为能力的,必须通过技能这个中介环节。所以,培养学生的能力,必须把基本知识的教学和基本技能的训练结合起来,帮助学生将陈述性知识转化为程序性知识,使之成为顺利完成各种智慧任务的技能。同时,还要教会学生习得并应用策略性知识,使之学会高效学习、记忆和思维的技能。优化课堂教学,强化学科智能训练,帮助学生实现认知结构的完备化、概括化、结构化、条件化、自动化和策略化,是培养学生智力和能力的有效途径。

(二)智能与学业成绩的关系

智力与学业成绩的关系,多用 IQ 值与学业成绩的相关系数的方法来予以研究。为了考察 IQ 对学业成绩的预测能力,人们进行大量的相关分析研究。各项研究所得的相关系数有的很高,有的很低。综合多项研究结果,较为一致的看法是,IQ 与学业成绩之间存在着中等程度的相关($r=0.5\sim0.6$)。斯坦福—比内智力量表和韦克斯勒儿童智力量表的测分同学业成绩的相关系数稍高,但相关系数也在 0.66 以下。同一智力测验中不同分测验所测得分数与学业成绩的相关系数也有区别,其中词汇、常识、推理测验的测分与一般学业成就的相关较高。

我国心理学家张厚粲采用《瑞文标准推理测验(SPM)》求得 IQ 值与高考语文、数学和总分的相关系数分别为 $0.29(P<0.02)$、$0.54(P<0.01)$ 和 $0.45(P<0.01)$。我国心理学家李丹采用《瑞文测验联合型(CRT)》求得 CRT 的 IQ 值与小学毕业统考语

文、数学和总分的相关系数分别为 0.54、0.67 和 0.73。安徽省心理学会心理测量与咨询中心曾采用 CRT 对 16 个班共 756 名中小学生进行智力测验,求得其 IQ 值与语文、数学成绩的积矩相关系数(r),见表 13-11[①]。

表 13-11 不同年级学生语文、数学成绩与智商(IQ)的相关系数

	小四 N=99	小六 N=95	初一 N=108	初二 N=100	初三 N=98	高一 N=101	高二 N=88	高三 N=67	平均 r
数学	0.54	0.43	0.64	0.51	0.44	0.46	0.35	0.41	0.47
语文	0.35	0.48	0.34	0.38	0.41	0.38	0.23	0.36	0.36

综上研究可见:①智商(IQ 值)与学业成就之间存在中等程度的相关,预测效度在 0.30~0.70 之间;②CRT 所测得的液态智力与数学成绩的相关系数,高于与语文成绩的相关系数;③液态智力 IQ 值与学业成就的相关,有随年级提高而降低的趋势。对比张厚粲与李丹研究的结果可见:小学生的学业成绩与液态智力的相关,明显高于高中生。这说明,IQ 值与学业成就的相关与年龄因素有关。

我们采用大样本的研究策略,以列联相关系数(Cramer's v)为测度指标,进一步考察了芜湖市 62 个班级 3119 名中小学生的学业成绩与智力水平(IQ 值)的关系,结果见表 13-12[②]。

结果表明:3119 名中小学生的学业成绩分布与液态智力因素所反映的学习潜能的相关极为显著,但非完全相关(列联相关系数 V=0.23,df=6,P<0.001)。说明:智力因素是影响学生学习的重要认知因素。从学生特征方面来分析,影响学生学业成绩的因素,除智力水平高低以外,还有知识技能以及非智力的人格因素。

---

① 张履祥:《学业成绩与智力和人格特征相关的研究》,心理科学,1990(5)。
② 钱含芬:《学生心理素质与学业成就相关的研究》,心理发展与教育,1996(1)。

智力和能力作为影响学生学习的重要因素，它不仅影响着学生的学业成就，更重要的是影响学生的学习过程，并且在很大程度上决定着学生的学习准备状态和"可教育性"程度。因此，提高中小学生文化科学素质，就必须在了解学生智力因素特点的基础上，加强基本知识、基本理论和基本技能的培养和训练，重视培养学生分析问题和解决问题的能力，注意发现和培养有特长的学生，促进学生智力和能力的发展。

表 13-12　智力与学业成绩分布的相关

学业成绩		智力水平			总和
		IQ90 以下	IQ90-109	IQ110 以上	
优	n %	42 8.45	193 33.83	262 57.72	497
中上	n %	150 13.43	582 52.10	385 34.47	1117
中下	n %	250 25.67	469 48.15	255 26.18	947
差	n %	220 41.43	233 43.88	78 14.69	531
总和		622	1477	980	3119

二、智能与人格

（一）智能与气质的关系

心理学研究表明，大脑皮层机能的强度、灵活度和平衡度是形成智力品质的机制。气质特征和气质类型是高级神经活动的强度、灵活度和平衡度特征及其组合类型的心理表现，也必然影响智力品质和智力活动效率。

苏联心理学家列伊捷斯曾观察并分析过两位气质不同的同班学生在智力活动中的不同表现。甲生具有明显的多血—胆汁质气质特征；乙生属于抑郁气质。这两位学生在毕业时都获得金质奖

章,但他们在智力活动中却有明显区别:

(1)在学习精力上:甲生精力充沛,学习疲劳后,只需短时间的休息精力就可恢复;乙生极易疲惫,恢复精力需睡一会儿或进行一小时其他方式的休息。

(2)在注意特点上:甲生容易同时关心很多事情,各种情况的复杂性和变化并不能降低他的精力;乙生做功课的时间长,而且任何最简单的作业,他都需准备和沉思。

(3)在掌握新教材和复习旧教材的智力活动方式上:新知识使甲生精神焕发、愉快兴奋,而复习旧教材则引不起他的兴趣;乙生学习新教材时感到疲惫,常有注意弱化和分心现象,上新课往往有一种惊惶自失的状态,因而必须预习教材才能学好新课,但在课后复习时却感到自己处于主动支配的地位,在基本掌握新教材后,他的思想有着惊人的明晰性和准确性。

(4)在智力活动效果上:甲生所能做的比乙生多。以上几个方面描述表明了气质特征对智力活动的特点、效率及智力活动方式的影响。

苏联心理学家斯米尔诺夫的研究表明:识记数量多、难度大的材料时,神经系统强型的人较弱型的人效果要好。特鲁波尼科娃—莫尔加诺娃的研究表明:神经系统强型的人记忆大量的无意义音节效果较好,神经系统弱型的人记忆大量有意义的文章效果较好。

我国心理学家林崇德认为,气质是以一种习惯化的方式来影响智力和能力的表现形式,从而直接制约其智力与能力的性质、效率和特征。他研究了气质与五种思维品质(思维的深刻性、独创性、灵活性、批判性和敏捷性)的相互关系,发现不同气质类型的人在五种思维品质上存在差异,其中在思维独创性、灵活性、批判性和敏捷性等四种思维品质上的差异达到显著和极显著水平。这表明气质和思维品质有着密切联系[①]。

安徽省心理学会心理测量与咨询中心曾采用《艾森克个性问卷(EPQ)》进行气质特征和气质类型与智商(IQ)和学业成绩相关的研究[②],结果表明:

(1)中小学生气质类型与智商(IQ)相关显著,多血质、多血—胆汁质和多血—粘液质是有利于智力发展的气质类型。

(2)中小学生的学业成绩与气质的情绪特征相关极为显著。在气质的情绪性维度上,学习优等生倾低分特征,属于情绪稳定型气质的显著多于学习差生;而学习差生倾高分特征,属情绪不稳定气质的明显多于学习优等生。

(3)中小学生的学业成绩与气质的指向性特征相关亦达到显著水平,在气质的内外向性维度上,学习优等生倾高分特征,属于外向型气质的明显多于学习差生;而学习差生倾低分特征,属于内向型气质的明显多于学习优等生。

(4)中小学生的学业成绩与气质类型相关极为显著。在多血质和多血—粘液质气质学生中,学习优等生明显多于学习差生;而在抑郁质和胆汁—抑郁质气质学生中,学习差生明显多于学习优等生。这说明,多血质和多血—粘液质中小学生,在学习活动中表现出明显的优势。这个结论,与中国儿童青少年气质发展与教育的研究结果是一致的[③]。

(5)气质类型与学业成绩的相关有其年龄特点,在小学生中多血—胆汁质学生的学业成绩表现突出,而在中学生中多血—粘液质学生的学业成绩尤为出色。也就是说,有利于学习的气质类型,

---

① 林崇德:《学习与发展》,462~465页,北京教育出版社,1992。
② 张履祥、钱含芬:《气质与学业成就的相关及其机制的研究》,心理学报,1995(1)。
③ 朱智贤:《中国儿童青少年心理发展与教育》,386~388页,北京,中国卓越出版社,1990。

随学生年级的升高,由外向—情绪平衡型气质向外向平衡—情绪稳定型气质变化。国外有关研究也证明了这个变化趋势,如恩斯威特利(Eetwistle)的研究表明,7~13岁的外向型学生比同龄的内向型学生成绩优秀,但年龄越大情况就相反了。

气质与能力和学业成绩相关的研究表明,智力优秀、成绩优良学生的性格偏外向且情绪稳定,多血质以及兼有多血质特征的多血—粘液质和多血—胆汁质学生,明显较多,这可能因为:

第一,从高级神经活动类型与智能发展看。多血—胆汁质和多血—粘液质学生接近于强而灵活的高级神经活动类型,这类学生在智力活动中精力充沛、思维灵活、兴趣广泛,动作敏捷,活动效率高;而抑郁质或接近抑郁质的学生高级神经活动类型属于弱型,从事紧张的智力活动极其容易疲惫,时常有注意弱化和分心现象,动作迟缓,特别是在应付困难时常引起活动效率下降。

第二,从健康的情绪与智能发展的关系看。心理学家赞可夫曾强调指出,健康的情绪能强化人的智能活动,促进智能的发展,反之,不良情绪则抑制学生的智能活动,阻碍其智能发展。多血—胆汁质和多血—粘液质学生,情绪稳定或平衡,富有朝气、乐观,这有利于调动智力活动的积极性,易于在大脑皮层建立暂时神经联系,进而促进智力的发展;而抑郁质学生情绪不稳定、焦虑、紧张,往往又抑郁,这种不良的情绪状态,使其智力活动的积极性和认知机能都受到压抑,从而阻碍其智能发展。

第三,从人格适应与智能发展关系看,多血—胆汁质学生性格外向,活泼、热情,善于交际。一般说来,他们人格适应良好,在学习和活动中充满信心和富有成效,从而博得老师和同学的喜爱,教师的喜爱又可转化为对这些学生的良好期待,这些期待又可以激发和增强学生学习动机的诱因,从而有助于促进其学习成绩的提高和智能的发展;而抑郁质学生性格内向,孤僻、多疑、好幻想,适应能力差,他们与教师的相互作用则可能相反,因而阻碍其智能的发展。罗森塔尔效应说明,良好的人格适应和融洽的师生关系,在学生智力发展上具有重大作用。人格的适应是影响学生的智能发展和学习成绩的一个重要原因,同时又是智力发展和学业成绩提高的结果。

人格类型与智力发展之间存在着高度相关,这说明在发展学生智力问题上,在注意学生的各种智力因素时,还要十分重视培养学生的良好的性格、健康的心理和高尚的情操。

中小学生气质与学业成就的相互依赖性,是气质与学业成就相互影响的结果。其作用是双向的,气质影响学习特点、方式和效率;同样,学业成败也会影响气质的改变。我们认为,气质影响学业成就的途径有二:其一,气质作为高级神经活动特征和类型的心理表现,直接影响智力活动的特点和方式,从而影响学习的效率和质量。学习优势气质基本属于强而灵活的高级神经活动类型。其二,气质类型是通过影响和塑造学生的人格特征的途径,而对学生的学业成就产生影响的。由于气质与人格相互渗透,不同气质类型学生往往具有与其气质类型特征相关的典型人格特征。研究表明,多血质、多血—粘液质和多血—胆汁质学生群体,在好胜性和沉稳性人格因素上,具备与学习优等生相似的优良人格品质,明显优于抑郁质、胆汁—抑郁质和粘液—抑郁质学生。因而,在其他条件相等的情况下,多血质、多血—粘液质和多血—胆汁质学生,在学习活动中表现出明显的"气质优势"。但必须强调指出,气质并不预先决定一个人的学业成就高低和智力发展水平。事实上,各种气质类型学生都取得优异的学业成绩,提高其智力水平。根据气质和与人格相互依赖性原理,我们认为,气质作为人格的自然倾向,它不仅直接制约智力和能力的性质、效率和特征,而且气质还可以通过调节环境和教育,进而影响和塑造人格的途径,而对学生的智力产生间接影响。

(二)智能与性格的关系

性格对提高学生学习质量和促进智能发展的重要作用,日益受到人们的关注。国内外心理学专家对影响学生学习和智力发展的人格特征,进行广泛的研究。美国斯坦福大学教授推孟曾对1528名智力超常儿童的成才情况进行系统的追踪研究,并对800名男性被试中成就最大的160名和成就最小的160名进行比较,发现两组被试最明显的差别是坚持性、自信心、有恒心等人格的意志特征不同。祝蓓里教授曾用《卡特尔十六项人格因素测验》对智力超常儿童和理科大学生的非智力人格特征进行研究。研究发现,智力正常的青年学生由于情感、意志、性格、气质、动机、兴趣等非智力因素的发展情况不同而产生不同的学习效果。智力优秀学生的人格因素的主要特征是:独立积极、不甘落后,有强烈的学习动机和兴趣,情绪稳定、安详、沉着,自信心强,并敢露锋芒和有坚韧的意志。同时,由于他们富于幻想、大胆、果断,有一定独立见解和独立完成任务的习惯,他们的创造能力人格因素也较突出。所有这些人格因素都对其成功地完成智力活动,促进智力发展,提高学生质量起着积极的作用。

安徽省心理学会心理测量与咨询中心曾用《中小学生人格特征量表》,考察了中小学生学业成绩与智力和性格特征的关系,结果表明:学生性格差异与学业成绩差异和智力水平之间,存在高度相关;学习优等生和学习差生十项人格特征的因素分析表明,好胜性因素(高恃强性、高敢为性和高独立性)和沉稳性因素(高稳定性、低兴奋性、高有恒性和低幻想性)是影响中小学生学业成就的两个主要人格因素[①]。在好胜性因素上,学习优等生有较高的成就动机,好胜自信,学习积极主动,有较强的竞争意识和自立自强

[①] 钱含芬,张履祥:《学习优等生和学习差生人格特征的研究》,24～32页,《应用心理学研究》,合肥,中国科学技术出版社,1994。

精神；而学习差生则显得甘于默默无闻，对自己缺乏自信心，常有自卑感，学习消极被动，缺乏竞争性，依赖随群。在沉稳性因素上，学习优等生情绪沉着稳定，处事严肃审慎，意志坚毅，有克制力，学习作风踏实，细心负责；而学习差生则显得情绪波动，遇事好冲动，缺乏克制力，做事较粗心，权宜敷衍，显得缺乏责任心。

不同研究都说明性格因素对提高学习质量和促进智力发展的重要作用，优良性格对学习具有调节功能、控制功能和维持功能。性格的调节功能表现为改变学习态度，协调学习动机，稳定学习情绪，提高心智活动水平。一个人的生活原则、对现实的态度决定其学习态度。如果学生有正确的学习观，他就会以自觉的积极的态度投入学习，保持旺盛的学习情绪、持久的学习兴趣和高度的思维积极性，这无疑会提高心智活动水平。性格对学习的控制功能，主要是指性格可以加快或延缓、加强或减弱心理活动，可以积极地对自己的学习进行反馈，进行自我监督、自我核对和自我校正。性格对学习的维持功能，是指性格因素能够帮助学生始终不渝地进行学习。学习是艰苦的劳动，通往学习成功的道路是布满了荆棘的，在学习过程中，耐心的观察，持久的注意，艰苦的记忆，积极的想像，独立的思考等，都需要坚强的意志性格特征来加以维持。性格对学习还具有补偿功能。所谓补偿功能，是指性格因素能够弥补智力和能力的某些方面的缺陷或不足。比如，学生在学习过程中的责任感、坚持性、主动性、缜密性和自信心等性格特征，都可以使学生克服因知识基础差而带来的能力上的弱点，发挥非智力因素的积极作用，取得优良的学习成绩。

智力和能力对性格的影响和作用，表现在两个方面：第一，内在的影响和作用。所谓内在作用，是指在实践活动（包括学习）中形成起来的智力诸因素的某些稳定特点，可以直接转化为性格的理智特征。如在观察方面，有的精细，有的疏略；有的敏锐；有的迟钝。在记忆方面有的善于机械记忆，有的善于求异，有的热中求同。在想像方面,有的富于幻想,有的重视现实;有的积极主动,有的消极被动。所有这些理智特征,都是人的性格结构的内在因素。可见发展智力的过程,也就是发展性格的理智特征的过程。第二,外在的影响和作用。所谓外在的影响,是指开展智力活动对非智力因素提出一定的要求,因而必然地要促进性格的发展(燕国材、马加乐,1992)。我国超常儿童研究协作组的研究表明,中国科技大学少年班学生的心理发展具有的特点是:

(1)浓厚的认知兴趣,旺盛的求知欲;
(2)思维敏捷,理解强,有独创性;
(3)敏锐的感知觉,良好的观察力;
(4)注意集中,记忆力强;
(5)进取心强,勤奋,有坚持性。这说明,超常儿童不仅有超常的智力,而且有良好的性格品质,智力和非智力因素的发展水平是一致的。

三、知识、智能和人格的协同发展

学生心理素质,是指学生在活动中经常表现出来的稳固的个性心理品质。它主要包括智力、能力、气质和性格,其中以性格为核心。这些特征集中表现了学生的心理活动的独特性,影响学习效率和学习风格。现代心理学主张从两大方面考察人的行为—心理的差异性。一方面是智力和能力方面的差异,其表现是学习效率和工作效率的差异,即应付性行为(Coping behavior)的差异;另一方面是气质和性格的差异,其表现是学习风格和活动风格的差异,即表现性行为(Expressive behavior)的差异(张述祖、沈德立,1987)。在学生的学习活动中,前者表现为智力因素的差异,后者表现为人格的差异。

学生的学业成就(A)受多维心理结构的制约,是其认知结构(C)、智力因素水平(I)和人格因素水平(P)交互作用的结果,即

$A = f(C \rightleftharpoons I \rightleftharpoons P)$[①]。一般说来,三者的发展是一致的。知识、技能是智能发展的基础;智力和能力是掌握知识、技能的内在条件和可能性。智力和能力的发展会促进人格因素积极特征的发展;人格因素的积极特征对学习具有调节、控制、维持和补偿的功能,是提高学习质量和促进学生智能发展的强大动力。

但是,智力因素和人格因素发展的一致性并不是绝对的、自发的。在中小学中,同一班级学生之间学业成绩和实际知识水平相差悬殊,智力因素和人格因素的发展水平亦存在个别差异。由于基础知识、智力因素和人格因素的交互作用,形成了四种比较典型的学生:A型学生:智力因素较好,人格因素优良,学业成绩优良;B型学生,智力因素较好,人格因素欠缺,学业成绩不良;C型学生:智力因素较差,人格因素优良,学业成绩优良;D型学生:智力因素较差,人格因素不良,学业成绩不良。这四种典型类型学生在中小学中是普遍存在的。长期以来,中小学受"应试教育"的困扰,重知识轻智能,重智育轻德育和人格塑造,重少数尖子(典型A型学生)轻多数中差生(B型学生、D型学生和BD型学生)。严重地影响了学生智力因素和人格因素的协调和谐发展,加剧了学生学业成绩的两极分化。以面向全体学生、全面提高学生素质为根本特征的素质教育,必定要从中小学实际出发,在深入了解中小学普遍存在的四种类型学生智力因素和人格因素特点的基础上,探讨他们相互转化的规律和条件,有针对性、预见性地优化各类学生的知识、智力因素和人格因素的组合结构,促成B型学生向A型学生、D型学生向C型学生、C型学生向A型学生的积极转化。实践证明,这是中小学全面实施素质教育,大面积提高基础教育质量

[①] 张履祥、钱含芬、葛明贵等编著:《应用心理学测量——智力·人格·心理素质教育》,175页,合肥,中国科学技术大学出版社,1993。

的重要举措①。

安徽省心理学会心理测量与咨询中心,在开展中小学生学习心理指导和中小学生心理素质教育研究的过程中,系统地考察了中小学生智力因素和人格因素的特点及其协同发展的机制,在研究中小学普遍存在的四种典型学生转化规律的基础上,借鉴诸多现代素质教育理论和现代心理学的研究成果,逐步建立了优化学生心理素质结构的 CIP 理论模型,即认知结构(Cognitive Structure)、智力因素(Iutelligence factors)和人格因素(Personality factors)协同发展理论,并以此作为构建中小学校心理素质教育实践模式的指导理论。所谓 CIP 理论模型,就是完善认知结构(C)、强化智能训练(I)和加强人格品质培养(P)三者相结合的学生学习心理素质教育模式。其目标是:优化学生学习心理素质结构,构建知识、智能和人格协同发展的高效能学习系统,促进学生素质整体发展和全面提高基础教育质量②。

---

① 张履祥、钱含芬:《中小学四种典型类型学生人格特征的研究》,心理科学,1994(5)。
② 张履祥、李学红等著:《学校心理素质教育》,70~86 页,合肥,安徽大学出版社,2000。